教你成为一流汽车电工

JIAONI CHENGWEI
YILIU QICHE DIANGONG

周晓飞 主编

·北京·

本书以问答的形式讲述了汽车电工工作中遇到的一些重点、难点及容易忽略的问题，内容包括汽车电工基础、汽车电工设备、汽车电路分析应用、能量管理和启动系统维修、空调系统维修、发动机电工技术与电控维修、电控自动变速器和电工维修、底盘电控系统及电工维修、车身电气设备。重点讲解故障诊断过程及操作规范要领，为便于读者理解，还穿插着介绍了一些典型车型的维修案例。

本书适合汽车维修人员阅读，也可作为汽车维修及相关企业的培训书，还可作为专业院校师生的参考书。

图书在版编目（CIP）数据

教你成为一流汽车电工/周晓飞主编. —北京：化学工业出版社，2012.10（2025.5重印）
ISBN 978-7-122-15236-7

Ⅰ.①教… Ⅱ.①周… Ⅲ.①汽车-电工-问题解答 Ⅳ.①U463.6-44

中国版本图书馆 CIP 数据核字（2012）第 208561 号

责任编辑：黄　滢　　　　　　　　文字编辑：孙　科
责任校对：蒋　宇　　　　　　　　装帧设计：王晓宇

出版发行：化学工业出版社（北京市东城区青年湖南街 13 号　邮政编码 100011）
印　　装：北京机工印刷厂有限公司
850mm×1168mm　1/32　印张 16　字数 412 千字
2025 年 5 月北京第 1 版第 16 次印刷

购书咨询：010-64518888　　　　　　售后服务：010-64518899
网　　址：http：//www.cip.com.cn

凡购买本书，如有缺损质量问题，本社销售中心负责调换。

定　　价：39.00 元　　　　　　　　　　　版权所有　违者必究

前言 FOREWORD

伴随着我国汽车产业的迅猛发展，私家车的普及率和持有量也愈来愈高。随之而来的，国内对汽车专业技术人才的需求量也在不断增加，特别是电子控制技术在汽车上的发展和应用，汽车电工的缺口也呈明显扩大趋势。当前，汽车电工维修已经不存在单纯传统的维修作业方式，而是机电一体化，侧重电子控制诊断检测和电子电工基础维修融合的较高层面的维修作业项目。因此，汽车电气维修行业日益成为国内发展空间巨大的"朝阳行业"，越来越多的人想成为一名汽车电工。

然而，怎样才能成为一名一流的汽车电工呢？编者认为，作为一名优秀的汽车电工，首先应该保证做到以下几点。

1. 深爱汽车电工工作，以汽车电工工作为乐趣，以认真做好每辆车的汽车电气维修为己任。

2. 能够"最有时效性"地完成每一项车辆电气维修作业。

3. 掌握规范的操作要领，返工率要低。

4. 经常学习一些理论知识，不断用新知识来武装自己。

为帮助广大汽车电工快速掌握汽车电气维修实践技能，提高汽车电工操作本领，我们特编写了此书。本书结合编者多年来指导汽车电工的实践经验，以问答的形式，介绍了汽车维修过程中经常遇到的一些重点、难点和容易被普通工人疏忽的一些问题。内容浅显易懂，注重实践。

本书分 9 章内容，依次讲述了：汽车电工基础、汽车电工设备、汽车电路分析应用、能量管理和启动系统维修、空调系统维修、发动机电工技术与电控维修、电控自动变速器和电工维修、底盘电控系统及电工维修、车身电器设备。重点讲解故障诊断过程及操作规范要领，为便于读者理解，还穿插着介绍了一些典型车型的维修案例。

本书由周晓飞任主编，同时参加本书编写工作的还有：万建才、王立飞、赵鹏、宋东兴、李飞霞、李飞云、张建军、赵小斌、杜鹏、江珍旺、郝建庄、梁志全、李立强、樊志刚、赵义坤、温云、宋亚东、刘文瑞、石晓东、彭飞、刘振友、董晓龙、边先锋。

编写过程中参考了大量的技术文献、图书、多媒体资料及原车维修手册，同时也汇集了很多业内汽车电工高手的经验。在此，谨向这些为本书编写出版给予帮助的同志们及相关文献作者表示衷心的感谢！

由于编者水平有限，书中难免有不妥之处，敬请广大读者批评指正。

编者

CONTENTS 目录

第一章　汽车电工基础　　1

第一节　汽车电工常用术语和基本元件 …………………… 1
　一、电压 ……………………………………………………… 1
　　1. 怎样测量电压？ ……………………………………… 1
　　2. 什么是直流电压？ …………………………………… 1
　　3. 什么是交流电压？ …………………………………… 2
　二、电流 ……………………………………………………… 2
　　4. 什么是电荷载体？ …………………………………… 2
　　5. 什么是电路？ ………………………………………… 3
　　6. 电流是怎样产生的？ ………………………………… 3
　　7. 什么是直流电流？ …………………………………… 3
　　8. 什么是交流电流？ …………………………………… 3
　　9. 什么是脉动电流？ …………………………………… 4
　　10. 怎样测量电流？ ……………………………………… 4
　三、电阻 ……………………………………………………… 5
　　11. 电阻有什么作用？ …………………………………… 5
　　12. 什么是导体的电阻？ ………………………………… 5
　　13. 什么是作为元件使用的电阻？ ……………………… 5
　　14. 什么是机械可变电阻？ ……………………………… 6
　　15. 什么是 NTC 热敏电阻器？ ………………………… 7
　　16. 什么是 PTC 热敏电阻器？ ………………………… 7
　　17. 什么是光敏电阻器（LDR）？ ……………………… 8
　　18. 怎样测量电阻？ ……………………………………… 8
　四、电容器和电容 …………………………………………… 9
　　19. 电容器是怎样工作的？ ……………………………… 9

20. 电容器充电/放电有什么特性? …… 10
21. 电容器有哪几种类型? …… 11
22. 什么是电容? …… 12
23. 电容器串联是怎样的? …… 12
24. 电容器并联是怎样的? …… 12
25. 电容器在汽车上是怎样运用的? …… 13

五、线圈和电感 …… 13
26. 汽车上有哪些线圈和电感元件和零部件? …… 13
27. 什么是导电体的磁场? …… 13
28. 什么是磁力线圈? …… 14
29. 什么是电磁感应? …… 14
30. 电磁感应在汽车上是怎样运用的? …… 15

六、半导体 …… 16
31. 什么是半导体技术? …… 16
32. 二极管有什么作用? …… 16
33. 怎样检测二极管? …… 16
34. 什么是发光二极管? …… 17
35. 稳压二极管有什么作用? …… 18
36. 什么是光敏二极管? …… 18
37. 什么是整流二极管? …… 18
38. 怎样检测整流二极管? …… 19
39. 什么是晶体管? …… 19

第二节 基本电路 …… 20
一、基本电路形式 …… 20
40. 基本电路有哪些? …… 20
41. 什么是桥接电路? …… 20
42. 什么是供电电源串联? …… 21
43. 什么是供电电源并联? …… 21

二、模拟和数字信号 …… 22
44. 什么是模拟信号? …… 22
45. 什么是二进制信号? …… 23
46. 什么是数字信号? …… 23

47. 什么是信号电平？ …………………………………… 24
  48. 什么是逻辑电路？ …………………………………… 25
三、电脑/集成电路维修 ……………………………………… 25
  49. 什么是集成电路？ …………………………………… 25
  50. 集成电路的脚位是怎样的序列？ …………………… 26
  51. 怎样检测集成电路？ ………………………………… 26
  52. 怎样维修双列直插式集成电路？ …………………… 27
  53. 怎样维修四方扁平芯片？ …………………………… 27
  54. 什么是集成运算放大器？ …………………………… 29
  55. 什么是反相放大器？ ………………………………… 29
  56. 什么是同相放大器？ ………………………………… 30
  57. 电桥信号放大电路在汽车上是怎样应用的？ ……… 30
  58. 简单电压比较器在汽车上是怎样应用的？ ………… 32
  59. 滞回比较器在汽车上是怎样应用的？ ……………… 33
  60. 窗口比较器在汽车上是怎样应用的？ ……………… 34

第二章 汽车电工设备

一、电烙铁的使用 …………………………………………… 36
  61. 锡焊有什么特点？ …………………………………… 36
  62. 锡焊应具备哪些条件？ ……………………………… 36
  63. 怎样的焊点才是合格的？ …………………………… 37
  64. 电烙铁有哪些类型？ ………………………………… 37
  65. 怎样调整与判断烙铁头温度？ ……………………… 37
  66. 焊接操作有哪些技巧？ ……………………………… 38
  67. 什么是五步焊接法？ ………………………………… 39
  68. 怎样检查焊接质量？ ………………………………… 40
二、外援电瓶启动跨接线和测试仪器/仪表的使用 ………… 41
  69. 连接跨接线用什么方法？ …………………………… 41
  70. 使用跨接线必须要注意的问题是什么？ …………… 42
  71. 试灯有哪几种？ ……………………………………… 42
  72. 怎样正确使用试灯？ ………………………………… 42

73. 万用表的作用是什么？ 43
74. 用万用表怎样测量交流电压？ 44
75. 用万用表怎样测量直流电压？ 44
76. 用万用表怎样测量电阻？ 45
77. 用万用表怎样检测通断？ 45
78. 用万用表怎样测试二极管？ 46
79. 用万用表怎样测试直流电流？ 46
80. 怎样使用大众 VAS 5051 故障诊断仪？ 47
81. 通用汽车诊断仪（KT600）的组成和结构是怎样的？ 50
82. 怎样使用通用汽车诊断仪（KT600）执行故障诊断？ 51
83. 怎样使用通用汽车诊断仪（KT600）执行元件测试？ 56
84. 怎样使用通用汽车诊断仪（KT600）读取数据流？ 57
85. 怎样使用通用汽车诊断仪（KT600）进行基本设定？ 58
86. 汽车示波仪有哪些功能？ 60
87. 怎样使用示波器？ 60

第三章 汽车电路分析应用 67

一、电路及元件认识 67
88. 什么是汽车电路？ 67
89. 电源线是怎样控制的？ 68
90. 识读电路图有什么要领？ 68
91. 怎样认识和应用点火开关？ 69
92. 怎样认识和应用继电器？ 71
93. 怎样认识和应用熔断丝（盒)？ 78
94. 怎样认识和应用连接器和插接件？ 78
95. 怎样认识和应用导线？ 78

二、识读和应用电路图 …………………………………… 82
　　96．大众/奥迪电路图有什么特点？ …………………… 82
　　97．怎样识读大众/奥迪电路图？ ……………………… 84
　　98．怎样分析和应用大众/奥迪电路图？ ……………… 86
　　99．大众/奥迪电路图中有哪些常用符号？ …………… 88
　　100．怎样识读通用车系电路图？ ……………………… 90
　　101．怎样分析和应用通用车系电路图？ ……………… 91
　　102．怎样识读宝马电路图？ …………………………… 92

第四章　能量管理和启动系统维修　　96

一、电源管理系统 …………………………………………… 96
　　103．为什么使用能量管理系统？ ……………………… 96
　　104．供电系统由哪几部分组成？ ……………………… 98
　　105．能量管理中蓄电池导线有什么特点？ …………… 98
　　106．为什么要使用安全型蓄电池接线柱（SBK）？ …… 99
　　107．安全型蓄电池接线柱（SBK）是怎样分离的？ …… 100
　　108．什么是总线端？ …………………………………… 101
　　109．为什么使用智能化发电机调节 IGR？ …………… 104
　　110．智能化发电机调节 IGR 能量和信息流是怎样
　　　　　控制的？ ……………………………………………… 104
　　111．什么是蓄电池充电策略？ ………………………… 105
　　112．充电状态和电压调节是怎样控制的？ …………… 106
　　113．智能化发电机调节系统有哪几个运行状态？ …… 107
　　114．双蓄电池系统功能和工作原理是什么？ ………… 109
　　115．双蓄电池系统有哪些工作模式？ ………………… 110
　　116．奥迪 A6 电源管理系统是怎样控制的？ ………… 112
　　117．奥迪 A6 电源管理控制单元有哪些功能模块？ … 113
　　118．奥迪 A6 电源管理系统蓄电池管理器的任务是
　　　　　什么？ ………………………………………………… 114
　　119．什么是静态电流管理器？ ………………………… 114
　　120．电源管理系统关闭等级控制原理是什么？ ……… 117

121. 电源管理系统怎样执行设定和匹配？ …………… 119
二、蓄电池检测与维修 ………………………………… 119
  122. 怎样测试蓄电池？ ……………………………… 119
  123. 蓄电池怎样充电？ ……………………………… 120
  124. 怎样进行蓄电池充电系统测试？ ……………… 121
  125. 怎样诊断和解决蓄电池故障？ ………………… 122
三、发电机维修 ………………………………………… 123
  126. 什么是普通硅整流发电机？ …………………… 123
  127. 什么是整体式硅整流发电机？ ………………… 123
  128. 什么是带真空泵的硅整流发电机？ …………… 123
  129. 什么是无刷硅整流发电机？ …………………… 124
  130. 什么是带有励磁机的无刷硅整流发电机？ …… 125
  131. 按整流器结构不同硅整流发电机可分为哪几种？ … 125
  132. 发电机由哪些部件组成？ ……………………… 127
  133. 发电机调节器有什么作用？ …………………… 132
  134. 晶体管调节器是怎样工作的？ ………………… 133
  135. 集成电路电压调节器是怎样工作的？ ………… 134
  136. 电压调节器置于发电机内电路原理是什么？ … 134
  137. 怎样分析和应用发电机（充电系统）电路？ … 135
  138. 怎样测量各接线柱之间的电阻？ ……………… 136
  139. 怎样进行发电机试验台试验？ ………………… 136
  140. 怎样检测与维修转子？ ………………………… 137
  141. 怎样检测与维修整流器？ ……………………… 137
  142. 怎样诊断和排除发电机异响故障？ …………… 139
  143. 怎样诊断和排除发电机充电故障？ …………… 141
  144. 怎样拆解和维修发电机？ ……………………… 142
四、启动机维修 ………………………………………… 146
  145. 启动机由哪些部件组成？ ……………………… 146
  146. 启动机是怎样传递运动的？ …………………… 147
  147. 启动机电枢和磁场线圈间实际线路是怎样
       布置的？ ………………………………………… 149
  148. 启动机是怎样执行启动工作的？ ……………… 149

149. 直驱式启动机电路是如何控制的? ……………… 150
150. 永磁减速式启动机电路是如何控制的? ………… 152
151. 为什么在某些启动电路中要装置继电器? ……… 153
152. 怎样测试启动机消耗电流? …………………… 153
153. 怎样检测启动机电压及接触不良和开关电路? … 154
154. 启动机电磁开关不动作故障怎么办? ………… 155
155. 启动机常见交叉性故障怎样排除? …………… 157
156. 启动机异响故障怎么办? ……………………… 159
157. 怎样拆卸和安装启动机? ……………………… 160
158. 怎样拆解和维修启动机? ……………………… 161

第五章 空调系统维修 …………………………… 166

一、空调和温度对乘驾的影响 …………………… 166
  159. 你对制冷原理了解多少? …………………… 166
  160. 你对冷风及空调了解多少? ………………… 166
  161. 为什么即使是现代化的暖风和通风系统, 也无法在车外温度较高时提供令人满意的舒适性? ……… 167
  162. 车内温度不合适时对人有哪些影响? ……… 168
二、制冷剂和冷冻油 ………………………………… 168
  163. 冷冻油有什么作用? ………………………… 168
  164. 空调系统对冷冻油有什么要求? …………… 169
  165. 加注冷冻油要注意哪些事项? ……………… 170
  166. 为什么现在不使用制冷剂 R12? …………… 170
  167. 你对制冷剂 R134a 了解多少? ……………… 171
三、空调系统组成结构和原理 …………………… 172
  168. 制冷剂循环是怎样工作的? ………………… 172
  169. 制冷剂循环回路(空调制冷系统)有哪些组件? …… 173
  170. 进行制冷剂循环回路方面的工作要注意哪些事项? ……………………………………………… 173
  171. 你对外部调节式空调压缩机了解多少? …… 174
  172. 外部调节式空调压缩机环境温度较低状态下是怎

　　　　工作的？……………………………………………………… 175
　　173. 外部调节式空调压缩机环境温度较高状态下是怎么
　　　　工作的？……………………………………………………… 176
　　174. 你对外部储液罐和干燥器了解多少？………………………… 176
　　175. 你对蒸发器了解多少？………………………………………… 177
　　176. 你对蒸发器温度传感器（温度调节器）了解
　　　　多少？………………………………………………………… 178
　　177. 你对温度调节了解多少？……………………………………… 179
　　178. 膨胀阀有什么作用？…………………………………………… 180
　　179. 膨胀阀受哪些参数影响？……………………………………… 181
　　180. 什么是内平衡膨胀阀？………………………………………… 181
　　181. 什么是外平衡膨胀阀？………………………………………… 183
　　182. 什么是 H 形膨胀阀？…………………………………………… 184
四、通风和采暖 ……………………………………………………… 185
　　183. 暖风是怎样产生的？…………………………………………… 185
　　184. 空调通风方式有哪几种？……………………………………… 185
　　185. 空气净化装置有什么作用？…………………………………… 187
　　186. 水暖式供暖系统的工作原理是怎样的？……………………… 187
　　187. 气暖式供暖装置的工作原理是怎样的？……………………… 191
　　188. 你对空调通风循环了解多少？………………………………… 192
　　189. 空调通风循环有哪些类型？…………………………………… 193
　　190. 空调配气系统的工作过程是怎样的？………………………… 194
　　191. 你对空调操纵机构和工作过程了解多少？…………………… 195
五、自动空调系统 …………………………………………………… 197
　　192. 你对自动空调了解多少？……………………………………… 197
　　193. 自动空调温度是怎样控制的？………………………………… 201
　　194. 自动空调鼓风机转速是怎样控制的？………………………… 202
　　195. 出风气流是怎样控制的？……………………………………… 203
　　196. 内循环模式（进气）是怎样控制的？………………………… 203
六、空调系统诊断与维修 …………………………………………… 203
　　197. 日照传感器故障怎么办？……………………………………… 203
　　198. 空气温度传感器故障怎么办？………………………………… 206

199. 前鼓风机电机转速故障怎么办？ ………………………… 208
200. 车外空气质量传感器故障怎么办？ …………………… 208
201. 怎样检测膨胀阀？ …………………………………… 208
202. 怎样检修冷凝器？ …………………………………… 208
203. 怎样诊断大众双区空调系统？ ……………………… 209
204. 怎样匹配和设定大众/奥迪空调系统？ ……………… 214
205. 怎样拆卸和安装加热器和空调器（宝来)？ ………… 214
206. 怎样拆卸和安装空调器调节装置？ ………………… 215
207. 怎样拆卸和安装空调器拉索（宝来)？ ……………… 218
208. 怎样拆卸和安装新鲜空气风门和空气循环风门伺服
     电机 V71？ …………………………………………… 219
209. 自动空调系统及元件故障怎么办？ ………………… 220
210. 怎样维修空调压缩机？ ……………………………… 224
211. 空调压力异常故障怎么办？ ………………………… 226
212. 空调制冷系统怎样抽真空？ ………………………… 228
213. 怎样加注调制冷剂？ ………………………………… 229
七、空调系统电路控制与诊断 ……………………………… 231
214. 空气混合风门电路是怎样控制的？ ………………… 231
215. 鼓风机系统控制电路是怎样控制的？ ……………… 232
216. 送风模式是怎样控制的？ …………………………… 235
217. 进气模式风门是怎样控制的？ ……………………… 236
218. 冷凝器风扇是怎样控制的？ ………………………… 237
219. 压缩机电路是怎样控制的？ ………………………… 240
220. 怎样应用宝来空调系统电路图？ …………………… 241

第六章　发动机电工技术与电控维修

一、电控发动机基本控制和原理 …………………………… 244
221. 你对电子控制单元了解多少？ ……………………… 244
222. 你对发动机电子控制系统了解多少？ ……………… 246
223. 你对发动机电子控制单元端子检测和参数了解
     多少？ ………………………………………………… 248

224. 你对燃油流动系统了解多少? ………………………… 253
225. 你对燃油压力调节器了解多少? ……………………… 253
226. 你对燃油喷油嘴工况了解多少? ……………………… 254
227. 你对空气流动系统了解多少? ………………………… 254
228. 你对质量型空气流量传感器工况了解多少? ………… 254
229. 你对节气门位置传感器(TPS)了解多少? ………… 255
230. 你对怠速空气控制阀、辅助空气控制阀工况了解
多少? …………………………………………………… 258
231. 凸轮轴位置传感器是怎样工作的? …………………… 260
232. 你对燃油喷射控制信号了解多少? …………………… 262
二、发动机电工技术检测与诊断 ………………………………… 263
233. 怎样检测与诊断空气流量传感器? …………………… 263
234. 空气流量传感器损坏有什么影响? …………………… 267
235. 进气压力传感器的电路控制和作用是怎样的? ……… 267
236. 怎样检测与诊断进气压力传感器? …………………… 268
237. 进气压力传感器失效有什么影响? …………………… 269
238. 进气温度传感器的电路控制和结构是怎样的? ……… 270
239. 怎样检测与诊断进气温度传感器? …………………… 271
240. 进气温度传感器失效有什么影响? …………………… 271
241. 冷却液温度传感器的电路控制和结构是怎样的? …… 272
242. 怎样检测与诊断冷却液温度传感器? ………………… 273
243. 冷却液温度传感器失效有什么影响? ………………… 274
244. 怠速控制装置的任务是什么? ………………………… 275
245. 机械拉线节气门和电子节气门系统有什么区别? …… 276
246. 电子节气门控制组成是怎样的? ……………………… 278
247. 你对节气门执行器控制(TAC)了解多少? ………… 278
248. 电子节气门信号控制和电路是怎样的? ……………… 278
249. 电子节气门各阶段工况是怎样的? …………………… 281
250. 加速踏板是怎样控制的? ……………………………… 283
251. 节气门失效有什么影响? ……………………………… 284
252. 怎样清洗节气门? ……………………………………… 285
253. 氧传感器基本功用原理是什么? ……………………… 286

254. 氧传感器的特性和检测方法是怎样的？ ·················· 288
255. 什么是宽带型氧传感器？ ··························· 289
256. 怎样检测宽带氧传感器？ ··························· 291
257. 宽带氧传感器失效有什么影响？ ····················· 291
258. 什么是开环控制？ ································· 293
259. 什么是闭环控制？ ································· 294
260. 电动燃油泵是怎样工作的？ ························· 295
261. 你对喷油器驱动控制了解多少？ ····················· 297
262. 你对燃油箱带有加油过量保护功能的运行通风阀
   了解多少？ ······································· 297
263. 双制动踏板位置传感器电路故障怎么办？ ············· 298
264. 凸轮轴位置传感器和曲轴位置传感器电路故障
   怎么办？ ··· 299
265. 风扇电路故障怎么办？ ····························· 300
266. 你对自诊断接口了解多少？ ························· 302
267. 爆震传感器电路故障怎么办？ ······················· 303
268. 前氧传感器故障怎么办？ ··························· 303
269. 后氧传感器故障怎么办？ ··························· 305
270. 前加热氧传感器电压过低故障怎么办？ ··············· 306
271. 前加热氧传感器电压过高故障怎么办？ ··············· 308
272. 前加热氧传感器响应过慢故障怎么办？ ··············· 309
273. 前加热氧传感器活性不足或开路故障怎么办？ ········· 311
274. 前加热氧传感器加热器电路不工作故障怎么办？ ······· 313
275. 加热型后氧传感器故障怎么办？ ····················· 314
276. 冷却液温度传感器电路故障怎么办？ ················· 315
277. 喷油器驱动级电路故障怎么办？ ····················· 315
278. 炭罐控制阀驱动级电路故障怎么办？ ················· 317
279. 分电器点火系统电路是怎样控制的？ ················· 318
280. 直接点火系统电路是怎样控制的？ ··················· 318
281. 无分电器点火系统是怎样控制的？ ··················· 318
282. 点火线圈故障怎么办？ ····························· 320
283. 油门踏板位置传感器故障怎么办？ ··················· 321

284. 燃油泵电路故障怎么办? …………………………… 322
285. 由电路故障导致的启动时发动机不转或转动缓慢
    怎么办? …………………………………………… 324
286. 不会分析电子点火正时信号波形怎么办? ………… 325
287. 不会分析点火（DIST）参考信号波形怎么办? …… 325
288. 最佳点火提前角与哪些因素有关系? ……………… 326
289. 什么是通电时间控制? ……………………………… 326
290. 点火提前角水温怎样修正? ………………………… 327
291. 怠速稳定及空燃比反馈怎样修正? ………………… 328
292. 怎样选择装配合适的火花塞? ……………………… 328
293. 火花塞故障怎么办? ………………………………… 329
294. 火花塞维修应注意哪些事项? ……………………… 329
295. 你对通用的诊断仪模式了解多少? ………………… 330
296. 你对诊断驱动周期了解多少? ……………………… 332
297. 通用车系诊断驱动周期是怎样的? ………………… 333
298. 福特车系诊断驱动周期是怎样的? ………………… 333
299. 丰田车系诊断驱动周期是怎样的? ………………… 334
300. OBD-Ⅱ车载诊断系统是怎样工作的? …………… 334
301. OBD-Ⅱ维修应用的关键是什么? ………………… 338

第七章　电控自动变速器和电工维修　341

一、自动变速器基本维修知识和技能 ………………… 341
302. 自动变速器由哪几部分组成? ……………………… 341
303. 电控自动变速器控制原理是怎样的? ……………… 342
304. 你对换挡控制了解多少? …………………………… 343
305. 你对液力变矩器了解多少? ………………………… 344
306. 你对单向离合器了解多少? ………………………… 347
307. 你对变矩器锁止机构了解多少? …………………… 348
308. 你对行星齿轮机构和变速原理了解多少? ………… 350
309. 你对变速器基本控制了解多少? …………………… 351
二、自动变速器基本测试 ………………………………… 352

310. 变速器油压测试的条件是什么？ ………………… 352
311. 怎样测试主油压？ ……………………………… 353
312. 怎样判断油压故障？ …………………………… 354
313. 前进挡位油压怎样测试？ ……………………… 356
314. 怎样进行时间滞后测试？ ……………………… 357
315. 怎样进行失速实验测试？ ……………………… 358
316. 怎样进行道路试验测试？ ……………………… 359

三、自动变速器电控系统诊断 ………………………… 362
317. 你对驻车制动了解多少？ ……………………… 362
318. 你对阀体了解多少？ …………………………… 363
319. 你对电控电磁阀了解多少？ …………………… 364
320. 你对启动联锁和倒车灯控制了解多少？ ……… 365
321. 你对动态换挡程序和驾驶模式了解多少？ …… 365
322. 你对变速器多功能挡位（TR）开关F125了解多少？ ………………………………………… 366
323. 怎样检测多功能挡位（TR）开关F125？ …… 368
324. 你对变速器输入转速传感器G182了解多少？ ……… 371
325. 你对变速器输出转速传感器G195了解多少？ ……… 372
326. 你对变速器输变速器油温传感器G93了解多少？ …… 373
327. 你对Tiptronic升挡开关和降挡开关了解多少？ … 375
328. 你对节气门位置传感器和加速踏板位置传感器在变速器中任务了解多少？ …………………… 375
329. 执行器故障怎么办？ …………………………… 376
330. 怎样诊断自动变速器控制单元J217故障？ …… 380

四、维修电工需要掌握的自动变速器交叉故障诊断和排除 ……………………………………………… 382
331. 汽车不能行驶故障怎么诊断？ ………………… 382
332. 自动变速器打滑怎么办？ ……………………… 383
333. 换挡冲击过大故障怎么诊断？ ………………… 384
334. 升挡过迟故障怎么诊断？ ……………………… 385
335. 不能升挡故障怎么诊断？ ……………………… 385
336. 无超速挡故障怎么诊断？ ……………………… 386

337. 无前进挡故障怎么诊断? ………………………… 387
338. 无倒挡故障怎么诊断? …………………………… 388
339. 跳挡故障怎么诊断? ……………………………… 389
340. 挂挡后发动机怠速易熄火故障怎么诊断? ……… 389
341. 无发动机制动故障怎么诊断? …………………… 390
342. 不能强制降挡故障怎么诊断? …………………… 391
343. 无锁止故障怎么诊断? …………………………… 392

第八章 底盘电控系统及电工维修   394

一、电控悬架 ……………………………………………… 394
　344. 什么是电控液压悬架? …………………………… 394
　345. 电控空气悬架空气总成结构和功能是怎样的? … 395
　346. 你对电控空气悬架空气总成控制了解多少? …… 395
　347. 你对电控空气悬架传感器了解多少? …………… 399
　348. 你对电控空气悬架调节了解多少? ……………… 400
　349. 不会电控空气悬架系统编码和诊断怎么办? …… 402
　350. 你对电磁悬架了解多少? ………………………… 403
二、电控助力转向系统 …………………………………… 405
　351. 电控机械式助力转向系统（EPS）有什么特点? … 405
　352. 双小齿轮电控机械助力转向系结构是怎样的? … 405
　353. 你对转向角传感器了解多少? …………………… 407
　354. 你对转向转矩传感器了解多少? ………………… 409
　355. 你对转子转速传感器了解多少? ………………… 411
　356. 你对转向辅助控制单元 J500 了解多少? ……… 412
　357. 怎么执行转向设定? ……………………………… 414
三、电控制动和行车稳定控制系统 ……………………… 415
　358. 你对 ABS 防抱死系统结构和元件了解多少? … 415
　359. ABS 防抱死系统有什么作用? ………………… 417
　360. ABS 系统维修有哪些事项要领? ……………… 418
　361. 怎样检测和诊断 ABS 系统? …………………… 419
　362. 怎样排除 ABS 系统故障? ……………………… 421

363. 怎样检测 ABS 控制单元电路? …………………………… 427
364. 怎样应用和分析 ABS 系统电路图? …………………… 429
365. 轮速度传感器电路故障怎么办? ………………………… 434
366. 泵电机电路故障怎么办? ………………………………… 435
367. 防抱死制动系统指示灯故障怎么办? …………………… 435
368. 你对电子制动力分配（EBD）系统控制了解
    多少? ……………………………………………………… 436
369. 你对 EBA 电子制动力辅助系统控制了解多少? ……… 437
370. 你对 TCS 牵引力控制系统控制了解多少? …………… 437
371. 你对动态行驶平稳控制系统（VDC）了解多少? …… 438
372. （EPB）电子驻车制动系统由哪几部分组成? ………… 439
373. （EPB）电子驻车制动系统怎样操纵? ………………… 440
374. 你对（EPB）电子驻车制动系统主要电子控制部件
    了解多少? ………………………………………………… 440
375. EPB 系统驻车制动电机的工作过程是怎样的? ……… 441
376. EPB 系统斜轴轮盘机构的工作原理是怎样的? ……… 441
377. 你对 ECD 电子控制减速了解多少? ………………… 443
378. 你对 ESP 压力传感器了解多少? ……………………… 444
379. 你对 VGRS 可变传动比转向控制系统了解多少? …… 445

第九章　车身电气设备　447

380. 你对照明灯了解多少? …………………………………… 447
381. 你对信号及标志用灯了解多少? ………………………… 448
382. 氙气灯结构原理是怎样的? ……………………………… 449
383. 怎样匹配奥迪氙气大灯系统? …………………………… 449
384. 前照灯电路故障怎么办? ………………………………… 451
385. 前照灯开关输入信号相关性故障怎么办? ……………… 452
386. 照明控制开关信号电压过低或过高怎么办? …………… 453
387. 远光控制电路故障怎么办? ……………………………… 454
388. 驻车灯控制电路故障怎么办? …………………………… 454
389. 乘客舱变光控制电路故障怎么办? ……………………… 455

390. 前雾灯开关电路故障怎么办? ……………………… 455
391. 制动灯电路故障怎么办? ………………………… 456
392. 远光和前照灯闪光选择电路故障怎么办? ……… 457
393. 牌照灯电路故障怎么办? ………………………… 458
394. 中央高位制动灯电路故障怎么办? ……………… 459
395. 前转向信号电路故障怎么办? …………………… 460
396. 转向信号电路对蓄电池短路怎么办? …………… 461
397. 怎样校正大灯安装位置? ………………………… 461
398. 怎样调整前照灯灯光? …………………………… 462
399. 加热型后视镜故障怎么办? ……………………… 463
400. 自动明暗调节后视镜故障怎么办? ……………… 465
401. 电动后视镜折叠功能故障怎么办? ……………… 466
402. 刮水器/洗涤器是怎样工作的? ………………… 466
403. 检修安全气囊要注意什么? ……………………… 467
404. 维修安全带拉紧器导线要注意什么? …………… 467
405. 巡航系统的组成及功能是怎样的? ……………… 470
406. 巡航控制原理是怎样的? ………………………… 471
407. 车距调节传感器是怎样调整的? ………………… 472
408. 电动车窗的组成和控制是怎样的? ……………… 472
409. 电动车窗有哪几种类型? ………………………… 474
410. 电动车窗的操纵和控制功能是怎样的? ………… 475
411. 你对电动车窗电动机了解多少? ………………… 476
412. 电动车窗的限位开关防夹功能是怎样的? ……… 477
413. 丰田车系防盗如何进行匹配和设定? …………… 478
414. 现代车系防盗如何进行匹配和设定? …………… 481
415. 大众/奥迪车系防盗如何进行匹配和设定? …… 483
416. 电动升降器故障怎么办? ………………………… 490

参考文献

第一章 Chapter 1
汽车电工基础

第一节
汽车电工常用术语和基本元件

一、电压

1. 怎样测量电压

用电压表测量电压。测量电学参数（电压、电流、电阻）时通常使用一个数字万用表。

测量电阻 R_2 的电压见图 1-1。电压表始终与用电器、元件或电压电源并联在一起。

为了不影响待测电路，电压表内阻应尽可能大。在电压电源上测量时测量瞬时电压。用电压表测量时要注意以下几点。

① 必须设置电压类型，即交流电压或直流电压（AC/DC）。
② 开始时应选择较大的测量范围（量程）。
③ 测量直流电压时注意极性。
④ 测量后要将电压表调到最大的交流电压量程。

2. 什么是直流电压

电压值和极性保持不变的电压称为恒定（理想）直流电压。电压值变化而极性保持不变的电压称为直流电压（图 1-2）。最常用的直流电压电源包括原电池（蓄电池）、相应的发电机（部分接有整流器）、光电池（太阳能系统）和开关模式电源。在技术领域还通常组合使用变压器和整流器。

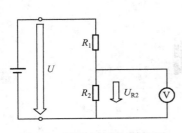

图 1-1　测量电阻 R_2 的电压

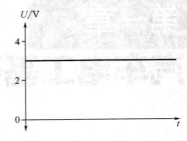

图 1-2　理想直流电压示意图

3. 什么是交流电压

> **小贴士 Tips**
>
> 在欧洲，交流电压为 230V，频率为 50Hz。该频率（通常也称为电源频率）表示每秒电流朝相同方向流动的次数。

数值大小和极性不断变化的电压和电流称为交流电压和交流电流。交流电压的典型代表是家庭常用的"来自插座的电流"。

如图 1-3 所示，显示了一个正弦交流电压（u）随时间（t）变化的情况。交流电压的特点是其方向呈周期性变化。

二、电流

4. 什么是电荷载体

电荷载体可以是电子（金属电荷载体）或离子（液态和气态电荷载体）。由于外侧电子（价电子）与原子核的距离相对较远，因此这些电子与原子核的连接较弱。原子吸收能量（如热、光和化学过程）后，价电子从原子外侧壳体上脱离，形成所谓的自由电子。

自由电子从一个原子移动到另一个原子时称为电子流动或电流。

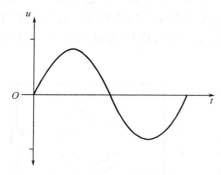
图1-3 交流电压示意图

图1-4 电流产生示意图

5. 什么是电路

电路由电源（例如电池）、用电器（例如灯泡）和导线组成。通过开关可使电路闭合或断开。

每个电导体都带有自由电子。电路闭合时，所施加的电压使导体和用电器的所有自由电子同时朝一个方向移动。

6. 电流是怎样产生的

电流是指电荷载体（例如物质或真空中的自由电子或离子）的定向移动（图1-4）。

每个时间单位内流动的电子（电荷载体）数量就是电流强度，俗称电流。每秒内流经导体的电子越多，电流强度就越大。电流强度用电流表测量。

电压是产生电流的原因。只有在闭合的电路内才有电流流动（图1-5）。

7. 什么是直流电流

最简单的情况是，电流流动不随时间而改变，这种电流称为直流电流（DC）。如图1-6所示电流方向为从正极流向负极。

8. 什么是交流电流

除直流电流外还有交流电流（AC）。交流电流是指以周期方式改变其极性（方向）和电流值（强度）的电流。该定义也适用于交流电压。交流电流的特点是其电流方向呈周期性变化。电流变化频率（通常也称为电源频率）表示每秒内电流朝相同方向流动的次数。

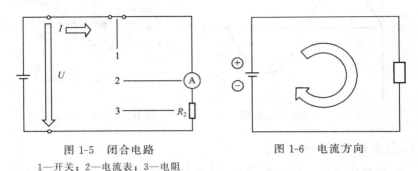

图 1-5　闭合电路
1—开关；2—电流表；3—电阻

图 1-6　电流方向

9. 什么是脉动电流

如果在一个电路中直流电源和交流电源可同时起作用，就会产生脉动电流。因此，周期电流是直流电流与交流电流叠加的结果。

10. 怎样测量电流

（1）电流表测量电流

电流表始终与用电器串联在一起。为此必须断开电路导线，以将电流表加入电路中。测量时电流必须流经电流表。

电流表内阻应尽可能低，以免影响电路。

用电流表测量时要注意以下几点。

① 注意电流类型，即电路中流过的是交流电流还是直流电流（AC/DC）。

② 开始时应选择尽可能大的量程。

③ 注意直流电流的极性。

④ 测量后要将电流表调到最大交流电压量程。

（2）电流夹钳测量电流

如图 1-7 所示，使用电流钳测量电流。如果待测电流强度 >

10A，那么用电流夹钳测量电流的优势非常突出。另一个优点是测量电流强度时无需打开电路。

三、电阻

11. 电阻有什么作用

图 1-7　电流夹钳测量电流
1—电流钳；2—蓄电池负极单线

简单地说，干扰电子流动的效应称作电阻。

该效应使电阻具有限制电路内电流的特点。在电子系统中，电阻的作用非常重要。除作为元件的标准电阻外，其他各部件都有一个可影响电路电压和电流的电阻值。

固定电阻器和可变电阻器在机动车电子系统内使用。固定电阻器分为线绕电阻器和金属膜电阻器。

12. 什么是导体的电阻

导线的电阻取决于导体的尺寸、比电阻和温度。导体越长电阻值越大。导体横截面越大电阻值越小。相同尺寸的不同材料其电阻值不同。

13. 什么是作为元件使用的电阻

（1）电阻值表示

由于在大多数情况下导线的电阻都会带来不利影响，因此电子系统通常需要将电路电流限制在一个特定限值内。在此根据具体用途将相应类型和大小的电阻作为元件使用。由于电阻尺寸通常很小且不印出或很难看清电阻值，因此通常用色环来表示电阻值。

如图 1-8 所示，每种颜色都代表一个特定的阻值，因此可以通过计算色环数值总和得到电阻值。电阻上注明的电阻值仅适用于温度 20℃ 的条件。之所以有这种限制是因为所有材料的电阻都会随温度而变化。

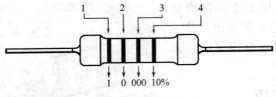

图 1-8 电阻阻值

(2) 电阻值识别(见表 1-1)

表 1-1 图解(图 1-8)电阻阻值

图标	颜色	数	值	
1	褐色	1		
2	黑色	0		=10kΩ
3	橙色		000	
4	银色			10	公差10%

电阻值通过压印在电阻器上的数值或通过色环识别,见表 1-2。

表 1-2 电阻阻值识别

颜色	第 1 环 第 1 个数字	第 2 环 第 2 个数字	第 3 环 零的数量	第 4 环 公差/%
黑色	—	0	无 0	
棕色	1	1	0	1
红色	2	2	00	2
橙色	3	3	000	
黄色	4	4	0000	
绿色	5	5	00000	
蓝色	6	6	000000	
紫色	7	7	0000000	
灰色	8	8	—	
白色	9	9	—	
金色			×0.1	5
银色			×0.01	10
无色				20

14. 什么是机械可变电阻

机械可变电阻分为电位器和微调电位器。

电位器的电阻值可随时改变,而微调电位器的电阻值只能在进行调节时偶尔改变。电位器装在防尘套内，有一个轴。

电位器用于进行长度测量。电位器活动触头与待测长度有关。通过电阻内的变化可以量度长度变化。电位器也可以作为角度传感器使用。在这种情况下，旋转角度与电位器电阻上的电压降之间具有一种

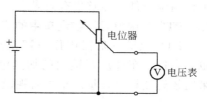

图1-9　用于测量电压的电位器电路

固定的相互关系。用于测量电压的电位器电路见图1-9。

15. 什么是NTC热敏电阻器

（1）NTC热敏电阻器特性

非金属物质具有热敏电阻特性。NTC表示"负温度系数"，其电阻值随温度升高而降低。电阻器可通过电流固有的加热特性直接加热，也可通过外源间接加热。

NTC热敏电阻器的电路符号见图1-10。

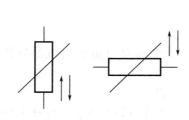

图1-10　NTC热敏电阻器的电路符号

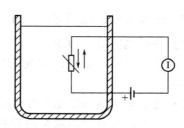

图1-11　NTC热敏电阻器用作温度传感器示意图

（2）NTC热敏电阻器在汽车中的应用

在车辆内，NTC热敏电阻器用于测量温度，例如冷却液、进气、车内和车外温度（图1-11）。

16. 什么是PTC热敏电阻器

（1）PTC热敏电阻器特性

PTC热敏电阻器的阻值随温度升高而增加。因此，这种热敏

电阻器的温度系数称为正温度系数。这表示，该电阻器在低温条件下比高温条件下能够更有效导电。

（2）PTC 热敏电阻器在汽车中的应用

PTC 热敏电阻器用作空调系统内风扇电机的过载保护装置，也用来控制车外后视镜内的加热电流。例如，PTC 热敏电阻器用来监控燃油箱储备量。车外后视镜内加热控制电路见图 1-12。

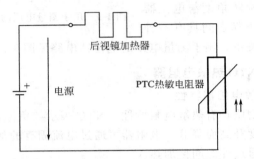

图 1-12　车外后视镜内加热控制电路

17. 什么是光敏电阻器（LDR）

（1）光敏电阻器（LDR）

光敏电阻器是可以在光线影响下改变自身电阻的光敏半导体组件。

（2）光敏电阻器（LDR）在汽车中的应用

例如，在自动防眩车内后视镜中，两个 LDR 测量向行驶方向的入射光线和向其他方向的入射光线并将它们进行比较。

18. 怎样测量电阻

欧姆电阻值用欧姆表测量（万用表的测量电阻挡）。在大多数情况下使用多量程测量仪（万用表），以免出现读数错误和不准确。测量电阻时要注意以下几点。

① 测量期间不得将待测部件连接在电压电源上，因为欧姆表使用本身的电压电源并通过电压或电流确定电阻值。

② 待测部件必须至少有一侧与电路分离，否则并联的部件会

影响测量结果。

③ 极性无关紧要。

四、电容器和电容

19. 电容器是怎样工作的

电容器和电阻在汽车中大量使用，汽车上的控制模块都离不开电容。

电容器是一个能够存储电荷或电能的元件。最简单的电容器由两个对置的金属板和金属板之间的一个绝缘体组成（图1-13）。

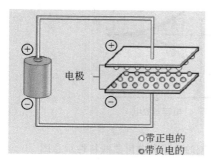

图1-13 电容器

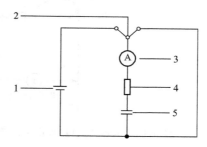

图1-14 电容器的充电和放电
1—直流电压电源；2—开关；3—电流表；4—电阻；5—电容器

如图1-14所示，图中给出了电容器的充电和放电过程。通过开关闭合将一个直流电压电源连到电容器上时，就会进行电荷转移。一个电容器金属板上电子过剩（负电荷），另一个金属板上的电子不足（正电荷）。

短时内流过一股充电电流，直至电容器充满电。该电流可用电流表测量。

电容器充满电时不再有电流流过（电流表显示0），即使之后电压电源仍保持连接状态。随后电容器阻断直流电流，即电容器电阻变为无限大。

电容器与直流电压电源断开后电容器仍保持充电状态，即两个金属板之间存在电子差。电容器存储了电能。

20. 电容器充电/放电有什么特性

通过改变开关位置使电容器短路时，放电电流朝反方向流动。直至两个金属板重新为电中性，或电阻内的电能转化为热能时，放电电流停止流动。电容器充电/放电期间电流的电压和电流曲线特性示意图见图1-15。

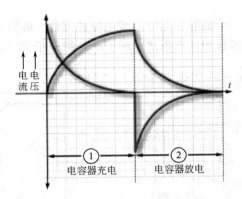

图1-15 电容器充电/放电期间电流的电压和电流曲线特性示意图

电工知识

电容器充电过程开始时的电流较高。而开始时的电压较低或为0。随着电容器充电过程的进行，电流越来越小，电压越来越大。

电容器充满电时不再有电流经过。电压达到电压电源值。

电容器开始放电时电流较高，但与充电时的流动方向相反。电压开始时为最大值，然后随电容器放电而不断降低。电容器完全放电后不再有电流经过，电容器金属板之间没有电势差。如果单位时间内充电和放电过程的数量增加，例如通过施加交流电压，则单位时间内的充电和放电电流数量就会增大，因此单位时间内的电流平均值也会增大。因此电容器内的电流变大，即电容器电阻明显减小（电容性电抗）。电容器在车辆上作为短时电荷存储器使用，用于电压滤波和减小过压峰值。

21. 电容器有哪几种类型

(1) 非极化电容器

非极化电容器的两个接头相同,即可以相互调换。非极化电容器可用直流和交流电压驱动。

(2) 极化电容器

极化电容器有一个正极接头和一个负极接头。这两个接头不能互换。极化电容器不能用交流电压驱动。

(3) 纸质或包层电容器

将一层或多层石蜡或油纸放在两个金属膜之间(几微米厚)。用复合密封剂或填充剂将包层密封起来,以防造成机械损伤(图1-16)。

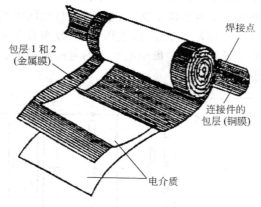

图1-16 纸质或包层电容器

(4) 陶瓷电容器

此类电容器使用陶瓷作为电介质,陶瓷上烧结有金属银作为电极。钛电容是这类电容器的代表,并且通过与其他电容器和线圈组合使用,即使温度发生变化,这种电容器都可以达到一个恒定的谐振频率。

(5) 电解电容器

此类电容器中,通过电解作用在铝片上形成一层极薄的氧化膜。浸有电解液的纸或纸网夹在这些薄膜之间,形成正电极。铝片形成负电极。由于电解电容器使用极薄的氧化膜作为电介质,因此具有较大的电容。

22. 什么是电容

电容器的存储能力称为电容。电容的单位是法拉（F）。

电工知识

计算充电和放电时间时，需要电容器充电电流经过的电阻阻值和电容器电容值。施加的电压大小对充电时间没有影响。电容器电容 C 越小、电阻 R 越小，充电过程越快。

23. 电容器串联是怎样的

电容器与电阻相似，电容器也可并联和串联。

电容器串联：将电容器依次连接在一起且相同电流经过所有电容器时，电容器为串联形式。总电压 U_{total} 分布在串联电容器上。局部电压之和等于总电压。最小电容上的电压降最大。最大电容上的电压降最小（图 1-17）。

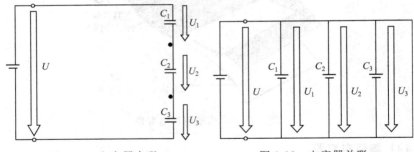

图 1-17 电容器串联　　　　图 1-18 电容器并联

电工知识

串联电路的总电容小于最小的单个电容。每增加一个串联电容器，总电容就会随之减小。

24. 电容器并联是怎样的

电容器并联时，施加在所有电容器上的电压都相同。电容器通常采用并联方式,以增大电容。

因为通过电流为电容器充电,所以所有电容器的总电容大于所有单个电容器的电容。总电容等于单个电容之和(图 1-18)。

25. 电容器在汽车上是怎样运用的

例如,如图 1-19 所示汽车车内照明灯关闭延迟。

电容器 C 与继电器的线圈并联在一起。因此,释放开关后仍有电流通过继电器,从而通过照明灯。通过继电器的励磁线圈使电容器放电后,继电器就会关闭照明灯电路,照明灯电流在开关释放后延迟一小段时间才中断。

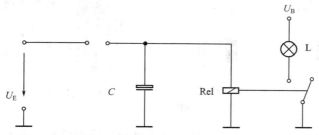

图 1-19 车内照明灯关闭延迟电路

五、线圈和电感

26. 汽车上有哪些线圈和电感元件和零部件

在车辆电气系统上线圈有多种用途,例如用作点火线圈、用于继电器和电机内。在车辆电子系统上,线圈用于感应式传感器内,例如曲轴和凸轮轴传感器。但线圈也可以用于输送能量(变压器)或进行过滤(例如分频器)。在继电器内利用线圈的磁力切换开关。

27. 什么是导电体的磁场

在每个载流导体周围都有一个磁场。磁力线的形状为闭合的圆圈。

载流导体周围磁力线的方向可通过螺旋定则确定。设想将一个右旋螺纹螺栓沿电流方向(技术方向)拧入一个导体内,则其旋转方向就是磁力线方向。

28. 什么是磁力线圈

磁力线圈是指缠绕在一个固体上的导线。但不一定要有这个固体。它主要用于固定较细的导线。线圈用在变压器、继电器和电机内。线圈的电路符号见图1-20。

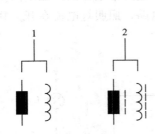

图 1-20　线圈的电路符号
1—没有铁芯的线圈；2—有铁芯的线圈

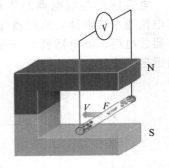

图 1-21　电磁感应

有电流经过线圈时，就会产生磁场。线圈将电能存储在磁场中。切断电流时，磁能重新转化为电能。产生感应电压。线圈最重要的物理特性是其电感。

但除了电感外，实际线圈还具有其他一些（通常是不希望出现的）特性，例如电阻或电容。通过在线圈中放入一个铁芯可使磁场强度增大1000倍。铁芯不是电路的一部分。带有铁芯的线圈称为"电磁铁"。

29. 什么是电磁感应

电导体或线圈在磁场中移动时，导体或线圈内就会产生一个电压。磁场强度改变时，导体或线圈内也会产生电压。该过程称为电磁感应，产生的电压称为感应电压。电磁感应见图1-21。

感应电压的大小取决于：磁场强度（绕组数量N、电流强度I和线圈结构）。

电导体或线圈在磁场中的移动速度不断变化的电流经过线圈时，线圈周围就会产生一个不断变化的磁场。电流每变化一次线圈内都会产生一个自感应电压。产生该电压的目的在于抵消电流变化。

简单地说，电感对磁场变化（建立和消失）的反作用与物理学中的惯性原理相似。

30. 电磁感应在汽车上是怎样运用的

感应式脉冲传感器，感应式传感器根据感应原理工作。为此主要需要一个线圈（绕组）、一个磁场和"移动"。通过这种测量原理能够以非接触（因此也不产生磨损）方式测量角度、距离和速度。

例如，汽车发动机曲轴位置传感器见表1-3。

表1-3 曲轴传感器

项目	电工维修知识与技能	图示/示意图
曲轴传感器控制	感应式脉冲传感器——曲轴传感器，它是测量发动机转速。它由一个永久磁体和一个带有软铁芯的感应线圈构成。飞轮上装有一个齿圈作为脉冲传感器。在感应式传感器与齿圈之间只有一个很小的间隙。经过线圈的磁流情况取决于传感器对面是间隙还是轮齿。轮齿将散乱的磁流集中起来，而间隙则会削弱磁流。飞轮及齿圈转动时，就会通过各个轮齿使磁场产生变化	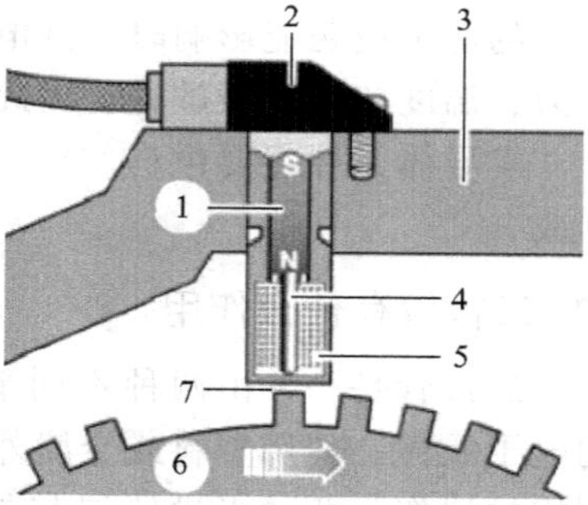 1—永久磁铁；2—传感器壳体；3—发动机（变速器）壳体；4—软铁芯；5—线圈；6—齿隙（基准标记）；7—间隙
曲轴传感器基准识别	磁场变化时在线圈内产生感应电压。每个单位时间内的脉冲数量是衡量飞轮转速的标准。控制单元也可以通过已知的齿圈齿隙确定发动机的当前位置。通常使用60齿距的脉冲信号轮，缺少一或两个轮齿的部位定为基准标记	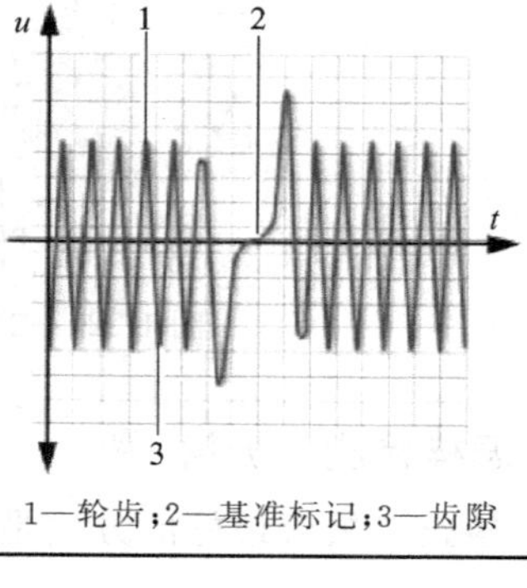 1—轮齿；2—基准标记；3—齿隙

发动机转速是计算空燃混合气和进行点火调节的主要控制参数。现在用霍尔传感器取代感应式脉冲传感器作为曲轴传感器的情况越来越多。

六、半导体

31. 什么是半导体技术

半导体是指电导率处于强导电性金属与绝缘体之间的材料。为了有目的地影响或控制半导体的电导率，将杂质加入半导体内；专业术语叫做掺杂。掺杂时加入具有特定晶格结构的不同化合价外部原子。

在室温条件下半导体的导电性很低。半导体受到热、光、电压形式的能量或磁能影响时，其电导率就会发生变化。由于半导体对压力、温度和光线很敏感，因此也是理想的传感器材料。

半导体元件主要由硅（Si）和砷化镓（GaAs）等半导体材料制成。

32. 二极管有什么作用

二极管是一种由两种不同半导体区域，即 P 层和 N 层，构成的电子元件。使用塑料或金属外壳对半导体晶体进行保护，以免受到机械损伤。两种半导体层与外部进行电气连接。P 层形成阳极，而 N 层形成阴极。二极管结构和电路符号见图 1-22。

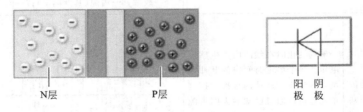

图 1-22　二极管结构和电路符号

33. 怎样检测二极管

检查二极管最好的方法是检测二极管的单向导电特性。

电工技能

用万用表检测二极管的电阻。如果二极管正极的电阻比较小反向电阻比较大,说明二极管是良好的;如果二极管正反向电阻都比较大或比较小那么可以判断二极管是损坏的。

34. 什么是发光二极管

发光二极管(LED)和普通二极管一样,发光二极管是PN结二极管。当发光二极管正向导通时能够发光。

特性:比普通的灯泡发热小,寿命长;以低功率消耗发出亮光;只需较低电压即可工作。

电工知识

LED必须始终与一个串联电阻连接在一起。以便限制经过发光二极管的电流。

一个LED的N层掺杂较多时,P层的掺杂只能较少。这样二极管接入流通方向时,电流几乎只通过电子运载。P层内出现空穴与电子结合(复合)的情况时,释放出能量。根据具体半导体材料,这种能量以可见光或红外辐射形式释放出来。由于P层非常薄,因此可能有光线溢出。发光二极管见图1-23、图1-24。

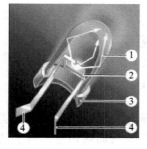

图1-23 发光二极管
1—发光光线;2—PN结;3—壳体;4—接头

图1-24 发光二极管功能

35. 稳压二极管有什么作用

稳压二极管接入阻隔方向。如果在阻隔方向上超过一个特定的电压 U_Z，电流 I_Z 就会明显提高，二极管即可导电。通过提高掺杂物质可使阻隔层变得很薄，因此电压为 1～200V 时就会击穿。为了在出现击穿电压时电流迅速升高不会造成二极管损坏，必须通过一个相应的电阻限制电流。稳压二极管在车辆电子系统中用于稳压和限制电压峰值。

36. 什么是光敏二极管

光敏二极管是 PN 结二极管（图 1-25），是由半导体和透镜组成。如果在有光线照射的光敏二极管加上反向电压，则反向电流就会通过。它的电流强度的变化和照在光敏二极管的光线多少成比例。当光敏二极管加上反向电压时，通过它测试的逆向电流的多少就可确定光照量的多少。

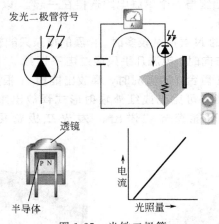

图 1-25 光敏二极管

37. 什么是整流二极管

整流二极管是利用 PN 结的单向导电特性，把交流电变成脉动直流电。整流二极管流电流较大，多数采用面接触性料封装的二极管。另外，整流二极管的参数除前面介绍的几个外，还有最大整流电流，是指整流二极管长时间的工作所允许通过的最大电流值。它是整流二极管的主要参数，是选用整流二极管的主要依据。

38. 怎样检测整流二极管

用万用表的 $100 \times R$ 或 $1000 \times R$ 欧姆挡，测量整流二极管的两根引出线（头、尾对调各测一次）。

电工技能

如果两次测得的电阻值相差很大，例如电阻值大的高达几十万欧姆、而电阻值小的仅几百欧姆甚至更小，可以判断该二极管是良好的。如果两次测得的电阻值几乎相等，而且电阻值很小，说明该二极管已被击穿损坏不能继续使用。

39. 什么是晶体管

晶体管是由三个半导体层组成的电子元件，又称三极管。每个半导体层都有一个电气接头。根据半导体层的分布方式分为 PNP 晶体管和 NPN 晶体管。这三个半导体层及其接头称为发射极（E）、基极（B）和集电极（C）。电荷载体从发射极移动到基极（发射出去）并由集电极吸收。因此晶体管有两个 PN 结，一个位于发射极与基极之间，另一个位于集电极与基极之间。晶体管结构见图 1-26。

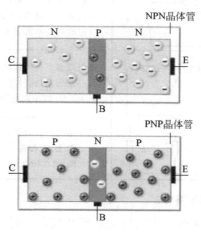

图 1-26 晶体管结构

第二节 基本电路

一、基本电路形式

40. 基本电路有哪些

表 1-4 基本电路列表

电路	图示/示意图	说 明
通路	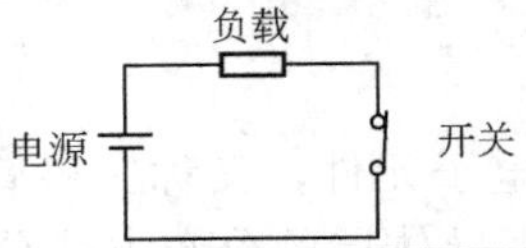 负载、电源、开关	也叫回路,是指从电源的一端沿着导线经过负载最终回到电源另一端的闭合电路
断路	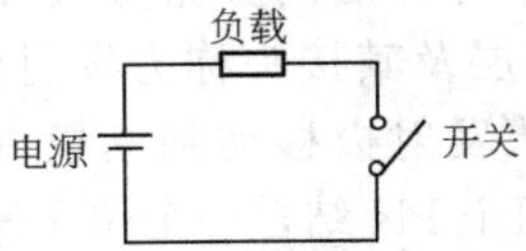 负载、电源、开关	也叫开路,断开开关,电源构不成回路,此时电路中的电流为零
短路	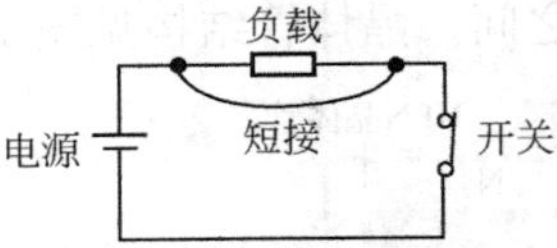 负载、电源、短接、开关	负载被导线直接短接或负载内部击穿损坏,电荷没有经过负载,直接从正极到达负极,此时流过电路的电流很大
串联	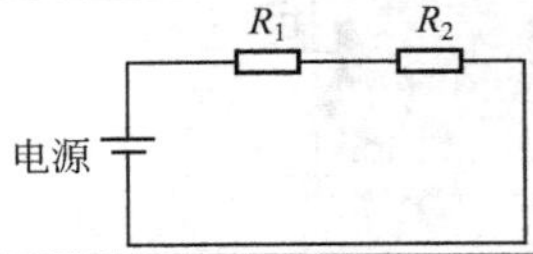 R_1、R_2、电源	两个或多个元件首尾相接在电路中,使电流只有一条通路,这种连接方式叫串联,如图中电阻 R_1、R_2 的串联电路
并联	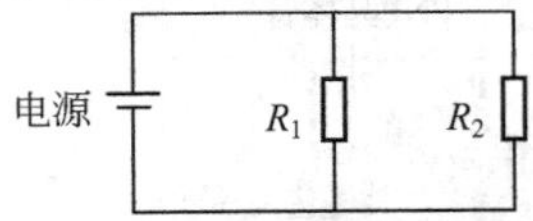 电源、R_1、R_2	若干个元件首与首连接,尾与尾连接,接到一个电源上,这种连接方法叫并联,如图中电阻 R_1、R_2 的并联电路

41. 什么是桥接电路

桥接电路是指两对串联的电阻器并联在一起。电压沿桥的对角线方向分配(图 1-27)。

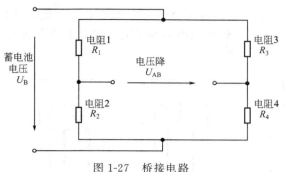

图 1-27 桥接电路

42. 什么是供电电源串联

正确串联连接各供电电源的电极时,就会将各部分电压相加起来。将各电源彼此同极相对连接时就会消减电压。最大电流由最弱供电电源决定。

> **电工知识**
>
> 串联连接供电电源时,各部分电压相加形成总电压。同理,将各内阻抗相加即得到总内阻抗。如图 1-28 所示。

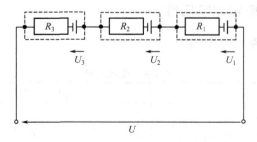

图 1-28 供电电源串联

43. 什么是供电电源并联

可将供电电源并联起来。但必须确保所有供电电源都具有相同的标称电压值和内阻抗。必须将各电源的同极彼此相连,否则可能会对供电电源造成无法修复的损坏或破坏。

如图 1-29 所示，各部分电流相加形成总电流，各内阻抗并联连接在一起。并联连接供电电源可输出相对于单个供电电源来说更强的电流。

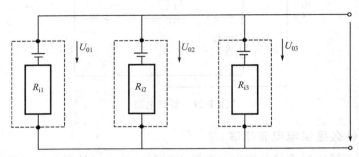

图 1-29 供电电源并联

电工技能

必须确保只将具有相同非负荷电压值和相同内阻抗的供电电源并联在一起。如果将不同容量和充电状态的蓄电池并联在一起（辅助启动），只能在短时间内保持这种连接状态，以免蓄电池过热。

二、模拟和数字信号

44. 什么是模拟信号

表 1-5 模拟信号

项目	电工知识	图示/示意图
模拟信号特点	如图 1-30 所示，模拟信号的特点是可以为 0%～100% 之间的任何数值 模拟信号示例： ①指针仪表按照某一电压偏转 ②NTC 电阻的电压与温度成正比	

教你成为 一流 汽车电工

45. 什么是二进制信号

表 1-6 二进制信号

项目	电工知识	图示/示意图
二进制信号特点	二进制信号只能识别两种状态 二进制信号示例： ①触点断开/触点闭合 ②继电器释放/继电器吸合 ③灯关/灯开 ④施加电压/不施加电压 使用开关晶体管可以处理二进制信号。在机动车电子模块中，许多信息使用二进制方式记录、处理和输出。两种信号状态使用"0"和"1"或者"低"和"高"来描述	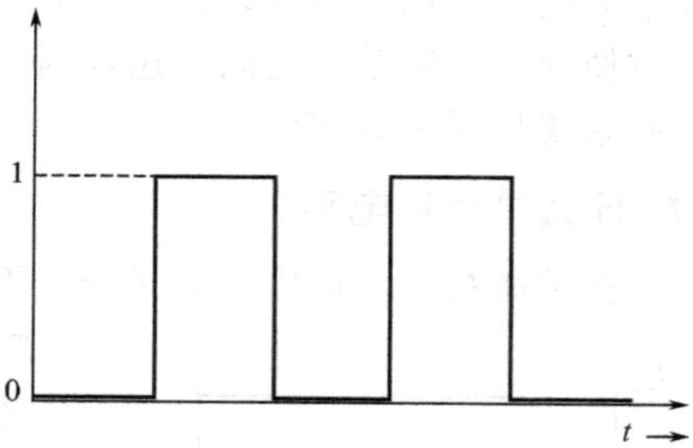 （方波信号图）

46. 什么是数字信号

汽车电子系统涉及需要比二进制信号处理结果更精确的信息和测量值。车内温度的术语"热"和"冷"不能提供有效的温度控制。由于这一原因，所以将几个二进制信号组合成一个数字信号。

数字值的数量随二进制位数组合的增加而增加。表 1-7 和表 1-8 给出了三位（二进制位）构成的数字信号；它可以代表 8 个不同的选项。

表 1-7 二进制位

第 2 个二进制位	第 1 个二进制位	第 0 个二进制位
0/1	0/1	0/1

表 1-8 十进制数

0	0	0	0
0	0	1	1
0	1	0	2
0	1	1	3
1	0	0	4
1	0	1	5
1	1	0	6
1	1	1	7

用模拟方式表示信息和测量值具有变化无限且精度高的优点。但是，不能识别和校正处理过程中电气故障造成的错误。模拟信息的存储非常复杂。二进制信号则可很方便地获取、处理、复制和保存。但是，对于许多信息应用来说，表现精度是不够的。数字信号处理方便。它们的精度取决于位数。由于数字信号容易保存并且可以方便地在控制单元之间传送，因此汽车中所有复杂的开环和闭环控制系统均采用数字信号。

47. 什么是信号电平

在控制技术术语中，电子开关不被看作是独立的系统。功能组被表示为"黑匣子"，包含一个或数个逻辑门。门输入常常由电子开关的输出驱动。由于干扰的作用绝对电压会波动，因此为电压电平定义一个电压范围。

可以在输入端和输出端装入电子开关。不管负载是对地（低）还是对电源（高）都要保证差异。以下表示在12V系统中使用的信号电平。信号电平见图1-30、表1-9。

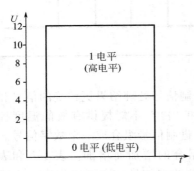

图1-30 信号电平示意图

表1-9 信号电平

信号	电平	符号	电压	范围
0	L—低	0	0V	0~2V
1	H—高	1	12V	6~12V

表1-9显示的二进制变量"0"和"1"很容易区分。不应出现2V和6V之间的电压值并且未被定义。

给定的条件可以用信号"0"和"1"表示，例如当开关处于"0"位（开）时警告灯接通（"1"）。这些0和1电平还用于在控制单元中保存故障代码。

根据电路的结构可以自由选择电平和禁止范围。馈电电压越高,电路的抗干扰能力越强。

48. 什么是逻辑电路

在汽车电气/电子系统中需触发和执行大量的开关操作。带有大电流开关触点的继电器用于切换大功率负载。但是,如果机械触点仅流过很小的电流,那么很快灰尘颗粒就会造成接触问题,造成开关故障。

因此,如今控制信号的逻辑操作使用电子电路。它们在保证高工作可靠性的同时降低了功耗、减小了体积和重量。由于与这些电路相关的输出信号不仅取决于输入信号的数值,而且也取决于逻辑功能。因此它们被称作逻辑电路(图1-31)。

图1-31 逻辑电路

三、电脑/集成电路维修

49. 什么是集成电路

集成电路简称IC(integrated circuit),是通过特殊的半导体工艺方法,把晶体管、电阻及电容等电路元器件和它们之间的连线,全部集成在同一块半导体基片上,最后再进行封装,做成一个完整的电路。

集成电路按其功能的不同,可以分为数字集成电路和模拟集成电路;按模拟集成电路的类型来分,则又有集成运算放大器、集成功率放大器、集成高频放大器、集成中频放大器、集成比较器、集成乘法器、集成稳压器、集成数/模和模/数转换器以及集成锁相环等。

50. 集成电路的脚位是怎样的序列

汽车中的集成电路常用的外形有三种：单列直插式、双列直插式、四方扁平式，如图 1-32 所示。

对于单列直接插式 IC 的脚位识别：打点或带小坑的为 1 脚，按从左到右的顺序数，如图 1-32(a) 所示。

对于双列直插式、四方扁平式的脚位识别：从起始脚开始，按逆时针方向数，一般打点或带小坑的为 1 脚，有的 IC 是以缺口槽为起始标志，正对缺口槽，左下就为 1 脚，如图 1-32 中（b）、（c）所示。

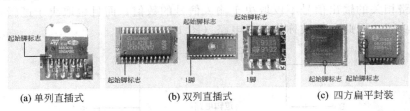

(a) 单列直插式　　(b) 双列直插式　　(c) 四方扁平封装

图 1-32　集成电路的脚位序列

51. 怎样检测集成电路

集成电路出现故障一般是局部损坏，如击穿、开路、短路等。电源集成电路和功放芯片易损坏，存储器易出现软件故障，其他芯片有时会出现虚焊等。

电工技能

对于集成电路是否损坏，可通过从各个方面测试集成电路的工作状态，并与正常工作状态作比较的方法来判断。即测量集成电路各引脚的对地电压值和电阻值，其中测量电压值必须在电路处于工作状态下进行，测量电阻值则应在断电静态状态下进行，具体判断方法如下：

① 检查集成电路各管脚对地的直流电压；
② 检查集成电路各脚对地电阻值；
③ 用示波器检查集成电路的输入输出波形。

52. 怎样维修双列直插式集成电路

(1) 用热风枪拆卸

对于脚位数目较多且脚位间距较大的IC，用烙铁拆卸不方便，一般使用热风枪进行拆卸。将热风枪的风力调到3挡，温度也调到了3挡，风嘴沿IC两边焊脚上移动加热，当焊锡熔化时，可用镊子取下。

(2) 用电烙铁拆卸

用电烙铁把焊锡熔化加到IC两边的焊脚并短路（即左边短接在一起，右边短接在一起，电烙铁温度可调到最高），焊锡尽量多些，盖住每个焊脚（图1-33），然后两边同时轮流加热即加热一下左边又加热一下右边，等焊锡全部熔化时，用镊子移开IC。用电烙铁把主板上多余的焊锡除掉并清理焊盘，把IC焊脚上多余的焊锡也清除掉，保证IC焊脚平整。

图1-33 集成电路拆卸

图1-34 集成电路加热拆卸

53. 怎样维修四方扁平芯片

(1) 拆卸方法

① 开启热风枪并调节热风枪的气流与温度，一般温度调节为300～400℃，而气流方面根据喷嘴来定，如果是单喷嘴，气流挡位设置在1～3挡，其他喷嘴，气流可设置在4～6挡，使用单喷嘴，温度挡不可设置太高。

② 记下待拆卸IC的位置和方向，并在IC引脚上涂上适当的

助焊剂。

③ 手持热风枪手柄，使喷嘴对准 IC 各脚焊点来回移动加热，喷嘴不可触及集成电路块引脚，一般距离 IC 引脚上方 6mm 左右，如图 1-34 所示。

④ 等 IC 脚焊锡点熔化时，如图 1-35 所示，用镊子移开 IC。

图 1-35　用镊子移开 IC　　　　图 1-36　整理电路板上的焊盘

⑤ 清除取下集成电路后余锡及焊剂杂质。可以可用无水酒精或天那水清除焊剂杂质，如图 1-36 所示，用电烙铁把电路板上的焊盘整理平整。

(2) 焊接操作

① 将拆卸下来的 IC 用无水酒精进行清洗，用烙铁将脚位焊平整，并放在带灯放大镜下检查脚位有无离位，有无短路，如有则重新进行处理，如是新买回的 IC 则不需此步处理。

② 将整理好的 IC 按原标志放回电路板上，检查所有引脚是否与相应的焊点对准，如有偏差，可适当移动芯片或整理有关的引脚。

③ 把助焊剂涂在 IC 各脚上，用烙铁把 IC 芯片四个角位焊接定位。

④ 用热风枪在集成模块各边引脚处来回移动逐一吹焊牢固，吹焊时要控制好风速，防止把模块吹移位，如发现模块位置稍有偏差，可待四周焊锡完全溶解后，用镊子将其轻推一下，即可复位，然后用镊子在 IC 上面轻轻向下压一下，使其与电路板接触良好。

⑤ 清洗助焊剂，检查电路板上有无锡珠、锡丝引起的短路现象，待 IC 冷却后方可通电试机。

当然焊接的时候，也可以不用热风枪而用电烙铁焊接，具体方法是：先用烙铁把 IC 芯片四个角位焊接定位，然后电烙铁加足焊锡和焊剂，温度调到 450℃，烙铁头接触 IC 脚并顺着往同一个方向快速拖动，用拖焊的方法，把 IC 焊牢（图 1-37）。

图 1-37　焊牢集成电路

54. 什么是集成运算放大器

反馈：把电子系统的输出量（电压或电流）的一部分或全部，经过一定的电路送回到它的输入端，称为反馈。如果引入的反馈使放大电路的放大倍数降低，就称为负反馈；如果引入的反馈使放大电路的放大倍数增大，就称为正反馈。简单地讲，将整个电路元件做在同一个半导体基片上，这样的电路就是集成运算放大电路。集成运算放大器的符号如图 1-38 所示。

55. 什么是反相放大器

反相放大器电路如图 1-39 所示。输入信号 U_I 经电阻 R_1 加到反相输入端，同相输入端经 R_2 接地，电阻 R_f 跨接在反相输入端和输出端之间，形成一个负反馈放大器。

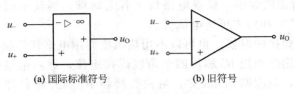

(a) 国际标准符号　　　(b) 旧符号

图 1-38　集成运算放大器符号

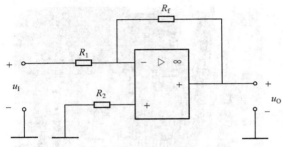

图 1-39　反向放大器

反相放大器的放大倍数：$A_f = -R_f/R_1$

式中，A_f 为负值，表明集成运放输出电压与输入电压反相，所以叫反相放大器。而且，A_f 仅取决于 R_f/R_1 的比值，而与集成运放本身无关。电阻 R_2 叫平衡电阻，其作用是保证放大器稳定工作。

56. 什么是同相放大器

同相放大器电路如图 1-40 所示。输入信号 U_1 经电阻 R_2 加到同相输入端，反相输入端经 R_1 接地，负反馈由电阻 R 接到反相输入端而形成。

放大倍数：$A_f = 1 + R_f/R_1$

A_f 大于零，表明输出电压 U_O 与输入电压 U_1 同相。如果 $R_1 = \infty$（开路）或 $R_f = 0$，则 $A_f = 1$。构成的电路称为电压跟随器，如图 1-41 所示。电压跟随器一般作为信号与其负载之间的缓冲隔离。

57. 电桥信号放大电路在汽车上是怎样应用的

如果需要对温度、压力或形变等进行检测，可采用图 1-42 所示的电桥信号放大电路。图中电桥的一个臂是由传感器构成的。

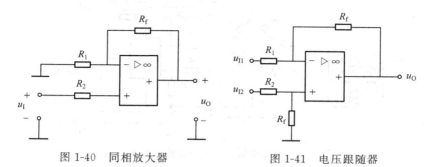

图 1-40　同相放大器　　　　图 1-41　电压跟随器

当传感器的阻值没有变化时,即 $\Delta R=0$ 时,电桥平衡,电路输出电压 $U_O=0$;当传感器因温度、压力或其他变化而使传感元件的电阻值发生变化时(用 ΔR 表示),电桥就失去平衡,变化量变成了电信号而产生输出电压 U_O,输出电压 U_O 一般很小,需要经过放大器进行放大。

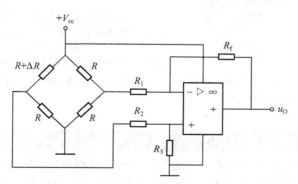

图 1-42　电桥信号放大电路

汽车电喷发动机中,用来测量进气量的进气压力传感器就是由压敏电阻和集成运放制成的。这种传感器被广泛使用,例如,捷达轿车采用了该传感器。压敏电阻式进气压力传感器工作原理示意图见图 1-43。

结构图示意图见图 1-44。

第一章　汽车电工基础

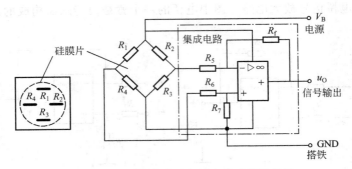

图 1-43 压敏电阻式进气压力传感器示意图

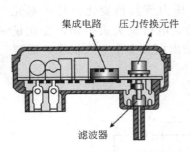

图 1-44 压敏电阻式进气压力传感器结构示意图

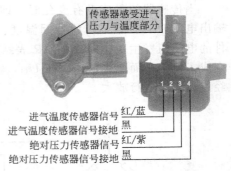

图 1-45 温度/进气压力传感器

电工技能

进气压力传感器有一个通气口与进气管相通,进气压力通过该口加到压力转换元件上。压力转换元件是由四个压敏电阻构成的硅膜片。硅膜片受压力变形后,电桥输出信号,压力越大,输出信号越强。该信号经集成运放放大后传送给 ECU,该进气压传感器与进气温度传感器制成一体(图 1-45)。

58. 简单电压比较器在汽车上是怎样应用的

例如,如图 1-46 所示为氧传感器与 ECU 连线原理图。

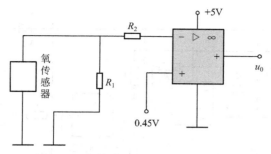

图 1-46　氧传感器与 ECU 连线原理图

59. 滞回比较器在汽车上是怎样应用的

例如，在汽车 ABS（电控防抱死）系统中，车轮的速度是靠轮速传感器来传递给 ECU 的。霍尔轮速传感器就是轮速传感器的一种。其主要由与车轮或传动系统连接在一起的触发齿圈、霍尔元件、永久磁铁和电子电路等组成。

电工技能

当触发齿圈随着车轮旋转时，霍尔元件上的磁场会发生周期性变化，霍尔元件就会产生毫伏级的正弦波电压，将霍尔元件产生的微弱的正弦波信号放大整形为 11.5～12V 的标准脉冲信号，就是通过由集成运放构成的电子电路来实现的。电路原理如图 1-47 所示。

电路分四个部分：由霍尔元件构成的信号产生部分；由 A_1、R_1、R_{f1} 组成的放大部分；由 A_2、R_2、R_3、R_{f2} 组成的滞回比较器和三极管 VT 构成的输出级。稳压电路保证霍尔元件和比较器基准电压的稳定不变。霍尔元件感受触发齿轮转动带来的磁场变化而产生微弱的正弦波信号（图 1-48），该信号经 A_1 放大器放大后（图 1-47），送到比较器 A_2，电阻 R_2、R_3 向比较器 A_2 提供了基准电压，A_2 输出经过滞回整形的脉冲信号（图 1-47）。U_{A2} 控制输出开关三极管，向外传输幅值达 11.5～12V 的脉冲信号。二极管 VD 的作用是电源反接时，起保护作用。电容 C_1、C_2 是稳压电路的滤波电容。

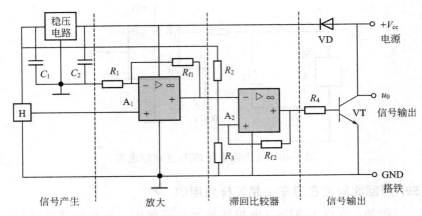

图 1-47 霍尔传感器电路原理示意图

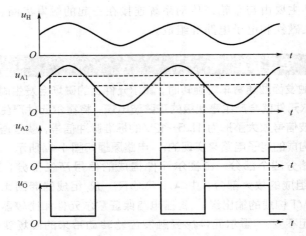

图 1-48 霍尔传感器电路各级波形示意图

60. 窗口比较器在汽车上是怎样应用的

在汽车充电系统电路中,当电压过低或过高时,报警器发出警报,这就是汽车充电系统电压监视器电路。电路如图 1-49 所示。

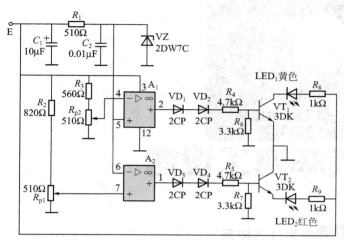

图 1-49　汽车充电系统电压监视器电路图

电工技能

当充电系统电压大于 14.5V 时，A_1 反相端检测到的电压和同相端检测到的电压都大于基准电压，比较器 A_1 输出电压为零，三极管 VT_1 不能导通，LED_1（黄色）不亮；比较器 A_2 输出电压为电源电压，驱动三极管 VT_2 导通，发光二极管 LED_2（红色）发光，指示电压过高。

当充电系统电压小于 12V 时，A_1 反相端检测到的电压和 A_2 同相端检测到的电压都小于基准电压，比较器 A_2 输出电压为零，三极管 VT_2 不能导通，LED_2（红色）不亮；比较器 A_1 输出电压为电源电压，驱动三极管 VT_1 导通，发光二极管 LED_1（黄色）发光，指示电压过低。

当电压介于 12～14.5V 之间时，A_1 反相端检测到的电压大于基准电压，比较器 A_1 输出电压为零，三极管 VT_1 不能导通。A_2 同相端检测到的电压小于基准电压，比较器 A_2 输出电压为零，三极管 VT_2 不能导通。LED_1（黄色）和 LED_2（红色）都不亮，指示电压正常。

第二章 Chapter 2
汽车电工设备

一、电烙铁的使用

61. 锡焊有什么特点

锡焊是焊接的一种，它是将焊件和熔点比焊件低的焊料共同加热到锡焊温度，在焊件不熔化的情况下，焊料熔化并浸润焊接面，依靠二者原子的扩散形成焊件的连接。

锡焊主要特征有以下三点。

① 焊料熔点低于焊件。

② 焊接时将焊料与焊件共同加热到锡焊温度，焊料熔化而焊件不熔化。

③ 焊接的形成依靠熔化状态的焊料浸润焊接面，由毛细作用使焊料进入焊件的间隙，形成一个合金层，从而实现焊件的结合。

62. 锡焊应具备哪些条件

① 焊件必须具有良好的可焊性。

② 焊件表面必须保持清洁。

③ 要使用合适的助焊剂。

④ 焊件要加热到适当的温度。

⑤ 合适的焊接时间。

63. 怎样的焊点才是合格的

① 焊点有足够的机械强度，一般可采用把被焊元器件的引线端子打弯后再焊接的方法。

② 焊接可靠，保证导电性能。

③ 焊点表面整齐、美观。焊点的外观应光滑、清洁、均匀、对称、整齐、美观、充满整个焊盘并与焊盘大小比例合适（图2-1）。

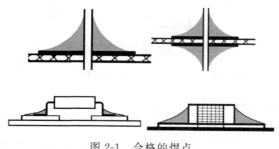

图 2-1 合格的焊点

64. 电烙铁有哪些类型

常见的电烙铁有直热式、感应式、恒温式，还有吸锡式电烙铁。

直热式电烙铁结构见图 2-2。直热式电烙铁实物图见图 2-3。

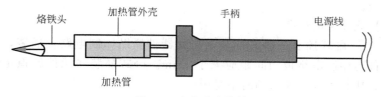

图 2-2 直热式电烙铁

65. 怎样调整与判断烙铁头温度

根据助焊剂的发烟状态判别：在烙铁头上熔化一点松香芯焊料，根据助焊剂的烟量大小判断其温度是否合适。温度低时，发烟量小，持续时间长；温度高时，烟气量大，消散快；在中等发烟状

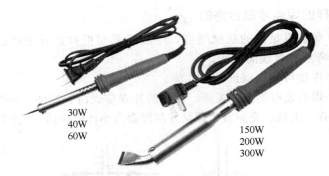

图 2-3 直热式电烙铁实物图

态，6～8s 消散时，温度约为 300℃，这时是焊接的合适温度。

66. 焊接操作有哪些技巧

（1）元器件引线加工成型

元器件在印制板上的排列和安装有两种方式，一种是立式，另一种是卧式。元器件引线弯成的形状应根据焊盘孔的距离不同而加工成型。加工时，注意不要将引线齐根弯折，一般应留 1.5mm 以上，弯曲不要成死角，圆弧半径应大于引线直径的 1～2 倍。并用工具保护好引线的根部，以免损坏元器件。同类元件要保持高度一致。各元器件的符号标志向上（卧式）或向外（立式），以便于检查。

（2）元器件的插装

① 卧式插装　卧式插装是将元器件紧贴印制电路板插装，元器件与印制电路板的间距应大于 1mm。卧式插装法元件的稳定性好、比较牢固、受振动时不易脱落。

② 立式插装　立式插装的特点是密度较大、占用印制板的面积少、拆卸方便。电容、三极管、DIP 系列集成电路多采用这种方法。

（3）电烙铁的握法

为了人体安全一般烙铁离开鼻子的距离通常以 30cm 为宜。电烙铁握法有三种（图 2-4）。反握法动作稳定，长时间操作不宜疲

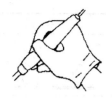  

(a) PCB单独作业时　　(b) 盘子排线作业(小物体)　　(c) 盘子排线作业(大物体)

图 2-4　电烙铁握法有三种

劳,适合于大功率烙铁的操作。正握法适合于中等功率烙铁或带弯头电烙铁的操作。一般在工作台上焊印制板等焊件时,多采用握笔法。

(4) 焊锡的基本拿法

焊锡丝一般有两种拿法。焊接时,一般左手拿焊锡,右手拿电烙铁。进行连续焊接时采用图 2-5(a) 的拿法,这种拿法可以连续向前送焊锡丝。图 2-5(b) 所示的拿法在只焊接几个焊点或断续焊接时适用,不适合连续焊接。

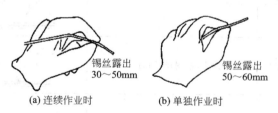

　　　锡丝露出　　　　　　　锡丝露出
　　　30～50mm　　　　　　50～60mm

(a) 连续作业时　　　　(b) 单独作业时

图 2-5　焊锡的基本拿法

67. 什么是五步焊接法

表 2-1　五步焊接法

阶段	步骤	项目	操作技巧	图示/示意图
开始学 (五步焊 接法)	第一步	准备	确认焊锡位置,同时准备焊锡	

续表

阶段	步骤	项目	操作技巧	图示/示意图
开始学（五步焊接法）	第二步	接触烙铁头	轻握烙铁头母材与部品，同时大面积加热	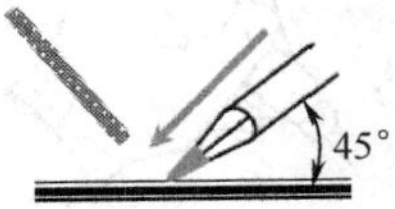
	第三步	放置锡丝	按正确的角度将锡丝放在母材及烙铁之间，不要放在烙铁上面	
	第四步	取回锡丝	确认焊锡量后按正确的角度正确方向取回锡丝	
	第五步	取回烙铁头	要注意取回烙铁的速度和方向，确认焊锡扩散状态	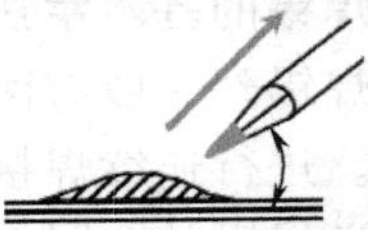
熟练后（三步焊接法）	第一步	准备		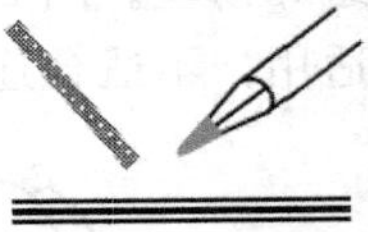
	第二步	放烙铁头，放锡丝（同时）		
	第三步	取回锡丝，取回烙铁头（同时）		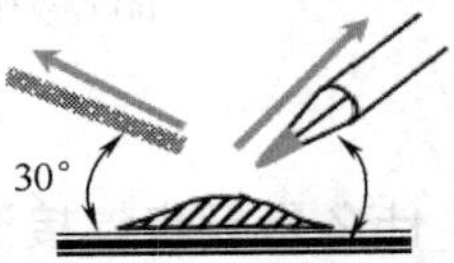

68. 怎样检查焊接质量

（1）目视检查

从外观上检查焊接质量是否合格，有条件的情况下，建议用 3～10 倍放大镜进行目检，目视检查的主要内容如下。

① 是否有错焊、漏焊、虚焊。

② 有没有连焊、焊点是否有拉尖现象。
③ 焊盘有没有脱落、焊点有没有裂纹。
④ 焊点外形润湿应良好，焊点表面是不是光亮、圆润。
⑤ 焊点周围是无有残留的焊剂。
⑥ 焊接部位有无热损伤和机械损伤现象。

（2）手触检查

在外观检查中发现有可疑现象时，采用手触检查。主要是用手指触摸元器件有无松动、焊接不牢的现象，用镊子轻轻拨动焊接部位或夹住元器件引线，轻轻拉动观察有无松动现象。

二、外援电瓶启动跨接线和测试仪器/仪表的使用

69. 连接跨接线用什么方法

将电瓶跨接线按 a、b、c、d 的顺序连接。

① 将跨接线正极固定夹（红色）连接至已放电电瓶的正极端（+）（图2-6）。

② 将跨接线正极（红色）的另一端连接至外接电瓶正极端（+）（图2-6）。

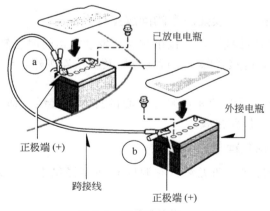

图 2-6　连接跨接线一

③ 连接跨接线负极固定夹（黑色）至外接电瓶负极（—）端（图2-7）。

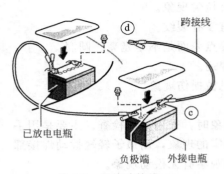

图 2-7 连接跨接线二　　　图 2-8 连接跨接线三

④ 将负极跨接的另一端连接至已放电电瓶车上的静止金属部位（图 2-8）。

电工技能

注意操作安全，要先戴手套拿跨线端绝缘处试着轻轻碰一下 d 点连接处，如无火花放电现象后再夹住。如有放电现象则不能用外接电源方法启车，必须更换电池才可以。

70. 使用跨接线必须要注意的问题是什么

① 电瓶跨接线不可连接至或靠近发动机运转时会转动的部位。进行连接时，跨接线除与正确的电瓶及搭铁连接外，不能碰触其他任何物体。

② 按照连接时的相反顺序小心的拆开跨接线，即先拆负极跨接线，再拆正极跨接线。

71. 试灯有哪几种

试灯分为有源和无源，有源即有外界提供电源，无源则反之（图 2-9）。

72. 怎样正确使用试灯

无源试灯就是在一段导线中连接一个 12V 灯泡，如图 2-10 所示，当试灯一端搭铁另一端接触到带电的导体时，灯泡就会点亮，

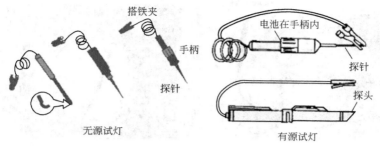

图 2-9 试灯

如图 2-11 所示，它不能像电压表显示出被检电路点的电压，只能显示是否有电压。

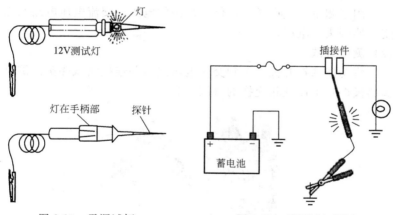

图 2-10 无源试灯　　　　图 2-11 无源试灯测试

有源试灯同无源示灯类似，只是自带一个电池电源，连接到一条导线的两端上时，试灯内灯泡点亮，可用于测试线路的通断。不能用有源示灯测试带电电路，否则会损坏试灯。

73. 万用表的作用是什么？

万用电表可以用来测量电路中的电流、电压及电阻，以及测试电路的通断及测试二极管等。万用表组成见图 2-12。如图 2-13 所示，选择测量量程，可通过功能选择开关完成测量。

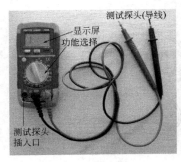

图 2-12 万用表

图 2-13 选择测量量程

74. 用万用表怎样测量交流电压

（1）目的

用于测量家庭用或工厂供电线路的电压、交流电压电路及电力变压器端头的电压。

（2）测量方法

将功能选择开关设置到交流电压挡，并连接测试探头。测试探头的极性是可以互相交换的（图 2-14）。

图 2-14 测量交流电压

75. 用万用表怎样测量直流电压

（1）目的

测量各种类型的电池、电气设备及晶体管电路，电路的电压及电压降。

（2）测量方法

将功能选择开关设置到直流电压测量挡位置。将黑色负极测量探头连接地电位，红色正极测量探头放到待测试的部位，并读数（图 2-15）。

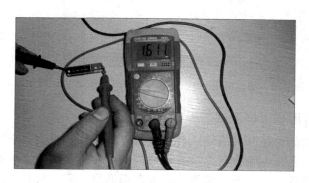

图 2-15　测量直流电压

76. 用万用表怎样测量电阻

（1）目的

测量电阻器电阻，电路的通断，短路，开路。

（2）测量方法

设定电阻或连续性的功能选择开关。然后，将测试笔放到待测电阻或线圈两端测量其电阻。此时应保证电阻不带电。二极管不能在此挡测量，因为所使用的内部电压太低（图 2-16）。

77. 用万用表怎样检测通断

（1）目的

为了检查电路的通断。

（2）测量方法

将功能选择开关旋到通断测试挡。将测试笔接到测试电路。如果电路接通，蜂鸣器会响。通断检查在实际汽车维修中也是应用频率很高的（图 2-17）。

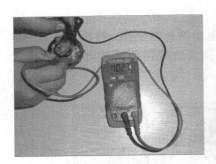
图 2-16 测量电阻

图 2-17 检测通断

78. 用万用表怎样测试二极管

将功能选择开关旋到二极管测试方式挡位。检测两个方向的通路状态。若在一个方向二极管是通的，在交换测试笔之后断开，则说明二极管良好。若二极管两个方向都通路，则二极管被击穿。若两个方向均不通导，说明它已开路（图2-18）。

图 2-18 二极管检测

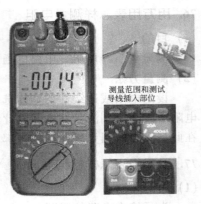
图 2-19 测试直流电流

79. 用万用表怎样测试直流电流

（1）目的

测量使用直流电设备或器件的电流量。

（2）测量方法

将功能选择开关旋到电流测量挡位。选择量程的正确插孔，插入正极测试引线。为测量电路中的电流，电流表应串联接进电路中。因此，要断开电路中的某点以接入测试笔引线。将正极测试笔连接高电位一侧，负极测试笔连接低电位一侧，并读数（图2-19）。

80. 怎样使用大众 VAS 5051 故障诊断仪

表 2-2 大众 VAS 5051 故障诊断仪

项目	内容
VAS 5051 主要组件有哪些	图示/示意图：测量线、故障测试器（显示屏）、打印机 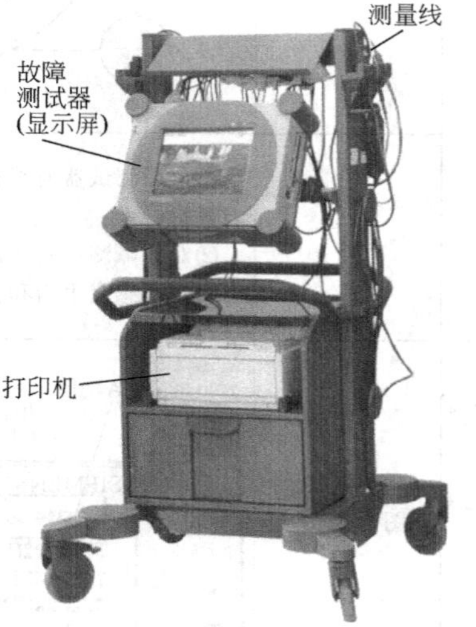
VAS5051 故障诊断仪有什么特点	①便携式，用来控制车辆的网络连接或诊断接口，内置的蓄电池可提供短时间的自身供电 ②压力感应操作，彩色显示屏（触摸屏） ③集成了诊断测量技术——组件。集成了 CD-ROM 驱动器用来读取带有语音的维修信息光盘 ④红外接口用来连接打印机 ⑤VGA 接口（视频图像接收）用来连接外置显示器 ⑥可以通过备用的 ISDN 网络连接进行远程诊断

第二章 汽车电工设备

续表

项目	内　　容
故障诊断仪前端有什么特点	图示/示意图
	说明　①故障测试器前端有一个显示屏，用来显示信息和与操作者进行联系 ②对故障测试器的操作是通过触摸屏实现的 ③它可感应手指和其他物体的压力，取代了鼠标和键盘
左侧接口有哪些	图示/示意图
	说明　①VGA接口：通过VGA接口可外接一个显示器 ②串口：串口和键盘接口是计划用作另外的仪器服务工作 ③PC卡接口：PC卡接口是用作将来扩展另外的测试器，比如远程诊断。此接口在维修站中只是用来连接网线 ④网络接口：其他接口将用作维修工作和以后的故障测试器功能扩展

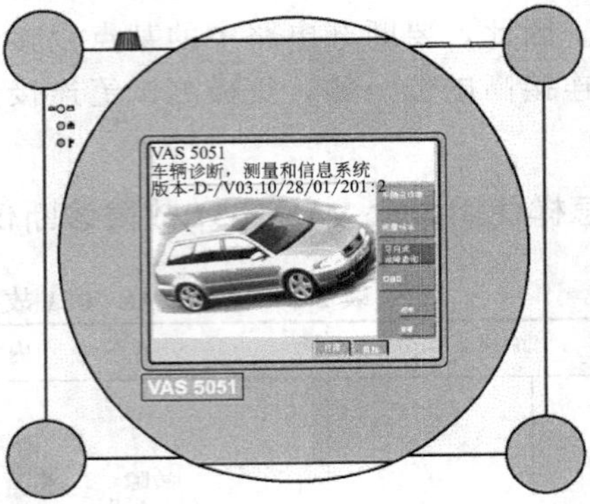

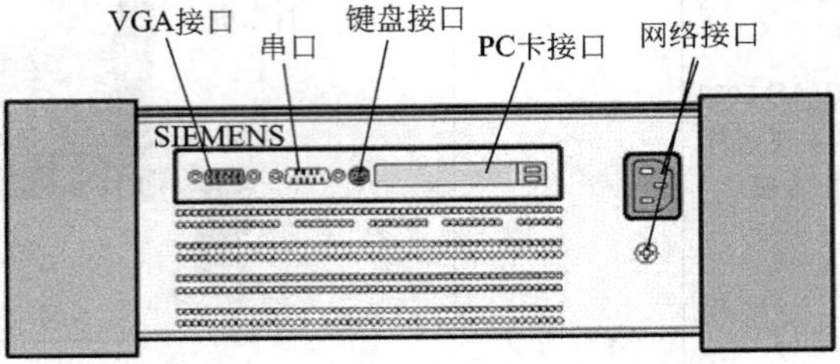

续表

项目		内容
故障诊断仪上端组件有哪些	图示/示意图	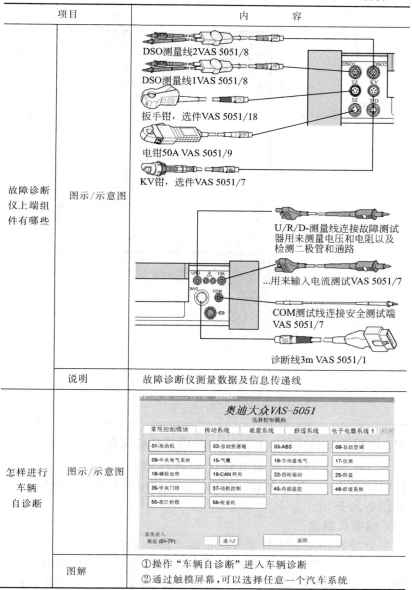
	说明	故障诊断仪测量数据及信息传递线
怎样进行车辆自诊断	图示/示意图	
	图解	①操作"车辆自诊断"进入车辆诊断 ②通过触摸屏幕，可以选择任意一个汽车系统

第二章　汽车电工设备

续表

项目		内容
怎样了解故障和读取故障码	图示/示意图	（截图：车辆车载诊断（OBD）004.01 - 检查故障代码存储器 成功执行该功能 I 是否检测到故障代码？ 读取 18253 P1845 000 转向柱电子系统控制单元-J527-的故障代码存储器 偶尔发生 02 - 变速箱电子设备 09G927750GD 09G927750GD AQ 250 6F H68 1226 编码 72 经销编号 00079 环境条件）
	说明	例如：自变箱控制单元和转向柱控制单元有故障；查询故障，发现都是显示同一故障；转向柱控制单元 J527 故障代码
怎样读取故障和查找地址码	说明	自变箱控制单元和转向柱控制单元有故障
	图示/示意图	（截图：车辆车载诊断（OBD） LFV2A21K983029730 1000 - 读取网关安装列表 01 - 发动机电子装置 正常 0000 02 - 变速箱电子设备 故障 0010 42 - 驾驶员侧车门电子设备 正常 0000 52 - 前排乘客车门电子设备 正常 0000 62 - 左后车门电子设备 正常 0000 72 - 右后车门电子设备 正常 0000 03 - 制动器电子系统 正常 0000 04 - 转向角 正常 0000 44 - 动力转向 正常 0000 15 - 安全气囊 正常 0000 25 - 防起动锁 正常 0000 16 - 方向盘电子控制装置 故障 0010 46 - 舒适系统中央模块 正常 0000 56 - 收音机 正常 0000）

81. 通用汽车诊断仪（KT600）的组成和结构是怎样的

以金德 KT600 介绍怎样使用通用型的汽车诊断仪。金德 KT600 为专用车型诊断仪，为比较普遍使用的车辆维修检测设备，如图 2-20 所示。

(1) 诊断仪组成

金德 KT600 的主体部分包括四大件：主机、诊断盒、示波盒和打印机。这四大件可以分开，各自具有独立的功能和作用，可根据需要和配置情况进行工作。但是，通常其中三大件（诊断盒和示波盒选一）通过插接组合为一个整体，外面加上保护胶套，防止松动和磨损。此外，KT600 还配有一些进行汽车诊断和网上升级所需的附件，如测试延长线、电源延长线、汽车鳄鱼夹、点烟器接头、14V 电源、CF 卡、CF 卡读卡器以及各种测试接头等。

（2）主机供电方式

KT600 主机有 4 种供电方式，可以根据需要进行选择。

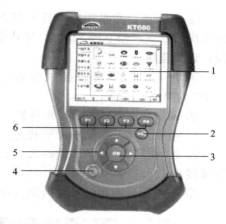

图 2-20　KT600 故障诊断仪
1—触摸式显示屏；2—返回上级菜单/退出；
3—进入菜单/确认所选项目；4—电源开关；
5—方向选择键；6—多功能辅助键

① 交流电源供电　找到机箱内 KT600 标准配置的电源适配器，其中一端连接在仪器的电源供电端口，另一端接至 100～240V 交流插座。

② 汽车电瓶供电　找到机箱内 KT600 标准配置中的电源延长线和汽车鳄鱼夹，其中一端连接在仪器的电源供电端口，另一端接至汽车电瓶。

③ 点烟器供电　找到机箱内 KT600 标准配置中的电源延长线和汽车点烟器，其中一端连接在仪器的电源供电端口，另一端接至汽车点烟器。

④ 通过诊断座供电。

82. 怎样使用通用汽车诊断仪（KT600）执行故障诊断

（1）一般测试条件

① 打开汽车电源开关。

② 汽车电瓶电压应在 11～14V，KT600 的额定电压为 DC12V。

③ 节气门应处于关闭状态，即怠速结合点闭合。

④ 点火正时和怠速应在标准范围，水温和变速箱油温达到正常工作温度（水温 90～110℃，变速箱油温 50～80℃）。

(2) 设备连接

① 将 KT600 诊断盒插入诊断插槽，注意插入方向，将印有 "UP" 字样的一面朝上。

② 确定诊断座的位置、形状以及是否需要外接电源。

③ 根据车型及诊断座的形状选择相应的接头。

④ 将测试延长线的一端插入 KT600 的测试口内，另一端连接测试接头。

⑤ 将连接好测试延长线的测试接头插到车辆的诊断座上。

> **维修提示**
>
> 注意，一定要先连接好主机、测试延长线和诊断接头后，才把测试接头连接到诊断座上，否则容易导致连接过程中因导线短路造成诊断座保险丝熔化。

如果汽车诊断座不供电时，可以按照图 2-21 连接诊断仪。

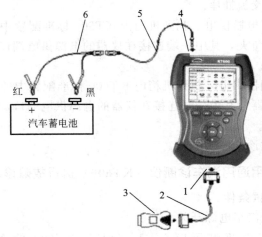

图 2-21　连接诊断仪

1—KT600 测试口；2—测试延长线；3—专用测试接头；
4—KT600 电源接口；5—电源延长线；6—双钳电源线

(3) 进入诊断系统

① 连接好仪器接通电源，启动 KT600 进入主菜单，选择汽车诊断模块，KT600 汽车诊断程序是以车型车标图形为按钮，点击某汽车相应的图标即可对该车进行诊断。因此熟悉汽车图标有助于快速进入汽车诊断。诊断仪故障测试诊断界面见图 2-22、表 2-3。

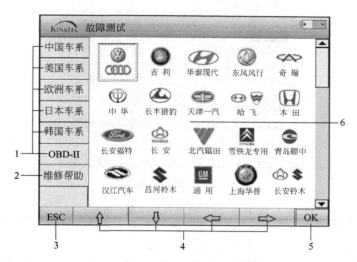

图 2-22　诊断仪故障测试诊断界面

表 2-3　图 2-22 的诊断仪故障测试诊断界面说明

图标	图标含义	具体说明
1	车系选择	中国车系/美国车系/欧洲车系/日本车系/韩国车系/OBD-Ⅱ，根据被测车辆正确选择
2	维修帮助	包含了"音响解码功能"、"演示教程"、"资料库"、"电路图"、"KT系列注册升级指导"、"防盗系统"、"遥控器系统"和"维修手册"（包含故障码分析、数据流分析、基本设定与调整技巧、控制单元编码技巧、第二、三代防盗系统匹配）
3	ESC	触摸按钮，退出，返回上级菜单
4	⇧⇩⇦⇨	触摸按钮，方向选择
5	OK/确定	触摸按钮，确认选择
6	选择车型	根据被测车型正确选择（车型图标会根据你使用的频率自动排列）

第二章　汽车电工设备　53

② 选择相应的车型图标进行车辆故障测试，如点击中国车系下的奥迪大众图标，屏幕显示该车型的诊断信息，V02.32 为当前仪器内该车型的诊断车型版本（根据测试版本的不同，该版本号在程序升级后会随之改变），如图 2-23、表 2-4 所示。

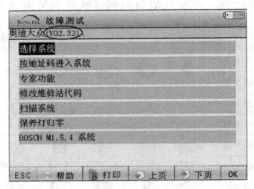

图 2-23　执行诊断一

表 2-4　图 2-23 的执行诊断一说明

项目	具 体 说 明
OK	触摸按钮，确认选择，执行当前任务
ESC	触摸按钮，退出，返回上级菜单
？帮助	提供当前页面相关帮助信息
打印	将当前页面内容通过仪器自带的打印机打印出来或者以文件形式保存至 CF 卡的 Temp 文件夹中
上页/下页	当所有内容无法在一页内全部显示时，由它实现翻页功能

导读提示

此处例举介绍奥迪大众车系发动机系统下的各项检测功能。不同车型的诊断界面操作方法大体相似，各车型具体测试方法按照仪器界面提示操作。

③ 直接点击"选择系统"栏进入下一级操作界面，如图 2-24 所示。

④ 选择"01-发动机",将显示汽车电脑版本号,部分车型会有多屏显示,点击查看。读取完汽车电脑版本号后,按任意键,进入系统诊断界面,下面分别对各测试系统功能菜单进行说明。

(4) 读取车辆电脑型号

此项功能可以读取被测试系统的电脑信息,包括版本号、CODING号、服务站代码以及相关信息。一般更换车辆控制单元时,需要读出原控制单元信息并记录,以作为购买新控制单元的参考,对新的控制单元进行编码时,需要原控制单元信息。

图 2-24　执行诊断二

图 2-25　执行诊断三

① 在系统功能选择菜单中选择"01-读取车辆电脑型号",屏幕显示如图 2-25 所示界面。

② 按任意键或点击屏幕将会显示下一屏相关信息,按 ESC 键返回上一级。

(5) 读取故障码

该功能可以读取被测试系统 ECU 存储器内的故障代码,帮助维修人员快速查到车辆故障引起的原因。

① 在系统功能选择菜单中选择"02-读取故障码",系统开始检测电脑随机存储器(ROM)中存储的故障记忆内容,测试完毕屏幕显示出测试结果,如图 2-26 所示。

② 通过滚动条滚动屏幕查看所有故障码信息,若所测试系统无故障码,则屏幕显示"系统正常"字样,选择 ESC 按键返回上

一级菜单。

(6) 清除故障码

在系统功能选择菜单中选择"05-清除故障码"进入如图2-27所示的操作界面。

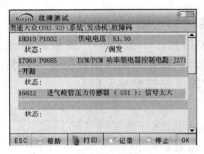
图2-26 执行诊断四

图2-27 执行诊断五

电工技能

该项功能可以清除被测试系统ECU内存储的故障代码,一般车型严格按照常规顺序操作:第一,先读故障码,并记录然后再清除故障码;第二,试车、再次读取故障码进行验证;第三,维修车辆,清除故障码;第四,再次试车确认故障码不再出现。

当前硬性故障码是不能被清除的,如果是氧传感器、爆震传感器、混合气修正、汽缸失火之类的技术型故障码虽然能立即清除,但在一定周期内还会出现。必须要彻底排除故障之后故障码才不会再出现。

83. 怎样使用通用汽车诊断仪(KT600)执行元件测试

元件控制测试可以检查执行元件的电路工作状况,进行元件控制测试时可以观察该元件是否正常工作,如果该执行元件不正常工作,则需要检查相关电气元件、插头线束或机械部位是否存在故障。

① 在系统功能选择菜单选择"03-元件控制测试"进入如图2-28所示操作界面。

仪表板系统将会进行模拟显示,可以观察仪表是否存在故障。

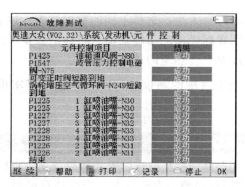

图 2-28 执行元件测试

按任意键或点击屏幕进入元件的测试,此时仪表板上所有警告灯将会显示,从而可以判断仪表警告灯或者线路是否故障。

② 点击继续按钮进入下一元件的测试,方法同前,直到被测试系统元件全部测试结束,按 ESC 键返回系统功能选择菜单。

84. 怎样使用通用汽车诊断仪(KT600)读取数据流

在系统功能选择菜单选择"08-读取动态数据流"菜单进入操作界面。

例如:进入奥迪大众的测试系统,仪器默认读取 1、2、3 组数据流,如图 2-29 所示,维修人员可以通过点击屏幕界面上的组号

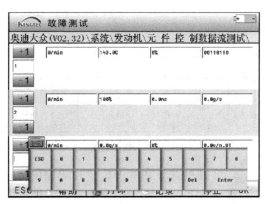

图 2-29 读取动态数据

调节框顺序增减组号大小,选择不同的数据流组;或者可以直接点击组号框,利用界面弹出的小键盘输入具体的数据流组号。通过此项功能,可以读取到任意组的动态数据流。

85. 怎样使用通用汽车诊断仪(KT600)进行基本设定

(1)基本设定

电工技能

注意,设定条件为控制单元内无故障码存储;冷却液温度不低于80℃;关闭所有电器(设定时散热器电风扇必须关闭),空调关闭。

对奥迪大众车系某些系统维修或者保养后,必须进行基本设定,如节气门自适应过程、点火正时、混合气、怠速稳定阀的设定,ABS系统的排气等,不同车型、不同参数的基本设定选择不同的组号,以原厂手册为准。

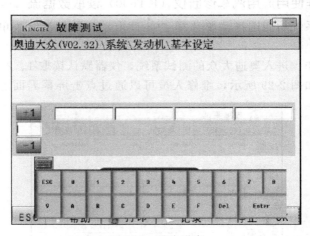

图 2-30 基本设定

一般情况下,可以先查看基本设定组号对应的数据流,如果无此组数据流或者数据流和基本设定内容不符合,则此基本设定组号不正确。

电工技能

基本设定的操作步骤如下：在系统功能选择菜单里选择"04-基本设定"功能，屏幕如图2-30所示。

维修人员可以通过界面弹出的小键盘进行组号设定，完成设定后选择OK按钮确认并退出。

(2) 控制单元编码

如果车辆的代码没有显示或者主电脑已经更换后，则必须进行控制单元编码，如果新的控制单元零件号和索引号完全和老的控制单元一样，只需读出老的控制单元的编码，然后编入新的控制单元，一般如果车辆配置不同，控制单元编码就肯定不同，一些车型的控制单元可能只允许编码一次，且错误的编码轻则会导致车辆的性能不良，重则给车辆带来严重故障，所以尽量不能误操作。

① 在系统功能选择菜单里选择"07-控制器编码"，系统将会弹出编码值录入窗体，确认屏幕显示如图2-31所示。

② 点击录入后，利用界面弹出的大键盘在新CODING栏输入正确的控制单元编码，点击Enter键确认并退出或直接点击ESC退出大键盘后，点击确认按键则控制单元编码完成。返回上一级重新执行"01-读取车辆电脑型号"功能，可以查看刚才录入的编码

图2-31 控制器编码

是否已经显示在 CODING 里。

86. 汽车示波仪有哪些功能

例如，KT600 的示波分析仪功能可以实时采集点火、喷油、电控系统传感器的波形，通过对传感器波形的分析可以准确诊断传感器是否故障，通过对点火波形的分析不仅可以诊断点火系统的火花塞、高压线、点火线圈等各元器件故障，还可以分析出进气系统和燃油系统的可能故障点，为汽车的运行技术状况和故障诊断提供科学的依据。

KT600 示波分析仪功能可以实现次级点火波形的实时显示，KT600 装备了 32 位主控 CPU＋高速数字处理芯片，保证在高达 20MHz 采样频率的情况下仍能实时处理信号。

① 高速五通道汽车专用示波器，并可以进行参考波形存储。

② 汽车初级、次级点火波形分析；有纵列、三维、阵列、单缸等多种次级波形显示方式，并显示点火击穿电压、闭合角，燃烧时间等。精确的点火同步，自动检测点火信号极性，无论是分电器点火、独立点火、双头点火都能可靠检测。

③ 通用示波器功能。

④ 记录仪功能。

⑤ 发动机分析仪功能（选配）。

当示波卡正确连接后从主菜单选择示波分析仪进入，仪器将显示如图 2-32 所示界面。

通过 KT600 按键中的上下方向键选择需要检测项目，按[OK]键可以进入下一级菜单，直到选择需要的测试项目，按[ESC]键可以返回上级菜单。

87. 怎样使用示波器

(1) 通用型示波器的调整方法

一般情况下，示波分析仪的汽车专用示波器的波形显示不需要调整，当要做超出汽车专用示波器标准菜单以外的测试内容时，可以选择通用示波器功能，也就需要掌握一定的调整方法，在汽车专用示波器测试过程中如果有相似菜单，调整方法也相同。

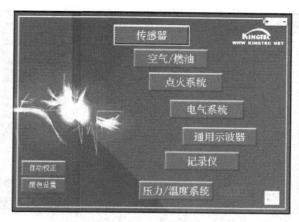

图 2-32 KT600 进入示波器界面

选择通用示波器，按［OK］键确认，如图 2-33 所示，在屏幕上有 10 个选项：通道、周期、电平、幅值、位置、停止、存储、载入、光标和触发，另外还有三个功能选项：通道设置、自动设置、配置取存。可以通过屏幕右下角的方向键来对选择项目进行调整。

① 通道调整　按通道功能键可以选择通道 1（CH1）、通道 2（CH2）、通道 3（CH3）、通道 4（CH4）任意组合方式，如图 2-34 所示。

② 周期调整　选择周期调整，按上下键可以改变每单格时间的长短，如果开机时设定的是 10ms/格，按向下键则会变为 5ms/格，波形就会变稀，按向上键则会变为 20ms/格，波形会变密。

③ 电平调整　对纵轴的触发电平进行调整，对于同一波形，选择不同的触发电平，波形在显示屏上的位置就会跟着变化，如果触发电平的数值超出波形的最大最小范围时，波形将产生游动，在屏幕上不能稳定住。

④ 位置调整　选择位置调整可以对波形的上下显示位置进行调整，按向上方向键，波形就会上移，按向下方向键，波形就会向下移动。

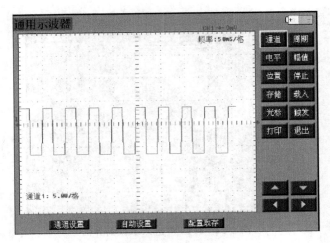

图 2-33 通用型示波器的调整

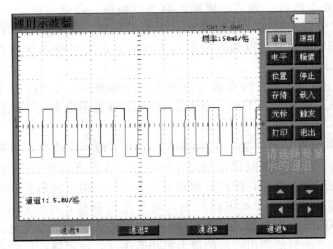

图 2-34 通道调整

⑤ 触发方式调整（图 2-35） 选择触发方式调整在高频（<50ms/格）可以对波形的触发起点进行调整，使用触发功能键可以选择触发的方式：上升沿，下降沿，自动/正常；触发通道：

CH1、CH2、CH3、CH4。

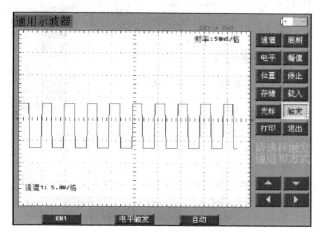

图 2-35　触发方式调整

⑥ 波形的存储和载入　存储波形时，直接点击"存储"功能键，打开如图 2-36 所示窗口；然后输入文件名，点击"保存"按钮文件即被保存。

如果要载入波形，选择载入功能键，选择相应的文件名即可载入刚存储的波形。

⑦ 传感器信源参数选择调整　在传感器菜单中可以通过选择信源参数选择调整所需要观察的通道的参数，如图 2-37 所示。

(2) 数据/波形显示

进入数据流测试界面后，选择"帮助"功能菜单中的数值/波形显示后，将弹出如图 2-38 所示数值/波形显示图，通过此功能可以图形的方式直观显示出某项数据流数值的变化规律，从而帮助快速判断出汽车电子设备的故障。可以通过界面上的倒三角按钮，来选择不同的数据流项进行波形显示。

(3) 行车记录和波形实时监控

① 行车记录

a. 行车记录仪主要用于对 ECU 中某些数据进行较长时间的记

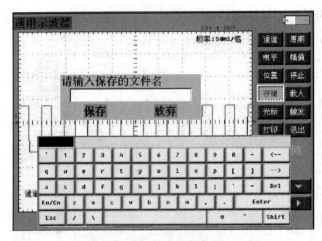

图 2-36 波形的存储和载入

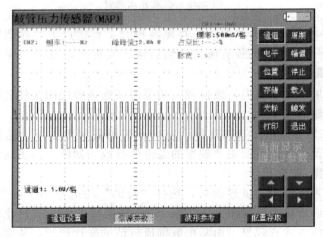

图 2-37 传感器信源参数选择调整

录,同时最多可记录 6 条不同的数据,每条数据记录的时间大约为 1h。记录过程中随时可对数据进行存储。进入汽车诊断后,用户可通过帮助菜单中"行车记录回放"功能进行波形的回放。

b. 当在进行某个 ECU 的数据流读取时可通过帮助菜单的"行

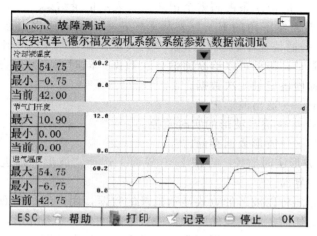

图 2-38 数据/波形显示

车记录仪"功能进行行车记录,选择"行车记录仪"后进入到如图 2-39 所示界面。

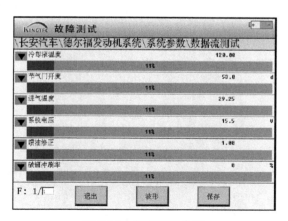

图 2-39 行车记录参数

c. 该界面将默认记录数据流中的前 6 条数据,用户可以通过左边的倒三角按键选择不同的数据流项,被记录的数据流界面将显示其数据流名称、当前值以及单位,同时显示其记录的进度,当记录进度栏中的记录条占满整个记录栏时表示记录结束。

d. 界面左下角的 F：1/表示采样速率，采样速率由诊断设备与 ECU 的通信速率以及该参数一起决定，如：某 ECU 当进行数据流读取时，每秒可以诊断通信 8 次数据；同时当 F：1/设置为 2 时，则每秒将记录 4 次数据。

退出——退出波形记录。

波形——进行波形的实时监控。

保存——波形数据存储。

② 波形实时监控　在图 2-39 界面上选择"波形"则进入波形实时监控界面。

该界面将以波形的方式显示记录的数据，用户通过界面的滑动条可浏览任何一时间段的波形，一次最多可显示 6 条波形，浏览过程中系统依然在进行数据记录，但界面不进行自动刷新。

左边为数据流的名称以及最大/最小值，该界面用户无法更改记录的数据流。用户可进行数据流的保存。

第三章 Chapter 3
汽车电路分析应用

一、电路及元件认识

88. 什么是汽车电路

为了使汽车的电气设备工作，应按照它们各自的工作特性及相互间的内在联系，用导线和车体把电源、电路保护装置、控制器件及用电设备等装置连接起来，构成能使电流流通的路径，这种路径称为汽车电路。

汽车电路主要由电源、电路保护装置、控制器件、用电设备及导线组成。

（1）电源

汽车上装有两个电源，即蓄电池和发电机。其功能是保证汽车各用电设备在不同情况下都能投入正常工作。

（2）电路保护装置

电路保护装置主要有熔断丝（保险丝）、继电器等，在电路中起保护作用。当电路中电流超过规定电流时即可切断电路，防止烧坏导线和用电设备。

（3）控制元件

如发动机控制单元、自动变速器控制单元等和一些手动控制开关。

（4）用电设备

包括启动机、空调设备、仪表、照明灯等。

(5) 导线

导线用于将上述装置连接起来构成电路。汽车上通常用车体代替部分用电器返回电源导线。

89. 电源线是怎样控制的

电源线汽车电路正常工作,必须具备良好的供电。查看电源就是要看清楚蓄电池的电源都供给了哪些元件。汽车电路的电源一般来说有常电源、条件电源两种。

(1) 常电源

常电源就是在蓄电池正常的情况下,均有规定电压的电源线,30号线接蓄电池正极,汽车维修中称之为"常火线"。

(2) 条件电源

条件电源就是在一定的条件下才有规定电压的电源线,即15号线。点火开关置于ON(接通)和ST(启动)挡时,30号电经点火开关接中央继电器盒内的15号线,也就是说打开钥匙门时会有电。

(3) 卸荷线

卸荷线X是大容量火线,雾灯、刮水器、风窗加热等用电取自X线,只有在点火开关位于ON挡时X触点继电器J59才工作,30号线经X触点继电器触点接通X线,而在点火开关位于ST(启动)挡启动发动机时X线自动断电,从而保证发动机能顺利启动。

电源电路见图3-1。

90. 识读电路图有什么要领

(1) 查找电源和搭铁

在识读电路图时一定要看懂电源的来龙去脉,查看电源就是要看清楚蓄电池的电源都供给了哪些元件。例如,查看大众车系搭铁要看清楚电路中是直接搭铁(31号线)还是间接搭铁(在车身上的位置)。

(2) 牢记回路原则

通过查看电源线和搭铁线,可以了解一个电路的基本构成,但是并没有体现出电路的内在联系和规律。因此根据回路原则看哪些元件共用一根线。将一个复杂的电路简化成简单的电路,从而及时

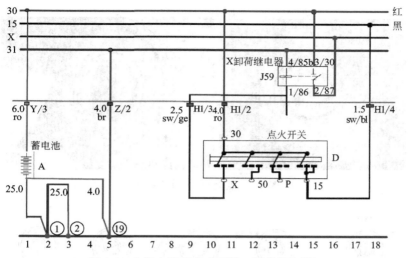

图 3-1 电源电路（点火开关、卸荷继电器）

准确判断并排除电路故障。

（3）化整为零

一般情况下，一个完整的电路图很复杂，似乎很难读懂，但如果根据需要把整个电路图分成几个部分就比较容易读懂。例如，把某车型汽车电路分成电源、启动、点火、仪表与报警、电喇叭与暖风、照明信号等部分阅读，就比较容易读懂。

91. 怎样认识和应用点火开关

点火开关是汽车电路启动电路的重要元件，用来控制点火回路、发电机磁场回路、仪表及照明回路、启动继电器回路以及辅助电器回路。

如图 3-2 所示、图 3-3 所示，点火开关有 START、ON、ACC、LOCK 四个挡位。

> **电工知识**
>
> 如果用于柴油车则增加（HEAT）挡，柴油车点火开关表示方法如图 3-3 所示。

第三章　汽车电路分析应用　　69

图 3-2 点火开关（4 个挡位）

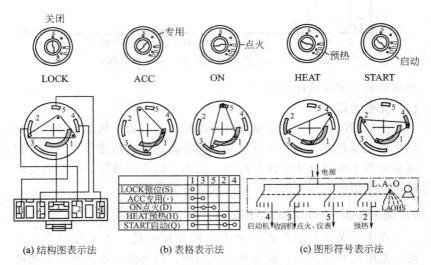

(a) 结构图表示法　　(b) 表格表示法　　(c) 图形符号表示法

图 3-3 汽车点火开关表示方法

① 锁车后钥匙会处于 LOCK 状态，此时钥匙不仅锁住转向盘转轴，同时切断全车电源。

② ACC 状态是接通汽车部分电气设备的电源。

③ START 挡是发动机启动挡位，启动后会自动恢复到 ON 挡。

④ 正常行车时钥匙处于 ON 状态，这时全车所有电路都处于

工作状态。

92. 怎样认识和应用继电器

(1) 继电器基本原理

继电器是一种当输入量（电、磁、声、光、热）达到一定值时，输出量将发生跳跃式变化的电子自动控制器件。它具有控制系统（输入回路）和被控制系统（输出回路），通常应用于自动控制电路中。

> **电工知识**
>
> 继电器实际上是用较小的电流去控制较大电流的一种"自动开关"。所以在电路中起着自动调节、安全保护、转换电路等作用。继电器控制形式和符号见表 3-1。

表 3-1 继电器控制形式和符号

名称	符号	字母代号	
		中国	美国
动合(常开)触点继电器	 或 	H	A
动断(常闭)触点继电器		D	B
先断后合转换触点继电器		Z	C
先合后断转换触点继电器	 或 	B	D

续表

名称	符号	字母代号	
		中国	美国
常开中和触点继电器		E	K
双动合触点继电器		SH	X
双动断触点继电器	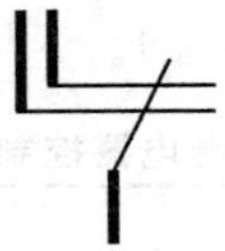	SD	Y

（2）电磁式继电器特性

电磁式继电器是使用最早、应用最广泛的一种继电器。电磁式继电器一般由铁芯、线圈、衔铁、触点、簧片、引线等组成的。电磁式继电器结构示意和电路图形符号见图3-4。汽车继电器（盒）见图3-5。

（3）继电器的作用

① 扩大控制范围　例如，多触点继电器控制信号达到某一定值时，可以按触点组的不同形式，同时换接、开断、接通多路电路。

② 放大作用　例如，灵敏型继电器、中间继电器等，用一个很微小的控制量，可以控制很大功率的电路。

③ 综合信号控制作用　例如，当多个控制信号按规定的形式输入多绕组继电器时，经过比较综合，达到预定的控制效果。

④ 自动、遥控、监测作用　例如，自动装置上的继电器与其

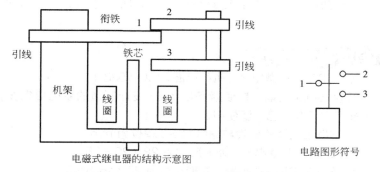

图 3-4　电磁式继电器结构示意和电路图形符号

图 3-5　汽车继电器（盒）

他电器一起，可以组成程序控制线路，从而实现自动化运行。

(4) 汽车继电器的分类

① 按工作原理分析　有电磁式继电器、热继电器、固态继电器、电子混合式继电器等，但目前汽车行业使用得最多的还是电磁式继电器，以及部分电子混合式继电器。

② 按负载大小划分：可分为微功率继电器、弱功率继电器、中功率继电器、大功率继电器等。

③ 按外形尺寸划分：超微型继电器、微型继电器、小型继电器等。

④ 按防护形式划分：密封继电器、封闭继电器、开放式继电器等。

> **小贴士 Tips**
>
> （1）ISO 系列继电器（执行标准：ISO 7588-1）
>
> 所谓 ISO 继电器，是根据 ISO 7588 设计制造的系列继电器，在很多汽车厂商中已广泛使用。
>
> ① ISO 继电器的分类与命名如下（单位为 mm）：
>
> a. ISO MINI 继电器，外形尺寸为 28﹡28﹡25；
>
> b. ISO MICRO 继电器，外形尺寸为 23﹡15.5﹡25；
>
> c. ISO ULTRA MICRO 继电器，外形尺寸为 22.5﹡15.5﹡15.7；
>
> 端子宽度尺寸根据 ISO 的标准主要有三种，4.8﹡0.8，6.3﹡0.8，9.5﹡1.2。
>
> ② ISO 系列继电器特点：
>
> a. 插入式，快速连接；
>
> b. ISO 标准端子；
>
> c. 多种负载可供选择：10～70A；
>
> d. 大量使用于欧系、德系等汽车厂商。
>
> （2）280 系列继电器（执行标准：GMW15267 等）
>
> 所谓 280 继电器，其定义是来源于端子的宽度为 2.80mm，所以在汽车行业中对这种类型的继电器称之为 280 继电器，在通用等北美汽车厂商使用最为普遍。
>
> ① 280 继电器的分类与命名如下：
>
> a. 280 MINI 继电器，外形尺寸为 28﹡28﹡25；
>
> b. 280 MICRO 继电器，外形尺寸为 23﹡15.0﹡25；
>
> c. 280 ULTRA MICRO 继电器，外形尺寸为 15.7﹡15.3﹡23.1；
>
> d. 端子宽度尺寸：2.8﹡0.8。
>
> ② 280 继电器的特点：
>
> a. 插入式，快速连接；
>
> b. 280 标准端子；
>
> c. 结构简单、紧凑，通用性强；小体积，大负载；
>
> d. 大量运用于通用、福特等北美汽车厂商。

(5) 电子混合式继电器应用

电子混合式继电器将传统的开关继电器与微电子技术、计算机技术、信息技术相结合，在继电器内嵌入放大、延时、遥控以及组合逻辑电路，使继电器产品具有故障诊断、报警和模糊控制等不同功能。如将普通继电器与控制电路结合在一起便组成了雨刮控制器，根据雨量的大小控制雨刮的工作模式，以达到更好的控制汽车雨刮的工作；再如风扇控制器等，都加入了控制电路，能根据温度的高低调节风扇的工作模式。

(6) 捷达空调继电器

① 捷达空调继电器结构及插脚说明见图 3-6。
② 空调继电器作用及空调风扇控制电路见图 3-7。

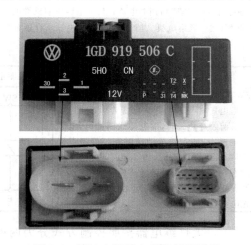

图 3-6 捷达空调继电器及插脚说明

1—与风扇高速挡相连（红黑）；2—常有电（红）；3—与热敏开关高速挡相连（红黑）；30—常有电（红）；T2—J220；X—卸荷线（黑黄）；31—接地（棕）；T4—与电脑 J220 T121/68 相连（绿蓝）；MK—压缩机电磁离合器 N25（绿）

(7) 大灯（前照灯）继电器

大灯的工作电流较大，如果用车灯开关直接控制前照灯，车灯开关易烧坏，因此在前照灯电路中设有灯光继电器。大灯继电器见表 3-2。

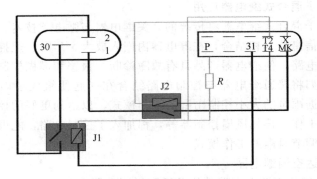

图 3-7 空调继电器作用及空调风扇控制电路图

X—卸荷线；MK—压缩机；T2—双温开关高挡；P—16bar 开关；31—地线；T4—压缩机继电器控制接地极；J1—风扇高挡继电器；J2—空调压缩机继电器；R—电阻器；30—风扇二挡电源；2—风扇电机二挡；1—压缩机电磁离合器电源（保险丝盒）

表 3-2 大灯继电器

项目	电工技能	图示/示意图
继电器控制	SW 端子与前照灯开关相连，E 端子搭铁，B 端子与电源相连，L 端子与变光开关相连。当接通前照灯开关时，继电器线圈通电，电磁铁产生磁力，使衔铁带动触点与静触点接通，当切断线圈电流时，由于电磁力消失，衔铁就在弹簧的作用下迅速回位，使动触点与静触点断开。利用触点的开、闭，从而实现对灯光电路的控制	SW　B E　L

如图 3-8 所示，大灯继电器按照控制方式分为两种，一种是继电器控制正极的方式，一种是继电器控制搭铁的方式。

如图 3-9 所示，本田飞度轿车的照明电路是控制搭铁线的。

① 转动照明开关到小灯位置时，小灯、尾灯、仪表照明灯及后牌照灯亮，前照灯不亮。

② 转到大灯位置时，前照灯继电器线圈通电，前照灯亮，同时尾灯、仪表照明灯及后牌照灯仍亮，这时，拨动变光开关，可以变换远光或近光。

③ 当照明开关处于 OFF 挡时，所有照明灯不亮，这时，如果

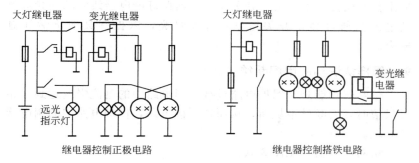

图 3-8 大灯继电器

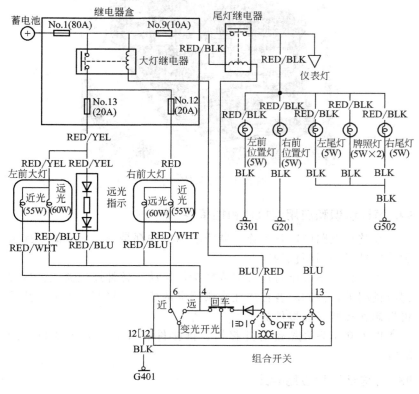

图 3-9 本田汽车的照明电路

向上推照明开关柄，会车开关闭合，前照灯继电器线圈和远光灯丝的电流都通过会车开关搭铁，远光灯亮，以提醒其他车辆注意安全。

93. 怎样认识和应用熔断丝（盒）

熔断丝功能是起保护电路过载。当电路中的电流强度达到或超过极值时，熔断丝被烧断，从而切断该电路，保护电路中的用电器和导线。

熔断丝（盒）见图3-10。

图3-10 熔断丝（盒）

94. 怎样认识和应用连接器和插接件

在整车电路中，各个连接器或者插接件都是一一对应的，插头和插座导线相同颜色相同。

为防止汽车颠簸时连接器或插接件松动，各种连接器或插接件都有锁闭卡，拆卸时要首先注意锁闭卡的朝向，打开锁闭卡，然后再拆卸连接器或插接件插头。

以大众车系介绍部分连接器、插接件和开关。见图3-11～图3-14。

95. 怎样认识和应用导线

① 导线标注 为便于在线束中查找导线，在电路原理图中，

(a) 连接器

(b) 优化线束

图 3-11　连接器和插接件一

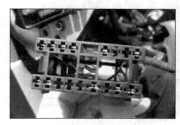
(a) 大灯组合插头

(b) 制动灯组合灯光插头

(c) (转向雨刷)组合开关插头

(d) 自诊断接口

图 3-12　连接器和插接件二

一般要对导线的线径、颜色甚至所属的电气系统做出标注。

② 线径　一般用数字表示，数字大小代表导线的横截面积（单位：mm^2）。

③ 导线颜色　一般用字母做代码（表 3-3）。

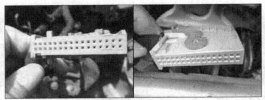

(a) 组合仪表插头

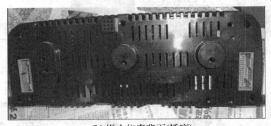

(b) 组合仪表背面(插座)

图 3-13　连接器和插接件三

(a) 组合开关插头和插座

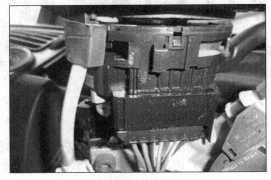

(b) 插接件(插头和插座)

图 3-14　连接器和插接件四

表 3-3 典型几种车型接线代码

颜色 \ 车型	英文全称	丰田	本田	通用	福特	克莱斯勒	宝马	奔驰	三菱
黑色	Black	B	BLK	BLK	BK	BK	BK	SW	B
棕色	Brown	BR	BRN	BRN	BR	BR	BR	BR	BR
红色	Red	R	RED	RED	R	RD	RD	RT	R
黄色	Yellow	Y	YEL	YEL	Y	YL	YL	GE	Y
绿色	Green	G	GRN	GRN	GN		GN	GN	G
蓝色	Blue	L	BLU	BLU	BL		BU	BL	L
紫罗兰色	Voilet	V			VT	VI	VI		V
灰色	Grey	GR	GRY	GRY	GY	GY	GY	GR	GR
白色	White	W	WHT	WIIT	W	WT	WT	WS	
粉红色	Pink	P	PND	PNK	PK	PK	PK		P
橙色	Orange	O	ORN	ORN	O	OR	OR		O
褐色	Tan			TAN	T	TN	TN		
本色	Natural				N				
红紫色	Purple			PPL	P				
深蓝色	DarkBlue			DKBLU	DB				
深绿色	Dark Green			DKGRN	DG				
浅蓝色	Light Blue			LTBLU	LB			SB	
浅绿色	Light Green			LTGRN	LG			LG	
透明色	Clear			CLR					
象牙色	Ivory							EI	
玫瑰色	Rose							RS	

④ 接线柱标注 接线柱标注常用代码,举例大众/奥迪车系接线代码见表 3-4。

第三章 汽车电路分析应用

表 3-4 大众/奥迪接线代码

端子	说 明	端子	说 明
1	点火线圈负极端(转速信号)	86	继电器电磁线圈供电端
4	点火线圈中央高压线输出端	87	继电器触点输入端
15	点火开关在"ON""ST"时的有电的接线端	87a	当继电器线圈没有电流时,继电器触点输出端
30	接蓄电池正极的接线端,还用31a、31b、31c 表示	87b	当继电器线圈有电流时,继电器触点输出端
31	接地端,接蓄电池负极	88	继电器触点输入端
49	转向信号输入端	88a	继电器触点输出端
49a	转向信号输出端	B+	交流发电机输出端,接蓄电池正极
50	启动机控制端,当点火开关在"START"时有电	B−	接地,接蓄电池负极
53	刮水器电动机接电源正极端	D+	发电机正极输出端
53a-c	其他刮水器电动机接线端	D	同 D+
54	制动灯电源端	D−	接地,接蓄电池负极
56	前照灯变光开关正极端	DF	交流发电机励磁电路的控制端
56a	远光灯接线端	DYN	同 D+
56b	近光灯接线端	E	同 DF
58	停车灯正极端	EXC	励磁端,同 DF
61	发电机接充电指示灯端	F	励磁端,同 DF
67	交流发电机励磁端	IND	指示灯,同 61
85	继电器电磁线圈接地端	+	辅助的正极输出

二、识读和应用电路图

96. 大众/奥迪电路图有什么特点

(1) 纵向排列,垂直布局

电路采用纵向排列,垂直布置电源线为上"+"下"−",从左到右同一系统的电路归纳到一起,按电源电路、启动电路、点火电路、进气预热电路、仪表电路、灯光照明电路、信号与报警装置电路、刮水和洗涤装置电路、电动后视镜控制电路、电动车窗升降控制电路、集控门锁控制电路、空调控制电路、双音喇叭控制电路的顺序排列。

(2) 采用断线代号法解决交叉问题

大众汽车公司采用断线代号法来处理线路复杂交错的问题。

> **电工技能**
>
> 例如，某一条线路的上半段在电路号码为 10 的位置上，下半段在电路号码为 25 的位置上，在上半段电路的中止处画一个标有 $\boxed{25}$，即可说明下半段电路就在电路号码为 25 的位置上，下半段电路开始处也有 $\boxed{10}$，说明上半段电路就应在电路号码为 10 的位置上，通过 10 和 25，上、下半段电路就连在一起了。使用这种方法以后，读再复杂的电路图，也看不到一根横线，线路清晰简洁。

(3) 整车电气系统正极电源分为三路

整车电气系统正极电源分为三路，标有"30"字样的电源线为常火线，直接与蓄电池相连接，中间不经过任何开关，不论汽车处于停车或发动机处于熄火状态均有电，其电压都等于电源电压。

> **电工技能**
>
> "30"号电源线的电源专门供给发动机熄火时也需要用电的电器，如停车灯、报警灯、制动灯、顶灯、冷却风扇电动机等。
>
> "15"字样的电源线为小容量用电设备的电源正极。"15"号电源线的电源受点火开关控制，只有在点火开关接通后，用电设备才能通电使用。
>
> "X"的为车辆起步运行中才接通的大容量电器用火线，即只有在点火开关接通、卸荷继电器触点闭合时，标号"X"电源线才有电。

(4) 电路图三个部分

如图 3-15 所示，电路图最上面部分为中央配电盒电路，其中标明了熔丝的位置及容量、继电器位置编号及接线端子号等；中间部分是车上的电气元件及连线；最下面的横线是搭铁线，上面标有电路编号和搭铁点位置，最下面搭铁线的标号是为了方便标明在续页查找而编制的。

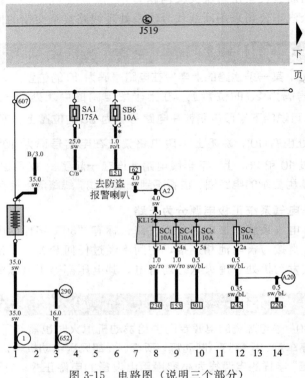

图 3-15　电路图（说明三个部分）

97. 怎样识读大众/奥迪电路图

电路图识读举例见图 3-16，其图中标注如下解释。

1—三角箭头，表示下接下一页电路图。

2—保险丝代号，图中 S13 表示该保险丝位于保险丝座第 13 号位。

3—继电器板上插头连接代号，表示多针或单针插头连接和导线的位置，例如 C2/7 表示多针插头连接，C2 位置触点 7。

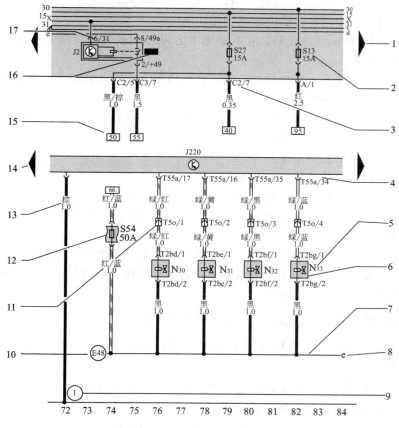

图 3-16　电路图识读举例

4—接线端子代号，表示电气元件上接线端子数多/针插头连接触点号码。

5—元件代号，在电路图下方可以查到元件的名称。

6—元件的符号，N30 为第一缸喷油器，N31 为第二缸喷油器，N32 为第三缸喷油器，N33 为第四缸喷油器。

7—内部接线细（实线），该接线并不是作为导线设置的，而是表示元件或导线束内部的电路。

8—指示内部接线的去向，字母表示内部接线在下一页电路图中与标有相同字母的内部接线相连。

9—接地点的代号，在电路图下方可查到该代号接地点在汽车上的位置。

10—线束内连接线的代号，在电路图下方可查到该不可拆式连接位于哪个导线束内。

11—插头连接，例如T5o/1表示电气元件上插接器的接线端子数为50，1为接线端子。

12—附加保险丝符号。

13—导线的颜色和截面积。

14—三角箭头，指示元件接续上一页电路图。

15—指示导线的去向，框内的数字指示导线连接到哪个接点编号。

16—继电器位置编号，表示继电器板上的继电器位置编号。

17—继电器板上的继电器或控制器接线代号，该代号表示继电器多针插头的各个触点。

98. 怎样分析和应用大众/奥迪电路图

举例分析图3-17老捷达大灯/转向灯/驻车灯/转向灯/尾灯电路图。

① 50 接组合仪表上远光指示灯，当开前大灯远光时，通过该电路给组合仪表内指示灯供电。

② L1/L2为左/右前大灯双丝灯，该大灯内不同焦距上设计了两组灯丝，这两组灯丝共用一条搭铁线，但其电源分别受各自的保险丝（如图S1/S2/S11/S12）及灯光开关控制。

③ E4左半部分为闪光开关部分，在捷达车上即上提转向开关，此时从30号线引正电经保险丝后到达大灯远光灯丝。注意，该线路不受大灯开关控制。

④ E4右半部分为转向开关上远、近光转换的变光部分，当大灯开关开到二挡时，30号线来电通过大灯开关后P线引到该开关，再由该开关分配到前大灯远近光的响应挡位。

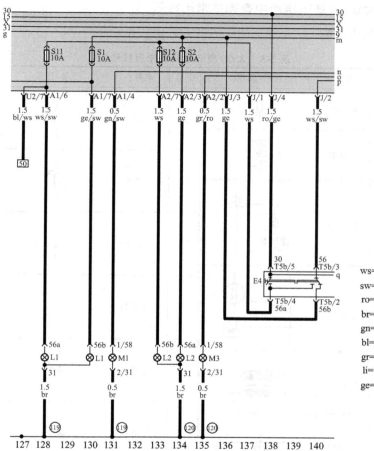

图 3-17 （老捷达）大灯/转向灯/驻车灯/转向灯/尾灯电路图
E4—变光及转向灯开关；L1—左前大灯双丝灯；L2—右前大灯双丝灯；M1—左停车灯；M3—右停车灯；T5b—5 孔插接件，转向柱开关后面；119—接地连接点，前大灯线束内；120—接地连接点，前大灯线束内

⑤ 在捷达车的汽车零件图号码中，前面的件左面为单数右面为双数，车后面的件左边为双数右面为单数，如保险丝 S1、S2、S11、S12、S7、S8，零件 M1、M2、L1、L2 等。

第三章 汽车电路分析应用　87

99. 大众/奥迪电路图中有哪些常用符号

见表 3-5。

表 3-5　大众/奥迪电路图常用符号

序号	名称	符号/图示	序号	名称	符号/图示
1	保险丝		9	电阻	
2	蓄电池		10	可变电阻	
3	启动机	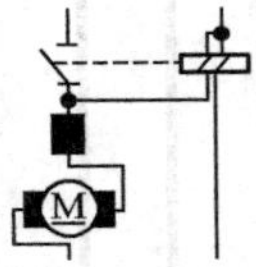	11	二极管	
4	交流发电机	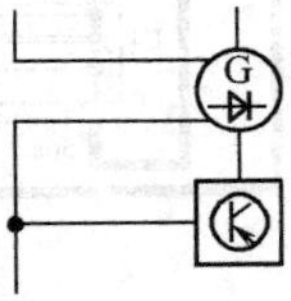	12	手动开关	
5	点火线圈	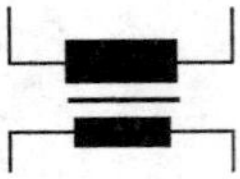	13	温控开关	
6	分电器	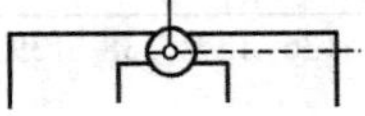	14	按键开关	
7	火花塞/火花塞插头		15	机械开关	
8	电热丝	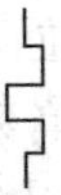	16	压力开关	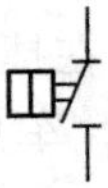

续表

序号	名称	符号/图示	序号	名称	符号/图示
17	多挡手动开关		27	电磁离合器	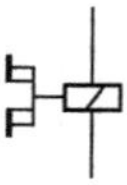
18	多挡自动开关	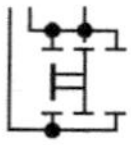	28	插头连接	
19	继电器	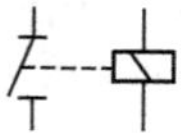	29	元件上多针插头连接	
20	灯泡		30	元件内部导线连接点	
21	双丝灯泡	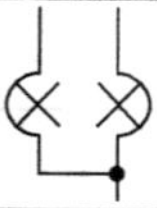	31	可拆式导线接点	
22	发光二极管		32	不可拆式导线接点	
23	内部照明灯		33	线束内导线连接	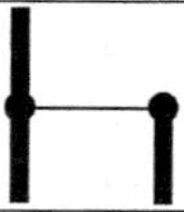
24	显示仪表		34	搭桥连接	
25	电子控制器		35	安全气囊的盘形弹簧滑环的复位圈	
26	电磁阀	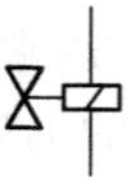	36	氧传感器	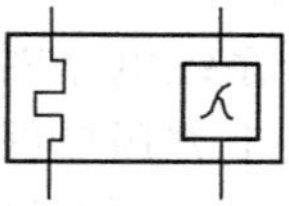

第三章 汽车电路分析应用

续表

序号	名称	符号/图示	序号	名称	符号/图示
37	电机		43	自动天线	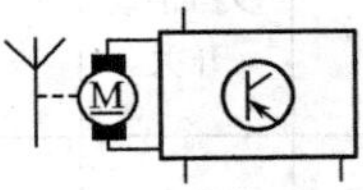
38	双速电机	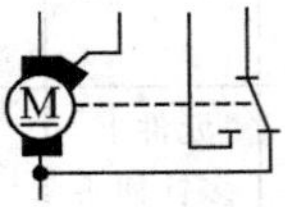	44	带放大器的天线	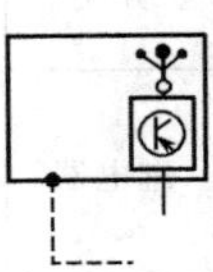
39	感应式传感器	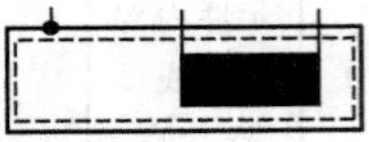	45	收放机	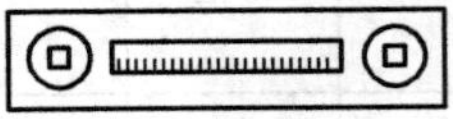
40	爆震传感器	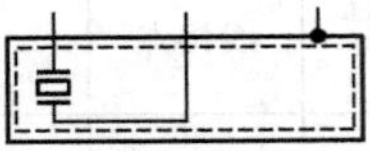	46	点烟器	
41	喇叭	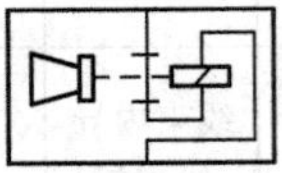	47	数字显示仪表	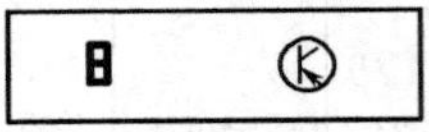
42	扬声器	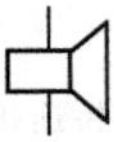			

100. 怎样识读通用车系电路图

通用车型电路图通常分为四类：电源分配简图（图3-18）、中央控制盒样图（图3-19）、系统电路图（图3-20）和接地线路图（图3-21）。

系统电路图中电源线从图上方进入，通常从熔丝处开始，并于熔丝上方用黑线框标注此处与电源之间的通断关系；用电器在中部，接地点在最下方。如果是由电子控制的系统，电路图中除该系

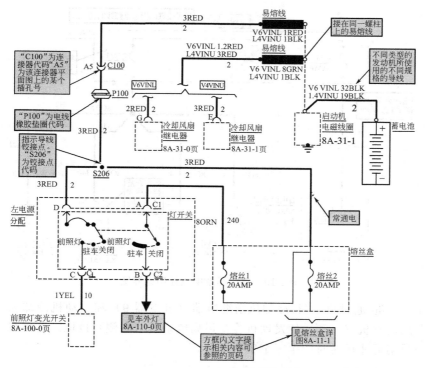

图 3-18 通用车系电源分配样图

统的工作电路外还会包括与该系统工作有关的信号电路。

101. 怎样分析和应用通用车系电路图

举例，别克君威 108℃ 时冷却风扇低速运转控制电路图见图 3-22，电路图分析如下。

① 位于发动机罩下附件导线接线盒中的 6 号 40A 和 21 号 15A 的保险丝给发动机冷却风扇加电。

② 发动机低速运转期间，动力系统控制模块（PCM）通过低速风扇控制电路为继电器 12 提供接地通路，这时继电器线圈通电，继电器 12 的触头接触，从 6 号 40A 保险丝向发动机冷却风扇供电。

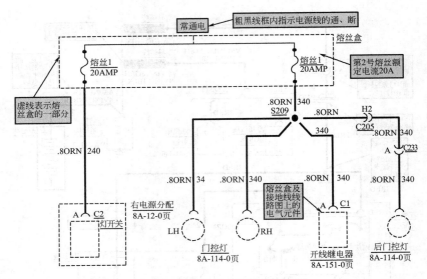

图 3-19 通用车系中央控制盒样图

③ 通过串/并行冷却风扇继电器（继电器9）和发动机冷却风扇电动机（左侧）使发动机冷却风扇电动机（右侧）接地。这将在风扇低速运转时产生一个串行电路。

102. 怎样识读宝马电路图

举例，宝马车系电路图识读样图见图 3-23，图中标注解释如下。

① 用虚线表示熔丝/继电器盒的部分。

② 表示发光二极管（LED）的图表符号。

③ 用虚线表示自检控制单元的一部分。

④ 表示导线规格（0.5mm）及颜色（绿/黑）。

⑤ 表示继电器的图形符号（虚线显示机械运动与电磁线圈的联系）。

⑥ 表示导线铰接点，定位号 S304（要了解准确安装位置见线束、连接器、铰接点、搭铁点及零部件定位）。

⑦ 表示连接器 C208（要了解准确安装位置见线束、连接器、

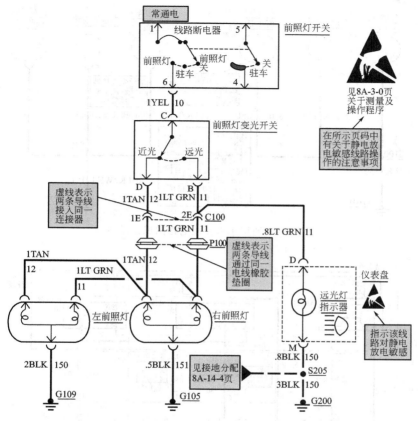

图 3-20 通用车系系统电路图样图

铰接点、搭铁及零部件定位)。

⑧ 表示此处为导线中断端,文字表示导线将延伸往何处(通常与本线路无关)。

⑨ 表示推入型连接器符号。

⑩ 表示灯泡的图形符号。

⑪ 表示继电器接头标注(可在继电器下部找到)。

⑫ 虚线表示尾灯检查继电器的一部分。

⑬ 表示 300 号搭铁点(要了解准确安装位置见线束、连接器、

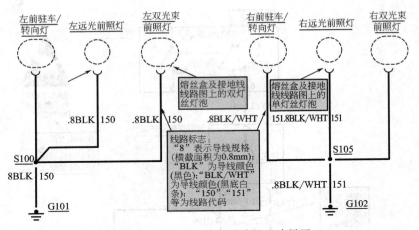

图 3-21 通用车系接地电路图识读样图

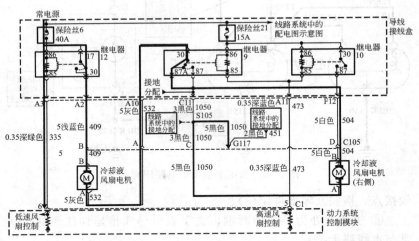

图 3-22 （老款）别克君威 108℃时冷却风扇低速运转控制电路图

铰接点、搭铁及零部件定位)。

⑭ 表示图中所有开关都是按照点火开关在 OFF 位置时,这些开关的不工作位置表达的。

⑮ 第 6 号熔丝,额定电流为 7.5A。

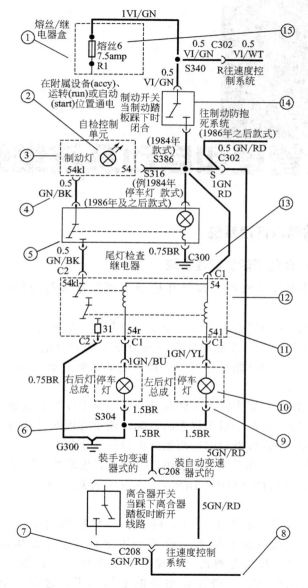

图 3-23 宝马车系电路图识读样图

第四章 Chapter 4
能量管理和启动系统维修

一、电源管理系统

103. 为什么使用能量管理系统

能量管理系统负责监督和控制车辆停止和行驶期间的能量平衡。

车辆的车载网络主要由一个能量存储器（蓄电池）、一个能量发生器（发电机）以及数量众多的能量消耗者（电气/电子设备）组成。由蓄电池（能量存储器）提供电能，通过启动机（用电器）启动车辆发动机。

车载网络负责为保证车辆及其功能的可用性提供电能。保证车辆的启动能力是其中最为优先的目标。能量管理的任务是在车辆所有运行状态下保证能量的使用始终保持最优化状态。

每个能量管理系统的主要组成部分都是发动机控制单元中的电源管理系统软件（DME/DDE）。该电源管理系统控制车内的能量流。

发动机启动后发电机（能量发生器）提供电流，在理想状态下该电流能够满足所有用电器的需求且有多余的电能为蓄电池充电。所连接用电器的耗电量大于发电机可以提供的电量时，车载网络电压就会下降至蓄电池的电压水平，这时蓄电池开始放电。

(1) 能量管理系统系统组件（图 4-1）

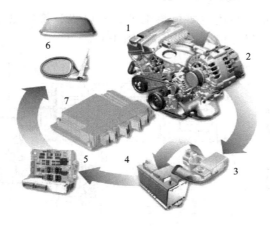

图 4-1　现代车辆能量/电源管理系统

1—发动机；2—发电机；3—智能型蓄电池传感器；4—蓄电池；5—接线盒；6—用电器（例如后窗玻璃加热装置，加热式车外后视镜等）；7—发动机管理系统（电源管理系统）

(2) 电源管理系统工作原理示意图（图 4-2）

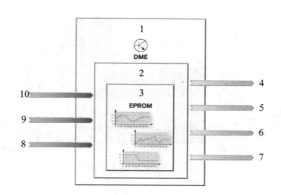

图 4-2　电源管理系统工作原理示意图

1—DME（数字式发动机电子系统）；2—电源管理系统；3—EPROM 及存储的特性曲线；4—怠速转速控制；5—发电机的充电电压规定值；6—关闭驻车用电器；7—降低最大负荷；8—温度输入 T；9—电流输入 $\pm I$；10—蓄电池电压 U

104. 供电系统由哪几部分组成

车辆的供电系统主要由蓄电池、发电机、蓄电池导线、配电盒、总线端等组件构成（图 4-3、图 4-4）。

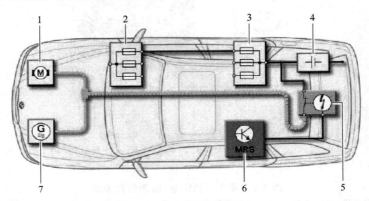

图 4-3　供电系统示意图一

1—启动机；2—前部配电盒；3—后部配电盒；4—蓄电池；5—安全型蓄电池接线柱；6—多功能乘员保护系统；7—发电机

图 4-4　供电系统示意图二

105. 能量管理中蓄电池导线有什么特点

如果蓄电池导线从行李厢经过车辆地板外侧与燃油管路平行铺设到发动机室内时，出于安全考虑需监控该导线。因发生事故或撞到障碍物（例如护栏）造成蓄电池导线损坏时，就会从蓄电池上断开蓄电池导线并关闭发电机,以避免造成短路以及形成火花。

蓄电池正极接线柱上连接了两根导线,这些导线负责为电气组件供电。其中一根蓄电池导线通过蓄电池正极接线柱通向启动机和发电机。例如宝马车型,根据 BMW 车型的不同,这根蓄电池导线可配备监控装置。另一根蓄电池导线通向一个或多个其余车载网络的配电盒。这根蓄电池导线没有监控装置。

106. 为什么要使用安全型蓄电池接线柱(SBK)

(1) 安全型蓄电池接线柱(SBK)组件(图 4-5)

SBK 由一个传统的可拧紧式接线柱组成,带有内装燃爆材料的空心圆柱体。有一个锁杆用于防止蓄电池导线重新滑回触点位置。

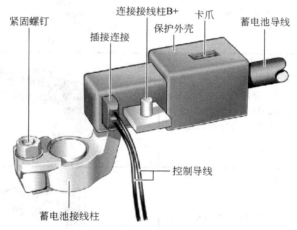

图 4-5 安全型蓄电池接线柱(SBK)组件

(2) 安全型蓄电池接线柱(SBK)作用

为了保护启动机电路,采用了安全型蓄电池接线柱作为保护措施,该装置可在发生事故时消除短路危险。这种安全型蓄电池接线柱直接蓄电池正极连接。

使用 SBK 目的:为了将发生事故时发生短路的危险降至最低。车辆内的车载网络分为两个电路(例如宝马):

① 一个是车载网络供电部分,通过高电流保险丝防止发生

短路；

② 一个是启动机电路，该电路无法通过任何传统保险丝方式提供保护。

107. 安全型蓄电池接线柱（SBK）是怎样分离的

见表 4-1。

表 4-1 安全型蓄电池接线柱（SBK）分离

项目		说明	图示/示意图
导线分离过程	第一步	安全型蓄电池接线柱初始状态，时间大约为 0.00ms	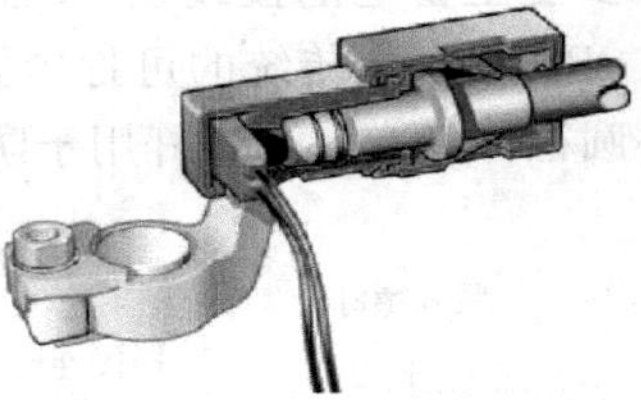
	第二步	分离过程开始，由控制单元点燃燃爆材料，时间大约为 0.22ms	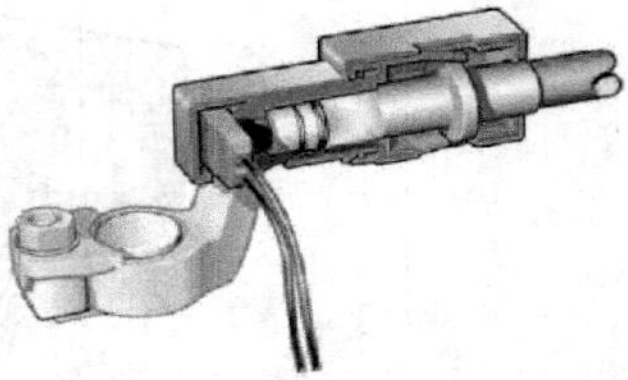
	第三步	分离过程结束，时间大约为 0.45ms	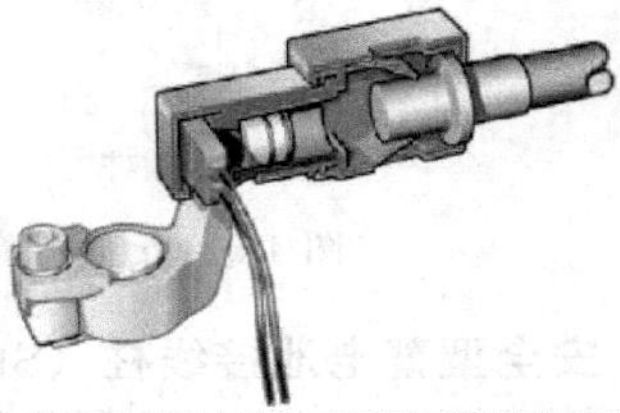
	第四步	蓄电池导线在安全性蓄电池接线柱内截断，时间大约为 3.00ms	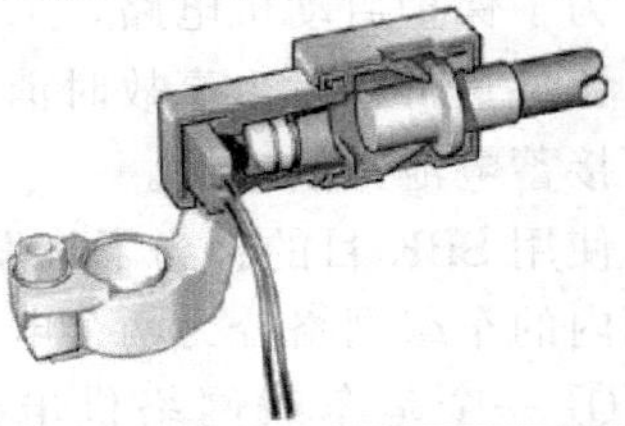

> **电工技能**
>
> 触发燃爆材料后不得继续使用安全性蓄电池接线柱,必须更换。
>
> 由于蓄电池导线分为不同部分,因此触发 SBK 后,其他车载网络仍能正常使用,只要没有任何主保险丝因短路断开电源电路。从而确保仍可执行所有重要功能,例如危险报警灯、电话等。

108. 什么是总线端

> **电工知识**
>
> 车辆中所有用电器必须有一侧接地,另一侧则连接正电压。在电工学中总线端用于连接电线、电缆和导线(可松开)。在车辆中总线端是指连接控制单元和电气组件并为其供电的接线柱。不同总线端拥有各自标准化的名称。下文以示例形式详细介绍最重要的供电总线端。

宝马 E87 供电系统见图 4-6。
(1)总线端 30

车辆中的所有用电器始终通过接地点(导电车身部件)与车辆蓄电池负极接线柱连接。车辆中的部分用电器也始终与车辆蓄电池的正极接线柱连接。这种电路只能通过开关或继电器断开。

> **电工技能**
>
> 在车辆电气车载网络中,永久带有蓄电池电压的总线端称为总线端 30(也称 B+ 或永久正极)。安装并连接蓄电池后,导线束的这个分支在关闭点火开关并拔下点火钥匙后仍然保持供电状态。总线端 30 负责为停车后仍需正常运行或只为保存数据而需要用电的控制单元和总成供电。例如,闪烁警告装置开关就是通过总线端 30 供电的。

(2)总线端 R

只有将点火钥匙插入点火开关并转到第一个卡止位置后,一部

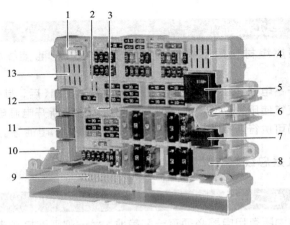

图 4-6 接线盒电气部件

1—导线束连接插头；2—电动燃油泵；3—总线端 30g-f 继电器（仅在带有相应配置时才安装，安装在接线盒壳体内的印刷电路板上）；4—总线端 15 继电器（安装在接线盒壳体内的印刷电路板上）；5—总线端 30g 继电器；6—供电；7—车窗玻璃清洗装置继电器；8—二次空气泵继电器；9—接线盒控制单元内部接口；10—后窗玻璃刮水器继电器；11—加热式后窗玻璃继电器；12—刮水器挡位 1 继电器；13—刮水器挡位 2 继电器（位于接线盒壳体内的印刷电路板上）

分用电器才能通过点火开关与蓄电池正极连接并得到供电。在这种情况下点火开关相当于一个开关。这个总线端称为总线端 R。

电工技能

例如：如果车载收音机通过总线端 30（永久正极）连接时，则拔下点火钥匙后仍可以正常工作。如果收音机通过总线端 R 连接，则只有总线端 R 接通后收音机才能运行。除收音机外，安全系统（MRS、ACSM）也通过这个总线端供电。

（3）总线端 15

点火钥匙转到第二个卡止位置时，则启用总线端 15（也称为接通的正极，点火正极）。其他控制单元和电气组件也通过总线端 15 供电，例如空调系统和驻车辅助系统（PDC）通过总线端 15 接通。总线端 R 和总线端 15 由 CAS 控制单元控制。

(4) 总线端 31

由于所有用电器都连入一个电路内,因此除电源 B+外该电路还需要必要的接地连接。通过一根单独的接地导线和车身钢板连接蓄电池的负极接线柱。这种连接也称作总线端 31(接地)。

(5) 总线端控制

① 通过在点火开关中转动钥匙接通或关闭总线端。

② 在不带点火开关的车辆上通过按压 START-STOP 按钮接通或关闭总线端。

③ 识别发射器必须插入插槽内并卡止。在这种情况下车辆会自动接收总线端 R 接通状态信号。此时可通过 START-STOP 按钮按如表 4-2 所示顺序切换总线端。

表 4-2 带有 START-STOP 按钮车辆的总线端控制

顺序	说明	图示/示意图
第一步	总线端 R(1)	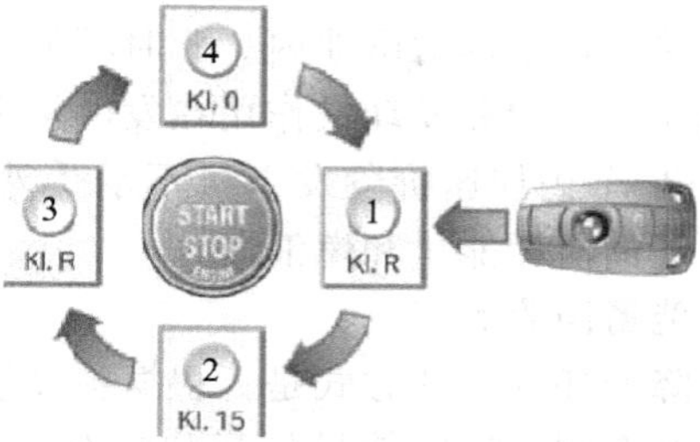
第二步	总线端 15(2)	
第三步	总线端 R(3)	
第四步	总线端 0(4)	

电工技能

只有在自动变速箱车辆上未踩下制动踏板或在手动变速箱车辆上未踩下离合器踏板时,才能按此顺序切换总线端。只要踩下制动踏板或离合器踏板,则再次按压 START-STOP 按钮就会启动发动机。

④ 车辆带有舒适登车系统时,识别发射器只需位于车内而不必插入插槽内。

⑤ 系统通过车内天线识别出识别发射器。按正确方式离开车辆后,车辆下次启动时从总线端 0 开始选择总线端。此时可通过按压 START-STOP 按钮按顺序依次选择总线端。

109. 为什么使用智能化发电机调节 IGR

> **你知道吗?**
>
> 在减少 CO_2 排放措施方面，正在引入各种不同的工艺技术以降低所有车辆的耗油量。其中一项措施是部分回收利用发动机使用的动能。根据驾驶员的驾驶方式，仅智能化发电机调节一项措施就可以最多减少的 CO_2 排放，从而可以节省能量。

(1) 概述

① 智能化发电机调节的核心原理是扩展车辆蓄电池的充电策略。蓄电池不再完全充满，而是根据不同的环境条件（车外温度，蓄电池老化等）充电到规定程度。

② 与传统充电策略不同，现在仅在车辆滑行阶段进行能量回收利用。此时发电机在外部激励最大的状态下工作，并将所产生的电能储存在车辆蓄电池内。此时不消耗燃油，车辆滑行期间产生的动能通过车轮和发动机作用在发电机上，从而产生电能。

③ 车辆加速阶段发电机不承受外部激励作用。因此不会为产生电能而消耗能量和燃油。

(2) 能量回收利用

降低耗油量的方式是，根据提高发电机电压的请求信息（规定值）在有利于回收能量的行驶状态（滑行阶段）下回收利用能量。系统将这个不使用燃油的情况下回收的能量储存在"有接收能力的蓄电池"内。因此蓄电池充电状态必须位于规定的充电状态内，以便可以继续充电。100％充电的蓄电池无法接收能量，因此智能化发电机调节功能会避免这种情况出现。

110. 智能化发电机调节 IGR 能量和信息流是怎样控制的

IGR 功能以软件形式集成在 DME/DDE 内。如图 4-7 所示，列出了相关组件。

① 发动机管理系统通过位串行数据接口（图中蓝色部分）与智能型蓄电池传感器和发电机通信。来自智能型蓄电池传感器的信息用于在电源管理系统内计算车辆蓄电池的充电和老化状态。电源

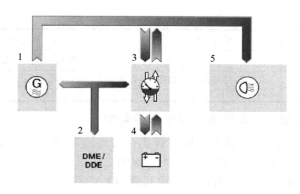

图 4-7 智能化发电机调节的信息流
1—发电机；2—发动机管理系统（DME/DDE）；3—智能型蓄电池传感器 IBS；
4—车辆蓄电池；5—车内用电器；红色—车辆内的能量流；蓝色—车辆内的信息流

管理系统是负责能量管理方面所有计算工作的软件。在带有智能化发电机调节功能的车辆上，这个应用程序还负责智能化发电机调节的调节过程。

② 其他信息来源于连接在整个总线系统上的控制单元。系统从所收集的信息中得出影响充电过程的框架条件。

③ 这个调节过程的结果是，在尽可能不利用发动机能量的情况下，以精确匹配的方式为车辆蓄电池充电。

111. 什么是蓄电池充电策略

表 4-3　蓄电池充电新策略

项目	传统电源管理系统	新电源管理系统
充电目标	随时充满	根据以下情况按需充电到规定的最低要求： ①电线质量 ②不同的环境条件,例如温度
蓄电池容量	最大容量由以下框架条件决定： ①正常运行电流 ②冷启动 ③驻车时耗电电流	①由于蓄电池从不完全充满,因此容量储备较高 ②由于循环充电次数较高,因此采用 AGM 蓄电池
电流吸收	随着充电状态的不断提高迅速减小	即使长时间行驶后电流吸收能量仍很高

第四章　能量管理和启动系统维修

续表

项目	传统电源管理系统	新电源管理系统
CO_2 减排策略	无	IGR 使用预留的充电范围
能量回收利用	几乎没有回收利用的余地（仅在启动后短时间内）	有回收利用潜力

112. 充电状态和电压调节是怎样控制的

① 与传统充电调节不同，智能化蓄电池调节不会 100% 充电。蓄电池充电到最大充电量的 70%～80%。

② 系统定期停用智能化发电机调节功能并允许蓄电池 100% 充电，以确保蓄电池长期保持全部容量（恢复）。

③ 在智能化发电机调节系统中，发电机电压在低电压范围内的时间相对较长，以便车辆蓄电池更有效地吸收电流。

充电状态和电压调节见图 4-8。

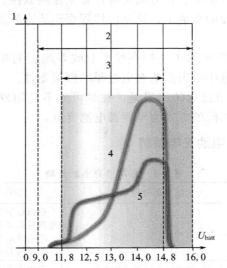

图 4-8 充电状态和电压调节

1—发电机电压变化频率；2—车辆内允许的最大电压范围；3—发电机调节范围；
4—传统发电机调节下的充电电压——发电机充电电压基本上位于 13～15V 之间；
5—智能化发电机调节下的充电电压——充电电压主要分布在 12～15V 之间。
可以在车辆滑行阶段为蓄电池充电；U_{batt}—蓄电池电压

113. 智能化发电机调节系统有哪几个运行状态

IGR 功能分为以下三个运行状态，运行状态见表 4-4。

① IGR 较低　在滑行阶段提高发电机电压并为蓄电池充电（能量回收利用）。

② IGR 中等　在 IGR 较低与 IGR 较高之间的阶段内不允许蓄电池耗电，保持目前的充电状态（部分减小发电机负荷）。

③ IGR 较高　能量从蓄电池返回到车载网络内（减小发电机负荷）。

表 4-4　IGR 状态

状态	示意图/控制说明
IGR 较低	1—燃油箱——不使用燃油；2—燃油喷射装置——喷嘴关闭；3—发动机——发动机由驱动轮产生的动能推动；4—发电机——发电机产生最高电功率；5—用电器——用电器由发电机提供电能；6—DME/DDE——DME/DDE 通过位串行数据接口与 IBS 和发电机连接；7—IBS——智能型蓄电池传感器识别蓄电池充电情况；8—蓄电池——蓄电池以最高电压充电
	控制说明
	① 滑行阶段提高发电机电压（这个发电机负荷仅在转速超过 1000r/min 且车速为 10km/h 时出现） ② 车辆处于滑行阶段时 IGR 提高发电机电压。提高电压可以提高蓄电池充电电量 ③ 随着滑行次数和持续时间的增加，蓄电池充电状态不断提高（在 IGR 较低阶段中充电状态最高可达到 100%）

续表

状态	示意图/控制说明
IGR 较高	示意图 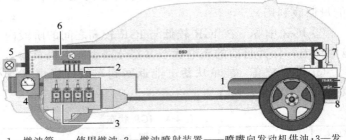 1—燃油箱——使用燃油;2—燃油喷射装置——喷嘴向发动机供油;3—发动机——发动机将燃油的化学能转化为机械能;4—发电机——发电机只有维持车载网络稳定运行的作用;5—用电器——绝大部分用电器由蓄电池提供电能;6—DME/DDE——DME/DDE通过位串行数据接口与IBS和发电机连接;7—IBS——智能型蓄电池传感器识别从蓄电池接收电能的情况;8—蓄电池——蓄电池向外供电 控制说明 ① 蓄电池充电状态足够时系统调节发电机电压的方式是,蓄电池以可接受的程度向外供电。此时车载网络有一部分由蓄电池供电 ② 在这种状态下发电机的负荷最小,只有维持车载网络稳定运行的作用。所需要的 IGR 电压由电源管理系统限制到与车载网络匹配的电压
IGR 中等	示意图 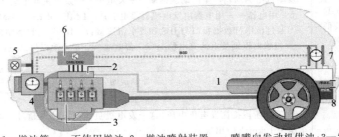 1—燃油箱——不使用燃油;2—燃油喷射装置——喷嘴向发动机供油;3—发动机——发动机将燃油的化学能转化为机械能;4—发电机——发电机产生足够的电能,以满足当前电能需求;5—用电器——用电器由发电机提供电能;6—DME/DDE——DME/DDE通过位串行数据接口与IBS和发电机连接;7—IBS——智能型蓄电池传感器识别到,蓄电池既没有充电,也没有向外供电;8—蓄电池——蓄电池程度状态保持不变

续表

状态	示意图/控制说明
	控制说明
IGR 中等	① 在使用燃油行驶阶段系统发出部分减小发电机负荷的请求信息。此时不再主动为蓄电池充电,而是仅使充电状态保持在足够使用的程度 ② 为确保只在滑行阶段充电的蓄电池在受控状态下向外供电,加速阶段车载网络电能需求较低时需发出发电机部分至完全卸载的请求信息,以减小 CO_2 排放。蓄电池充电状态达到某一程度(70%~80%)时就会出现这种情况 ③ 只有达到蓄电池的某一最低充电程度时,才能进行智能化发电机调节 ④ 蓄电池充电状态足够时系统调节发电机电压的方式是,除滑行阶段外使蓄电池充电状态几乎保持不变。在这种状态下发电机只为车载网络供电

114. 双蓄电池系统功能和工作原理是什么

例如奔驰 W221 双蓄电池系统,电源控制系统的任务是根据需要为车辆所有电气设备和部件提供电源。为了保持可靠性,电源控制系统提供两条电源线路,一条是启动机蓄电池线路;另一条是主蓄电池线路。

车辆电源供应控制单元(N82/1)将两种蓄电池线路调节为不同的参数和特性。为了确保车辆的正常工作,如果需要的话,两种蓄电池线路可被连接在一起。

(1) 启动机蓄电池线路

启动机和启动机蓄电池属于启动机蓄电池线路部分。仅在特殊的情况下,其他的用电设备才能使用该电源。在发动机启动后,启动机蓄电池由车辆电源供应控制单元内的转换电路控制,通过主蓄电池线路至少充电 1h。

(2) 主蓄电池线路

所有其他的电气设备属于主蓄电池线路。电源从蓄电池(GI)和发电机(M)提供。

(3) 中央电气设备切断

为了在所有的运行条件下防止蓄电池过放电,电源控制系统的充电状态被连续监测。车辆电源供应控制单元发送一个信号到电气设备,这些电气设备将会以特定的顺序并且根据参数化的时间和电压值来占用主蓄电池线路。通过这个信号,个别的控制单元会切断电气设备或者减小这些电气设备的电源需求。

（4）静止电流切断

为了蓄电池在车辆静止（发动机熄火）的情况下获得更长的使用寿命，静止电流切断继电器，将静止的电流减小到最小。为此，用电设备在预定的时间后断开与电源的供应。当静止电流切断继电器闭合时，充电转换器未进入工作状态。

（5）紧急运行模式

如果主蓄电池过放电时，安装在前附加熔丝盒内的蓄电池连接继电器（Bzk1）将会闭合。

当发动机运行时（接线端6接通），所有不重要的电气设备就会切断。只有发电机产生足够的电源，两只蓄电池通过发电机进行充电。如果在主蓄电池线路中存在故障（如发电机故障，在车载电网线路断路），启动机蓄电池线路重新连接。仅ⅢS点火开关控制单元（NT3）仍然能够通过车载电源供应控制单元从启动机蓄电池中得到电源。这对于紧急停车（P）功能而言是很重要的，因为它能够在钥匙移开时，确保通过变速器保证车辆的安全（紧急停车功能）。

（6）紧急P功能

EIS控制单元将电压切换到紧急电路模式。带直接选择的智能伺服模块里的弹簧蓄压器工作，变速器转换到停车位置。在功能重新恢复后，带直接选择的智能伺服模块内的电子和机械系统将自动同步。

（7）组合仪表显示

车辆电源供应控制单元通过底盘CAN总线发送状态和故障信息到中央网关控制单元（N93），并从中央网关控制单元通过中央CAN、总线发送到组合仪表。

当出现以下情况时显示红色蓄电池符号：

① 发动机运行，从发电机未收到信号；

② 在车辆电源供应控制单元中有一个故障，如充电转换器故障。

115. 双蓄电池系统有哪些工作模式

（1）发动机启动

在启动过程中，两条蓄电池线路彼此从电路上独立出来。主电路系统电压由主蓄电池线路提供。启动机蓄电池线路确保车辆能正常启动。当接收到"发动机运行"信息达30s，双蓄电池连接继电器再次断开。

（2）发动机运行

如果发动机运行，即使主蓄电池供应电压过低时，启动机蓄电池也在充电。只要发动机运行，车辆电源供应控制单元根据温度控制充电特性，对启动机蓄电池进行充电转换调节到特定的充电电压。

双蓄电池的充电标准受到多方面因素的影响，若两只蓄电池已完全充满，则充电电流受到发电机的限制，目的是降低燃油消耗和提高发动机的效率。

（3）用电设备切断

有许多因素导致用电设备不得不切断，目的是使主蓄电池能够充分充电，以及确保对所有重要的部件提供稳定的电源供应。某些用电设备需要以一定的次序临时性的短暂切断。

为了让发电机增加其输出电源电压，怠速转速也能够增加。怠速转速的增加由ME-SFI控制单元控制。

（4）发动机运行时用电设备切断

如果蓄电池电压降至低于12.2V超过2s，首先切断用电设备。如果电压不会增加，则会有更多的用电设备切断。请求切断用电设备的信号由车辆电源供应控制单元发送，通过中央网关控制单元往内部CANJ总线发送。然后用电设备由相应的控制单元解除其工作状态。

（5）发动机熄火时用电设备切断

如果点火开关置于1挡或2挡时，电气设备仍然工作，当系统电源电压低于特定的电压值时，用电设备切断功能开始起作用。用电设备然后在一定的时间间隔内以特定的次序切断。

如果系统电压低于11.8V超过10s或没有CAN信息超过6h，静止电流切断继电器，并且下列设备切断：左仪表板熔丝盒（Fl/7）、前SAM及熔丝继电器模块（N10/1）、后SAM及熔丝继电器模块（N10/2）。

用电设备切断网络图如图 4-9 所示。

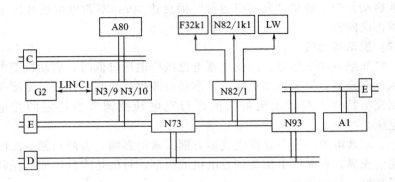

图 4-9 用电设备切断网络图
A1—组合仪表；A80—智能伺服模组；F32k1—蓄电池连接继电器；G2—发电机；N3/9—CDI 控制单元（柴油机）；N3/10 ME—SFI［ME］控制单元（汽油机）；N73—EIS［EZS］控制单元；N82/1—车辆电源供应控制单元；N82/1k1—静止电源切断继电器；N93—中央网关控制单元；C—驱动系统 CAN；E—底盘 CAN；D—中央 CAN；LIN C1—驱动 LIN；LW—充电转换器

116. 奥迪 A6 电源管理系统是怎样控制的

（1）电能管理控制单元 J644

奥迪电能管理控制单元 J644 在行李厢内的蓄电池旁边（图 4-10），诊断地址码为 61。主要是监控蓄电池状态，在极端的情况下调节充电电压，切断用电器；防止蓄电池过度放电，保证车辆用电保障。

（2）控制原理

电能管理控制单元 J644 可持续监控蓄电池的状况，它会检查蓄电池的充电状态（SOC）及启动能力。在发动机运转时，该控制单元会将发电机的充电电压调节到最佳状态。另外该控制单元还可以卸掉载荷（减少用电器的个数）及提高怠速转速。

为了避免在发动机关机的情况下出现静电流消耗，该控制单元在极端情况下可以通过 CAN 来关闭用电器，从而可避免蓄电池过度放电（见图 4-11）。

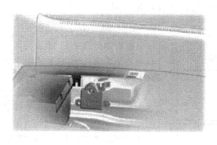

图 4-10　电能管理控制单元 J644

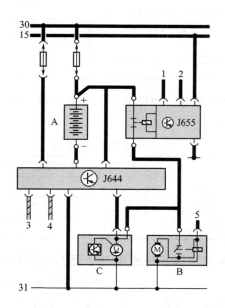

图 4-11　电源管理系统原理图

A—蓄电池；B—启动机；C—交流发电机；J644—电能管理控制单元；J655—蓄电池切断继电器；1—安全气囊控制单元 J234；2—安全气囊控制单元 J234；3—舒适 CAN 总线 High；4—舒适 CAN 总线 Low；5—接线柱 50（来自启动机继电器 2，J695）

117. 奥迪 A6 电源管理控制单元有哪些功能模块

见表 4-5。

表 4-5　电能管理控制系统功能模块

示　意　图	说　　明
电能管理控制单元 功能模块1 蓄电池管理器 蓄电池诊断 功能模块2 静态电流管理器 关闭驻车后的用电器 功能模块3 动态管理 充电电压 降低负荷	电能管理控制单元 J644 的功能分为三个功能模块,这些功能模块在不同的车辆状态下开始工作 功能模块 1 是蓄电池管理器,它负责蓄电池诊断(总是处于工作状态) 功能模块 2 是静态电流管理器,它在需要时会关闭驻车后的用电器(发动机不转) 功能模块 3 是用于动态管理的,它用于调节充电电压以及降低负荷(减少用电器数量)(发动机在运转)

这三个功能模块在一定的状态下才会激活,车辆有三种不同的状态。见表 4-6。

表 4-6　功能模块的激活

车辆状态	蓄电池管理器	静态电流管理器	动态管理
15 号接线柱关闭	激活	激活	—
15 号接线柱接通发动机不转	激活	激活	—
15 号接线柱接通发动机在运转	激活	—	激活

118. 奥迪 A6 电源管理系统蓄电池管理器的任务是什么

为了能执行蓄电池自诊断,电能管理控制单元内的蓄电池管理器必须算出下面这些数据:蓄电池温度、蓄电池电压、蓄电池电流、工作时间。见图 4-12 蓄电池管理器。

蓄电池电流和蓄电池电压在控制单元内测量,蓄电池温度是通过一种算法来折算的,而蓄电池电压是在正极接线柱上测量的。

119. 什么是静态电流管理器

(1) 工作任务

奥迪 A6 电源管理系统中,电能管理控制单元 J644 内的静态电

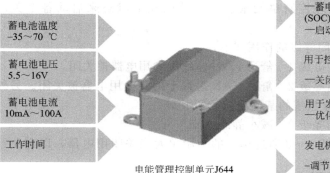

图 4-12 蓄电池管理器

流管理器的任务是：在必要时请求控制单元关闭用电器。静态电流管理器在 15 号接线柱关闭和 15 号接线柱接通/发动机关闭时才工作。

① 当车已停止时，必须尽可能地减小静电流，以降低蓄电池的放电量，从而保证在长时间停车后仍能启动车辆。

② 当蓄电池电量不足以给所有驻车用电器供电时，舒适用电器和 Infotainment 用电器的功能就会被关闭。控制单元究竟要关闭哪个用电器，这是由关闭等级来决定的。

③ 在"车辆信息"下的故障导航中可显示出控制单元可关闭哪些用电器或功能。

④ 用电器关闭分为六个等级。

⑤ 蓄电池的充电量越少，关闭等级就越高。所需要的关闭等级由电能管理控制单元经数据总线系统来提供。组合仪表会告知司机哪些功能受限制。

电工技能

某些功能受到限制的原因可能就是因为某些关闭等级已经启动。关闭等级已经启动会作为故障被存储在电能管理控制单元的故障存储器内。

（2）关闭等级

电能管理控制单元根据蓄电池的充电状态来启动各个关闭等级。

各个关闭等级的作用如下。

① 关闭等级 1　舒适 CAN 总线上的用电器被关闭。

② 关闭等级 2　舒适 CAN 总线上的其他用电器被关闭。另外 Infotainment 系统的某些功能受到限制。

③ 关闭等级 3　减小静态电流。

关闭等级 1~3 通过车上的控制单元来关闭用电器，以避免蓄电池继续放电。

以供电控制单元 2 的关闭等级为例，见表 4-7。

表 4-7　关闭等级控制

用电器工况	等级 1	等级 2	等级 3
MMI 打开/关闭	启动	未启动	未启动
大灯清洗	未启动	未启动	未启动
清洗液加热	未启动	未启动	未启动

④ 关闭等级 4　运输模式，这个关闭等级需通过诊断仪来启动，通过电能管理控制单元是无法启动的。

该模式需使用诊断仪来执行。这个模式的作用是：在车辆长时间停放或长途运输过程中大大降低蓄电池放电。

电能管理控制单元 J644 内有用于启动该模式的自适应通道，在通道 1 "运输模式"中可选择 "0＝普通模式或 1＝运输模式"。

在运输模式下，几乎所有的舒适功能都被关闭，以保证在尽可能长的时间内蓄电池不放电。这在车辆出口运输中尤其有用。

⑤ 关闭等级 5　驻车加热被关闭。

⑥ 关闭等级 6　总线系统的唤醒动作被减弱。在关闭等级 6 启动后，只有当 15 号接线柱接通和进入车内时，总线上的控制单元才能够被唤醒。总线系统的其他唤醒源均被抑制。

由于在关闭等级 6 的状态时，还要保持启动能力，所以为了节省电能，就不能再让每个唤醒源都可以唤醒控制单元了。这种状态也会影响到 Infotainment 部件，因此电话也无法使用了。

120. 电源管理系统关闭等级控制原理是什么

（1）控制原理

奥迪 A6 电能管理控制单元 J644 在必要时会将所需要的关闭等级发送到数据总线上。连接在总线系统上的控制单元在读入这些信息后，就会关闭与各个关闭等级相关的用电器。因此，在每个控制单元内都存储有关闭等级将要关闭的用电器的信息。

在举例图 4-13 中可看出：电能管理控制单元将关闭，于是舒适 CAN 总线上的控制单元就关闭了与"关闭等级 2"相对应的用电器或功能，这个对应的关系存储在相应控制单元的软件内。等级 2 便发送到了舒适 CAN 总线上。

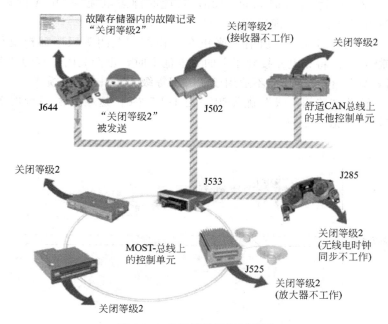

图 4-13　关闭等级控制原理图

例如；为了节能，轮胎压力监控控制单元 J502 关闭了天线接收器。数据总线诊断接口 J533 会将"关闭等级 2"这个信息分配到其他总线系统上，于是其他总线系统上的所有控制单元也作出反应，即关闭与"关闭等级 2"相关的用电器。

连接在组合仪表 CAN 总线上的控制单元 J285 会关闭无线电时钟的接收器（为节能），或者连接在 MOST 总线上的数字音响，控制单元 J525 关闭音频放大器。

（2）逐级降低静态电流

① 当接通降低静态电流的各个等级时，车辆停放的时间就可延长，因为"关闭等级"越高，静态电流就越小。但是车辆无法计算停放的时间可延长多长。当司机上车后，所有功能立即恢复。"关闭等级 4"有点特别，它不能由车本身来执行，必须借助于诊断仪来完成。

② 当车辆停放时间超过 3h，若此时静态电流＞50mA 的话，"关闭等级 2"会立即启动。

发动机启动后，所有原来正在工作的"关闭等级"都被复位（撤销了）。将充电器接到车上的蓄电池上时，也会关闭所有的"关闭等级"。但这些功能不适用于"关闭等级 4"——运输模式。

这些"关闭等级"优先顺序是 1-2-5-3-6，这在开发系统时就定好了。见图 4-14。

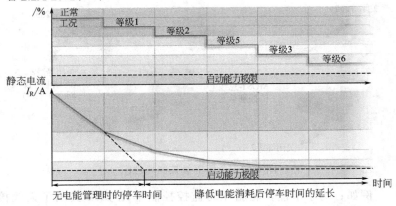

图 4-14 蓄电池充电状态 SOC 分 6 个切断等级

121. 电源管理系统怎样执行设定和匹配

① 2009 年 PA 版以前车辆运输模式关闭：61-10-001-0。
② 2009 年 PA 版以后车辆运输模式关闭：19-10-001-0。
③ 更换蓄电池后编码："执行 A-蓄电池更新后进行编码"。

二、蓄电池检测与维修

122. 怎样测试蓄电池

① 检查损坏：如果外壳破裂或端子松动，更换蓄电池。

② 检查指示灯（指示灯颜色取决于蓄电池制造商）。如果指示灯显示蓄电池需要充电，转至步骤③。

③ 连接蓄电池检测仪，测试蓄电池负载容量，并施加蓄电池安培小时率三倍的负载。负载施加正好 15s 时，蓄电池电压读数应始终高于 9.6V。

a. 如果读数始终高于 9.6V，则蓄电池正常；清理端子和壳体，并将其重新安装。

b. 如果读数在 6.5～9.6V 之间，连接蓄电池充电器，并以初始电流 40A 将蓄电池充电 3min。

> **电工技能**
> 电流将随着电压的升高将减小，不要通过增大电流而进行补偿，否则将损坏蓄电池。

c. 在整个 3min 内观察蓄电池电压；最高读数应始终低于 15.5V。

> **电工技能**
> 如果读数始终低于 15.5V，则蓄电池正常；清理端子和外壳，并将其重新安装。
> 如果在快速充电的 3min 内，读数高于 15.5V，则蓄电池已损坏；将其更换。

d. 如果读数降至低于 6.5V，连接蓄电池并慢速充电，并以

5A 的电流充电不超过 24h（或直到指示灯显示满充，或电解液比重至少为 1.270）。然后再次测试负载容量。

> ⚡ **电工技能**
>
> 如果电压始终高于 9.6V，则蓄电池正常；清理端子和壳体，并将其重新安装。
>
> 如果电压仍然降至低于 6.5V，则蓄电池已损坏；将其更换。

123. 蓄电池怎样充电

(1) 蓄电池充电状态

① 当蓄电池闲置 24h 后，测试其电压才能准确确定蓄电池充电状态。这样有足够的时间使每个电池中的酸达到平衡。如果蓄电池在过去的 24h 内进行了充电或放电，蓄电池充电状态仅是估计的。

② 免维护式蓄电池的充电状态是根据蓄电池端子之间的电压读数来判断的。因为蓄电池的电流流入或流出影响其电压，所以当检查电压时，发动机必须停止并且关闭所有的电气负载，包括寄生负载。蓄电池刚刚进行过充电或者放电都会对电压有影响，所以考虑测试前一段时间内对蓄电池进行了什么操作是很重要的。

(2) 充电程序

> ⚡ **电工技能**
>
> 连接或断开蓄电池电缆、蓄电池充电器或跨接电缆时，务必将点火开关置于 OFF 位置。否则可能损坏发动机控制模块/动力系统控制模块或其他电子元件。
>
> 在蓄电池电缆连接时给侧面端子蓄电池充电，将充电器连接至正极电缆螺栓及远离蓄电池的搭铁处。在蓄电池电缆断开时给侧面端子蓄电池充电，安装蓄电池侧面端子适配器并连接充电器至适配器上。

① 关闭充电器。
② 确保所有蓄电池端子连接清洁且紧固。

③ 将充电器正极引线连接至蓄电池正极端子,位于蓄电池上或者发动机舱盖下分置式跨接器双头螺栓。

> **你注意到了吗?**
> 切勿将充电器的负极引线连接至车辆其他电气附件或装置的外壳上。蓄电池充电器可能会损坏这些装置。

④ 将充电器负极引线连接至发动机舱牢固的发动机搭铁或搭铁双头螺栓上,发动机搭铁或者搭铁双头螺栓直接连接至蓄电池负极端子,但是远离蓄电池。如果蓄电池负极电缆断开并且使用了端子适配器,直接连接至适配器上。

⑤ 接通充电器并且设置为正常充电的最高设置。

⑥ 启用蓄电池充电器后,每半小时检查一次蓄电池。

a. 对蓄电池进行充电,直到恒压变流式充电器显示蓄电池充满。

b. 触摸蓄电池侧面,估计蓄电池的温度。如果触摸时感觉太热或者其温度超过 45℃,则中断充电并在蓄电池冷却后继续充电。

⑦ 充电后,对蓄电池进行测试。

124. 怎样进行蓄电池充电系统测试

(1) 电路/系统检验

在发动机启动的情况下,观察仪表板组合仪表充电指示灯或驾驶员信息中心信息。在仪表板组合仪表上充电指示灯应该熄灭,而驾驶员信息中心不应显示充电系统信息。

① 如果仪表板组合仪表上的充电指示灯不点亮,充电系统信息不显示在驾驶员信息中心,则要检测间歇性故障和接触不良故障。

② 如果充电指示灯在仪表板组合仪表上或在驾驶员信息中心显示充电系统信息,则执行以下"电路/系统测试"。

(2) 电路/系统测试

① 点火开关置于 ON 位置,没有设置引起充电系统故障的发电机或蓄电池电流传感器故障诊断码。

如果设置了故障诊断码要执行故障码诊断。

② 点火开关置于 OFF 位置，测量蓄电池端子电压。室温条件下，电压读数应该为 12V 或以上。

如果不在规定范围内则需要蓄电池检查和测试。

③ 将层叠炭板测试仪连接至蓄电池。

④ 启动发动机并将发动机转速提高到 2500r/min。观察测试仪上的电压读数。电压读数应在 12.6～15.0V 之间。

如果不在规定的范围内，则更换发电机。

⑤ 调整层叠炭板测试仪至规定负载测试输出值。

如果不在规定值内，更换发电机。

125. 怎样诊断和解决蓄电池故障

（1）蓄电池故障原因

如果蓄电池测试正常，但不能正常工作，以下是一些常见的原因。

① 车辆附件整夜未关。

② 行车速度较慢且频繁停车，时停时走，同时还使用了很多电气附件，特别是空调系统、前照灯、刮水器、加热型后窗、车载电话等。

③ 电气负载超出发电机输出功率，特别是车辆上增加了售后加装设备。

④ 充电系统存在故障，包括传动带打滑和发电机损坏可能性。

⑤ 蓄电池未正常维护，包括蓄电池压紧装置松动或蓄电池绝缘体（如果使用）缺失。

⑥ 电气系统中出现了机械故障，如导线短路或卡住，导致断电。

（2）电解液冻结

电解液的冻结点取决于其比重。完全充电的蓄电池直到周围的温度降至 -54℃ 才会冻结。然而，充电不足的蓄电池在 -7℃ 可能会冻结。冻结会损坏蓄电池，应使蓄电池保持 80% 以上的适当充电状态以防止冻结，蓄电池凝固点为低于 -32℃。

（3）车辆存放期间的蓄电池保护

有些车辆的附属装置会作为一个寄生负载，持续微量地耗用蓄电池的电量。长期不使用的蓄电池会放电。这样会导致蓄电池永久性损坏。放电的蓄电池在寒冷天气也将会冻结。

在车辆储存 30 天以上时，为了保持蓄电池的充电状态：断开蓄电池搭铁电缆，以防止因寄生放电电流而导致蓄电池放电。

当不能断开蓄电池时：
① 保持蓄电池高充电状态。
② 制定规范的时间表，每 20～45 天给蓄电池充一次电。长期处于放电状态的蓄电池，难以重新充电，甚至可能永久性损坏。

三、发电机维修

126. 什么是普通硅整流发电机

普通硅整流发电机由三相交流发电机和 6 只硅整流二极管组成。如东风 EQ1091 型载货汽车用 JF132 型发电机和北京切诺基的发电机。其电刷有外装式和内装式之分，前者电刷架可直接在发电机的外部拆装，后者更换电刷时，则必须将发电机解体。

127. 什么是整体式硅整流发电机

整体式硅整流发电机的集成电路（IC）调节器装在硅整流发电机内部。减少发电机外部的连接导线，而且还能大大简化制造过程，因而正在日益得到广泛的应用，如丰田 YR、YB 系列发电机、北京切诺基汽车发电机、夏利汽车发电机、一汽奥迪、上海桑塔纳（JFZ1813Z 型发电机）等。

128. 什么是带真空泵的硅整流发电机

带泵硅整流发电机，是指带真空制动助力泵的硅整流发电机。多用于柴油车，如依维柯汽车用 JFZ1912Z 型发电机。

带真空泵的交流发电机的结构如图 4-15 所示，这种形式的交流发电机，是把发电机的轴与真空泵的轴连成一个整体，真空泵为叶片式转子泵，它通过软管连接在汽车液压制动装置的真空增力器上,其作用是吸出筒内空气,使其变成真空。发电机转动时,真空泵按图 4-15(b) 所示箭头方向旋转,由于各叶片之间的空间变化,就能把空气由进气口吸入,并送到排气口,将与进气口相连的真空增力器的真空筒抽成真空。真空泵的润滑是由泵盖的给油口供给的,来自发动机润滑系统的一部分润滑油进入泵内,循环到各个部分,最后便随空气从排气口排出到真空泵外部。

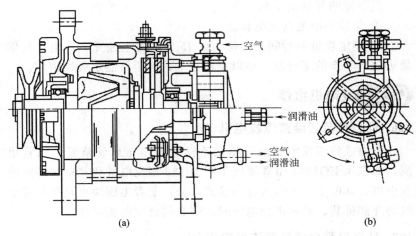

图 4-15 带真空泵交流发电机示意图

129. 什么是无刷硅整流发电机

无刷硅整流发电机,是指无电刷和集电环的发电机。这种交流发电机没有电刷和集电环,可以减少在运行中由于电刷与集电环而引起的各种故障。其结构与一般爪极式交流发电机大致相同,但其磁场绕组是静止的,它通过一个磁扼托架固定在后端盖上。两个爪极中只有一个爪极直接固定在发电机转子轴上,另一爪极则用非导磁连接环固定在前一爪极上。当转子旋转时,一个爪极就带动另一个爪极一起在定子内转动,于是定子的三相绕组中便感应出三相交流电,经整流后再变为直流电。

这种交流发电机有一定的缺点,一是,两个爪极之间连接的制造工艺较困难;二是,由于磁路中增加了两个附加气隙,故在输出功率相同的情况下,必须增大磁场绕组的励磁功率。

130. 什么是带有励磁机的无刷硅整流发电机

带有励磁机的无刷硅整流交流发电机实际上是在爪极式三相交流发电机的基础上增加了一部专为其励磁的小型硅整流发电机,称为励磁机。其特点是磁场绕组固定,而三相绕组是转动的。当发电机转动时,在三相绕组中便感应出三相交流电,在发电机内部经二极管整流后变为直流电,直接供给爪极式三相硅整流发电机的磁场绕组励磁发电。其结构比较复杂,所以仅在需要大功率输出时采用。

131. 按整流器结构不同硅整流发电机可分为哪几种

(1) 六管发电机

六管发电机整流器由 6 只硅整流二极管组成。其工作电路如图 4-16 所示。

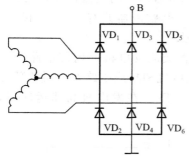

图 4-16 六管发电机工作电路

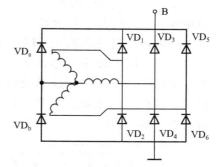

图 4-17 八管发电机工作电路

(2) 八管发电机

八管发电机有 2 只与中性点连接的二极管,其整流器共有 8 只二极管。

8 管整流电路中采用了 8 只硅整流二极管,其中 6 只组成三相全波桥式整流电路,还有 2 只是中性点二极管,1 只正极管接在中性点和正极之间,1 只负极管接在中性点和负极之间对中性点电压进行全波整流。其工作电路见图 4-17。

(3) 九管发电机

九管发电机有 3 只磁场二极管,其整流器共有 9 只二极管。

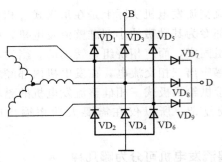

9 管整流器是由 6 只大功率整流二极管和 3 只小功率励磁二极管组成。其中 6 只大功率整流二极管组成三相全波桥式整流电路,对外负载供电。3 只小功率管二极管与三只大功率负极管也组成三相全波桥式整流电路专门为发电机磁场供电。所以称 3 只

图 4-18 九管发电机工作电路

小功率管为励磁二极管。其工作电路见图 4-18。

(4) 十一管发电机

十一管发电机除由 6 只硅整流二极管组成的整流器外,还有 2 只中性点二极管和 3 只磁场二极管,其整流器共有 11 只二极管。如桑塔纳轿车用 JFZ1813Z 型发电机。

举例,图 4-19 所示整体式 11 管交流发电机的内部电路及接线。该整体式发电机由 11 管交流发电机和集成电路调节器两部分组成。中性点硅整流二极管 VD_4、VD_8,在发电机高速运转时,可增大其输出功率。

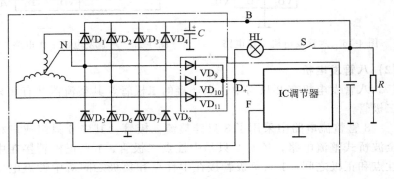

图 4-19 整体式 11 管交流发电机内部电路

132. 发电机由哪些部件组成

发电机基本结构见图4-20，发电机主要部件见图4-21。

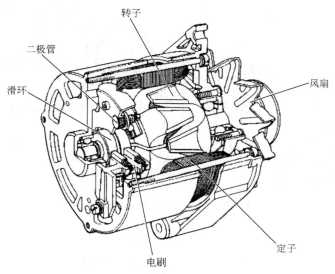

图4-20 发电机基本结构

(1) 转子（磁场线圈）

如图4-22所示，转子是发电机的磁场部分，主要由转子轴、两块爪极、磁场绕组和集电环等组成。

在转子轴的中段轧有纵向滚花，其上压有两块爪极，两块爪极的内腔装有铁芯称为磁扼，其上绕有磁场绕组，磁场绕组的两引出线分别焊在与轴2绝缘的两个铜制集电环1上。直流电通过电刷、集电环到磁场绕组，便产生了磁场。转子分解见图4-23。

(2) 定子

定子又叫电枢，由铁芯和三相绕组组成（图4-24）。定子铁芯是由环状硅钢片叠成，硅钢片相互绝缘，其内圆有槽，槽内嵌有三相定子绕组。对于六对磁极的转子，每相绕组中都有6个相互串联着的线圈，称为三相绕组，其功用是产生感应电动势。

为了使三相绕组中产生大小相等、相位上互差120°（电角度）

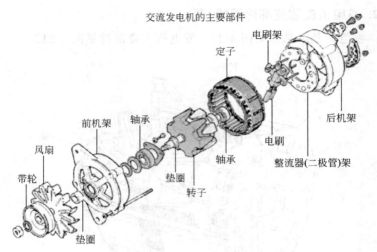

图 4-21 发电机主要部件

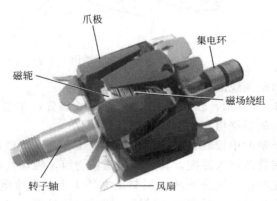

图 4-22 发电机转子

的对称电动势,三相绕组有下列特点。

① 每相绕组的线圈个数和每个线圈的节距与匝数都必须完全相等。以 JF11 型发电机为例,磁极对数为 6,定子总槽数为 36,每相绕组占有的槽数为 36/3＝12,并且采用的是单层集中绕法,即每个槽内放置 1 个有效边(1 个线圈有 2 个有效边,放在 2 个定

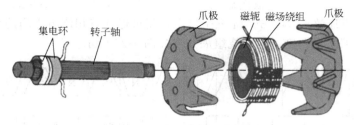

图 4-23 发电机转子分解

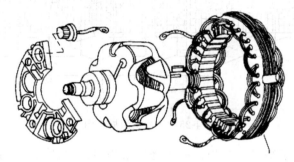

图 4-24 三相绕组

子槽内)。因此,每相绕组都由 6 个线圈串联而成(12 槽/2 边即是 6),每个线圈有 13 匝,则每相绕组共有 6×13＝78 匝。每个线圈的 2 个有效边间隔的定子槽数叫做线圈节距,相邻两异性磁极中心线之间的槽数称为极距。即:线圈节距＝定子铁芯总槽数/磁极个数。

② 三相绕组的首端 A、B、C 在定子槽内的排列必须相隔 120°电角度。转子旋转时,磁极的磁场不断地和定子中的导体做相对运动,在定子绕组中产生交流电动势。每转过一对磁极,定子导体中的感应电动势就变化一个周期,即 360°电角度。每个磁极在定子圆周上占有的槽数为 36 槽/12 磁极等于 3,即 180°电角度,所以每两个相邻的槽的中分线之间为 60°电角度。为了使三相绕组各个首端之间相隔 120°电角度,即线圈的节距为 3,各首端之间的距离应为 $2+3n$ 个槽($n=0, 1, 2, \cdots$)即 2,5,8,11,…个槽均可。

A、B、C 三个首端依次放入 1、9、17 三个槽中,而末端 x、y、z 则相应地放入 34、6、14 三个槽内,就可保证三相绕组之间的相位差为 120°电角度。三相绕组展开图如图 4-25 所示。

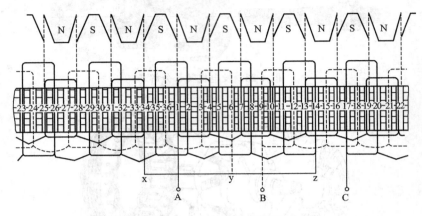

图 4-25　三相绕组展开图

③ 定子绕组有三相,三相绕组采用星形接法或三角形(大功率)接法(图 4-26),都能产生三相交流电。三相绕组的必须按一定要求绕制,才能使之获得频率相同、幅值相等、相位互差 120°的三相电动势。

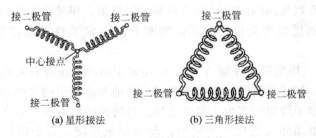

图 4-26　三相绕组的连接

(3) 整流器

整流器的功用是将发电机定子绕组产生的交流电变换为直流电。一般由 6~8 只硅整流二极管和两片散热板组成。二极管的引

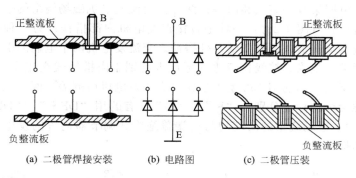

图 4-27 二极管安装示意图

线与三相绕组相连接,二极管的外壳分别压装或粘接在两片散热板上,如图 4-27 所示。

> **电工技能**
>
> ① 正极型二极管,其引线为二极管的正极、外壳为负极(壳体上涂有红色标记)。三个正极管子压装或焊接在一片铝合金制成的散热板上(称为正元件板),并与后端盖绝缘,用螺栓引出后端盖外部,作为交流发电机的输出接线柱,其标记一般为"B"或"+",或"A"。
>
> ② 负极型二极管,其引线为二极管的负极、外壳为正极(壳体上涂有黑色标记)。三个负极管子压装或焊接在另一片散热板上(称为负元件板),并与发电机的后端盖连接(国产交流发电机多是将三个负极管子压装在后端盖上),构成负极搭铁。

(4)电刷及组件

电刷及组件由两只电刷、电刷弹簧和电刷架组成。电刷装在电刷架的孔内,由电刷弹簧的压力使电刷与转子总成上的集电环保持紧密接触,用于给转子绕组提供磁场电流。两个电刷的引线分别与后端盖上的磁场接线柱"F"和搭铁接线柱"E"或"—"相连接。

电刷架由酚醛玻璃纤维塑料模压而成或用玻璃纤维增强尼龙制

第四章 能量管理和启动系统维修

成。电刷架有外装式和内装式两种。交流发电机磁场绕组的搭铁方式有两种（图4-28）：一种是直接在发电机内部搭铁；另一种则是通过调节器搭铁即外搭铁，外搭铁式交流发电机两个电刷的引线均与后端盖绝缘，接线柱旁边的标记也有别于内搭铁式交流发电机，例如某汽车用的JF152型外搭铁式交流发电机后端盖上两个电刷引线螺栓旁的标记分别为"F_1"、"F_2"（有的用"DF+"、"DF−"表示），磁场绕组的两端均与后端盖绝缘。调节器内置的发电机都是内搭铁。

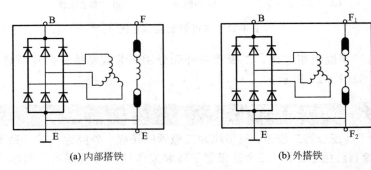

(a) 内部搭铁　　　　　　　　(b) 外搭铁

图4-28　发电机磁场绕组的搭铁方式

（5）前后端盖

前后端盖为铝合金压铸件，可减少漏磁并具有轻便、散热性能良好的优点。为了提高轴承孔的机械强度，增加其耐磨性，在端盖的轴承座孔内镶有钢套。在后端盖内固定有一块或两块元件板，发电机的正极输出线由正元件板上的螺杆经绝缘套通过后端盖上的孔输出。后端盖上还装有电刷架。

（6）带轮与风扇

带轮与风扇借助半圆键和螺母固定在转子轴的前端。当带轮由发动机曲轴驱动时，风扇能使空气从后向前高速流过发电机内部进行冷却。

133. 发电机调节器有什么作用

发电机调节器的作用是在发动机转速变化时，通过调节发电机励磁绕组的励磁电流,使发电机的电压保持稳定,防止发电机电压过高而烧坏用电设备和导致蓄电池过量充电,同时也防止发电机电压过低而导致用电设备工作失常和蓄电池充电不足。调节器按元件性质来分可分为触点式和电子式两种,现在常用的主要是电子式。电子式电压调节器又分为晶体管调节器和集成电路调节器。

134. 晶体管调节器是怎样工作的

晶体管调节器是将三极管作为一只开关串联在发电机的磁场电路中,根据发电机输出电压的高低,控制三极管的导通和截止,以调节发电机的励磁电流,使发电机输出电压稳定在规定的范围之内。晶体管调节器有内搭铁式和外搭铁式两种。

电工技能

如图 4-29 所示,内搭铁式晶体管调节器,调节器内的功率三极管串联在发电机励磁绕组与点火开关之间,发电机励磁绕组有一端搭铁。

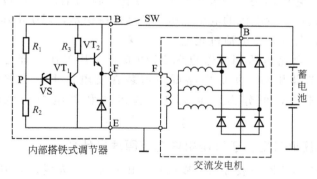

图 4-29 内搭铁式晶体管调节器

电工技能

如图 4-30 所示,外搭铁式晶体管调节器,调节器内的功率三极管串联在发电机励磁绕组与搭铁之间,发电机励磁绕组无搭铁端,调节器控制励磁绕组搭铁。

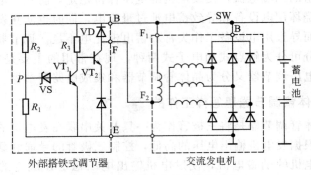

图 4-30 外搭铁式晶体管调节器

135. 集成电路电压调节器是怎样工作的

集成电路调节器（IC）具有体积小、质量轻、灵敏度高、寿命长、不需维修等优点。它安装于整体式交流发电机后端盖上，可以减少发电机外部连接导线和充电系统故障，并大大简化了生产制造过程。它作用是：当发电机转速变化，输出电压超过极限额值时，自动调节发电机的输出电压，使之保持稳定，以防电压过高烧坏用电设备和使蓄电池过充电。

集成电路电压调节器也称 IC 调节器，其工作原理与晶体管电压调节器相同。集成电路调节器装在发电机上，根据电压检测点的不同，可分为发电机电压检测法和蓄电池电压检测法两种。

136. 电压调节器置于发电机内电路原理是什么

电压调节器一般有三个接线柱：B（或＋、火线、电枢）接线柱、E（或－、接地）接线柱、F（磁场）接线柱。

典型的整体式发电机充电电路，整体式发电机将发电机的电压调节器置于发电机内，发电机无磁场接线柱，但有一个充电指示灯接线柱 L，L 接线柱在发电机内部连接提供励磁电流的整流器输出端。

电压调节器置于发电机内电路原理见表 4-8。

表 4-8　整体式发动机充电电路

项目	电工技能/电路分析	图示/示意图
电压调节器置于发电机内电路原理	接通点火开关，当发电机不发电时，充电指示灯及发电机励磁绕组通电，其电流通路为：蓄电池正极→点火开关→充电指示灯→发电机 L 接线柱→发电机励磁绕组→调节器 F 端子→调节器 E 端子→搭铁。这时，充电指示灯两端有电位差，充电指示灯亮起 当发电机正常发电时，通过 3 只励磁二极管对电压调节器供电，L 接线柱端的电压升高，充电指示灯两端的电压差为零（两端电压均为发电机的端电压），充电指示灯熄灭	

137. 怎样分析和应用发电机（充电系统）电路

如图 4-31 所示，以桑塔纳 2000 轿车电源、启动和点火电路为例介绍充电系统电路。其中交流发电机的 B+ 为电压输出端，D+ 为充电指示灯控制端。

发电机工作电路：蓄电池 A 正极端子→中央线路板单端子插

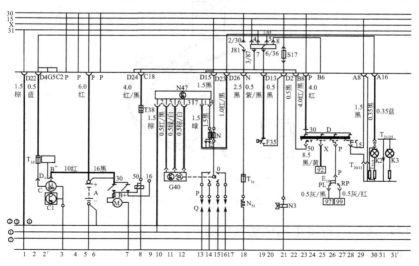

图 4-31　桑塔纳 2000 轿车电源、启动和点火电路电路图

第四章　能量管理和启动系统维修

座P端子→中央线路板内部线路→中央线路板单端子插座P端子→点火开关30端子→点火开关D→点火开关15端子→组合仪表盘下方26端子连接器的11端子→两只并联电阻和充电指示灯K2→组合仪表盘下方26端子连接器的26端子→中央线路板A16端子→中央线路板内部线路→中央线路板D4端子→单端子连接器T_{1d}→交流发电机D端子→交流发电机C磁场绕组→电子调节器功率管→电路代号3搭铁→蓄电池负极。

138. 怎样测量各接线柱之间的电阻

(1) 测量发电机的输出端子B+和搭铁端E之间的阻值（壳体或搭铁接线柱）

通过测量可以判断交流发电机整流器是否有故障，如有故障应将发电机解体进一步检测。

(2) 测量发电机正电刷F接线柱和负电刷E之间的阻值

通过测量各接线柱之间的阻值，不能确定交流发电机是否有无故障时，应进行试验台试验。

如图4-32所示。

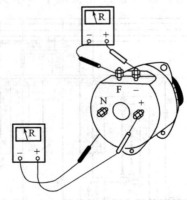

图4-32 接线柱之间电阻的测量

139. 怎样进行发电机试验台试验

(1) 空载试验

空载试验是在交流发电机不带任何负载（不对外输出电流）情

况下的一种试验。空载试验的目的是：初步测定发电机是否有故障。

(2) 负载试验

负载试验就是在交流发电机带有负载（对外输出电流）情况下的一种试验。负载试验的目的是：进一步测定发电机是否有故障。

交流发电机的有些故障，在没有电流输出的情况下是表现不出来的，所以如果交流发电机空载试验正常情况下，应再作负载试验。

140. 怎样检测与维修转子

(1) 励磁绕组的检修

用万用表测量励磁绕组的电阻，应符合标准。每个滑环与转子轴之间的阻值都应该为∞。如图 4-33、图 4-34 所示。

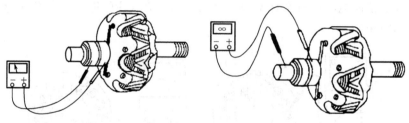

图 4-33　线圈短路和短路检测　　图 4-34　绕组搭铁检测

(2) 转子轴和滑环的检修

转子轴的弯曲会造成转子与定子之间间隙过小而摩擦或碰撞，如发现发电机运转时阻力过大或有异响，应检查转子轴是否有弯曲。转子轴径向摆差的检测见图 4-35。

滑环应表面光滑，无烧蚀，厚度应大于 1.5mm。

(3) 轴承的检修

若发现发电机运转时有异响，应仔细检查是否因轴承的损坏而造成。

141. 怎样检测与维修整流器

(1) 普通整流器的检测

将二极管的引线与其他连接分离，用指针万用表的两个表笔分

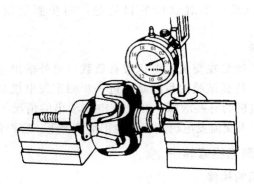

图 4-35 转子轴径向摆差的检测

别接到二极管的引线与壳体上,测二极管的正向与反向电阻。二极管的正向电阻应符合标准值,反向电阻应在 10kΩ 以上。见图 4-36 和图 4-37。

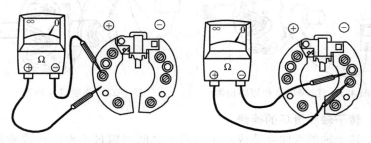

图 4-36 检测正二极管的正向电阻

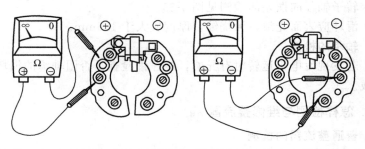

图 4-37 检测正二极管的反向电阻

(2) 整体结构的整流器检测（图 4-38）

整体结构整流器的整流板、正、负硅二极管全部焊装在一起，不可分解。举例图 4-38 为本田汽车交流发电机的整流器。

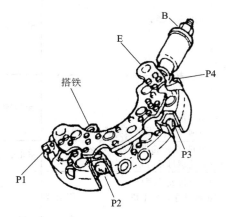

图 4-38　整体结构的整流器检测

> ⚡ **电工技能**
>
> 检测正极管时，将指针万用表的红表笔接 B，黑表笔依次接 P1、P2、P3、P4，均应导通；交换两表笔后再测，均应为 ∞，否则有正二极管损坏，需更换整流器总成。
>
> 检测负极管时将指针万用表的黑表笔接 E，红表笔依次接 P1、P2、P3、P4，均应导通；交换两表笔后再测，均应为 ∞，否则有负二极管损坏，需更换整流器总成。

142. 怎样诊断和排除发电机异响故障

表 4-9　发电机异响故障排除

步骤	诊断技巧	是	否
1	是否执行了"诊断系统检查"	至步骤 2	执行车辆检查
2	使用发电机测试仪测试发电机工作是否正常 发电机工作是否正常	至步骤 3	至步骤 12

第四章　能量管理和启动系统维修

续表

步骤	诊断技巧	是	否
3	①启动发动机。确认可以听到噪声 ②关闭发动机 ③断开发电机线束连接器 ④启动发动机 ⑤倾听有无噪声 噪声是否消失	至步骤12	至步骤4
4	①关闭发动机 ②拆卸传动带 ③用手空转发电机带轮 发电机轴是否转动顺畅且无不平顺或研磨噪声	至步骤5	至步骤12
5	检查发电机带轮和/或带轮螺母是否松动 发电机带轮或带轮螺母是否松动	至步骤12	至步骤6
6	①松开所有的发电机安装螺栓 ②必要时,按正确顺序将发电机安装螺栓紧固至规定值 ③安装传动带 ④启动发动机 噪声是否降低或消失	系统正常	至步骤7
7	检查发电机是否存在如下情况: ①接线绷紧或拉伸 ②软管或其他车辆设备搭在发电机上,从而致使噪声传入乘客舱 是否有任何接线在发电机上绷紧或者是否有软管等部件搭在发电机上	至步骤8	至步骤9
8	①重新布设接线以使其松弛 ②重新布设软管等部件,使其远离发电机 ③启动发动机 噪声是否降低或消失	系统正常	至步骤9
9	检查传动带张紧力是否适当 传动带是否松动	至步骤10	至步骤11
10	①更换传动带张紧器 ②启动发动机 噪声是否降低或消失	系统正常	至步骤12
11	将本车与已知完好的车辆进行比较 两车的噪声是否相同	系统正常	至步骤12

续表

步骤	诊断技巧	是	否
12	注意：如果没有发现明确的发电机故障,必须确保所有其他可能的噪声源都被排除,然后才能更换发电机。如果噪声属于发电机或发电机支座的正常特性,那么更换发电机并不会消除噪声 更换发电机 是否完成更换	至步骤13	—
13	运行系统,检验修理效果 故障是否已排除	系统正常	至步骤2

143. 怎样诊断和排除发电机充电故障

以捷达轿车为例，启动发动机后，充电指示灯稍微发亮。

（1）**诊断要点**

① 确定故障诊断的故障现象。

② 尽可能的重现故障。

③ 执行故障诊断，最大可能的初步把握故障生成部位或零部件。

（2）**结合发电机原理分析**

捷达轿车采用的是整体式硅流发电机，电压调节器采用的是内装式 IC 调节器，并用充电指示灯指示蓄电池的充、放电状态：发电机正常工作时，指示灯熄灭。

电工技能

检查时，在"B+"与"D+"接线柱间连接一只电流表，测得静态励磁电流为 2.6A，较正常值略低。

取下电流表，启动发电机，测量发电机"B+"端及"D+"端电压，其电压值为 12.7V，提高发动机转速，查看电压表，结果"B+"端及"D+"端电压同时升高，表明故障在发电机。

（3）**执行故障排除**

拆下发电机并进行解体检查，发现有一只电刷的连线已经断开。更换新炭刷，修复后装车再试，故障排除。

（4）**维修总结**

行车时，充电指示灯常亮不灭，表明充电系统有故障。其原因

有以下四点:

① 励磁二极管断路损坏,"D+"端电压下降,在发电机的"B+"端与"D+"端形成电位差;

② 内装IC调节器性能不良,励磁电流减小,发电机输出电压下降;

③ 励磁绕组局部短路或励磁回路接触电阻增大,磁场强度下降;

④ 发电机驱动带过松或打滑,发电机转速下降。

144. 怎样拆解和维修发电机

表 4-10 发电机拆解和维修

项目	电工技能/拆装要领	图示/示意图
交流发电机的分解大修	①在拆下交流发电机和调节器之前先进行测试 ②拆下交流发电机 ③如果需要更换前轴承,用合适规格的扳手(A)和22mm扳手(B)拆下带轮锁紧螺母。如有必要,使用冲击扳手 右图所示,扳手向反方向用力	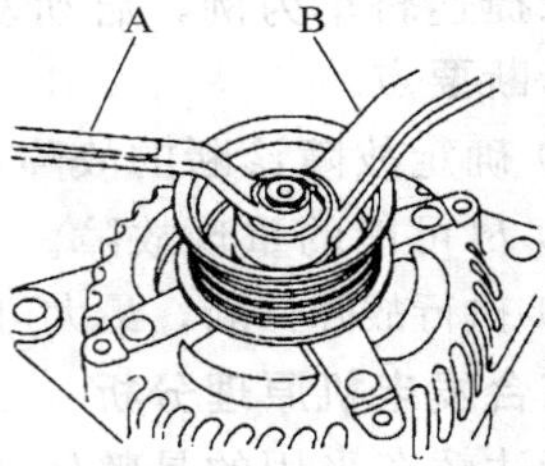
	④拆下法兰螺母。右图所示	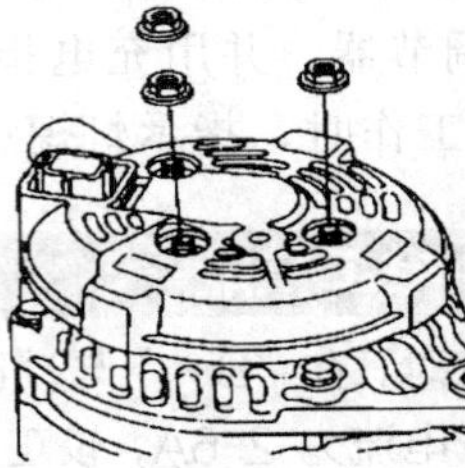
	⑤拆下端盖(A)和端子绝缘体(B)	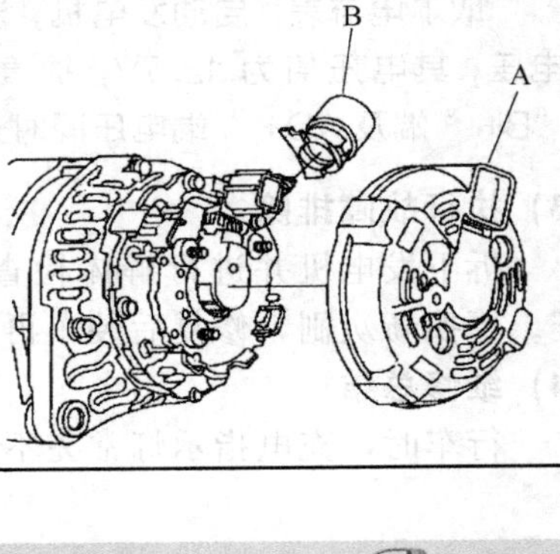

续表

项目	电工技能/拆装要领	图示/示意图
交流发电机的分解大修	⑥拆下电刷架总成(A)	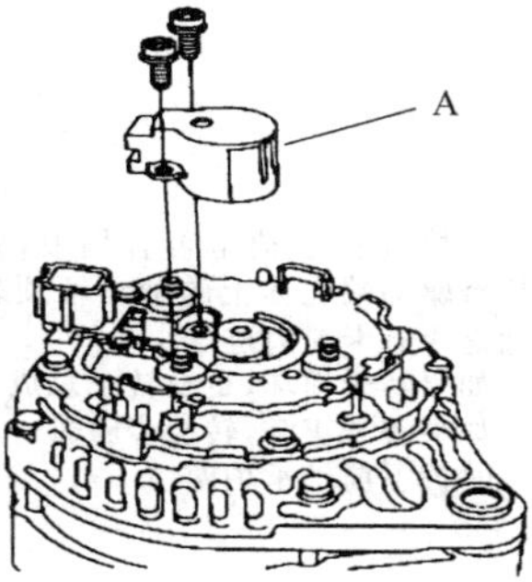
	⑦拆下四个螺栓,然后拆下后壳体总成(A)和垫圈(B)	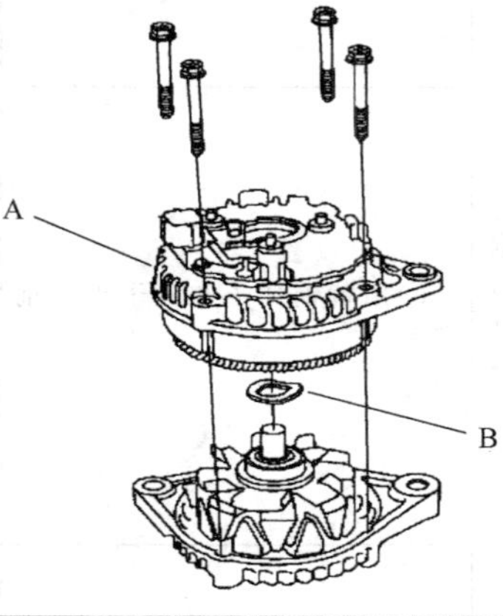
	⑧如果不更换前轴承,转至步骤⑬。将转子从驱动端壳体上拆下	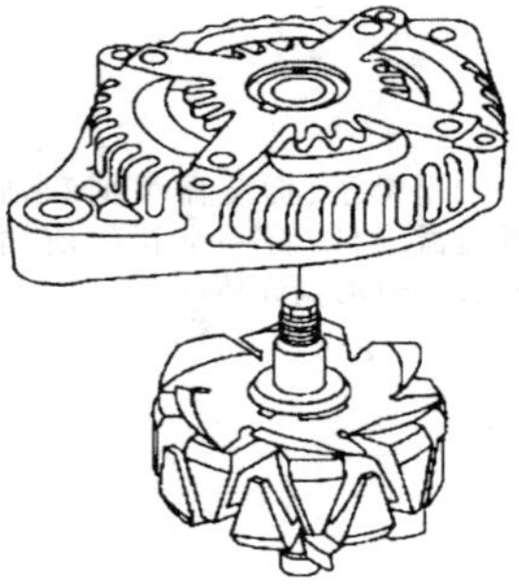

第四章 能量管理和启动系统维修

续表

项目	电工技能/拆装要领	图示/示意图
交流发电机的分解大修	⑨检查转子轴是否有划痕,并检查驱动端壳体上的轴承轴颈表面是否有卡滞痕迹 如果转子损坏,更换转子总成 如果转子正常,转至步骤⑩ ⑩拆下前轴承护圈	
	⑪用黄铜冲子和锤子敲出前轴承	
	⑫用锤子、拆装器手柄和轴承拆装器附件,将一个新的前轴承安装到驱动端壳体内	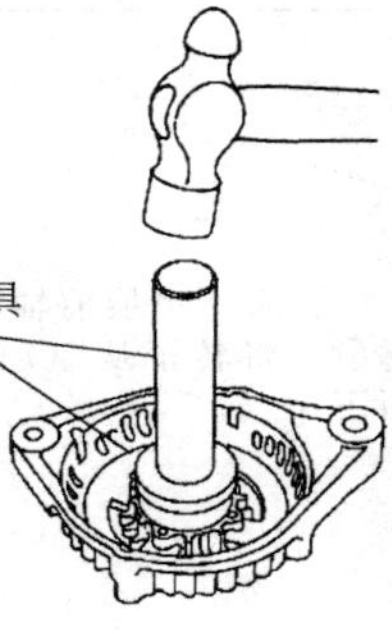 专用工具

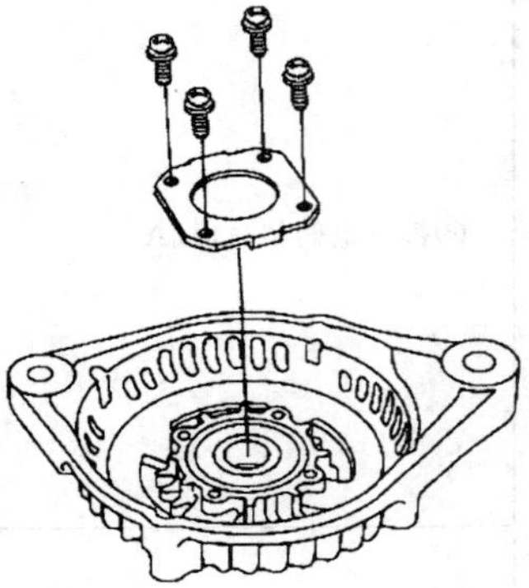

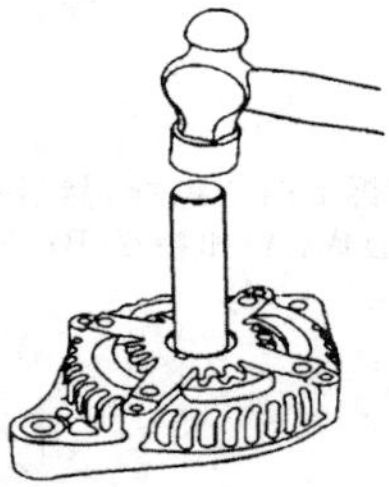

续表

项目	电工技能/拆装要领	图示/示意图
交流发电机的分解大修	⑬使用游标卡尺(B)测量两个电刷(A)的长度 　如果任一电刷长度小于使用极限,则更换电刷架总成 　如果电刷长度正常,转至步骤⑭	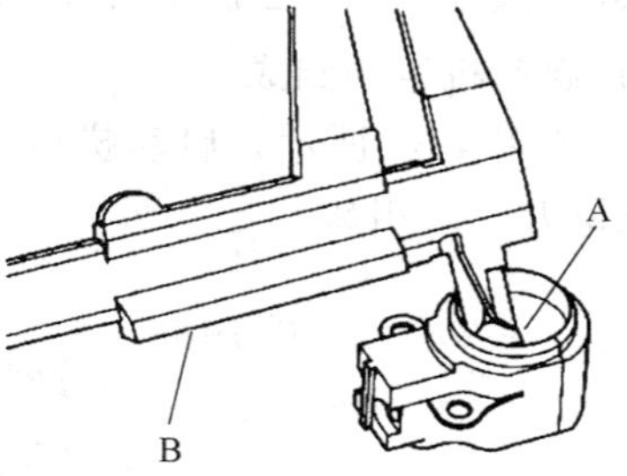
	⑭检查滑环之间(A)是否导通 　如果导通,转至步骤⑮ 　如果不导通,更换转子总成 ⑮)检查每个滑环与转子(B)和转子轴(C)之间是否导通 　如果不导通,更换后壳体总成,并转至步骤⑯ 　如果导通,更换转子总成	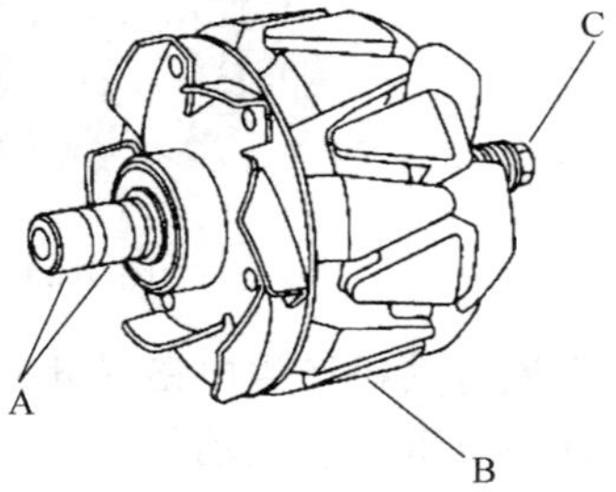
交流发动机的重新组装事项	⑯如果已拆下带轮,将转子放入驱动端壳体内,然后将锁紧螺母紧固至标准力矩 ⑰清除滑环上所有润滑脂和机油 ⑱将后壳体总成和驱动端壳体/转子总成放在一起,紧固四个贯穿螺栓 ⑲推入电刷(A),然后插入销或钻头(B)(直径约1.6mm)以将其固定 ⑳装电刷架,将销或钻头拉出。安装端盖 ㉑流发电机重新组装后,用手转动带轮以确认转子平稳地转动且无噪声 ㉒装交流发电机	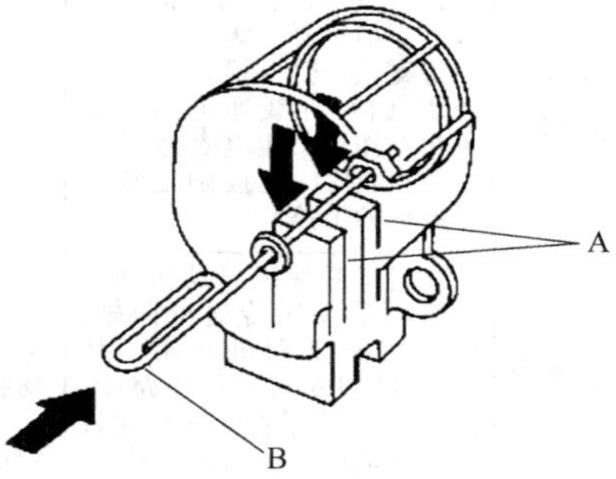

Chapter 4　第四章　能量管理和启动系统维修

四、启动机维修

145. 启动机由哪些部件组成

（1）启动机结构组成

如图 4-39 所示，启动机由直流电动机、传动机构、控制装置（电磁开关）组成。

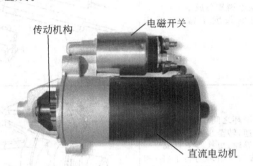

图 4-39　启动机组成

直流电动机产生电磁转矩；传动机构作用将转矩传给发动机；电磁开关负责控制电动机工作。见表 4-11。

表 4-11　启动机各机构作用

组成机构	作用	图示/示意图
直流电动机	在直流电压作用下产生旋转力矩即电磁力矩 ①磁极：建立磁场 ②电枢：导线通电后与磁场相互作用产生电磁力矩 ③换向器：连接励磁绕组与电枢的电路	（见右图：磁力开关、传动机构、驱动齿轮、飞轮齿圈、电动机）
传动机构	在启动时保证启动机的动力能通过飞轮传递给曲轴；启动完毕发动机开始工作时，立即切断动力传递路线，使发动机不可能反过来通过飞轮驱动启动机高速旋转	
控制装置（电磁开关）	控制电路的通、断和驱动齿轮的移出和退回	

（2）启动机部件组成

启动机分解及部件见图 4-40。

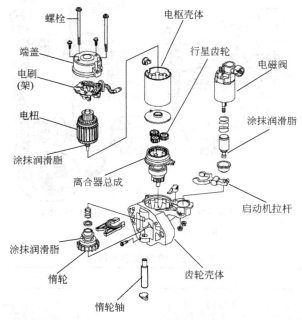

图 4-40　启动机部件/分解

① 电枢，由周围缠绕了电枢线圈的电枢铁芯组成，产生转动力矩而且旋转。

② 磁场线圈，产生磁场。

③ 离合器，切断与发动机旋转运动间的联系保护电机由于发动机高速运动而造成的毁坏。

④ 行星齿轮，将电机的旋转运动传递给发动机飞轮齿圈。

⑤ 启动拉杆（拨叉），啮合小齿轮和飞轮齿圈。

146. 启动机是怎样传递运动的

在没有减速启动系统中，小齿轮安装在启动机电机的电枢轴上。在减速启动类型中，小齿轮是装在减速轴上。

电机的旋转运动通过该小齿轮与齿圈的啮合传递给发动机飞轮

的圆周运动（见图 4-41、表 4-12）。

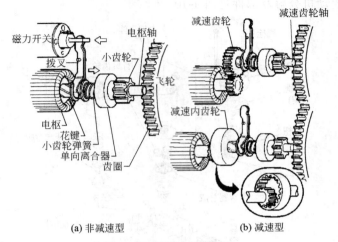

(a) 非减速型　　　(b) 减速型

图 4-41　回转运动的传递

表 4-12　回转运动的传递

传递顺序	传动说明	示意图/图示
第一步（吸拉）	小齿轮按照下面的方式与齿圈啮合。当点火开关接通时(ST 位置)，在磁力开关电磁铁的作用下柱塞沿箭头所示的方向吸入。这个移动通过拨叉引起小齿轮向齿圈移动。当小齿轮轮齿末端与齿圈轮齿末端对齐的时候，小齿轮将不再继续移动	
第二步（保持）	柱塞仍受到拉力，因为小齿轮不能前移，所以小齿轮旁边的弹簧受压变形。当柱塞一直拉下去直被到触点闭合。这样，强电流就可以从电机流过。从而，电机开始转动小齿轮沿着旋转方向移动其位置	

传递顺序	传动说明	示意图/图示
第三步（复位）	然后，小齿轮弹簧压力和电枢轴上的花键一起作用，使得小齿轮靠在齿圈上，它们就相互啮合。 如螺栓转动前进的方式一样，花键使得小齿轮进入齿圈，啮合在一起。如图中所示，如果螺栓拧到一个固定的不能旋转的螺母中，那么，螺母将沿箭头的方向移动。螺栓好比电枢转轴，而螺母好比小齿轮。 当点火开关回到ON位置上，那么，磁力开关的电磁铁就失去了磁性，柱塞在回位弹簧作用下将回到初始位置。这样小齿轮与齿圈分开，也回到初始位置。	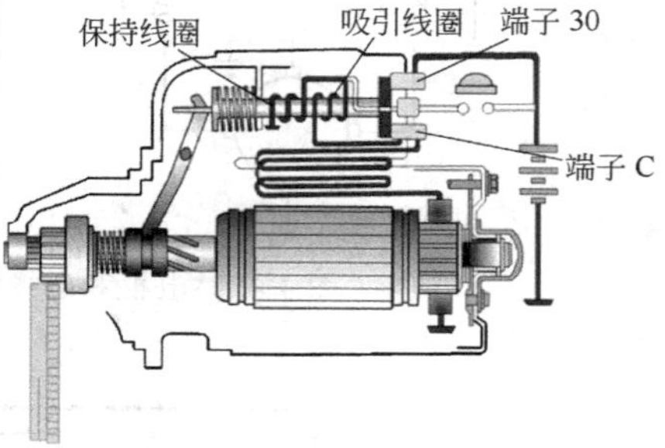 保持线圈　吸引线圈　端子30 端子C

一些启动电机在小齿轮和电机之间装有减速齿轮装置，目的是增大驱动转矩。

柴油机采用这种启动电机，因为柴油机启动需要相当大的转矩，也可以用于那些指定在寒冷天气中使用的发动机。有两种类型的减速齿轮传动。一种是使用外齿轮；一种是使用内齿轮，也即行星齿轮。行星齿轮减速传动有一个优点，那就是结构尺寸很紧凑，因为电机和小齿轮轴之间的偏心率很小。

147. 启动机电枢和磁场线圈间实际线路是怎样布置的

电枢线圈和磁场线圈之所以采用不同的连接方式，所考虑的是电机所需的性能。在汽车启动机电机里，通常采用一种被称为串绕型的布线方式。在这种特殊的布线电路中，磁场线圈和电枢线圈是串接在一起的（图4-42）。

148. 启动机是怎样执行启动工作的

从蓄电池正极接线柱出发的一根导线经过点火线圈，接在磁力开关的S端。这个导线是用来操纵磁力开关的。点火开关接通和切

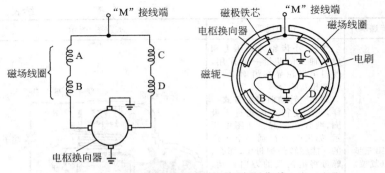

图 4-42 电枢和磁场线圈间实际布线

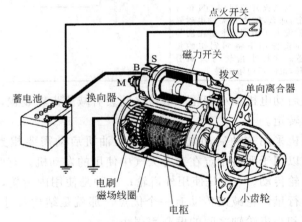

图 4-43 发动机启动示意图

断电路,并控制磁力开关的动作。

另一根导线直接连接在磁力开关的 B 端。导线具有优良的导电性能,因为将有强电流流过,以便使电机转起来。另一根导电性良好的导线连接在电机磁力开关的 M 端。电机内部换向器的触点接通 B 端和 M 端以后,电流就从蓄电池流向电机,电机开始转动。

149. 直驱式启动机电路是如何控制的

(1) 直驱式启动机形式

直驱式启动机就是电动机转子轴与单向离合器结合部位采用的

是直接驱动式的结构。直驱式启动机是无启动继电器的启动系统。

(2) 电路原理（图 4-44）

接通点火开关（即当点火开关位于启动挡时），启动机的电磁开关吸引线圈和保持线圈通电，其电流由蓄电池正极→点火开关→S 接线柱→（吸引线圈、励磁绕组）电枢绕组→搭铁→蓄电池负极形成回路。但此时启动机内流过的电流较小，电枢以较低的转速旋转，同时，由于吸引线圈与保持线圈绕向相同，磁力方向一致，在 2 个线圈电磁吸力的共同作用下，电磁开关活动铁芯右移。

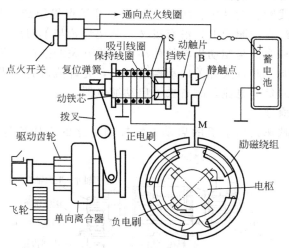

图 4-44 直驱式启动机启动系统控制电路

当电磁开关活动铁芯先带动拨叉使单向离合器驱动小齿轮与发动机飞轮齿环啮合后，启动机上的电磁开关的活动铁芯即将动触片与 2 个静触点接通，从而将启动机的主电路接通。

这时蓄电池的强大电流迅速流过启动机（主电路接通），启动机电枢产生很大的转矩，通过单向离合器上的驱动小齿轮带动发动机曲轴旋转。而这时，电磁开关继续维持其闭合状态。发动机着火启动后，立即断开点火开关启动挡，保持线圈电路被切断。而启动机主电路上的部分电流经过吸引线圈和保持线圈产生相反的电磁力，它们相互抵消。电磁开关的活动铁芯在复位弹簧的作用下，带动拨叉使驱动小齿轮复位，启动机主电路被切断，驱动小齿轮与发动机飞轮齿环脱离啮合，启动过程结束。

150. 永磁减速式启动机电路是如何控制的

(1) 永磁减速式启动机形式

永磁减速式启动机就是在电动机转子轴与单向离合器之间设计一种减速装置。

永磁减速式启动机为串励式直流启动机，其减速器为带中间齿轮的外啮合式减速器。该启动机控制装置为电磁开关，其由吸引线圈、保持线圈、动铁芯、接触盘和2个静触点等组成，吸引线圈、保持线圈绕在线圈架上，没有拨叉，减速齿轮与单向离合器制成一体。单向离合器与驱动齿轮的移动由电磁开关的推杆经钢球和复位弹簧来控制，其点火开关启动挡的触点，允许流过启动机电磁开关电磁线圈的负荷电流，故省去了启动继电器。

(2) 电路原理

永磁减速式启动机的启动系统控制电路的工作原理如图4-45所示。

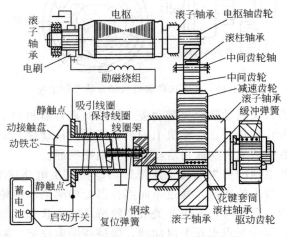

图4-45　永磁减速式启动机控制电路

接通启动开关时，电磁开关吸引线圈和保持线圈电路接通。蓄电池正极→启动开关→保持线圈→搭铁→蓄电池负极（吸引线圈→静触点→励磁绕组）→正电刷→电枢绕组→负电刷→蓄电池负极。这时，动铁芯在吸引线圈和保持线圈的共同作用下右移，推杆推动驱动小齿轮轴，迫使其驱动齿轮与发动机飞轮齿环啮合。与此同时，动接触盘与静触点接通，蓄电池的大电流经过启动机励磁绕组和电枢绕组，于是电枢开始高速旋转，电枢轴产生的转矩经电枢轴齿轮传给中间齿轮，中间齿轮又传输给带减速齿轮的单向离合器，然后其又将转矩传输给驱动小齿轮，并带动发动机曲轴启动发动机。与此同时，吸引线圈被短路，驱动小齿轮的啮合位置由保持线圈的电磁吸力来维持。

当发动机启动后，断开启动开关的瞬间，供给吸引线圈和保持线圈的电流被切断，然而，此时动接触盘与静触点还是接通的，保持线圈中的电流只能经过吸引线圈形成回路。此时吸引线圈与保持线圈中流过同样大小的电流，但吸引线圈中的电流方向改变了，而保持线圈中的电流方向未变。由于这2个线圈的匝数相同，电流方向相反，磁通完全抵消。在电磁开关复位弹簧的作用下，动铁芯返回原位，单向离合器驱动小齿轮退出啮合，动接触盘与静触点脱离接触，切断启动机电路，启动机停止运转。

151. 为什么在某些启动电路中要装置继电器

由于启动机启动时流过的电流比较大，经常会使点火开关损坏。为了避免点火开关触点被烧蚀，延长其使用寿命，使电流不流过电磁开关的电磁线圈，以减少电磁开关的电压降，许多汽车对装有电磁开关的启动机，采用有启动继电器的启动系统控制电路。采用启动继电器可以用较点火开关启动挡小得多的小电流控制电磁开关的启动机开关电路。

152. 怎样测试启动机消耗电流

① 将电压表正极引线连接至蓄电池正极接线柱。
② 将电压表负极引线连接至蓄电池负极接线柱。
③ 将电流表正极引线连接至蓄电池正极接线柱。
④ 将电流表负极引线连接至蓄电池加载装置，如层叠炭板上。

⑤ 将蓄电池加载装置的另一条引线连接至蓄电池负极端子。
⑥ 将蓄电池加载装置设在最大电阻挡（开路）。
⑦ 启动发动机。
⑧ 记录启动期间显示的电压。
⑨ 将点火开关拧到关闭位置，调整蓄电池加载装置，使电压表读数与上步记录的读数相符。
⑩ 记录蓄电池加载装置的消耗电流。
⑪ 将蓄电池加载装置设回到"开路"位置。
⑫ 检查消耗电流是否符合标准值。
⑬ 如果电流超出规格，拆卸并维修启动电机。

153. 怎样检测启动机电压及接触不良和开关电路

表 4-13　启动机电压及接触不良和开关电路测试

测试项目	电工技能/测试步骤	图示/示意图
启动电压及接触不良测试	启动电压测试 ①将电压表（1）的负极引线连接至搭铁端(2) ②将正极引线连接至电磁开关端子 30(3) ③启动发动机 ④记录启动期间显示的电压 ⑤如果电压低于规格且启动性能差，则拆卸并维修启动机	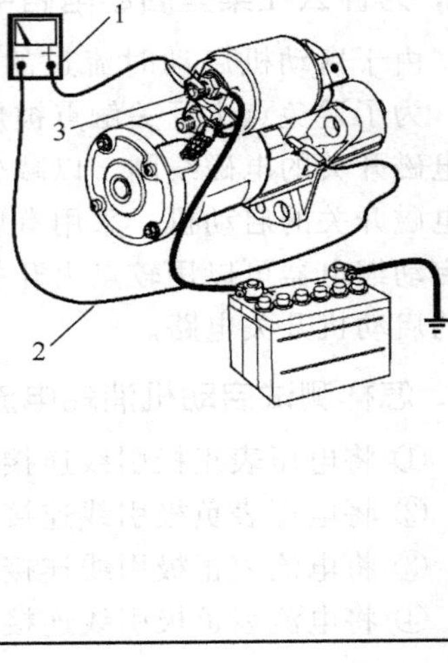
	接触不良测试 ①将电压表正极引线连接至蓄电池正极接线柱 ②将负极引线连接电磁开关 M 端子 ③记录启动期间显示的电压 ④对电磁开关端子 50、电缆的蓄电池正极压接端子和蓄电池正极端子连接器，重复本程序 ⑤修复所有电阻（电压读数）过大的接头	

续表

测试项目	电工技能/测试步骤	图示/示意图
启动机接地及开关电路测试 — 启动机接地测试	①将电压表正极引线（1）连接至蓄电池负极接线柱上 ②将电压表负极引线（2）连接至启动机壳体上 ③记录启动期间显示的电压 ④对电缆的蓄电池负极压接端子和蓄电池负极端子连接器，重复本程序 ⑤修复所有电阻过大的接头	
启动机接地及开关电路测试 — 开关电路测试	①将电压表负极引线（1）连接至电磁开关端子50 ②将正极引线（2）连接至蓄电池正极接线柱上 ③启动发动机 ④记录启动期间显示的电压 ⑤如果电压高于规定值，测试电磁开关电路（开关电路最大电压差2.5V），找出电阻过大的根源并修复接头	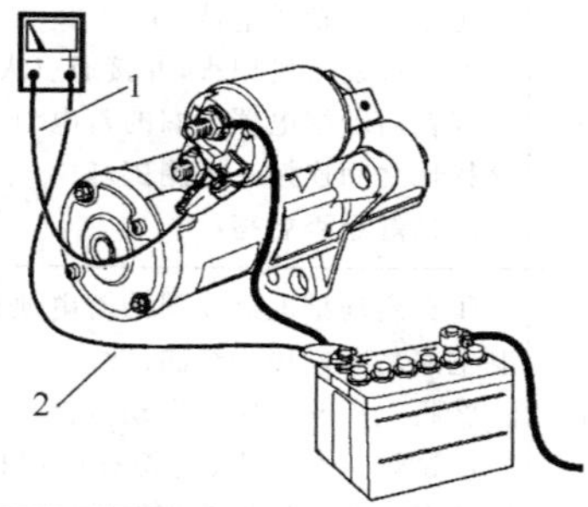

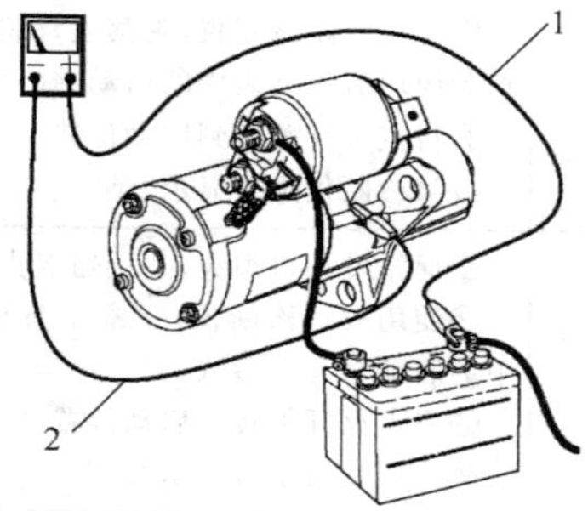

154. 启动机电磁开关不动作故障怎么办

表4-14 启动机电磁开关不动作故障排除

步骤	操作	是	否
1	是否执行了"诊断系统检查"	至步骤2	执行车辆检查
2	将点火开关转到启动位置 发动机是否启动	间歇性故障	至步骤3
3	①连接故障诊断仪 ②保持发动机熄火，并接通点火开关 ③确认变速器于驻车挡或者空挡 ④使用故障诊断仪，观察发动机控制模块/发动机控制模块数据列表中的内部模式开关参数 （自动变速器）故障诊断仪是否显示"P"或者"N"挡	至步骤4	（自动变速器）诊断信息

续表

步骤	操作	是	否
4	①保持发动机熄火,并接通点火开关 ②使用故障诊断仪,观察发动机控制模块/发动机控制模块数据列表中的启动继电器指令参数 ③将点火开关转到启动位置 故障诊断仪是否显示"是"	至步骤6	至步骤5
5	①保持发动机熄火,并接通点火开关 ②使用故障诊断仪,观察车身控制模块数据列表中的启动机开关参数 ③将点火开关转到启动位置 故障诊断仪是否显示"是"	至步骤15	系统中的电源模式不匹配情况
6	①断开启动继电器 ②保持发动机熄火,并接通点火开关 ③在启动继电器线圈的蓄电池正极电压电路和可靠接地之间连接一个测试灯 测试灯是否启亮	至步骤7	至步骤16
7	①在启动继电器线圈的蓄电池正极电压电路和控制电路之间连接一个测试灯 ②将点火开关转到启动位置 测试灯是否启亮;是否有任何接线在发电机上绷紧或者是否有软管等部件搭在发电机上	至步骤8	至步骤12
8	①断开点火开关 ②在启动继电器开关的蓄电池正极电压电路和可靠接地之间连接一个测试灯 测试灯是否启亮	至步骤9	至步骤16
9	注意:在以下步骤中,发动机可能会启动 ①断开点火开关 ②在启动继电器开关的蓄电池正极电压电路和启动继电器的启动机电磁开关启动电压电路之间连接一根带 30A 保险丝的跨接线 发动机是否启动	至步骤13	至步骤10
10	跨接线中保险丝是否熔断	至步骤17	至步骤11
11	测试启动机电磁开关的电路是否电阻过高或开路 是否发现故障并加以排除	至步骤21	至步骤14

续表

步骤	操　　作	是	否
12	测试启动继电器控制电路是否开路或对蓄电池电压短路 是否发现故障并加以排除	至步骤21	至步骤15
13	检查启动继电器是否接触不良 是否发现故障并加以排除	至步骤21	至步骤18
14	检查启动机电磁开关是否接触不良 是否发现故障并加以排除	至步骤21	至步骤19
15	检查发动机控制模块/发动机控制模块的线束连接器是否接触不良 是否发现故障并加以排除	至步骤21	至步骤20
16	修理启动继电器线圈蓄电池正极电压电路中的开路或电阻过高故障 是否完成修理	至步骤21	—
17	修理启动机电磁开关启动电压电路中的对地短路故障 是否完成修理	至步骤21	—
18	更换启动继电器 是否完成更换	至步骤21	—
19	更换启动机电机 是否完成更换	至步骤21	—
20	更换发动机控制模块/发动机控制模块 是否完成更换	至步骤21	—
21	运行系统，检验修理效果 故障是否已排除	系统正常	至步骤2

155. 启动机常见交叉性故障怎样排除

表4-15　启动系统常见故障

故障现象	故障原因	排除方法
启动机不工作	蓄电池电量耗尽	检查/更换蓄电池
	插头/导线故障	修理插头/导线
	点火开关故障	检查点火开关/电路
	电磁线圈故障	更换电磁线圈
	接地故障	检查/修理接地线
	蓄电池电量耗尽	检查/更换蓄电池

续表

故障现象	故障原因	排除方法
启动机不工作,灯光暗淡	蓄电池故障	检查/更换蓄电池
	电缆插头故障	检查/修理插头
	启动机线圈被接地	测试/修理启动机
	轴承/轴瓦损坏	更换轴承/轴瓦
	接地故障	检查/修理地线
	端子被腐蚀	清洁端子
启动机转动,发动机不转动	启动机驱动机构故障	更换启动机驱动机构
	驱动机构壳体损坏	更换驱动机构壳体
	齿轮轴故障	清洁/更换齿轮轴
	飞轮故障	检查飞轮/启动机
启动机带不动发动机	启动机驱动机构故障	更换启动机驱动机构
	驱动机构壳体损坏	更换驱动机构壳体
	飞轮缺齿	更换飞轮
	接地故障	检查/修理地线
	发动机被卡	检查发动机
	冷却液进入发动机汽缸	压力测试冷却系统
启动机带动发动机旋转缓慢	蓄电池故障	更换蓄电池
	插头/导线故障	修理插头/导线
	启动机线圈被接地	测试/修理启动机
	启动机轴承故障	更换轴承
	接地故障	检查/修理地线
	发动机过热	检查冷却系统
	驱动机构壳体损坏	更换驱动机构壳体
	启动机电磁线圈减弱	更换启动机电磁线圈
启动机驱动机构不能啮合	电磁线圈接触不良	更换电磁线圈
	电磁线圈接地故障	测试电磁线圈地线

续表

故障现象	故障原因	排除方法
电磁线圈不能闭合	蓄电池故障	更换蓄电池
	插头/导线故障	修理插头/导线
	电磁线圈故障	测试电磁线圈
启动机驱动机构不能分离	启动机螺栓松动	拧紧启动机螺栓
	飞轮缺齿	检查飞轮/驱动机构
	点火开关故障	更换点火开关
电磁线圈发出咔嗒声	蓄电池电量不足	充电/更换蓄电池
	电磁线圈接触不良	更换电磁线圈
	插头/导线故障	修理插头/导线
	电磁线圈故障	更换电磁线圈
高电流	电枢摩擦	更换启动机轴瓦
	电枢线圈短路	修理启动机
低电流	启动机电刷磨损	更换电刷
	电刷弹簧弹力减弱	更换电刷弹簧
	发动机接地故障	检查地线
	蓄电池正极电缆高阻	更换电缆
行车时启动机有异响	启动机未对中	检查启动机对中
	启动机与飞轮距离太远	确保飞轮正确/确保启动机正常
启动后启动机有异响	启动机未对中	检查启动机对中
	启动机与飞轮距离太近	确保飞轮正确/确保启动机正常

156. 启动机异响故障怎么办

表 4-16　启动机噪声故障排除

故障表现和检查	故障排除或措施
检查发动机起火前转动时是否有尖锐的呜呜声。发动机转动并正常起火	启动机小齿轮和飞轮之间的距离过大。需要朝飞轮方向垫启动机垫片
钥匙松开时,发动机起火后,是否出现尖锐的呜呜声 间断性故障通常诊断为"启动机阻塞"或"电磁线圈吸力不足"	启动机小齿轮和飞轮之间的距离过小。需要朝飞轮相反方向垫启动机垫片

第四章　能量管理和启动系统维修

续表

故障表现和检查	故障排除或措施
检查发动机起火后,但启动机仍接合时,是否出现"喘息声" 如果在启动机接合时发动机转速增加,声音像汽笛声	最可能的原因是离合器有故障。更换新离合器,通常能排除此故障
在启动发动机后,当启动机减速到停止时,检查是否出现"隆隆声"、"咆哮声"或严重时出现"爆震"	最可能的原因是启动机电枢弯曲或失衡。更换新电枢,通常能排除此故障

157. 怎样拆卸和安装启动机

举例宝来启动机拆卸和安装步骤和事项如下。

① 拆下空气滤清器壳体;拆下蓄电池及支架(见图4-46箭头位置)。

② 拔下连接插头3,旋出正极导线紧固螺栓2,取下正极导线放置一旁。旋出接地线紧固螺栓1,取下接地线(图4-47)。

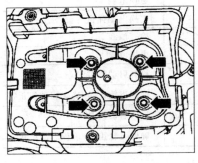

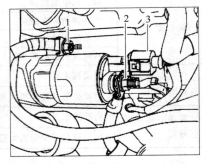

图4-46 拆卸启动机一　　　　图4-47 拆卸启动机二

③ 从转向助力液压油散热管支架上拧下固定螺栓3(图4-48)。

④ 从启动机下部固定螺栓上拧下导线支架固定螺母2。脱开导线支架1(图4-48)。

⑤ 将下部固定螺栓从启动机上旋出(图4-49箭头位置)。

⑥ 将上部固定螺栓从启动机上旋出(图4-50箭头位置)。向上从车辆中取出启动机。

安装:安装在原理上以倒序进行。

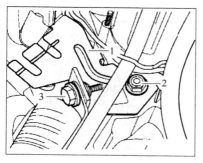 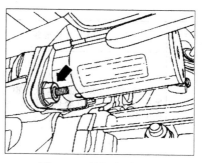

图 4-48 拆卸启动机三　　　　图 4-49 拆卸启动机四

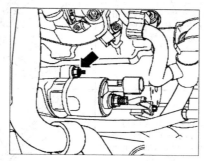

图 4-50 拆卸启动机五

158. 怎样拆解和维修启动机

表 4-17 拆解和维修启动机

维修项目	电工技能/维修要领	图示/示意图
电刷架拆卸	①拆下启动机 ②将电动机电缆从 M 端子上断开，并拆下端盖 ③在电枢上放置一个外径为 29.4mm 的塑料管 ④固定塑料管，将电刷架(A)移到塑料管(B)上，使电刷不从电刷架脱落	

续表

维修项目	电工技能/维修要领	图示/示意图
电枢的检查与测试	⑤通过接触永久磁铁检查电枢是否磨损或损坏。如有磨损或损坏,则更换电枢	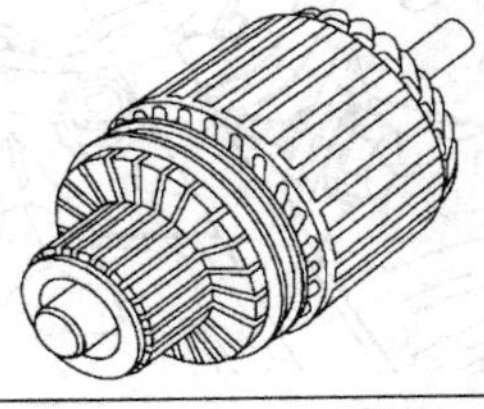
	⑥检查换向器(A)表面。如果表面污脏或烧蚀,则按步骤8中的规格用金刚砂布或车床重新修整表面,或者用♯500或♯600的砂纸(B)重新修复	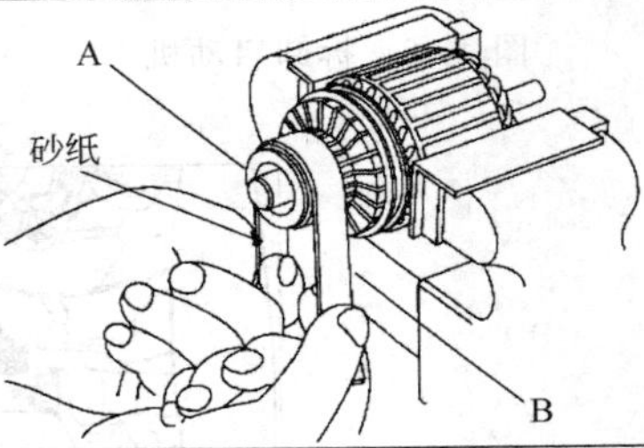
	⑦检查换向器直径。如果测得直径在使用极限以下,则更换电枢。查找该维修手册启动机电枢标准数据及磨损极限。参照手册数据更换	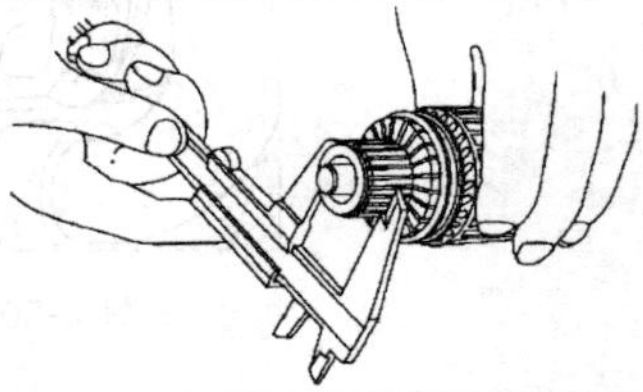
	⑧测量换向器(A)的径向跳动量。如果换向器的径向跳动量在使用极限内,则检查换向器整流片之间是否有炭屑或黄铜碎片 如果换向器径向跳动量不在使用极限内,则更换电枢 换向器径向跳动量 标准(新):最大 0.03mm 使用极限:0.06mm	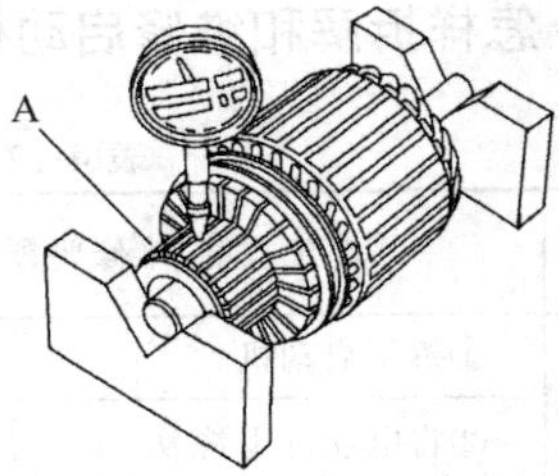
	⑨检查云母深度(A)。如果云母过高(B),则用钢锯条将云母凹槽切至适当的深度。切除换向器整流片之间的所有云母(C)。凹槽不能太浅、太窄或呈 V 形(D) 换向器云母深度 标准(新):0.50~0.90mm 使用极限:0.20mm	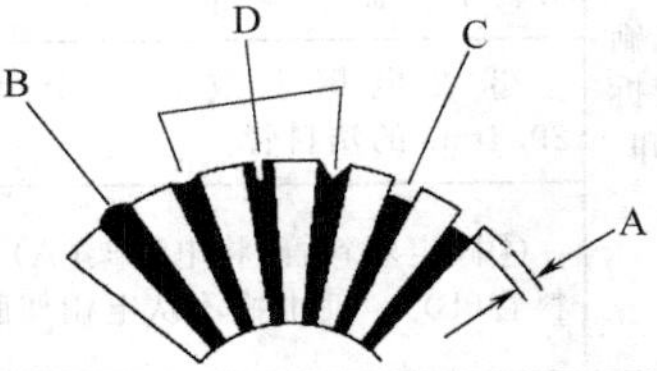

续表

维修项目	电工技能/维修要领	图示/示意图
电枢的检查与测试	⑩检查换向器整流片之间是否导通 如果任何整流片之间断路,则更换电枢	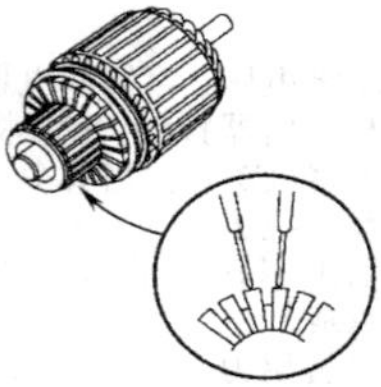
	⑪将电枢(A)放在一个电枢测试器(B)上。将钢锯条(C)放在电枢芯上 当电枢芯转动时,如果锯条被吸引或振动,则电枢短路。更换电枢	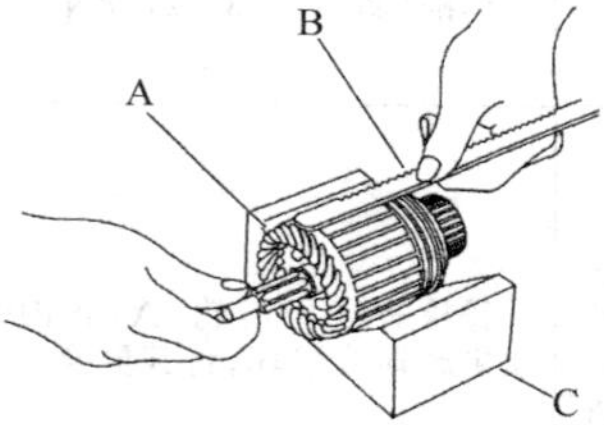
	⑫使用欧姆表检查换向器(A)与电枢线圈芯(B)之间以及换向器与电枢轴(C)之间是否导通 如果导通,则更换电枢	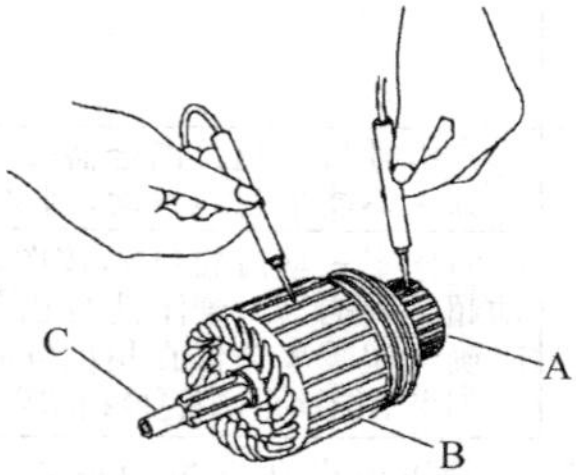
启动机电刷的检查/电刷架的测试	⑬测量电刷的长度 如果比使用极限短,则更换电刷架总成 电刷长度 标准(新):15.0～16.0mm 使用极限:9.0mm	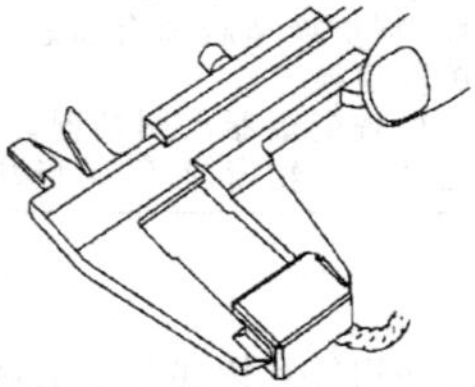
	⑭检查(+)电刷(A)和(-)电刷(B)之间是否导通 如果导通,则更换电刷架总成	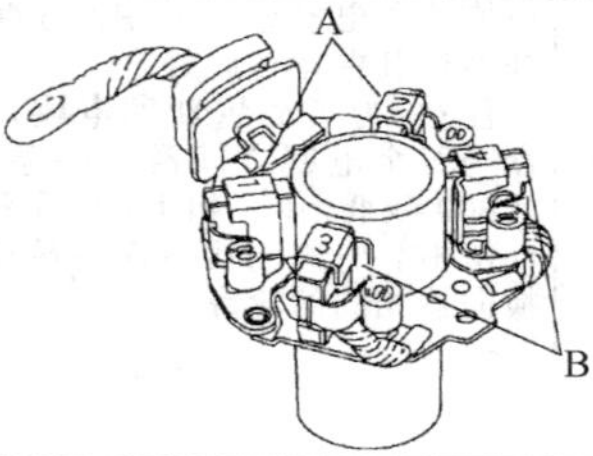

第四章　能量管理和启动系统维修

续表

维修项目	电工技能/维修要领	图示/示意图
电刷弹簧检查	⑮将电刷(A)插入电刷架内,并使电刷与换向器接触,然后将弹簧秤(B)放在弹簧(C)上。当弹簧提起电刷时测量弹簧拉力 如果不在标准范围内,则更换电刷架总成 弹簧拉力 标准(新):22.3~27.3N	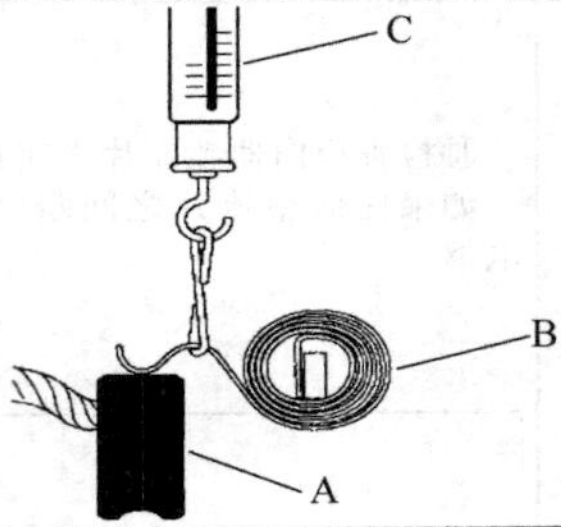
行星齿轮的检查	⑯检查行星齿轮(A)和内齿圈(B) 如果磨损或损坏,将其更换	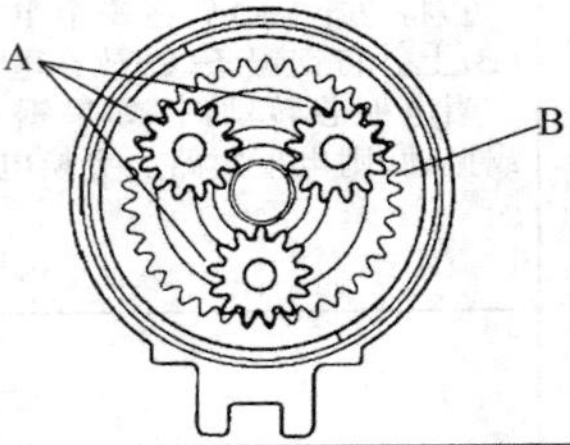
离合器检查	⑰沿轴滑动超越离合器(A) 如果不能平稳地滑动,则将其更换 ⑱固定主动齿轮(B),按图示方向转动超越离合器,确保其自由转动。同时确保超越离合器在相反方向锁止 如果不能锁止,则更换超越离合器总成 ⑲如果启动机主动齿轮磨损或损坏,则更换超越离合器总成;齿轮不能单独更换 检查变矩器齿圈情况。如果启动机主动齿轮轮齿损坏,则将其更换	
启动机重新组装	⑳用旋具撬起每个电刷弹簧后,将电刷置于电刷架外的中间位置。松开弹簧使其保持在此处 注意:为了放置新的电刷。在换向器与每个电刷之间滑入一条#500或#600砂纸,砂面朝上,然后平稳地转动电枢。电刷的接触面将被打磨成与换向器相同的轮廓	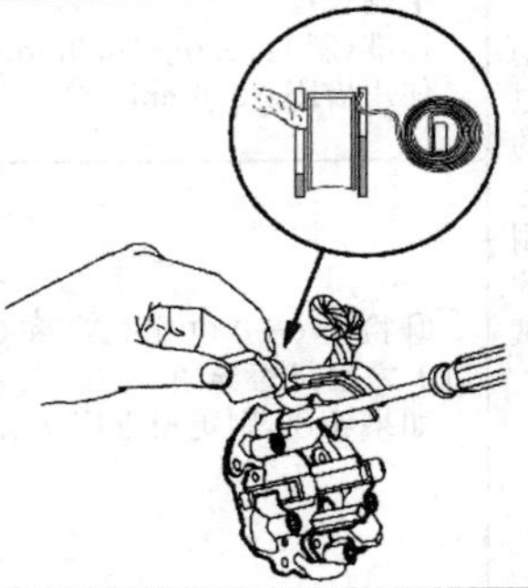

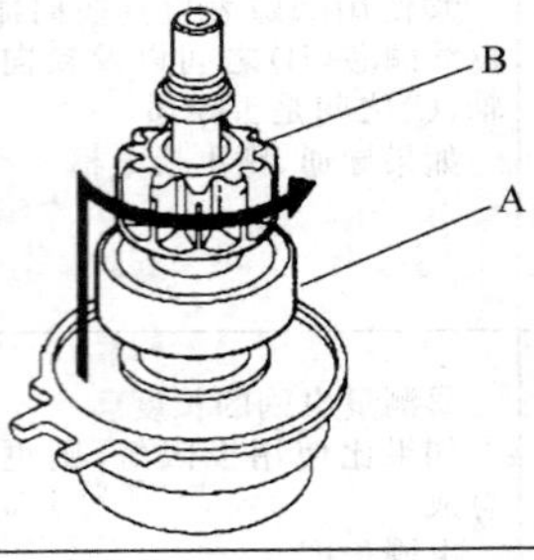

续表

维修项目	电工技能/维修要领	图示/示意图
启动机重新组装	㉑将塑料管安装至电刷架总成内 ㉒通过将槽点（C）对准凸出部位（D），安装电枢壳体（A）和电枢（B）	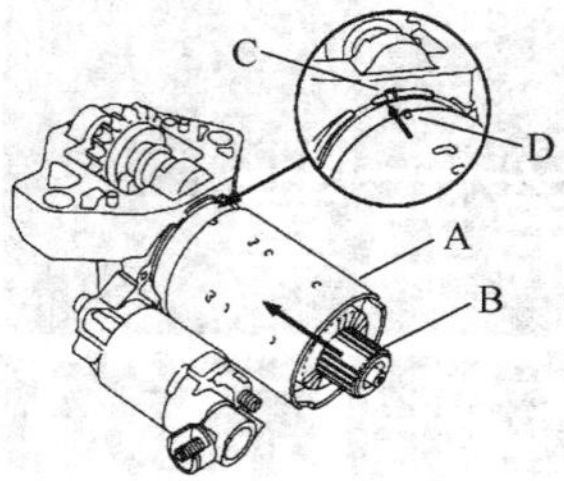
	㉓将电刷架总成放到电枢上，然后将电刷架（A）向下移到电枢上	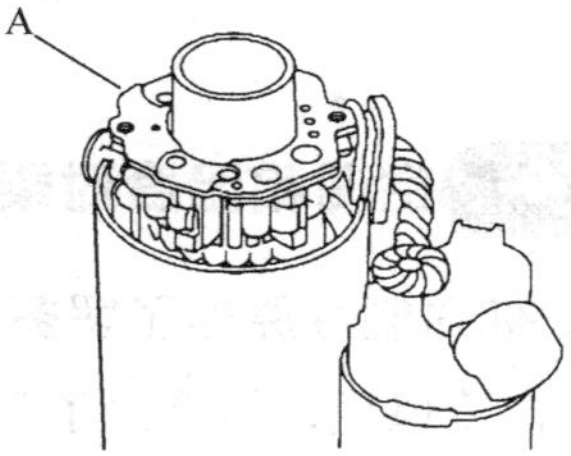
	㉔将每个电刷推下直至坐在换向器上，然后松开弹簧顶住电刷末端	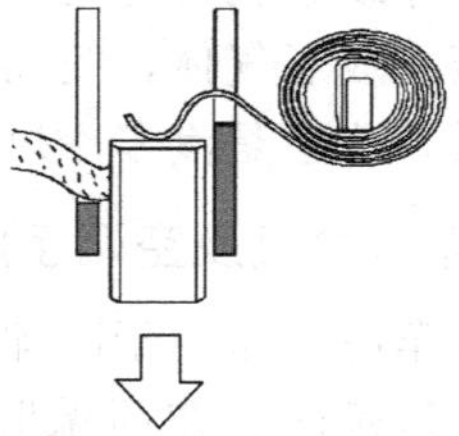
	㉕安装端盖以固定电刷架	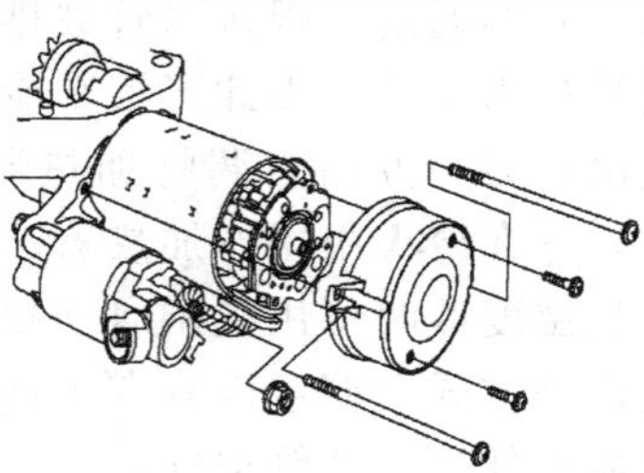

第四章　能量管理和启动系统维修

第五章 Chapter 5
空调系统维修

一、空调和温度对乘驾的影响

159. 你对制冷原理了解多少

制冷原理，如果出了汗的身体暴露在风中或手上沾了液态酒精，身体或手就会感觉冷，其原因是汗或液态酒精带走了皮肤上的热量蒸发成了气体，简而言之液体在变成气体时具有冷却周围环境的性质，这也是汽车冷风原理。

160. 你对冷风及空调了解多少

汽车冷却器用于冷却座舱，当空气冷却后空气中的湿气冷凝成水滴，这是因为在高温时空气中含有大量湿气，但是在低温时没有，它们通过一根排水管被排出车外，此外空气中的污垢连同水一起被排出车外，因此当汽车冷却器工作时，凉爽干燥和清洁的空气流出，另一方面空调将加热器、冷却器和通风系统组合为一个整体，它在冷天中用作加热器，在热天中用作冷却器，当空气湿度大并且温度低时可用空调启动冷却器去除湿气并加热干燥的空气，通过这种方式空调可以具有多种性能以应付任何气候条件而且空调可以从车外引入新鲜空气。

161. 为什么即使是现代化的暖风和通风系统，也无法在车外温度较高时提供令人满意的舒适性

小贴士 Tips

在一定的环境温度和湿度下，人们会感到很舒适。这种舒适感对于驾驶过程不受影响来说非常重要。"车内气候"对驾驶员、无疲劳驾驶和行驶安全有直接影响。

基础知识及一些维修数据能够为理论和实际应用提供保证。所以有些知识内容必须对其内涵理解透彻才能得以有效应用。

中级轿车内的温度：行驶时间 1h、车外温度为 30℃ 且阳光直射到轿车上，见表 5-1。车内舒适性曲线见表 5-2。

表 5-1　温度比较

范围	使用空调系统	不使用空调系统
头部	23℃	42℃
胸部	24℃	40℃
脚部	28℃	35℃

表 5-2　车内舒适性曲线

电工知识/内容说明	图示/示意图
舒适的车内温度由当前车外温度、阳光直射情况和足够的空气流量来决定。 (1) 较低的车外温度（例如 -20℃）要求较高的车内温度（28℃）和较高的空气流量（5~6kg/min） (2) 较高的车外温度（例如 40℃）要求较低的车内温度（23℃）和较高的空气流量（约 10kg/min） (3) 中等车外温度（例如 10℃）要求较低的车内温度（21.5℃）和较低的空气流量（约 4kg/min） 即使是现代化的暖风和通风系统，也无法在车外温度较高时提供令人满意的舒适性。为什么 (1) 尤其是在阳光直射较强时，受热的车内空气只能通过处于环境温度下的空气来替换 空气湿度较大时身体负荷或倍增加 (2) 如果通过打开车窗或滑动天窗或者提高风扇转速来提高舒适性，常常会造成空气进入车内以及其他问题，例如噪声、废气和花粉等	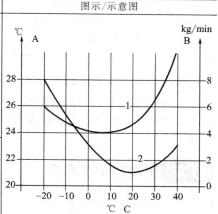 A—车内温度；B—空气流量；C—车外温度； 1—空气流量的舒适性曲线 2—车内温度的舒适性曲线

162. 车内温度不合适时对人有哪些影响

表 5-3 车内温度对人的影响

电工知识/内容说明	图示/示意图
热是一种负荷；对于驾驶员来说最佳温度是 20~22℃。这相当于气候负荷较小时的舒适区域 A 强烈的阳光直射到车辆上时，可能导致车内温度超过车外温度，达到 20~25℃，尤其是头部区域，此处温度较高时令人感觉最不舒适 体温升高，心跳频率加快。另一个特征是出汗多 大脑供氧过少。区域 B 表示中等气候负荷。从区域 C 起意味着身体已经承受过高的负荷。在交通医学中将其称为"气候压力" 为了减少或完全排除这类负荷，人们开发了空调系统，该系统将车内空气调节到令人舒适的温度，也可以净化空气及除湿 利用空调系统可以使出风口处的出风温度比车外高温温度低很多。车辆静止时和行驶时都可做到这一点	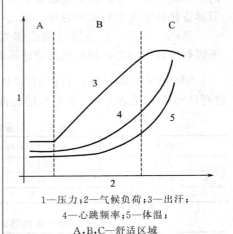 1—压力；2—气候负荷；3—出汗； 4—心跳频率；5—体温； A，B，C—舒适区域

从技术角度看附带的作用是空气除湿，这一点与降低温度一样重要。花粉过滤器（空调滤芯）用于清洁空气。清洁空气对过敏体质的人非常有利。所以维修车辆空调时候一定要检查其花粉过滤器。

二、制冷剂和冷冻油

163. 冷冻油有什么作用

冷冻油是空调制冷系统中的专用机油，具有润滑、密封、冷却、清洁和降低噪声等作用。

（1）润滑作用

压缩机是高速运动的机器，轴承、活塞、活塞环、连杆和曲轴等零件表面都需要润滑，以减少阻力和磨损、延长使用寿命、降低功耗和提高制冷系数。

（2）密封作用

汽车使用的压缩机都是半封闭式，压缩机的输入轴承需油封来密封，以防止制冷剂泄漏，只有有冷冻油，油封才能起到密封作用。同时，活塞环上的冷冻油，不仅起减摩作用，也起密封的作用。

（3）冷却作用

压缩机活塞运动的摩擦表面会产生高温，需要用冷冻油来冷却。冷冻油冷却不足，会引起压缩机温度过热、排气压力过高、降低制冷系数，甚至可能烧坏压缩机。

（4）降低压缩机噪声

摩擦的减少，可降低噪声。

164. 空调系统对冷冻油有什么要求

制冷剂是溶解冷冻油的，小型制冷设备的冷冻油和制冷剂一起进行循环。不同的制冷设备有不同的排气温度和压力，对冷冻油的性能要求也不尽相同，正确选用冷冻油是非常重要的。在选择冷冻油时，必须注意空调压缩机内部冷冻油所处的状态，如排气温度、排气压力及吸气温度等。

① 冷冻油与制冷剂、有机材料和金属等接触时不应起任何反应，其热力及化学性能应十分稳定。

② 在制冷循环的最低温度部位也不应有结晶状的石蜡分离、析出或凝固，以保持较低的流动点。

③ 即使溶于制冷剂时，也能保持一定的油膜黏度。黏度是用来衡量冷冻油黏性大小的物理量。黏度随着温度的上升而减小，而随着温度的下降而增大。冷冻油的黏度常用运动黏度来表示。运动黏度用于度量润滑油在重力的作用下流动时摩擦力的大小。

④ 在压缩机排气阀附近的高温部位不应产生积炭、氧化，具有较高的热稳定性。

⑤ 冷冻油中不允许有水分，如水分太多，会对空调系统造成一定的损坏或可能形成冰封。

165. 加注冷冻油要注意哪些事项

① 不同规格的冷冻油不能混合使用，否则会引起变质，甚至会造成严重后果，如膨胀阀堵塞、空调压缩机损坏等。

② 不能使用变质的冷冻油，如果冷冻油混入水分，会在氧气的作用下产生一种油酸性质的酸性物质，会腐蚀金属零部件。

电工技能

如果不同牌号的冷冻油一起混合，也会变质。变质油的简单检查方法是将冷冻油滴一点到吸水性好的白纸上，过一段时间后，若油滴中央部分有黑色斑点，则说明这种油已经变质，不能使用。

③ 冷冻油极易吸水，所以使用后的冷冻油罐应马上拧紧，因此在加注或更换冷冻油时，操作要迅速，如没有准备好，不能立刻加油时，不能打开油罐，在加注完后应立即将油罐的盖子密封好。

④ 只允许加规定适量的制冷剂，不允许过量使用，以免降低制冷效果。

166. 为什么现在不使用制冷剂 R12

小贴士 Tips

一名普通的汽车维修工也能为地球环保做出很大的贡献！

如果你在汽车维修过程中坚决不再使用 F12（氟利昂），那么你也一样是绿色生活的环保大使！这是为什么呢？

开发氟氯碳氢化合物（CFC）的必要性源于开发一种制冷剂的需求，这种制冷剂既无毒也不易燃烧，而且不容易挥发。

从1931年起以Freon 12（氟利昂）为商标开始生产由化学家"Midgley"和"Henne"开发的CFC（名称为二氟二氯甲烷）。对那个时代来说，Freon 12是一项重要的新开发产品。它可以替代需要采取严格安全措施的危险性物质，例如氨和氯甲烷。此后多年以来开发了适用于各种不同使用范围的CFC（制冷技术中的低温应用，气溶胶行业的发泡剂，喷罐中的医药发射剂）。

因为20世纪70年代时许多人都在讨论臭氧空洞的问题，所以含CFC的产品受到了一定的压力。为了阻止臭氧减少，人们不得不开发CFC的替代产品。

1987年由46个国家签署了限制CFC卤代产品生产的蒙特利尔协定。

除了蒙特利尔协定外德国还实行严格得多的CFC卤化物禁令，该禁令于1991年由联邦政府颁布为法规。

以下要求适用于CFC R12（也适用于其他CFC）：

从1995年1月1日起停止生产；

禁止从其他国家进口到欧盟国家；

从1998年7月起禁止在车辆空调系统内加注。

此外，立法机构目前正在制定一项法令，目的是进一步限制现有R12在市场上的销售，因为已有技术上非常过关的替代产品（R134a）。

167. 你对制冷剂R134a了解多少

R134a（四氟乙烷）的化学成分与R12（二氯二氟甲烷）不同，不再含有氯原子。

R12无色无味，R134a有轻微的乙醚味道。

R134a比R12易吸收水分（由于氢原子非对称分布而造成吸湿性较强）。

R134a会腐蚀铜和R12系统内的各种密封和部件材料。因此绝不允许在R12系统内使用R134a，否则会造成该系统很快毁坏。

在现在的车辆空调系统中只使用制冷剂R134a。

制冷剂不允许彼此混合使用，只允许使用规定用于该车辆的制冷剂。

空调所用制冷剂是二氯二氟甲烷（R12），其沸点为－29.8℃；另一种制冷剂是四氟乙烷（R134a），其沸点为－26.5℃。

三、空调系统组成结构和原理

168. 制冷剂循环是怎样工作的

表 5-4　制冷循环过程

内容说明/电工知识	图示/示意图
压缩一种气体时，其压力和温度都会提高 如果承受压力的制冷剂气体膨胀，则会蒸发 为此所需的热量从环境空气中吸收。制冷剂循环回路分为低压、气态形式，高压、气态形式，高压、液态形式，低压、液态形式四个部分 1—压缩机提高气态制冷剂的压力并由此提高其温度；2—高温和高压下的气态制冷剂；3—冷凝器起散热器或热交换器的作用，流过的空气吸收热量，热制冷剂气体冷却下来并凝结，制冷剂变为液态；4—中温和高压下的液态制冷剂；5—膨胀阀降低制冷剂压力，同时制冷剂温度急剧下降；6—低温和低压下的蒸气形式制冷剂；7—蒸发器使流过的空气冷却下来并除湿。制冷剂吸收热量；8—低温和低压下的气态制冷剂；A—高压侧；B—低压侧	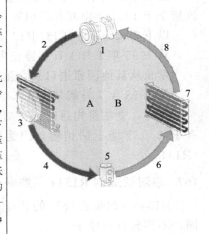

空调系统不产生冷气（制冷），而是将热量从车内排到车外。制冷剂循环示意图指出了空调系统的工作原理。制冷剂在封闭的循环回路中循环并不断在液态与气态之间转换。其结果是从车内吸收热量并排到车外。

制冷剂循环回路分为高压部分（压力侧）和低压部分（抽吸侧）。其分界点是压缩机上的阀盘和膨胀阀。

电工技能

如果使制冷剂循环回路进入运行状态,就是说发动机运转时打开空调系统,那么压缩机将从蒸发器抽吸低温气态制冷剂,进行压缩以使其加热(最高120℃)并将其压入冷凝器内。压缩后的热气体在冷凝器内由流过的外部空气(行驶风或辅助风扇)冷却。

达到对应压力下的露点时制冷剂开始凝结并变成液态。完全变成液态的制冷剂从冷凝器进入储液罐内并聚集在此处。制冷剂流过干燥器时,会过滤掉可能存在的水分和混杂物。

制冷剂从储液罐继续流向膨胀阀。处于高压状态下的液态制冷剂在此喷入蒸发器(低压侧)内。液态制冷剂在蒸发器内降低压力并蒸发。此时从经过蒸发器鳍片的空气中吸收为此所需要的蒸发热量,从而使空气冷却下来。压缩机吸入已完全处于气态的制冷剂并再次进行压缩,从而结束制冷剂循环。见表6-5制冷循环过程。

169. 制冷剂循环回路(空调制冷系统)有哪些组件

制冷剂循环回路主要由压缩机、冷凝器、干燥器/集气室、膨胀阀、蒸发器、软管和管路、调节和控制装置7个组件构成。

这些组件连接在一起形成封闭的制冷剂循环回路,制冷剂在该回路中循环。循环中的制冷剂在气态下压缩,以散热方式冷凝,在吸收热量的同时通过降低压力重新蒸发。

制冷剂循环回路及其组件见图5-1。

170. 进行制冷剂循环回路方面的工作要注意哪些事项

进行制冷剂循环回路方面的工作时,原则上必须遵守以下要求。

① 打开制冷剂循环回路前抽吸出制冷剂。
② 抽吸制冷剂后,按抽吸量更新制冷剂。
③ 更换部件时按规定量添加制冷剂。
④ 每次在循环回路内重新加注制冷剂前,首先抽真空至少30min。
⑤ 只要该系统不密封或维修时敞开时间超过了24h,就要更

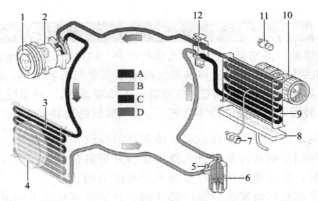

图 5-1 制冷剂循环回路及其组件

1—电磁离合；2—压缩机；3—冷凝器；4—辅助风扇；5—压力传感器 A（高压，气态形式）；6—储液罐（高压，液态形式）；7—蒸发器温度传感器 C（低压，液态形式）；8—冷凝水排水槽 D（低压、气态形式）；9—蒸发器；10—蒸发器风扇；11—风扇开关；12—膨胀阀

换储液罐（干燥器）。

⑥ 如果打开了接头，则每次都要更新接头处的密封件并在安装前涂油。

171. 你对外部调节式空调压缩机了解多少

为压缩制冷剂，在后续开发时使用了活塞斜盘式压缩机。

如果需要较高的制冷功率，控制单元（IHKA）就会控制调节阀。脉冲宽度调制电压信号使调节阀内的柱塞移动。电压供给的持续时间确定了调节行程。通过调节可以改变高压与曲柄箱内压力之间的调节阀开启截面面积（见表 5-5）。

表 5-5 外部调节式空调压缩机

项目	电工知识/内容说明	图示/示意图
特征	采用可变排量以适应制冷功率需求 无电磁离合器和集成式卡止保护功能的带轮传动机构 用于调节压缩机内压力比例的调节阀	

续表

项目	电工知识/内容说明	图示/示意图
功用	IHKA 控制单元无级控制压缩机内的调节阀 系统根据通风温度、车外温度、车内温度以及蒸发器规定温度和实际温度,通过脉冲宽度调制电压信号改变压缩机曲柄箱内的压力比例 斜盘的倾斜位置随之改变,因此确定了排量和制冷功率。即使空调系统已关闭,多楔带也会带动压缩机继续转动	

172. 外部调节式空调压缩机环境温度较低状态下是怎么工作的

表 5-6　负荷较低且热负荷较低（环境温度较低）时压缩机的功能

电工知识/内容说明	图示/示意图
热负荷较低时,抽吸压力(P_s)减小,调节阀的橡胶防尘套伸长,调节阀开启。因此,作用在斜盘腔上的高压压力(P_d)使斜盘腔内的内部压力(P_c)升高 斜盘腔内压力(P_c)×7个缸+弹簧 A 的作用力(斜盘左侧)+作用在 7 个缸内活塞左侧的驱动盘反作用力之和,大于作用在 7 个活塞右侧的压力 $P_1 - P_7$ 因此下部活塞向右移动,从而减小斜盘的倾斜角度。活塞行程减小,压缩机以最小行程运行 弹簧 A(斜盘左侧)使 7 个活塞向右移动并减小斜盘角度。因此这个弹簧还具有启动弹簧的功能。以约 5 % 的最小排量开始启动。此时 IHKA 控制单元关闭电磁阀的供电,该阀门开启	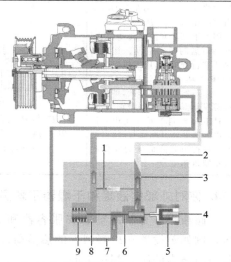 1—P_c 与 P_s 之间的喷射孔;2—曲柄腔压力 P_c;3—气流;4—弹簧 2;5—线圈(电磁阀);6—阀柱塞;7—高压压力 P_d;8—抽吸压力 P_s;9—带弹簧 1 的橡胶防尘套

173. 外部调节式空调压缩机环境温度较高状态下是怎么工作的

表 5-7 负荷较高且热负荷较高（环境温度较高）时压缩机的功能

内容说明	图　　示
热负荷较高时，IHKA 控制单元通过蒸发器温度传感器识别到温度较高并相应控制电磁阀 　　阀体向左移动，阀门关闭。抽吸压力（P_s）也较高，调节阀的橡胶防尘套压到一起并使阀体向左移动，从而关闭阀门。因此会减小高压压力（P_d），斜盘腔内的压力（P_c）下降到接近抽吸压力（P_s）。压力平衡通过一个孔（气流）实现。因此，斜盘腔内压力（P_c）×7 个缸+弹簧 A 的作用力（斜盘左侧）+作用在 7 个缸内活塞左侧的驱动盘反作用力之和，小于作用在 7 个活塞右侧的压力 $P_1 \sim P_7$。 　　因此下部活塞向左移动，从而提高斜盘的倾斜角度。其结果是活塞行程提高，压缩机以最高 100%的功率一起运行 　　如果蒸发器温度降低，则会通过蒸发器温度传感器识别到 IHKA 控制单元现在相应控制电磁阀并将其略微打开，以便通过这种方式降低压力并借此减小斜盘角度	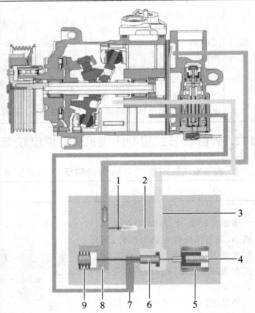 1—P_c 与 P_s 之间的喷射孔；2—气流；3—曲柄腔压力 P_c；4—弹簧 2；5—线圈（电磁阀）；6—阀柱塞；7—高压压力 P_d；8—抽吸压力 P_s；9—带弹簧 1 的橡胶防尘套

174. 你对外部储液罐和干燥器了解多少

　　储液罐作为制冷剂的膨胀容器和储罐使用。由于运行条件不同，例如蒸发器和冷凝器上的热负荷以及压缩机转速等，因此泵入循环回路内的制冷剂量不同。

　　为了补偿这种波动，空调系统安装了一个储液罐。来自冷凝器的液态制冷剂收集在储液罐内，蒸发器内冷却空气所需要的制冷剂继续流动。

干燥剂与少量的水发生化学反应并借此将水从循环回路中清除。根据具体型号，干燥剂可以吸收 6～12g 水。吸收量取决于温度。温度降低时吸收量提高。例如，如果温度为 40℃ 时干燥器饱和，那么 60℃ 时水会再次析出。干燥器还可以过滤掉压缩机磨损产生的颗粒、安装时的污物或类似物质。

外部储液罐和干燥器功能见表 5-8。

表 5-8 储液罐和干燥器

电工知识/功用说明	图示/示意图
制冷剂从上面进入储液罐内并沿着壳体内侧向下流动。然后必须经过过滤干燥器以清除水分。制冷剂向上流动。干燥器上方有一个滤网，借此可以过滤可能存在的污物 滤芯与能够吸水的海绵相似。分子滤网和硅胶吸附水分，除了水分外活性氧化铝还可以吸附酸 在较新的空调系统中，例如 E53、E65、E66、E60、E61、E63、E64、E87 和 E90 的空调系统中，干燥器集成在冷凝器内。因此不再是独立的部件 压力传感器安装在储液罐上，该传感器根据空调系统内的高压压力输出一个电压信号 信号以电码形式传输给数字式发动机/柴油机电子系统（DME/DDE）。此后 DME/DDE 输出用于辅助风扇输出级的控制电压，从而控制响应的风扇挡 冷却液温度过高时也会影响辅助风扇的控制。在带有冷凝器模块（过滤干燥器集成在冷凝器内）的车辆上，压力传感器安装在冷凝器与膨胀阀之间的高压管路内	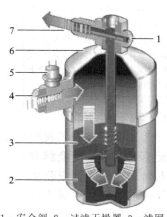 1—安全阀；2—过滤干燥器；3—滤网；4—接口（自冷凝器）；5—压力传感器；6—壳体；7—连接膨胀阀的输出接口

175. 你对蒸发器了解多少

（1）蒸发器的任务

与冷凝器一样，蒸发器也是一个热交换器。它完成空调系统的主要任务，即冷却空气。因此它必须从流过的空气中吸收热量。此外蒸发器还有另一项任务。它从空气中吸收水分，从而使空气变干燥。水分经过冷凝后排到车外。以这种方式干燥过的空气可防止车窗玻璃起雾。见表 5-9。

表 5-9　（例）蒸发器上的空气冷却过程

电工知识/说明	图示/示意图
蒸发器安装在自动恒温空调（IHKA）或手动恒温空调（IHKR）的壳体内。它由带有压上式鳍片的蛇形管组成。制冷剂流过蛇形管。风扇将待冷却的空气吹过这些鳍片。为改善热传导效果，鳍片具有较大的表面面积 为了使液态制冷剂尽可能均匀地分布在蒸发器的整个面积上，制冷剂喷入蒸发器内后分为多个大小相同的支流 采用这种结构方式可以提高蒸发器的效率。各制冷剂支流在蛇形管端部处汇集在一起，然后由压缩机再次吸入	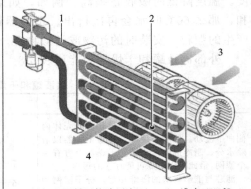 1—例如空调低压管路压力 2bar；2—沸点 −10℃；3—进气 +30℃；4—出气 +12℃

（2）蒸发器的功能

蒸发器从外侧吸收空气中的热能并将其向内侧传到制冷剂上，因此蒸发器以热交换器方式工作。在此最重要的因素是从液态变成气态时通过制冷剂吸收能量。这个过程需要较多的热能，热能从有空气流过的鳍片中吸收过来。

在低压下以及在鼓风机输送车内热量的情况下，制冷剂蒸发。在此制冷剂变得很冷。在喷入过程中压力从以前的 $10\sim20$ bar 降低到约 2bar（$1bar=10^5Pa$）。

176. 你对蒸发器温度传感器（温度调节器）了解多少

温度调节器可在需要时接通和关闭压缩机的电磁离合器。因此可防止因冷凝水凝结而造成蒸发器鳍片结冰。

根据具体车型，该传感器插在蒸发器鳍片之间或安装在蒸发器后的冷空气气流中。

该传感器通常情况下通过 IHKA/IHKR 控制单元，在约 1℃ 时关闭压缩机，在约 3℃ 时再次接通压缩机。

安装了带有电磁离合器的功率调节式压缩机时该传感器只执行

保护功能，因为仅在个别情况下蒸发器上的温度才会降低到3℃以下。因此压缩机几乎一直保持接通状态。

车内温度调节到舒适温度时，通常情况下只有车外温度低于约6℃时电磁离合器才会关闭压缩机。

177. 你对温度调节了解多少？

从蒸发器中流出的冷空气可通过两种温度调节方式加热，或在处于舒适温度时吹入乘员区内。这些调节方式是以水为基础和以空气为基础进行温度调节。见表5-10。

表5-10 温度调节

调节方式	电工知识/说明	图示/示意图
以水为基础进行温度调节	在利用一个水阀以水为基础进行温度调节时，或者利用两个水阀分别针对驾驶员和前乘客进行调节时，IHKA控制单元产生一个脉冲宽度调制信号并借此控制水阀。 调节通过一个主控控制器进行，该控制器以微处理器控制的数字电子装置为基础。因此可以调节操作面板上的设定温度调节器来预选温度	A 冷空气　B 热空气
以空气为基础进行温度调节	在以空气为基础进行温度调节时，不使用调节后置热交换器水流量的水阀，而是通过集成在冷暖空调器内的温度混合风门来调节车内温度。 这个温度混合风门使新鲜空气或冷空气全部通过热交换器。这相当于最大加热功率。 如果不需要加热空气，就会通过温度混合风门盖住热交换器或使空气改变方向。该风门处于中间位置时，相应比例的冷空气与热空气混合，从而使车内达到所需要的加热功率。温度混合风门通过一个步进电机调节，由IHKA/IHKR控制单元来控制	A—未加热；B—加热； 1—热交换器；2—温度混合风门

178. 膨胀阀有什么作用

(1) 膨胀阀特点和类型

膨胀阀也称节流阀,是组成汽车空调制冷系统的主要部件,安装在蒸发器入口处,是汽车空调制冷系统的高压与低压的分界点。膨胀阀的结构形式有三种,分别为外平衡式膨胀阀、内平衡式膨胀阀和 H 形膨胀阀。(捷达车)膨胀阀见图 5-2。

图 5-2 膨胀阀实物图(捷达)

(2) 膨胀阀作用

膨胀阀是把来自储液干燥器的高压液态制冷剂节流减压,调节和控制进入蒸发器中的液态制冷剂量,使之适应制冷负荷的变化,同时可防止压缩机发生液击现象(即未蒸发的液态制冷剂进入压缩机后被压缩,极易引起压缩机阀片的损坏)和蒸发器出口蒸气异常过热。

电工技能

汽车空调制冷系统采用的感温式膨胀阀,也叫热力膨胀阀,它是利用装在蒸发器出口处的感温包来感知制冷剂蒸气的过热度(过热度是指蒸气实际温度高于蒸发温度的数值),由此来调节膨胀阀开度的大小,从而控制进入蒸发器的液态制冷剂流量。感温包和蒸发器出口管接触,蒸发器出口温度降低时,感温包、毛细管和薄膜上腔内的液体体积收缩,膨胀阀阀口将闭合,借以限制制冷剂进入蒸发器。相反,如果蒸发器出口温度升高,膨胀阀阀口将开启,借以增加制冷剂流量。

179. 膨胀阀受哪些参数影响

(1) 容量

　　汽车空调热力膨胀阀的制冷能力用容量表达。有公称容量和额定容量两种，公称容量为制造厂在标准条件下实验名义点的容量。额定容量为在额定条件下试验额定点的容量。额定条件和额定点都和特定汽车空调系统有关系，一般汽车空调热力膨胀阀所给出的都是公称容量。

(2) 静止过热度

　　过热度是指热力膨胀阀的温度，与阀出口压力或外平衡管连接处压力相对应的制冷剂饱和温度之差，静止过热度是热力膨胀阀刚开始打开时的过热度，对每一个汽车空调热力膨胀阀，静止过热度由制造厂已调整好，一般不允许用户再调整。

(3) 最大工作压力

　　热力膨胀阀若是气充型，则有最大工作压力要求。最大工作压力是最大允许的平衡压力，对于气充型热力膨胀阀，膨胀阀的过热度增加到一程度时，开启度不再随过热度增加而增加。

(4) 膨胀时间迟滞

　　膨胀阀迟滞是其开度特性，指过热度增加与减少时的开度差。迟滞大则在膨胀阀打开或关闭时，在同一过热度下，其流量相差较大，因此希望膨胀阀迟滞不超过某允许值。

(5) 热力膨胀阀灵敏度的好坏

(6) 可靠性

　　热力膨胀阀在耐震、耐久性、耐热、耐寒、耐压、气密、耐腐蚀等方面有可靠性的要求，由于汽车空调工作环境非常恶劣，因此汽车空调热力膨胀阀可靠性要求非常高。

180. 什么是内平衡膨胀阀

(1) 内平衡膨胀阀结构

　　内平衡膨胀阀结构如图 5-3 所示，它主要由膜片、顶杆、阀芯、节流孔、弹簧、滤网、毛细管和感温包组成。感温包安装在蒸发器的出口，在其内部装有惰性液体或制冷剂液体。

(2) 工作原理

内平衡膨胀阀的工作原理如图 5-4 所示，来自感温包产生的内部液体的压力 P_f 会作用在膜片的上面，在膜片的下面作用着弹簧的弹力 P_s 和蒸发器进口处的压力 P_e，在工作过程中阀芯会处于某一位置。此时由于膨胀阀的节流作用，会把高温高压的制冷剂变成低温低压的制冷剂，当由于某种原因造成蒸发器出口温度较高时，感温包内液体会随着温度的升高而膨胀，从而使其内部的压力增高，作用在膜片上的压力也升高，从而会打破原有的平衡，此时阀芯会向下移动，通过膨胀阀节流的制冷剂的流量会增大，流入蒸发器的制冷剂量会增多，使制冷强度加大；反之，流入蒸发器的制冷剂量减小，制冷强度降低。

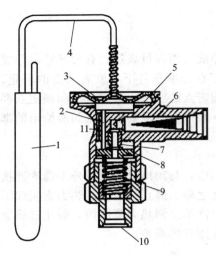

图 5-3 内平衡膨胀阀
1—感温包；2—顶杆；3—支撑片；4—毛细管；5—膜片；6—滤网；7—节流孔；8—阀芯；9—弹簧；10—出口；11—内平衡孔

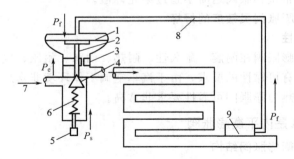

图 5-4 内平衡膨胀阀的工作原理
1—膜片；2—推杆；3—节流孔；4—阀芯；5—调整螺钉；6—弹簧；7—进口；8—毛细管；9—感温包

181. 什么是外平衡膨胀阀

(1) 外平衡式膨胀阀结构特点

外平衡式膨胀阀的入口接储液干燥器，出口接蒸发器，上部有一个膜片，膜片共受到三个力的作用，一个是感温包中制冷剂气体向下的压力，一个是弹簧向上的推力，还有一个是蒸发器出口制冷剂的压力，作用在膜片的下方，阀的开度取决于这三个力综合作用的结果。外平衡式膨胀阀的结构见图5-5。

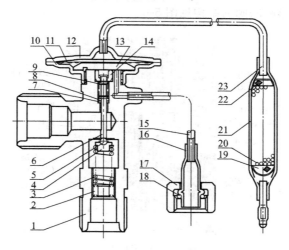

图5-5 外平衡膨胀阀

1—阀体；2—调节螺钉；3—调节弹簧；4—阀芯架；5—钢球；6—传动杆；7,18—"O"形圈；8—压片；9—压紧弹簧；10—气箱座；11—膜片；12—气箱盖；13—传动片；14—固定圈；15—外平衡管；16—接管；17—接管螺母；19,22—塞网；20—吸附材料；21—感温包；23—毛细管

(2) 工作原理

当制冷负荷发生变化时，膨胀阀可根据制冷负荷的变化自动调节制冷剂的流量，确保蒸发器出口处的制冷剂全部转化为气体并有一定的过热度。当制冷负荷减小时，蒸发器出口处的温度就会降低，感温包的温度也会降低，其中的制冷剂气体便会收缩，使膨胀阀膜片上方的压力减小，阀门就会在弹簧和膜片下方气体压力的作

用下向上移动，减小阀门的开度，从而减小制冷剂的流量。反之，制冷负荷增大时，阀门的开度会增大，增加制冷剂的流量。当制冷负荷与制冷剂的流量相适应时，阀门的开度保持不变，维持一定的制冷强度。

182. 什么是H形膨胀阀

(1) 结构特点

H形膨胀阀是一种整体型膨胀阀，在汽车空调上的应用较为广泛。H形膨胀阀的结构见图5-6。

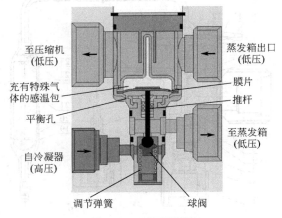

图5-6　H形膨胀阀

H形膨胀阀有4个接口通往空调系统，其中两个接口和普通膨胀阀一样，一个接干燥器出口，另一个接蒸发器进口；另外两个接口，一个接蒸发器出口，另一个接压缩机进口。感温包和毛细管均由膜片下面的感温器所取代，感温器处在进入压缩机的制冷剂气流中。

由于内平衡膨胀阀制冷系统需要用毛细管来感测蒸发器出口温度高低的方法调节供应蒸发器的制冷剂流量，实际应用不太方便。特别是当毛细管比较长时，以及毛细管是间接感测蒸发器出口的温度，所以内平衡膨胀阀控制精度受环境温度以及其他许多因素的影响，而采用H形膨胀阀制冷系统便解决了这一问题。

（2）工作原理

压缩机首先将制冷剂压缩后输送到冷凝器冷却液化，经过储液干燥器后再进入 H 形膨胀阀，先进行节流减压，然后进入蒸发器蒸发吸热。制冷蒸发成气体后再次进入 H 形膨胀阀，从阀中出来后回到压缩机再循环。当蒸发器的温度过低时，感温器感测到后，恒温器切断离合器的电磁线圈电路，压缩机停止运行。温度变高后，恒温器又自动接通离合器电路，压缩机又开始运行了。由此可见 H 形膨胀阀同内平衡膨胀阀一样，能够根据蒸发气体的温度来自动调节供给蒸发器的制冷剂量。

四、通风和采暖

183. 暖风是怎样产生的

暖风装置用于加热乘客舱内的空气，也用于防止车窗起雾或去除车窗玻璃上的雾气。为了进行这些操作它使用热水型暖风装置，后者利用热的发动机冷却液进行工作。因在发动机水套中循环流动而被加热的发动机冷却液，流过悬挂在加热器鼓风机吹出的冷气流中的加热器芯，为客舱产生暖风。见图 5-7。

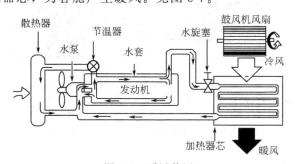

图 5-7　暖风装置

在发动机水套中循环流动被加热的热水，被输送到加热器芯，加热鼓风机送出的冷风，以产生暖风。

184. 空调通风方式有哪几种

将新鲜空气送进车内的过程，称为通风。汽车空调的通风方式一般有动压通风、强制通风和综合通风三种。手动空调通风调节见图 5-8。

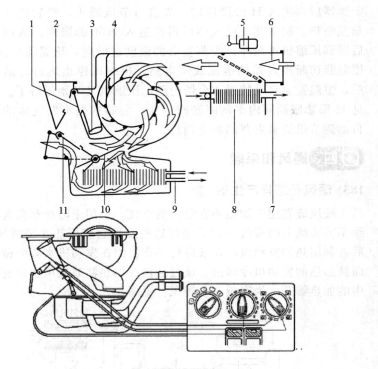

图 5-8　手动空调通风调节

1—除霜风门；2—除霜风口；3—脚向出风口；4—风机；5—真空管；6—新鲜空气进气口；7—蒸发器高低压管；8—蒸发器芯；9—热交换器水管；10—暖风风门；11—中央出风口风门

（1）动压通风

动压通风也称自然通风，它利用汽车行驶时对车身外部所产生的风压为动力，在适当的地方开设进风口和排风口，以实现车内的通风换气目的。

轿车的进风口设在车窗的下部正风压区，而且此处都设有进气阀门和内循环空气阀门，用来控制新鲜空气的流量。

(2) 强制通风

强制通风是利用鼓风机强制将车外空气送入车厢内进行通风换气的通风方式。

在冷暖一体化的汽车空调上，基本都采用通风、供暖和制冷的联合装置，将外部空气与空调冷暖空气混合后送入车内。

(3) 综合通风

综合通风是指一辆汽车上同时采用动压通风（自然通风）和强制通风两种通风方式。最简单的综合通风系统是在自然通风的车身基础上，安装强制通风扇，根据需要可分别使用和同时使用。

185. 空气净化装置有什么作用

汽车空调系统采用的空气净化装置通常有空气过滤式和静电集尘式两种。

(1) 空气过滤式空气净化装置

空气过滤式空气净化装置在空调系统的送风和回风口处设置空气滤清装置，它仅能滤除空气中的灰尘和杂物。其结构简单，只需定期清理过滤网上的灰尘和杂物即可，故广泛用于各种汽车空调系统中。

(2) 静电集尘式空气净化装置

静电集尘式空气净化装置则是在空气进口的过滤器后再设置一套静电集尘装置或单独安装一套用于净化车内空气的静电除尘装置。它除具有过滤和吸附烟尘等微小颗粒的杂质作用外，还具有除臭、杀菌、产生负氧离子以使车内空气更为新鲜洁净的作用。静电集尘式空气净化装置原理示意图见图5-9。

186. 水暖式供暖系统的工作原理是怎样的

(1) 热水循环回路

热水循环回路与发动机的冷却系统连通，借助于发动机的水泵实现热水循环。来自发动机冷却系统的热水从进水管流经热交换器控制阀进入散热器，然后经由出水管回到发动机的冷却系统，实现回路的循环。

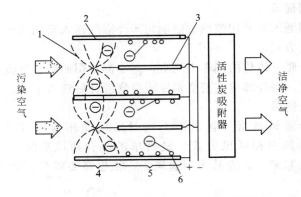

图 5-9 静电集尘式空气净化装置原理示意图
1—放电极；2—正电极（接地电极）；3—负电极；
4—电离部分；5—集尘部分；6—微粉尘

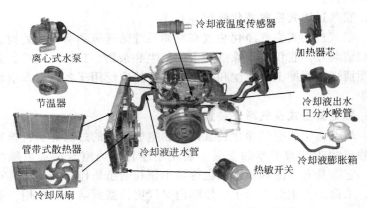

图 5-10 水暖式供暖系统及组成部件（捷达）

水暖式供暖系统及组成部件见图 5-10，水暖式供暖系统工作原理图见图 5-11。

(2) 暖风形成

在通风装置中，由风机强制使空气循环运动。空气经由进风口被吸入，流经热交换器时被加热，并由出风口导出，进入车厢内实现取暖或为风挡除霜。暖风形成示意图见图 5-12。

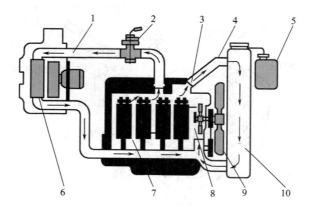

图 5-11 水暖式供暖系统工作原理图
1—热交换器软管；2—热水阀；3—节温器；4—散热器软管；5—膨胀水箱；
6—热交换器芯；7—发动机；8—水泵；9—风扇；10—散热器

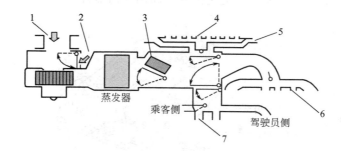

图 5-12 水暖式供暖系统工作原理图
1—新鲜空气进口；2—再循环空气进口；3—热交换器芯；4—除霜空气出口；
5—侧除霜空气出口；6—通风口；7—地板暖风出口

(3) 供暖加热装置

水暖式加热装置有两种，一种是单独的暖风机，另一种是整体空调器。

① 单独暖风机总成　单独暖风机总成由加热器、风扇、外壳组成。壳体上有吹向足部、前部的出风口和吹向风窗起除霜作用的出风口。单独暖风机总成见图 5-13。

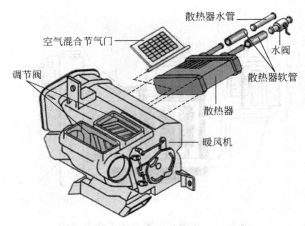

图 5-13 单独暖风机总成

② 整体空调器 整体空调器是把加热器和蒸发器装在一个箱体内，如图 5-14 所示。但是两者之间用阀门隔开。

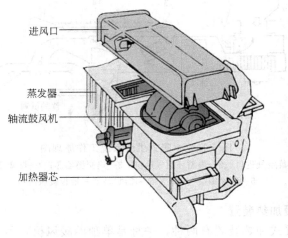

图 5-14 整体空调器

(4) 冷却液控制阀

冷却液控制阀有两种：一种是拉绳钢索式控制阀，另一种是真空控制阀。见表 5-11。

表 5-11 冷却液控制阀

项目	类型	说明	图示/示意图
冷却液控制阀类型	拉绳钢索式冷却液控制阀	拉绳冷却液控制阀使用在手动空调中,以手动调节键来移动开关的钢索,来达到关闭或打开控制阀	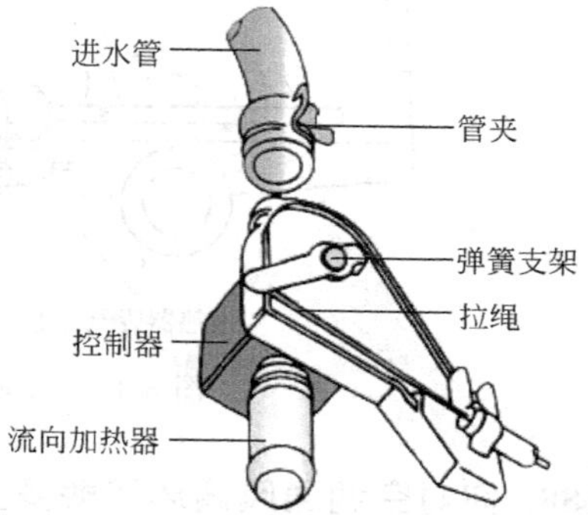 进水管、管夹、弹簧支架、控制器、拉绳、流向加热器
	真空冷却液控制阀	冷却液控制阀主要是一个封闭真空膜片盒,真空由发动机的进气歧管或真空罐引来。供暖气时,真空膜片盒的右空腔与真空源导通,在两端压力差作用下,膜片克服弹簧力,带动活塞一起右移,活塞将冷却液通路开启,这时发动机冷却液便流向加热器,系统处于供暖状态。若真空膜片盒的真空源断开,则弹簧压力通过膜片带动活塞左移,此时冷却液的通路被关闭,加热器不会发热。真空控制阀可以用在手动空调上,也可用在自动空调上	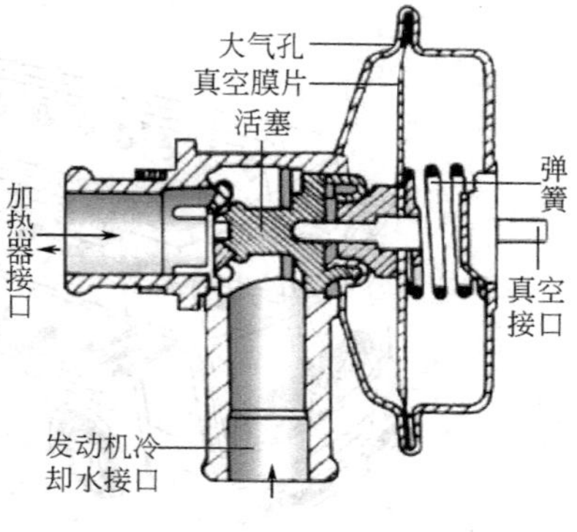 大气孔、真空膜片、活塞、弹簧、真空接口、加热器接口、发动机冷却水接口

187. 气暖式供暖装置的工作原理是怎样的

气暖管式供暖装置是利用发动机排气管中的废气余热或冷却发动机后的灼热空气作为热源,通过热交换器加热空气,把加热后的空气输送到车厢内取。气暖管式供暖装置见图 5-15。

在发动机排气管装一段肋片管,管外套上外壳,废气通过肋片传热,加热夹层中的空气,在鼓风机作用下,将空气加热后送入车内。

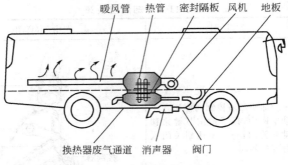

图 5-15　气暖管式供暖装置

188. 你对空调通风循环了解多少

见图 5-16、图 5-17。

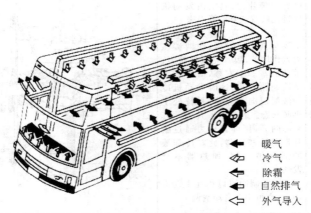

图 5-16　大客车空调通风循环示意图

图 5-17　轿车空调通风循环示意图

189. 空调通风循环有哪些类型
(1) 冷风/暖风独立式空调通风循环（图5-18）

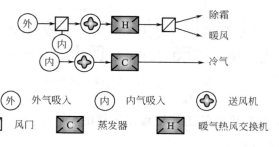

图5-18　冷风/暖风独立式空调通风循环

(2) 冷风/暖风转换式空调通风循环（图5-19）

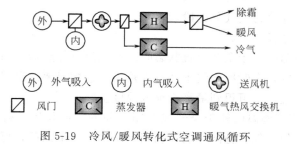

图5-19　冷风/暖风转化式空调通风循环

(3) 半空调式空调通风循环（图5-20）

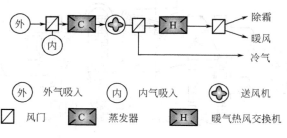

图5-20　半空调式空调通风循环

(4) 全空调式空调通风循环（图 5-21）

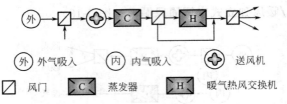

图 5-21 全空调式空调通风循环

190. 空调配气系统的工作过程是怎样的

(1) 配气系统构成

汽车空调配气系统一般由三部分构成：

第一部分为空气进入段；

第二部分为空气混合段；

第三部分为空气分配段。

(2) 工作过程

当调温门处于全开位置状态时冷空气经过加热器，当调温门处于全闭位置状态时冷空气不经过加热器。这样只要调温门处于全开或全闭位置，就可得到最高或最低温度空气。

① 调节调温门处于全开或全闭之间的不同位置，得到不同温度和湿度的空气。分配段的除霜门、中风门、下风门，可调节空调

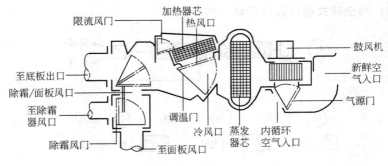

图 5-22 空调配气系统工作示意图

风吹向挡风玻璃、乘员的中上部或脚部。

② 控制空调器内风机转速，调节空调风的流量，改变人体感觉的温度。

汽车空调配气系统工作示意图见图 5-22。

191. 你对空调操纵机构和工作过程了解多少

空调操纵机构由操纵杆、拉索和风门组成，空调操纵面板上的操纵杆与拉索相连，拉索根据操纵杆的运动操纵风门。

手动空调操控面板如图 5-23 所示。操控面板及功能控制见表 5-12。

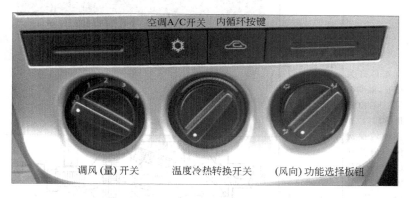

图 5-23 手动空调操控面板

表 5-12 操控面板及功能控制

功能控制	项目	图示/示意图
A/C 开关接通，温度键位于最冷（或最热），内/外循环转换键位于内循环（或外循环位置），调风键位于 1 挡	操控面板功能开关（板钮）位置	

续表

功能控制	项目	图示/示意图
A/C 开关接通,温度键位于最冷(或最热),内/外循环转换键位于内循环(或外循环位置),调风键位于1挡	手动空调系统配气控制原理/配气分配	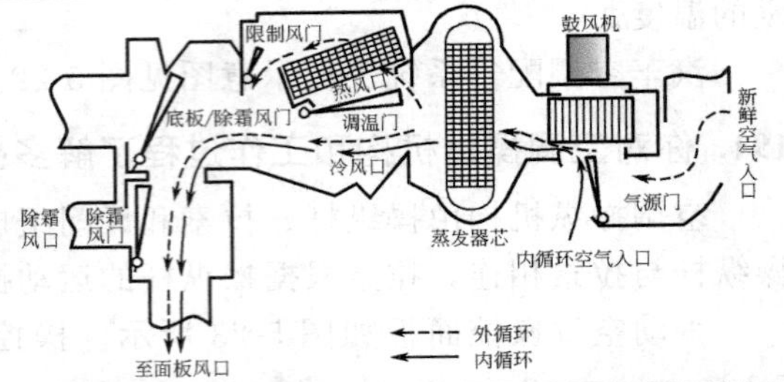
	操控面板功能开关(板钮)位置	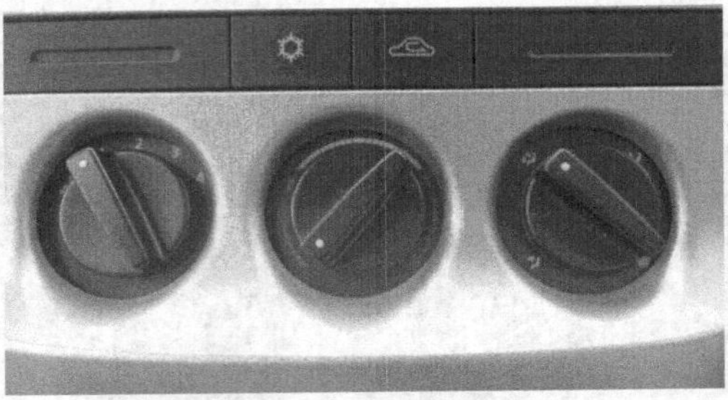
	手动空调系统配气控制原理/配气分配	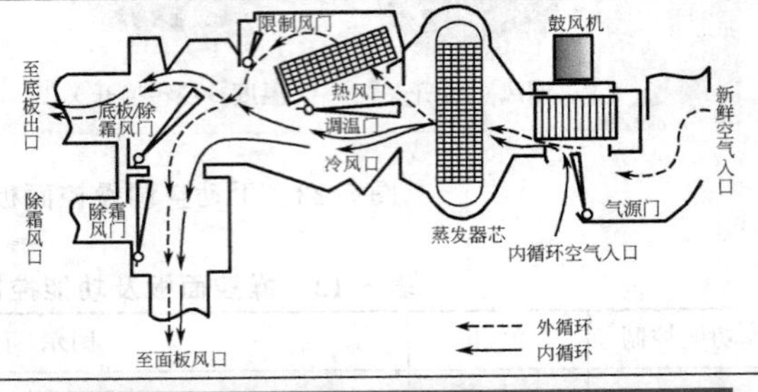
	操控面板功能开关(板钮)位置	

功能控制	项目	图示/示意图
A/C 开关接通,温度键位于最冷(或最热),内/外循环转换键位于内循环(或外循环位置),调风键位于 1 挡	手动空调系统配气控制原理/配气分配	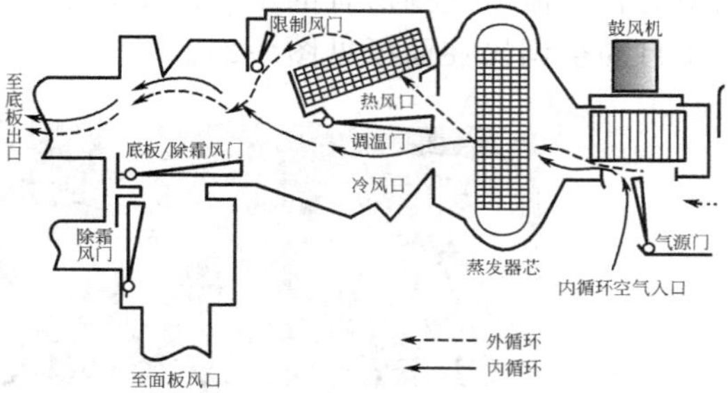
A/C 开关接通,温度键位于最冷位置,内/外循环转换键位于内循环(或外循环位置),调风键位于 1 挡	操控面板功能开关(板钮)位置	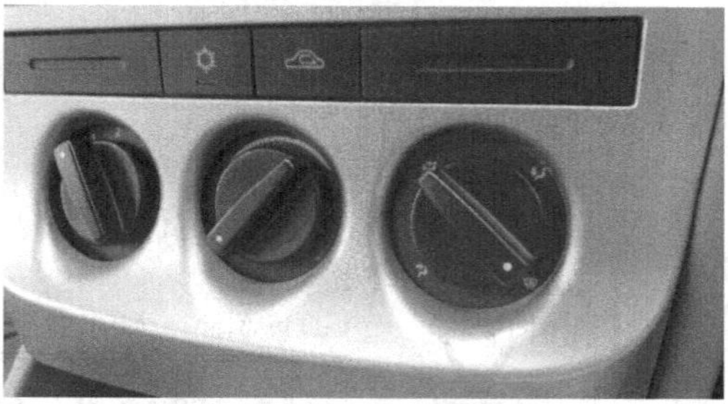
	手动空调系统配气控制原理/配气分配	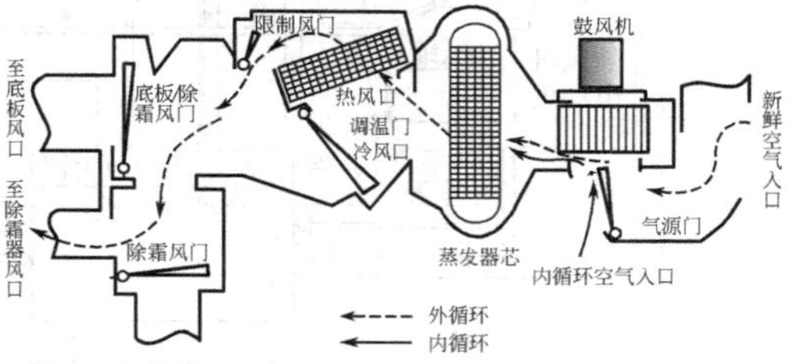

五、自动空调系统

192. 你对自动空调了解多少

(1) 自动空调特点及组成

自动空调系统用一般空调系统的基础部件。主要差别在于自动空调系统能保持预先设置室内的温度。它利用传感器确定当前温度，然后系统能够按需要调节暖风和冷风。系统用执行机构的开闭调整混合气流以达到适宜的车内温度，使温度符合驾驶员的要求。

自动空调操控面板见图 5-24。

图 5-24　自动空调操控面板（大众斯柯达）

自动空调控制系统可分为控制面板、传感器、空调 ECU 和执行器 4 部分，如图 5-25 所示。

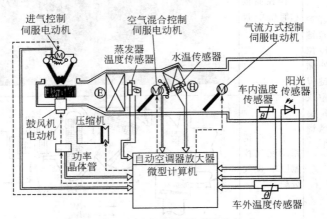

图 5-25　自动空调控制系统的组成

① 传感器　自动空调系统的传感器一般有驾驶员设定和功能选择信号、环境状态信号、空调风门位置信号、空调保护装置信号 4 种类型。

② 操纵控制面板　是驾驶员向自动空调 ECU 读入的设备。见图 5-26。

图 5-26 操纵控制面板

③ 空调 ECU　空调 ECU（空调控制单元或者电脑），它与控制面板制成一体，对输入的各种传感器信号和功能选择键的输入指令进行计算、分析、比较后，发出指令，控制各个执行元件（进气伺服电动机、空气混合伺服电动机和气流方式伺服电动机）动作，从而控制压缩机的电磁离合器工作，暖风加热器热水阀工作，将模式风门放到适当位置等。

如图 5-27 所示，例如宝马 E60 空调 ECU，空调控制面板背面就是该 ECU 插接口。

如图 5-28 所示，例如宝马 E60 空调控制面板。

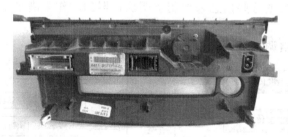

图 5-27　空调 ECU（宝马 E60 空调控制面板背面）

④ 执行器　自动空调系统的执行器主要有鼓风机、电磁离合器、空气混合门、真空执行机构等。

自动空调系统一般采用控制配气风门、控制鼓风机转速、控制压缩机开停及信号显示 4 种执行器。

（2）**自动空调类型**

自动空调系统分半自动空调系统和全自动空调系统，两者的主

图 5-28 宝马 E60 空调控制面板

要差别在于是否有自诊断功能,半自动空调系统没有提供故障码存储器,全自动空调系统具有监控系统,监控系统的随机存储器存储诊断码。

(3) **自动空调系统的工作原理**

自动空调系统工作时,根据驾驶员的预设温度,自动开启空调压缩机或暖风装置,调整鼓风机的风速、空气的内外循环。以达到室内舒适的温度。自动空调的核心部件是空调 ECU(控制器总成),它接收空调系统的相关信息如室内外温度、蒸发箱温度、系统压力。根据这些信息来控制空调执行器的动作来满足车内的设定温度。

自动空调系统的工作框图见图 5-29。

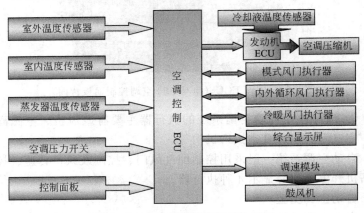

图 5-29 自动空调系统的工作框图

193. 自动空调温度是怎样控制的

(1) 有效的出气温度计算

有效的出气温度（TAO）是使车内温度保持在设定温度所必要的鼓风机空气温度。

这是空调 ECU 根据温度控制开关或控制杆的状态，以及来自传感器（即车内温度传感器、车外温度传感器、光照传感器）的信号计算出来的。

空调 ECU 根据这个 TAO，使自动空调器放大器输出驱动信号至伺服电动机和鼓风机电动机，实现自动控制系统（除压缩机控制外）运行。

有效出气温度控制见图 5-30。

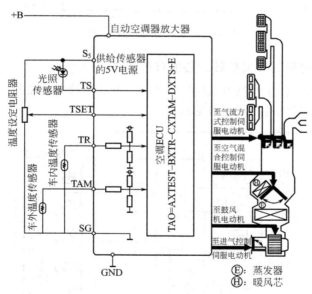

图 5-30　有效出气温度控制

(2) 温度控制

温度控制系统包括车内温度传感器、车外温度传感器、光照传感器、蒸发器传感器、温度设定电阻器、空气混合控制伺服电动机、空气混合控制伺服电动机放大器等部件。

温度控制运行见图5-31。

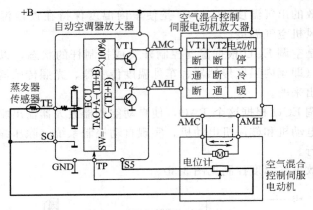

图5-31 温度控制运行示意图

194. 自动空调鼓风机转速是怎样控制的

鼓风机转速控制由鼓风机转速控制开关电路和水温控制开关电路构成。鼓风机控制电路见图5-32。

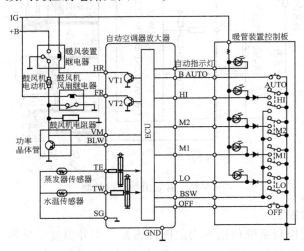

图5-32 鼓风机控制电路

195. 出风气流是怎样控制的

ECU 控制自动空调器的气流方式控制与放大器控制自动空调器的基本一样，是由自动空调器放大器传送信号至伺服电动机，伺服电动机正向或反向转动，经连杆使气流方式控制风挡位置改变，控制方式如图 5-33 所示。

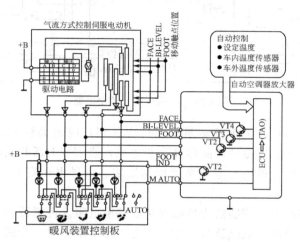

图 5-33　出风气流控制电路

196. 内循环模式（进气）是怎样控制的

进气模式控制系统包括空调 ECU、进气模式伺服电动机、温度选择键、车内温度传感器、车外温度传感器、光照传感器等。见图 5-34。

六、空调系统诊断与维修

197. 日照传感器故障怎么办

（1）诊断依据

日照传感器通过暖风、通风与空调系统控制模块连接到搭铁和一个 12V 的计时电源。计时电源向传感器电子装置供电，用作日照传感器微型控制器的时钟发生器。传感器使用脉冲信号识别数

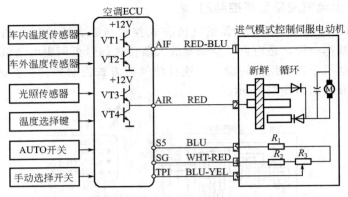

图 5-34 内循环模式控制电路

据,并传输日照强度的测量值。每次遇到计时电源输入的上升沿时,日照传感器微型控制器将改变通道,使信号上新的强度测量值输出到暖风、通风与空调系统控制模块。信号电压在 0~4V 之间变动。

乘客舱温度传感器为负温度系数热敏电阻。传感器依靠信号和低电平参考电压电路进行工作。当空气温度增加时,传感器电阻减小。传感器信号电压在 0~5V 之间变动。

明亮或高强度的光照导致车内空气温度升高。暖风、通风与空调系统通过将额外的冷气送入车内来补偿所升高的温度。

(2) 诊断程序

表 5-13 日照传感器故障诊断

项目	内容/诊断技能	
故障信息	故障码	故障说明
	DTC B016305	乘客舱温度传感器电路对蓄电池短路或开路
	DTC B01830	日照传感器电路对搭铁短路
	DTC B018305	日照传感器电路对蓄电池短路或开路
	DTC B140502	控制模块参考电压输出 2 电路对搭铁短路
	DTC B140505	控制模块参考电压输出 2 电路对蓄电池短路或开路

续表

项目	步骤	内容/诊断技能 诊断程序/排除方法
电路/系统检验	1	检查并确认 DTC B140502 或 B140505 没有出现 如果出现故障诊断码,执行"环境光照/日照传感器电源故障"诊断
	2	检查并确认 DTC B016302 或 B016305 没有出现 如果出现故障诊断码,执行"乘客舱温度传感器电路故障"诊断
	3	检查并确认 DTC B018302 或 B018305 没有出现 如果出现故障诊断码,执行"日照传感器电路故障"诊断
	4	用温度计测量实际车内空气温度。将这一数值与故障诊断仪"乘客舱空气温度"参数进行比较。测量温度与参数值的差应该不超过 5℃ 如果不在规定的范围内,更换 B10B 环境光照/日照传感器
环境光照/日照传感器电源故障	1	将点火开关置于 OFF 位置,断开 B10B 环境光照/日照传感器的线束连接器和 K33 暖风、通风与空调系统控制模块的 X1 线束连接器
	2	测试 B10B 环境光照/日照传感器搭铁电路端子 6 和搭铁之间的电阻是否小于 5Ω 如果大于规定范围,测试搭铁电路是否开路/电阻过大
	3	点火开关置于 ON 位置,测试参考电压电路端子 2 和搭铁之间的电压是否低于 0.3V 如果高于规定范围,测试参考电压电路是否对电压短路
	4	将点火开关置于 OFF 位置,测试参考电压电路端子 2 和搭铁之间的电阻是否为无穷大 如果小于规定值,测试参考电压电路是否对搭铁短路
	5	测试 K33 暖风、通风与空调系统控制模块线束连接器上的 B10B 环境光照/日照传感器参考电压电路端子 2 和控制电路端子 20(X1) 之间的电阻是否小于 5Ω 如果大于规定值,则测试参考电压电路是否开路/电阻过大
	6	如果所有电路测试都正常,更换 B10B 环境光照/日照传感器并确认故障诊断码没有再次设置 如果再次设置了故障诊断码,则更换 K33 暖风、通风与空调系统控制模块
乘客舱温度传感器电路故障	1	将点火开关置于 OFF 位置,断开 B10B 环境光照/日照传感器上的线束连接器
	2	将点火开关置于 ON 位置,测试信号电路端子 3 和搭铁之间的电压是否为 4.8~5.2V 如果低于规定范围,则测试信号电路端子是否对搭铁短路或开路/电阻过大。如果电路测试正常,则更换 K33 暖风、通风与空调系统控制模块 测试信号电路端子是否对蓄电池短路。如果电路测试正常,则更换 K33 暖风、通风与空调系统控制模块
	3	如果所有电路测试都正常,更换 B10B 环境光照/日照传感器并确认故障诊断码没有再次设置 如果再次设置了故障诊断码,则更换 K33 暖风、通风与空调系统控制模块

续表

项目		内容/诊断技能
日照传感器电路故障	1	将点火开关置于OFF位置,断开B10B环境光照/日照传感器上的线束连接器
	2	断开K33暖风、通风与空调系统控制模块上的线束连接器
	3	点火开关置于ON位置,测试信号电路端子4和搭铁之间的电压是否低于0.3V 如果高于规定范围,测试信号电路是否对电压短路
	4	点火开关置于OFF位置,测试信号电路端子4和搭铁之间的电阻是否为无穷大 如果小于规定值,测试信号电路是否对搭铁短路
	5	测试K33暖风、通风与空调系统控制模块线束连接器上的B10B环境光照/日照传感器信号电路端子4和控制电路端子13(X1)之间的电阻是否小于5Ω 如果高于规定值,则测试信号电路是否开路/电阻过大
	6	如果所有电路测试都正常,更换B10B环境光照/日照传感器并确认故障诊断码没有再次设置 如果再次设置了故障诊断码,则更换K33暖风、通风与空调系统控制模块

198. 空气温度传感器故障怎么办

(1) 诊断依据

空气温度传感器为2线负温度系数热敏电阻。车辆使用以下的空气温度传感器：左上空气温度传感器、左下空气温度传感器、右上空气温度传感器、右下空气温度传感器、蒸发器温度传感器。

传感器依靠信号和低电平参考电压电路进行工作。当传感器周围的空气温度升高时,传感器电阻降低。传感器信号电压随电阻值下降而下降。传感器在-40~+85℃的温度范围内工作。传感器信号在0~5V之间变动。暖风、通风与空调系统控制模块将信号转换成0~255范围内的计数。随着空气温度的升高,计数值将减小。如果暖风、通风与空调系统控制模块检测到传感器故障,那么控制模块软件将使用默认的空气温度值。默认操作确保暖风、通风与空调系统能够调整车内空气温度接近期望的温度值,直到故障已被排除。

(2) 诊断程序（表 5-14）

表 5-14 空气温度传感器故障诊断

项目	内容/诊断技能	
	故障码	故障说明
故障信息	DTC B017302	左上出风口空气温度传感器电路对搭铁短路
	DTC B017305	左上出风口空气温度传感器电路对蓄电池短路或开路
	DTC B017802	左下出风口空气温度传感器电路对搭铁短路
	DTC B017805	左下出风口空气温度传感器电路对蓄电池短路或开路
	DTC B050902	右上出风口空气温度传感器电路对搭铁短路
	DTC B050905	右上出风口空气温度传感器电路对蓄电池短路或开路
	DTC B051402	右下出风口空气温度传感器电路对搭铁短路
	DTC B051405	右下出风口空气温度传感器电路对蓄电池短路或开路
	DTC B393302	空调蒸发器温度传感器电路对搭铁短路
	DTC B393305	空调蒸发器温度传感器电路对蓄电池短路或开路
	步骤	诊断程序/排除方法
电路/系统检验	1	检查并确认故障诊断码不存在 如果存在故障诊断码,见本表"电路/系统测试"
	2	使用温度计在每个管道温度传感器上测量实际的温度。比较该值和相应的故障诊断仪管道实际的参数。测量温度与相应的风管实际参数值的差应该不超过 5℃ 如果不在规定范围内,更换相应的风管温度传感器
	3	用温度计测量实际蒸发器温度。将该值与故障诊断仪的"空调蒸发器温度传感器"参数进行比较。测量温度与参数值的差应该不超过 5℃ 如果不在规定范围内,更换 B39 蒸发器温度传感器
电路/系统测试	1	将点火开关置于 OFF 位置,断开相应温度传感器的线束连接器
	2	测试温度传感器搭铁电路端子 1 和搭铁之间的电阻是否小于 5Ω 如果大于规定值,测试搭铁电路是否开路/电阻过大
	3	将点火开关置于 ON 位置,测试信号电路端子 2 和搭铁之间的电压是否为 4.8~5.2V 如果低于规定范围,则测试信号电路是否对搭铁短路或开路/电阻过大。如果电路测试正常,则更换 K33 暖风、通风与空调系统控制模块 如果高于规定范围,测试信号电路是否对电压短路。如果电路测试正常,则更换 K33 暖风、通风与空调系统控制模块
	4	如果所有电路测试都正常,更换温度传感器并确认故障诊断码没有再次设置 如果再次设置了故障诊断码,则更换 K33 暖风、通风与空调系统控制模块

199. 前鼓风机电机转速故障怎么办

鼓风机电机控制模块是暖风、通风与空调系统控制模块和鼓风机电机之间的接口。来自暖风、通风与空调系统控制模块、蓄电池正极和搭铁电路的鼓风机电机转速控制启动鼓风机电机控制模块运转。暖风、通风与空调系统控制模块向鼓风机电机控制模块提供脉宽调制（PWM）信号以指令鼓风机电机转速。鼓风机电机控制模块将脉宽调制信号转换成相应的鼓风机电机电压。电压处于2~13V之间，并且线性变化至脉宽调制信号的脉冲高度。

200. 车外空气质量传感器故障怎么办

暖风、通风与空调系统控制模块通过空气质量传感器检测废气。空气质量传感器是一个3线传感器，带有一个点火电压电路、一个搭铁电路和一个信号电路。

信息是输出针脚产生的脉宽调制（PWM）信号。在自动模式下，一旦污染物浓度超过预设值时，暖风、通风与空调系统控制模块评估空气质量传感器的信息并关闭内循环风门。

201. 怎样检测膨胀阀

作为制冷剂循环回路中高压和低压部分的一个分隔点安装在蒸发器前。为了使蒸发器达到最佳制冷能力，系统根据温度和压力调节经过膨胀阀的制冷剂流量。如图5-35所示。

电工技能

如果蒸发器出口处的温度降低，隔膜腔内的探测气体收缩，阀针向上移动并减少至蒸发器的制冷剂流量。

如果蒸发器出口处的温度升高，则这个流量增加。蒸发器出口处压力升高时将为关闭阀门提供支持。压力降低时将为打开阀门提供支持。只要空调系统处于运行状态，这个调节过程就会不断进行。

202. 怎样检修冷凝器

① 目视检查冷凝器是否泄漏，目视冷凝器接口处是否有油腻，

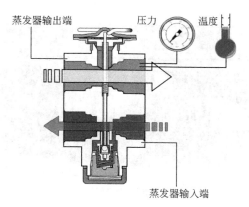

图 5-35　膨胀阀检测

如果有说明泄漏。视情况维修或更换。

② 要定期清洗冷凝器。拆卸冷凝器用压缩气体和低压水枪清洗冷凝器，除去冷凝器上的污垢和堵塞的杂质，保证冷凝器的正常工作。冷凝器见图 5-36、图 5-37。

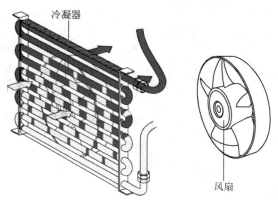

图 5-36　冷凝器一

203. 怎样诊断大众双区空调系统

（1）组成及结构特点

　　大众宝来双区自动空调除了具有一个空气循环翻板之外，还有

图 5-37 冷凝器二

一个单独的新鲜空气翻板,当车速超过 100km/h 时,此翻板将关闭。这样可以保证在不同的车速时有相对稳定的气流进入车内(图 5-38)。

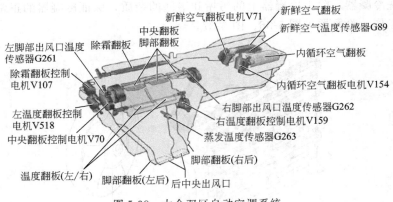

图 5-38 大众双区自动空调系统

(2) 气流分配

例如宝来,所有气流通道的横截面积都扩大了;A 柱设有专门的出风口以防止前车窗结霜;后排乘客设立了专门的出风口;仪表板上部中央配有间接出风口(图 5-39)。

(3) 系统控制 (图 5-40)

① 调节和控制 (表 5-15)

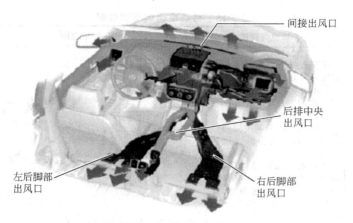

图 5-39 气流分配

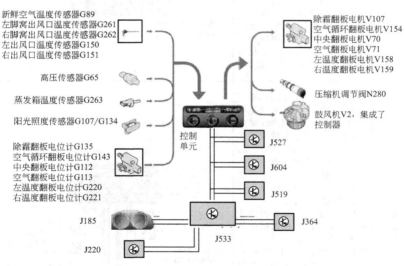

图 5-40 双区空调系统控制系统

② 传感器和执行器

a. 室内传感器。免通风室内温度传感器，代替了过去的通风式室内温度传感器 G56，用来测量以下数据：表面温度、控制单元温度、阳光强度。

表 5-15 自动空调调节和控制

项目	电工知识与技能	图示/示意图
自动调节	①左右两侧可以通过两个温度翻板分别调节 ②温度可在 16～29.5℃之间任意调节,具有六个控制电机,并都带有电位计 ③按压"AUTO"按键超过2s,则左右两侧将由司机侧同时控制 ④如果压缩机被关闭,同时雨刮被激活,自动空调会自动加大除霜翻板角度,以增加气流量,防止前风挡结霜(雾) ⑤当车速增加时,自动空调会自动降低鼓风机风速,以降低气流噪声。此时为了能够依然保持车内温度舒适,当设定制冷时,则降低出风口空气温度;若设定制热时,则提高出风口空气温度	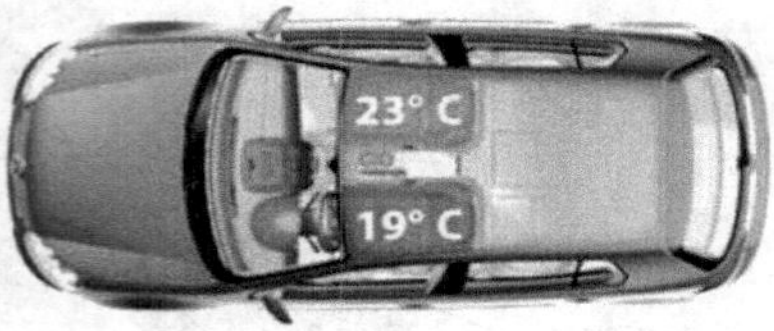 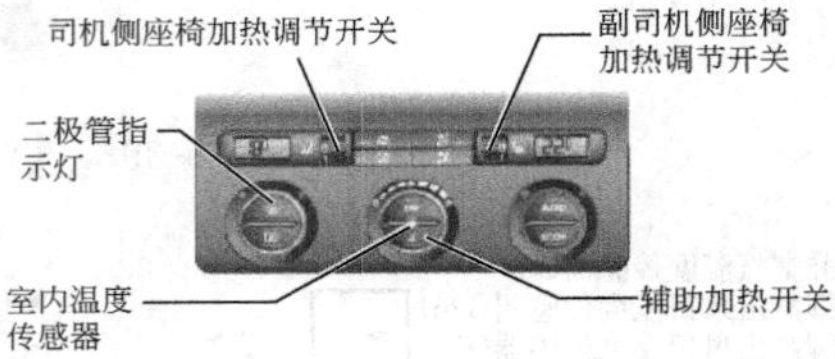 司机侧座椅加热调节开关、副司机侧座椅加热调节开关、二极管指示灯、室内温度传感器、辅助加热开关
加热/通风系统	对于加热和通风系统,温度不能自动控制,两个旋转把手接机械地连接到空调;温度调整的旋转把手由拉丝连接而空气分配的由软轴连接。新鲜空气循环翻板由一个按键手动地选择并由一个电机驱动。所有的输入输出信号被转换成模拟信号。 后风窗加热的命令被传递到J519,由J519根据用电负荷来控制后风窗加热。工作的同时按键上的LED指示灯点亮。辅助水加热的工作过程也类似于此,辅助水加热系统由一个直接的加热键直接激活,当辅助水加热系统工作时,LED指示灯点亮以用来反馈系统的工作与否 加热及通风系统有单独的地址码:7D	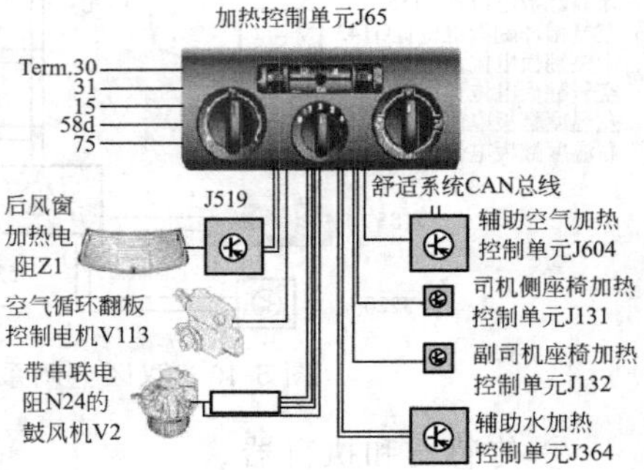 加热控制单元J65、Term.30/31/15/58d/75、后风窗加热电阻Z1、空气循环翻板控制电机V113、带串联电阻N24的鼓风机V2、舒适系统CAN总线、辅助空气加热控制单元J604、司机侧座椅加热控制单元J131、副司机座椅加热控制单元J132、辅助水加热控制单元J364

电工知识

室内传感器实际上是一个集成了光电二极管和负温度系数电阻的光热传感器。因此它既可以测量温度,又可以测量太阳光的热辐射强度。传感器将温度和光强信号传递给控制单元,控制单元对信号进行评估,准确计算出驾驶室的实际温度。

这样即使传感器表面受光照影响变得很热,控制单元也可以准确计算出车内实际温度。

b. 执行元件。J255通过一个脉宽调制信号来控制鼓风机,而鼓风机控制则将一个自诊断信号反馈给J255。

电工技能

例如(图5-41),当反馈信号中有一个脉冲时,表明没有故障;

当有两个脉冲时,表明电流被限制;

当有三个脉冲时,表明温度太高,可能导致输出效率的降低甚至鼓风机不工作。

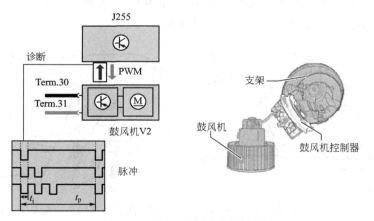

图5-41 脉宽调制信号控制鼓风机

c. 蒸发器温度传感器G308。蒸发器下游通风口温度由蒸发器温度传感 G308 进行检测。它确保在 0℃时关闭制冷功能。并与外部调节式压缩机一起，使蒸发器下游通风口温度在 0～12℃之间进行自适应控制。

204. 怎样匹配和设定大众/奥迪空调系统

表 5-16　自动空调基本设定与匹配

序号	设定项目/状态	相关车型	基本设定/匹配
1	自动空调基本设定	大众/奥迪	08-04-001
2	压缩机关闭条件设定	A6/A6L/C5	08-08-001
3	更换操作面板取消保护	A4	08-10-81-26467
4	压缩机切断条件	A4/速腾	08-08-002
5	检查空调压缩机状况	大众/奥迪	08-08-001
6	检查出风口温度	大众/奥迪	08-08-009
7	检查蒸发器及车外温度	大众/奥迪	08-08-010
8	制冷效果检查	大众/奥迪	08-08-001/08-08-009/08-08-010

205. 怎样拆卸和安装加热器和空调器（宝来）

① 安装和调整中央风门拉杆　如图 5-42 所示，中央风门挡销凸起的齿应与中央风门上的凹槽对齐。

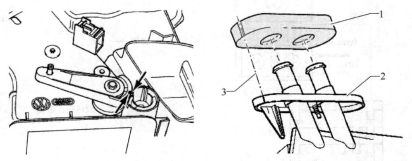

图 5-42　安装和调整中央风门拉杆　　图 5-43　热交换器隔离密封垫安装位置

② 热交换器隔离密封垫安装位置　热交换器和隔离件间的密封垫有安装标记。

如图 5-43 所示，按压密封垫 1，使密封垫上与基盘 2 上的标记 3 对齐。

③ 安装蒸发器密封　如图 5-44 所示，制冷管 C 必须用垫 A 与壳体部分 B 隔离开。

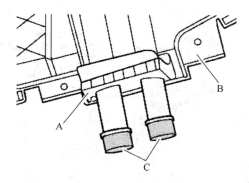

图 5-44　安装蒸发器密封

加热器和空调器装配见图 5-45。

206. 怎样拆卸和安装空调器调节装置

以宝来举例，调节装置（空调控制面板及拉索）由两个可分离的壳体组成。 在拆下调节装置之前，将旋钮拨到下列位置：
① 将加热调节器调到"冷"位置；
② 将鼓风机调到"0"位置；
③ 将出风方向调到"脚部空间"。

① 断开蓄电池接线。
② 拆下仪表板中间隔板。
③ 拧出螺钉（见图 5-46 箭头 A 和箭头 B），并将调节装置 1 从仪表板拉出。
④ 如图 5-47 所示，沿图中箭头 1 方向拉出插头锁止销 A。
⑤ 如图 5-47 所示，将插头锁紧装置 B 压入插头沿箭头 2 方向

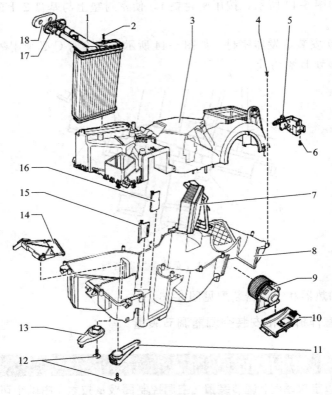

图 5-45 加热器和空调器装配图

1—热交换器；2—螺钉；3—热交换器和空调器上部壳体；4—圆头自锁螺钉；5—新鲜空气风门和循环空气风门伺服电机 V71；6—圆头自锁螺钉；7—蒸发器；8—热交换器和空调器下部壳体；9—新鲜空气鼓风机 V2；10—带过热保险丝的新鲜空气鼓风机串联电阻 N24；11—中央风门拉杆；12—圆头自锁螺钉；13—温度翻板拉杆；14—脚部空间出风口风门；15—温度风门；16—中央出风口风门；17—基盘；18—隔离密封垫

并取出插头 C；松开插头锁紧装置并取出插头 D。

安装：安装以相反顺序进行，同时要注意旋钮的位置与拆卸时相同。

空调节整装置插件布置见图 5-48、表 5-17。

图 5-46 拆装调节器一

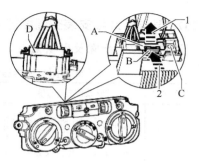

图 5-47 拆装调节器二

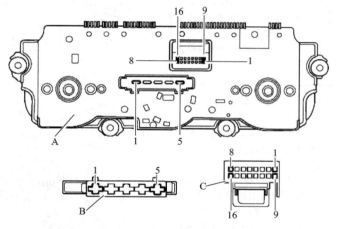

图 5-48 空调调整装置插件布置

表 5-17 空调节整装置插头

5 芯插头连接, T5c	16 芯插头连接, T16d	16 芯插头连接, T16d
1—鼓风机第 3 调速挡 2—鼓风机第 2 调速挡 3—鼓风机第 1 调速挡 4—鼓风机第 4 调速挡 5—端子 75	1—A/C 开启信号 2—端子 75 3—端子 58b 4—端子 31 5—端子 15 6—后风窗加热开关 7—新鲜空气风门和空气内循环风门伺服电机 V71	8—新鲜空气风门和空气内循环风门伺服电机 V71 9—后风窗加热 LED 灯 10—可加热驾驶员座椅调节器 E9411 可加热前排乘员座椅调节器-E95 11—可加热前排乘员座椅调节器 E95 12—端子 75(可选装) 13~16—未占用

第五章 空调系统维修

207. 怎样拆卸和安装空调器拉索（宝来）

调整拉索步骤及事项见表 5-18。

表 5-18　加热器和空调器拉索调整

维修项目	维修技能/操作事项	图示/示意图
调整温度翻板拉索	①向左旋温控旋钮到停止位置 ②将拉索 1 的钢丝安到温度翻板拉杆 2 上 ③沿箭头 A 方向将温度翻板拉杆 2 推到停止位置，用固定卡 3 夹紧拉索 1 外皮 ④左右旋动温控旋钮到停止位置	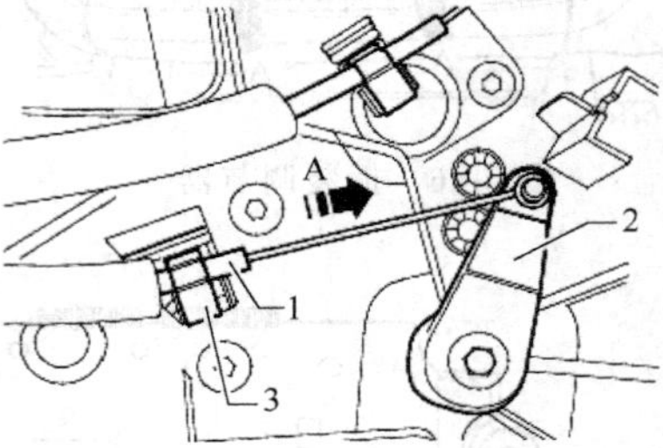
调整脚窝/除霜翻板拉索	①向左旋转空气分配钮到停止位置 ②将拉索 1 的钢丝安到脚窝/除霜翻板拉杆 3 上箭头 A 位置 ③将脚窝/除霜翻板拉杆沿箭头 C 方向推到停止位置，用固定卡 2 夹紧拉索 1 外皮 ④左右旋动空气分配控制钮到停止位置	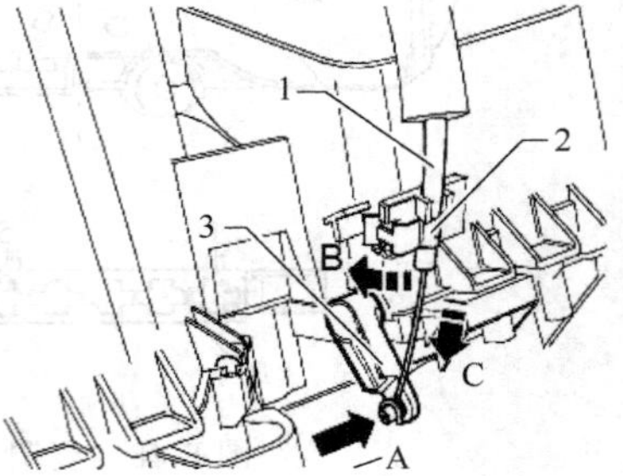
调整中央风门拉索	①向左旋转空气分配旋钮到停止位置 ②将拉索 2 的钢丝安到中央风门拉杆 1 上 ③将中央风门拉杆沿箭头 A 方向推到停止位置，用固定卡 3 夹紧拉索外皮 2 ④左右旋动空气分配旋钮到停止位置	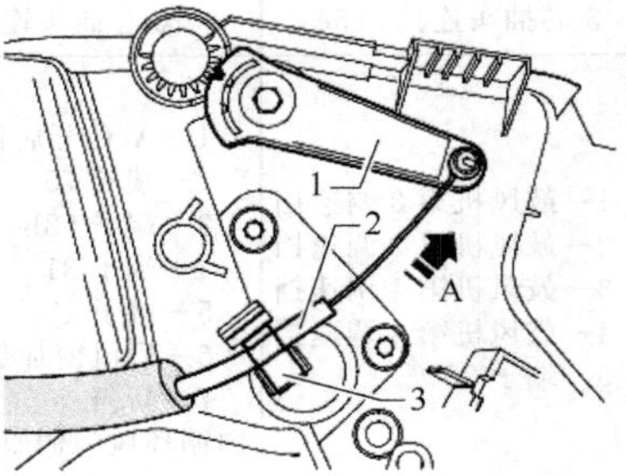

维修提示

① 安装、更换发卡或损坏的拉索前,检查拉索。

② 先将拉索接到拆下的控制部分上,然后调整安装到空调拉杆上。

③ 旋转控制钮时,必须听到所有翻板到达止点的接触声。

加热器和空调器拉索示意图见图 5-49。

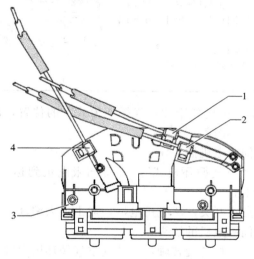

图 5-49 加热器和空调器拉索示意图
1—脚窝/除霜翻板拉索;2—中央风门拉索;
3—加热和空调调节装置;4—温度翻板拉索

208. 怎样拆卸和安装新鲜空气风门和空气循环风门伺服电机 V71

 维修技能

以宝来为例进行拆装和维修。新鲜空气风门和空气循环风门伺服电机 V71 只能在"循环模式的位置"正常拆卸,并只能在此位置安装。

表 5-19　拆卸新鲜空气风门和空气循环风门伺服电机 V71

维修技能/操作事项	图示/示意图
① 如有必要,打开点火开关,在暖风和 Climatic 空调操作装置上选择"空气循环模式"等待伺服电机到达"空气循环模式"的终端位置 ② 关闭点火开关及所有用电器,拔下点火钥匙 ③ 拆下手套箱 ④ 拔下插头 1,将线束从新鲜空气风门和空气循环风门伺服电机 V71 上脱开。拧下螺栓 3 ⑤ 向下转动伺服电机 2 ⑥ 将伺服电机 2 从新鲜空气/循环空气风门上拉出	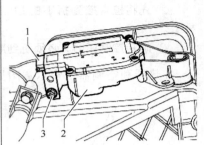

为了使伺服电机处于"空气循环模式"的位置,以便于安装。安装前完成下列步骤。

① 连接伺服电机插头。

② 选择"空气循环模式",等待伺服电机到达"空气循环模式"的终端位置。

③ 关闭点火开关及所有用电器,拔出点火钥匙。

④ 拔下伺服电机的插头。

⑤ 将伺服电机的旋转轴,安装到空气循环风门轴上。

209. 自动空调系统及元件故障怎么办

表 5-20　自动空调系统及元件故障(大众)

故障代码	症状/故障描述	电工技能/原因分析及故障排除
00532	供电系统故障	在电子系统电压低于 9.5V 时,设置该故障码。检查发电机和调节器
00601	中央风门电动机位置传感器	检查中央风门电动机位置传感器和空调控制器之间是否出现断路或对电源、对地短路 如果线路完好,确保中央风门或脚坑风门运动自如 如果中央风门或脚坑风门运行自如,则更换中央风门电动机

续表

故障代码	症状/故障描述	电工技能/原因分析及故障排除
00604	通风风门电动机位置传感器	检查通风风门电动机位置传感器和空调控制器之间线路或插头是否出现断路或对电源或对地短路 如果线路完好,确保空气流量风门或新鲜空气风门/循环风门运动自如 如果风门运动自如,则更换空气流量风门电动机
00624	空调压缩机接合	检查发动机控制模块(ECM)和空调控制器之间的线路或插头是否对电源短路 如果线路完好,检查 ECM 故障 如果 ECM 功能正常,则用输出诊断测试功能检查空调压缩机的功能
00625	车速信号	检查空调控制器和车速传感器(VSS)、组合仪表或另一个使用这一信号的元件(如收音机或巡航控制器)之间的线路或插头是否断路或对电源短路 如果线路完好,检查 VSS 在车速里程表上输出信号是否正确或信号是否受到另一个元件的干扰
00710	除霜器风门电动机	检查除霜器风门电动机和空调控制器插头的线路或插头是否断路或对电源短路 如果线路完好,确保除霜器风门运动自如 如果风门运动自如,则更换除霜器风门电动机
00727	除霜器风门电动机位置传感器	检查除霜器风门电动机位置传感器和空调控制器插头之间的线路或插头,是否出现断路或对电源、对地短路 如果线路完好,确保除霜器风门活动自如 如果风门活动自如,则更换除霜器风门电动机位置传感器
00756	左侧通风口温度传感器	检查左侧通风口温度传感器和空调控制器插头之间的线路或插头或是否出现断路或对地短路 如果线路完好,检查左侧通风口温度传感器电阻,必要时更换传感器
00757	右侧通风口温度传感器电阻	检查右侧通风口温度传感器和空调控制器插头之间的电源线或插头是否出现断路或短路 如果线路完好,检查右侧通风口温度传感器电阻,必要时更换传感器
00779	室外温度传感器	检查外部温度传感器和空调控制器之间的线路或插头是否断路或对电源或对电源或对地短路 如果线路完好,检查外部温度传感器电阻,需要时更换传感器

第五章 空调系统维修

续表

故障代码	症状/故障描述	电工技能/原因分析及故障排除
00785	仪表板温度传感器	如果仪表板温度传感器对地短路、断路或对电源短路,将设置该故障码。仪表板温度传感器和空调控制器是一体的,所以要更换空调控制器
00787	新鲜空气进气温度传感器	检查新鲜空气进气导管温度传感器和空调控制器之间的线路或插头是否出现断路或对电源、对地短路。需要时检修电路 如果线路完好,检查进气导管温度传感器电阻,需要时更换传感器
00792	空调压缩机开关电路开路或短路	① 检查空调压力开关和空调控制器之间的线路或插头是否出现断路或对电源、对地短路 如果线路完好,检查冷却风扇是否正常,执行参考"输出诊断测试模式" 如果风扇运转正常,检查散热器或冷凝器是否太脏。需要时进行清洗和更换。如果散热器和冷凝器没问题,进行下一步 ② 检查冷却风扇速度是否受空调压力开关影响 如果风扇启动正常,故障可能是制冷回路压力太高或太低造成的
00796	内部温度传感器风扇	如果检测到内部温度传感器风扇有故障,将显示该故障码。内部温度传感器风扇和空调控制器是一体的,所以要更换空调控制器
00797	日照量传感器	检查日照量传感器和空调控制器插头之间有无断路或对电源、对地短路。需要时检修电路 如果线路完好,更换日照量传感器
01044	控制模块编码错误	没有按照规定给控制模块编码,或输入了错误的编码,需要给控制和显示单元重新编码
01087	未进行基本设定	基本设定过程中出现了故障或点火开关已经关闭、更换空调控制电脑后,未进行重新设定。对未编码的或错误编码的空调控制电脑进行了基本设定。解决方法是按照规范对空调控制电脑进行编码,然后重新进行设定
01206	点火开关关闭时间间隔信号	检查组合仪表和空调控制器之间的线路是否存在断路或对电源、对地短路。需要时检修电路 如果线路完好,检查组合仪表信号。如果信号不对,更换组合仪表

续表

故障代码	症状/故障描述	电工技能/原因分析及故障排除
01272	中央风门电动机	检查中央空气风门电动机与空调控制器之间的线路或插头有否断路或短路。需要时检修电路,参考电路图 如果线路完好,确保中央空气风门或脚坑风门能运动自如。需要时修理。若活动自如,则检查风险门电动机故障。执行输出诊断测试模块,参考执行"输出诊断测试模式"。需要时进行修理和更换
01273	新鲜空气鼓风机	检查新鲜空气鼓风机和鼓风机控制模块或空调控制器之间的电路是否存在短路、断路。需要时检修电路,参考电路图 如果电路完好,检查新鲜空气鼓风机控制模块是否对地或对电源断路 如果电路没问题,则更换新鲜空气鼓风机控制模块或鼓风机
01274	通风风门电机机	检查空气流量风门电动机和空调控制器之间的线路或插头是否断路或短路。需要时检修电路 如果电路完好,确保空气流量风门或新鲜空气/循环空气风门能活动自如。需要时修理。若活动自如,则检查空气风门电动机故障
01297	地面出口温度传感器	检查地板出风口温度发送器和空调控制器之间的线路或插头是否断路,或对地、对电源短路。需要时检修电路 如果电路完好,检查地板出风口温度发送器
01582	冷却液温度信号	检查组合信号空调控制器之间的线路是否存在断路或短路。需要时,检修电路 如果线路完好,检查组合仪表信号,则测试数据块反映情况
01809	左温度风门位置电动机	检查左温度风门位置电动机和空调控制器之间的线路是否断路或短路 如果左温度风门活动自如,则检查左温度风门位置电动机,需要时修理或更换位置电动机
01810	右温度风门位置电动机	检查右温度风门位置电动机和空调控制器之间的线路是否断路或短路。需要时检修电路 如果线路完好,确保右温度风门活动自如。需要时修理 如果右温度风门活动自如,则检查右温度风门位置电动机,需要时修理或更换位置电动机
01841	左温度风门位置电动机电位计/执行器	检查左温度风门电位计/执行器和空调控制器之间的线路是否断路或对地、对电源短路。需要时检修电路 如果线路完好,确保左温度风门活动自如,需要时修理 如果活动自如,则更换电位计/执行器

第五章　空调系统维修

210. 怎样维修空调压缩机

表 5-21 空调压缩机检查/维修

维修项目	维修技能/方法要领	图示/示意图
空调压缩机离合器检查	①检查压盘是否变色、脱落或有其他损坏 ②用手旋转带轮，检查带轮轴承间隙和卡滞情况。如果离合器组件有噪声或间隙过大/卡滞，换上一个新的离合器组件	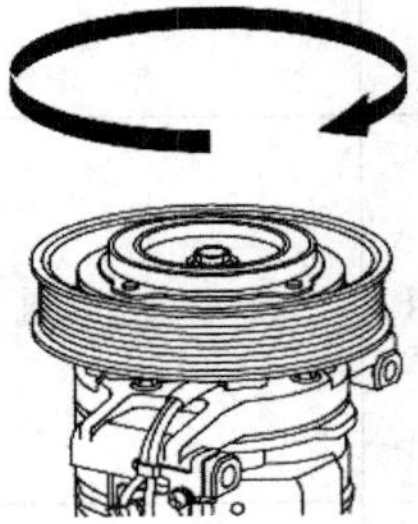
	③用千分表测量带轮(A)和压盘(B)之间的间隙。对千分表调零，然后对空调压缩机离合器施加蓄电池电压。施加电压时测量压盘的移动。见右图所示	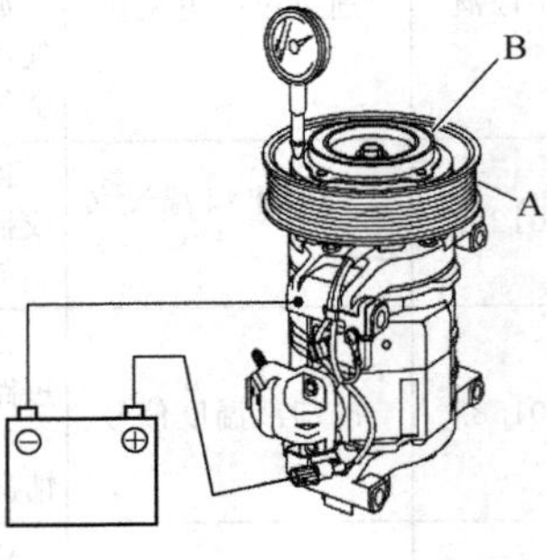
	④检查励磁线圈的电阻。如果电阻不在规定范围内，更换励磁线圈。见右图所示	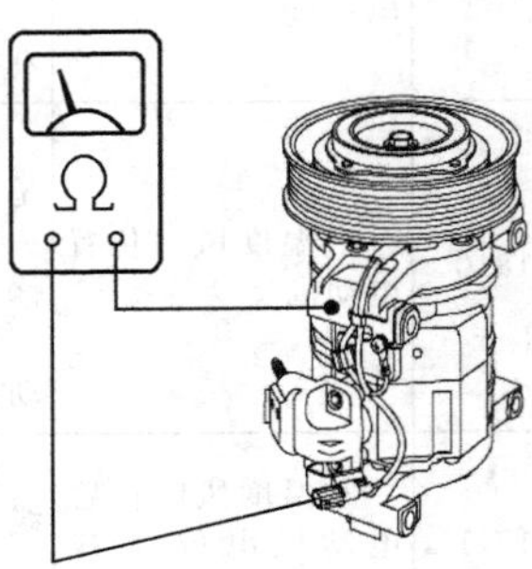

续表

维修项目	维修技能/方法要领	图示/示意图
空调压缩机离合器修理	①用通用空调离合器固定器(B)固定压盘(A),拆下中心螺栓	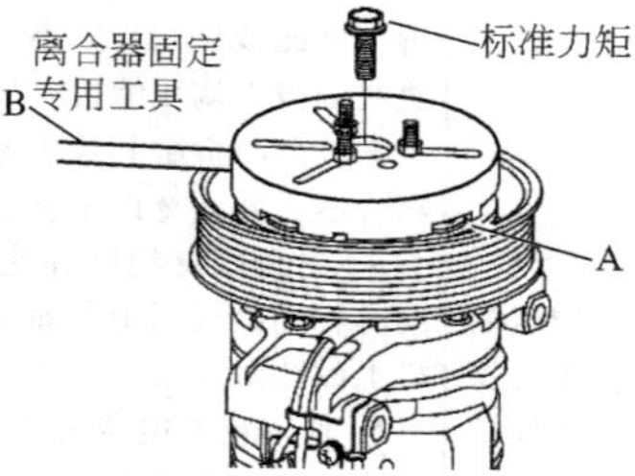 离合器固定专用工具B 标准力矩 A
	②拆下压盘(A)和垫片(B),小心不要弄丢垫片。如果离合器需要调整,必要时增加或减少垫片的数量和厚度,然后重新安装压盘,并重新检查间隙	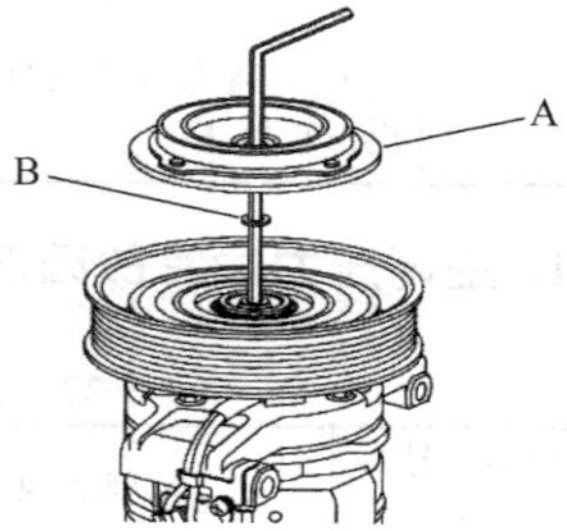 A B
	③如果更换励磁线圈,则用卡环钳拆下卡环(A),然后拆下带轮(B)。小心不要损坏带轮或空调压缩机	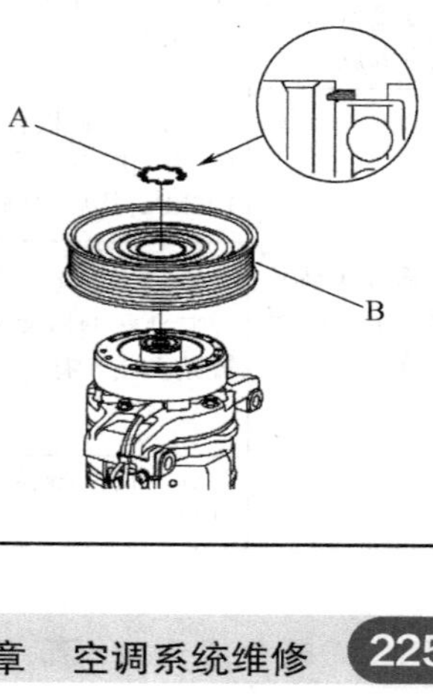 A B

续表

维修项目	维修技能/方法要领	图示/示意图
空调压缩机离合器修理	④拆下螺钉、线束夹(A)和固定器(B)。使用卡环钳拆下卡环(C),然后拆下励磁线圈(D)。小心不要损坏励磁线圈或空调压缩机。如右图所示 ⑤按照与拆解相反的顺序重新装配离合器。并注意以下事项: • 安装励磁线圈并使线束侧朝下,同时将励磁线圈上的轴节与空调压缩机上的孔对准 • 使用精密电器清洁剂或其他非石油溶剂清理带轮和空调压缩机的滑动表面 • 安装新卡环,注意安装方向,并确保完全定位于凹槽中 • 重新装配后,确保带轮运转平稳 • 正确布置并夹好线束,否则会被皮带轮损坏	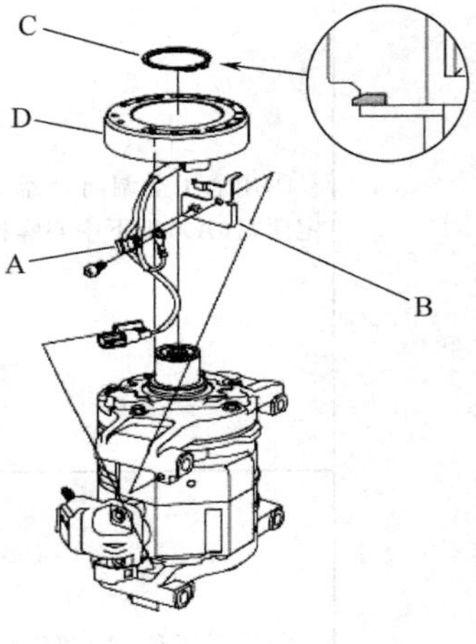

211. 空调压力异常故障怎么办

表5-22 空调系统压力异常故障排除

空调系统异常压力	故障表现	可能故障原因	排除方法
驾驶员侧和乘客侧出风口温度变化超过规定温度	空调性能不良。输出(高压侧)和吸入(低压侧)压力低	制冷剂加液不足	回收、抽空并按规定量重新加液
输出(高压侧)压力异常高	空调压缩机停止后,压力快速下降约196kPa,然后逐渐下降	系统中混入了空气	回收、抽空并按规定量重新加液
	通过空调冷凝器的气流减少或没有	• 冷凝器或散热器散热片堵塞 • 空调冷凝器或散热器风扇不能正常工作	• 清洁 • 检查电压和风扇转速 • 检查风扇转向
	到空调冷凝器的管路过热	系统中的制冷剂无法流动	管路堵塞

续表

空调系统异常压力	故障表现	可能故障原因	排除方法
输出压力异常高	空调压缩机停止后不久,高压侧和低压侧压力保持平衡。低压侧压力比正常偏高	• 空调压缩机排放阀故障 • 空调压缩机密封故障	更换空调压缩机
	膨胀阀出口没有结霜,低压侧压力表显示真空	• 膨胀阀故障 • 系统中有湿气	• 更换 • 回收、抽空、并按规定量重新加液
吸入(低压侧)压力异常低	膨胀阀没有结霜,且低压侧压力管路不冷。低压侧压力表显示真空	• 膨胀阀冻结(系统中有湿气) • 膨胀阀故障	• 回收、抽空、并按规定量重新加液 • 更换膨胀阀
	输出温度过低,且通风口气流受阻	蒸发器冻结	在空调压缩机关闭时运转风扇,然后检查蒸发器温度传感器
	膨胀阀结霜	膨胀阀阻塞	清洁或更换
	储液器/干燥器出口较凉,进口较热(工作时应该变热)	储液器/干燥器堵	更换
	低压侧软管和检修口温度比蒸发器周围的温度低	膨胀阀打开时间太长	修理或更换
吸入压力异常高	当用水冷却空调冷凝器时,吸入压力下降	系统中制冷剂过量	回收、抽空、并按规定量重新加液
	一旦空调压缩机停止,高压侧和低压侧压力立即趋于平衡,且空调压缩机运转时高、低压侧压力表指针来回波动	• 密封垫故障 • 高压阀故障 • 异物卡在高压阀上	更换空调压缩机
吸入和输出压力异常高	通过空调冷凝器的气流减少	• 空调冷凝器或散热器散热片堵塞 • 空调冷凝器或散热器风扇不能正常工作	• 清洁 • 检查电压和风扇转速 • 检查风扇转向

续表

空调系统异常压力	故障表现	可能故障原因	排除方法
吸入和输出压力异常低	低压侧软管和金属接头比蒸发器温度低	低压侧软管堵塞或扭结	修理或更换
	与储液器/干燥器周围的温度相比,膨胀阀周围的温度过低	高压侧管路堵塞	修理或更换
制冷剂泄漏。压力异常	空调压缩机离合器脏污	空调压缩机轴密封件泄漏	更换空调压缩机
	空调压缩机螺栓脏	螺栓周围泄漏	紧固螺栓或更换空调压缩机
	空调压缩机密封垫有油污	密封垫泄漏	更换空调压缩机
	空调接头脏	O形圈泄漏	清洗空调接头,并更换O形圈

212. 空调制冷系统怎样抽真空

由于维修或者更换空调制冷回路中部件,系统内就会进入空气,空调制冷回路中是不能有空气的,因此必须将空气彻底抽出。

抽真空时,由于压力越来越低,水逐渐汽化成蒸气而被抽出,这个过程比较慢,因而抽真空最少需30min以上。空调制冷回路抽真空示意图见图5-50。

① 将歧管压力表的高、低压软管分别接在高、低压侧气门阀上,将中间软管与真空泵相连接。

② 打开歧管压力表上的高、低压手动阀,启动真空泵,观察低压表(过程表)的指针,应该有真空显示。

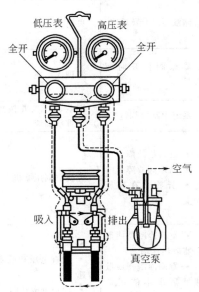

图5-50 空调制冷回路抽真空示意图

③ 连续抽 5min 后，低压应达到 0.03MPa（真空度），高压略低于零，如果高压表不能低于零刻度，表明系统内有堵塞，应停止抽真空，修复后，再抽真空。

④ 真空泵工作 15min 后，低压表指针应在 0.001～0.02MPa 之间，如果达不到此数值。这时应关闭高、低压手动阀，观察低压表的指针，如果指针上升，说明真空有损失，系统有漏点，应停止抽真空，修复后才能继续抽真空。

⑤ 系统压力接近于真空时，关闭高、低压手动阀，保压 5～10min。如低压表指针不动，则打开高、低压手动阀开启真空泵，继续抽真空，抽真空的时间不得少于 30min。

⑥ 抽真空结束时，先关闭高、低压手动阀，再关闭真空阀系统，这样，就可以向系统中加注冷冻油或充注制冷剂。

213. 怎样加注调制冷剂

(1) 歧管压力表

歧管压力表（空调制冷回路压力表）主要用于对空调系统抽真空、充入时放出制冷剂以及判定空调系统故障等。歧管压力表见图 5-51。

歧管压力表工作过程如下。

① 低压手动阀开启，高压手动阀关闭，此时可以从低压侧向

图 5-51　歧管压力表

制冷系统充注气态制冷剂。

② 低压手动阀关闭，高压手动阀开启，此时可使系统放空，排出制冷剂，也可以从高压侧向制冷系统充注液态制冷剂。

③ 两个手动阀均关闭，可用于检测高压侧和低压侧的压力。

④ 两个手动阀均开启，内部通道全部相通。如果接上真空泵，就可以对系统抽真空。

(2) 从高压端充注制冷剂

① 当系统抽真空后，关闭歧管压力表上的高、低压手动阀。

② 将中间软管的一端与制冷剂罐注入阀的接头连接起来，打开制冷剂罐开启阀，再拧开歧管压力表软管一端的螺母，让气体溢出几分钟，把空气赶走，然后再拧紧螺母。

③ 打开高压侧手动阀至全开位置，将制冷剂罐倒立，以便从高压侧充注液态制冷剂。

④ 从高压侧注入规定量的液态制冷剂。关闭制冷剂罐注入阀及歧管压力表上的手动高压阀，然后将仪表卸下。特别要注意，从高压侧向系统充注制冷剂时，发动机处于不启动状态（压缩机停转），更不可拧开歧管压力表上的手动低压阀，以防止产生液压冲击。

(3) 从低压端充注制冷剂

① 将歧管压力表与压缩机和制冷剂罐连接好。

② 打开制冷剂罐，拧松中间注入软管在歧管压力表上的螺母，直到听见有制冷剂蒸气流动的声音。然后拧紧螺母，目的是排出软管中的空气。

③ 打开手动低压阀，让制冷剂进入制冷系统。当系统的压力值达到 0.4MPa 时，关闭手动低压阀。

④ 启动发动机，将空调开关接通，并将鼓风机开关和温控开关都调至最大。

⑤ 再打开歧管压力表上的手动阀，让制冷剂继续进入制冷系统，直至充注量达到规定值。

⑥ 在向系统中充注规定量制冷剂之后，确定加注制冷剂正常，无过量。随后将发动机转速调至 2000r/min，冷风机风量开到最高挡，若气温在 30～35℃，系统内低压压力为 0.15～0.20MPa，高

压侧为 1.40～1.6MPa。

⑦ 充注完毕后，关闭歧管压力表上的手动低压阀，关闭装在制冷剂罐上的注入阀，使发动机停止运转，将歧管压力表从压缩机上卸下，卸下时动作要迅速，以免过多制冷剂排出。

（4）排放制冷剂

在实际维修中，如果制冷剂没办法回收，需要排放制冷剂的如图 5-52 所示接法接入压力表。

慢慢打开高压阀进行降压，大概高压表在 0.35MPa 以下时再打开低压阀，至无压力为止。

图 5-52　排放制冷剂压力表接法

七、空调系统电路控制与诊断

214. 空气混合风门电路是怎样控制的

如图 5-53 所示，空气混合控制伺服马达的电路原理，该电路

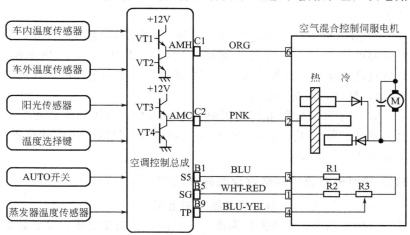

图 5-53　空气混合风门控制电路原理

主要用于实现出风口空气温度的控制。

> **电工知识**
>
> ① 出风口空气温度的计算。出风口空气温度用 T_{AO} 来表示。T_{AO} 是使车内温度保持在设定温度的出风口空气温度,即鼓风机吹出并被冷却或加热后的空气温度。它是根据温度控制开关的状态以及来自传感器(即车内温度传感器、车外温度传感器、太阳能传感器)的信号计算出来:
>
> $$T_{AO} = A \times T_{SET} - B \times T_R - C \times T_{AM} - D \times T_s + E$$
>
> 式中,T_{SET} 为设定温度;T_R 为车内温度;T_{AM} 为车外温度;T_s 为太阳辐射强度;$A \sim E$ 为常数。
>
> 说明:当温度控制开关处于最大冷风或最大暖风位置,则 ECU 就采用某一固定值,不进行上述计算。
>
> ② 出风口空气温度的控制方法。空调控制 ECU 根据计算所得的 T_{AO} 和来自蒸发器的信号(TE),计算空气混合控制风门的开度(SW)。

① 空调电脑根据车内温度、环境温度、设定温度、阳光强度等,自动调节空气混合风门的位置。一般来说,车内温度越高、环境温度越高、阳光越强,空气混合风门就越处于"冷"的位置。

② 鼓风机工作,引进外界空气到车内进行温度调节。当夏季室外温度高于一定温度时(例如 30℃ 时),ECU 会关闭热水阀,让风机高速运行,增加送风量。当室外温度高于一定温度时(例如 35℃),便会切断车外空气。

③ 对于使用容积可调式压缩机制冷系统,当压缩机节能输出会引起蒸发器温度上升时,ECU 会自动调节空气混合风门的位置,保持输出空气温度不变。

215. 鼓风机系统控制电路是怎样控制的

如图 5-54 所示,鼓风机系统控制电路。

空调控制单元根据室内温度、环境温度、阳光强度、设定温度等,自动控制鼓风机的转速。一般来说,室内温度越高、环境温度

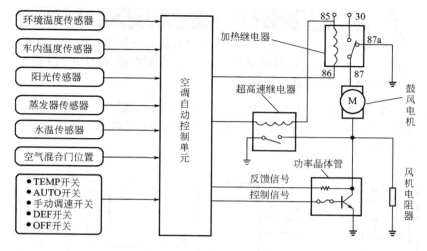

图 5-54 鼓风机系统控制电路

越高、阳光越强，鼓风机转速就越高。

① 低速控制 如图 5-55 所示，空调控制电脑接通 VT1，使加热器继电器接合。

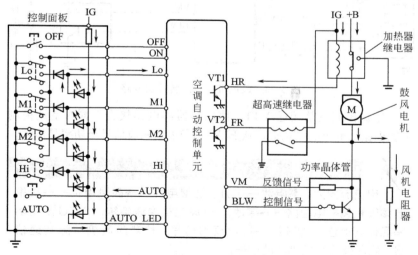

图 5-55 鼓风机低速运转控制电路

电工技能

电流方向为:蓄电池──→加热器继电器──→鼓风电机──→风机电阻器──→接地。 鼓风电机低速运转。 控制面板 AUTO(自动)和 Lo(低速)两个指示灯均点亮。

② 中速控制 如图 5-56 所示,控制面板 AUTO(自动)指示灯亮,Lo(低)、M1(中1)、M2(中2)、Hi(高)指示灯根据情况可能点亮。

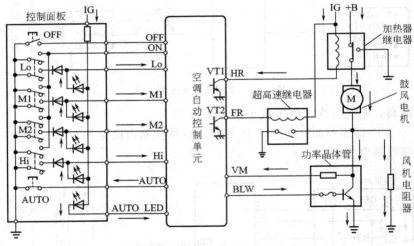

图 5-56 鼓风机中速运转控制电路

空调控制电脑接通 VT1,使加热器继电器接合。同时空调控制电脑根据计算出的 T_{AO} 值,从 BLW 端子输出相应信号至功率晶体管。

电工技能

电流流向为:蓄电池──→加热器继电器──→鼓风电机──→功率晶体管和风机电阻器──→接地。 鼓风电机中速旋转。 ECU 从与功率晶体管相连的 VM 端子接收反馈信号,检测鼓风机实际转速信号,依此校正鼓风机驱动信号。

③ 高速控制　如图 5-57 所示，控制面板 AUTO（自动）和 Hi（高速）指示灯亮。空调控制电脑接通 VT1 和 VT2，使加热器继电器和超高速继电器闭合。

电流流向为：蓄电池──→加热器继电器──→鼓风电机──→超高速继电器──→接地，鼓风电机以特高速度运转。

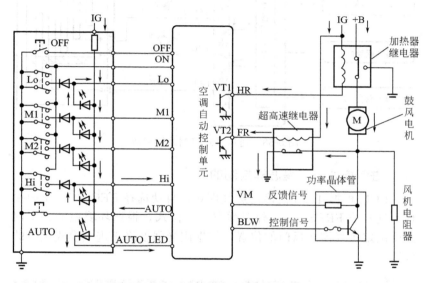

图 5-57　鼓风机高速运转控制电路

216. 送风模式是怎样控制的

如图 5-58 所示，送风模式控制系统主要由面板功能控制开关、空调 ECU、气流方式控制伺服马达、空气混合门位置传感器、车内温度传感器、环境温度传感器、阳光传感器等组成。ECU 根据 T_{AO} 值自动控制送风模式。

送风模式控制系统的工作模式可通过面板功能控制开关进行选择，有自动控制模式和手动控制模式两种。

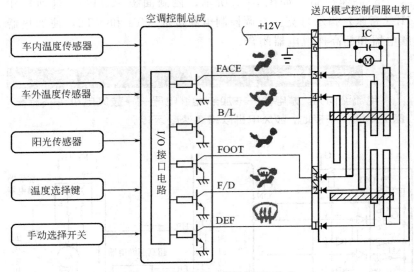

图 5-58 送风模式控制系统组成

217. 进气模式风门是怎样控制的

ECU 根据 TAO 值确定进气模式，自动选择 RECIRC（车内循环空气）或 FRESH（车外新鲜空气）模式。根据环境温度、车内温度确定进气模式风门的位置。根据阳光强度修正进气模式风门的位置。

电工技能

例如，在无阳光照射的情况下，如果温度设定为 25℃，环境和车内温度为 35℃，进气模式风门自动设置为 REC（循环）位置，使车内温度能够迅速降低。当达车内温度下降到 30℃时，进气模式风门将变为 20%FRE（新鲜）位置。当车内温度达到目标温度时 25℃，进气模式风门设定为 FRE 位置。

(1) 进气模式风门从"循环"转向"新鲜"电路控制

如图 5-59 所示，空调控制电脑接通 VT1 和 VT4，进气模式控制伺服电机工作。

> **电工技能**
>
> 电流方向为：电脑——→VT1——→进气模式控制伺服电机——→限位装置——→VT4——→电脑接地。进气模式控制伺服电机运转，将进气模式从"循环"转至"新鲜"位置。同时，限位装置将电机电路切断。

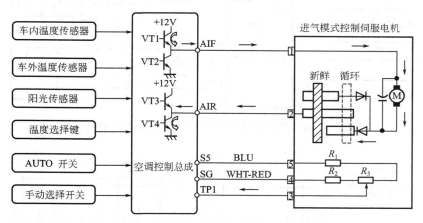

图 5-59 进气模式风门从"循环"转向"新鲜"控制电路

（2）进气模式风门从"新鲜"转向"循环"电路控制

如图 5-60 所示，空调控制电脑接通 VT2 和 VT3，进气模式控制伺服电机工作。

> **电工技能**
>
> 电流方向为：电脑——→VT3——→限位装置——→进气模式控制伺服电机——→VT2——→电脑接地。进气模式控制伺服电机运转，将进气模式从"新鲜"转至"循环"位置。同时，限位装置将电机电路切断。

218. 冷凝器风扇是怎样控制的

举例丰田 LS400 轿车空调冷凝器风扇控制电路见图 5-61。

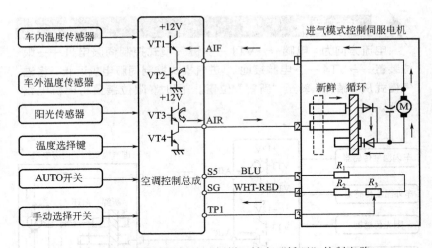

图 5-60 进气模式风门从"新鲜"转向"循环"控制电路

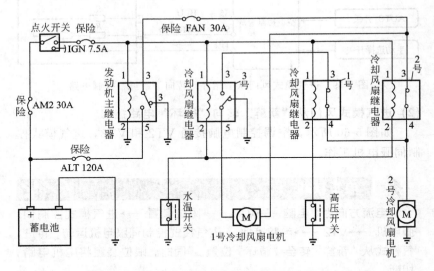

图 5-61 丰田 LS400 轿车空调冷凝器风扇控制电路

水箱冷却风扇和冷凝器风扇组装在一起,利用一个或两个风扇对水箱和冷凝器进行散热。车型不同,则配置风扇的数量不同,控制线路设计方面差异也很大,但其控制方式则大同小异,一般根据水温信号和空调信号共同控制,以同时满足水箱散热和冷凝器散热需要。

 电工技能

举例丰田 LS400 自动空调冷凝器散热风扇电路为例进行分析:

(1)空调不工作时

在不开空调的情况下,风扇的工作取决于发动机水温的高低。

① 发动机冷却水温低于 93℃时　由于水温较低,水温开关处于闭合状态,3 号冷却风扇继电器和 2 号冷却风扇继电器工作。其中,3 号冷却风扇继电器 3 与 5 接通。2 号冷却风扇继电器常闭触头被打开。同时,由于空调不工作,高压开关处于常闭合状态,1 号冷却风扇继电器通电工作,使常闭触头打开,这时两个冷却扇均不工作,使发动机尽快暖机。

② 发动机水温高于 93℃时　水温开关打开,2 号和 3 号继电器回到原始状态,即不工作。虽然这时高压开关使 1 号继电器常闭触点打开,但并不影响风扇的工作。加至 1 号冷却风扇电动机和 2 号风扇电动机的都是 12V 电压,此时,两风扇同时高速运转,以满足发动机冷却系统散热需要。

(2)空调工作时

空调工作时水温控制器回路仍然起作用,这时冷却风扇受空调和水温控制回路的双重控制。

① 开空调,高压端压力大于 13.5kPa,且水温低于 93℃。这种情况下,水温开关处于闭合状态,而高压开关打开,这时 2 号和 3 号继电器受控动作,而 1 号继电器不工作,即触头处于常闭状态,这样,继电器使两个冷却扇电动机串联工作,故两个冷却扇同时低速运转,以满足冷凝器散热需要。

② 开空调,高压端压力大于 13.5kPa,且水温高于 93℃。这种情况下,高压开关和水温开关都打开,1、2、3 号继电器均不工作,加至两个冷却扇电动机的都是 12V 电压,故两个冷却扇同时高速运转。

第五章　空调系统维修

219. 压缩机电路是怎样控制的

举例丰田 ES300 空调压缩机控制电路原理如图 5-62 所示。

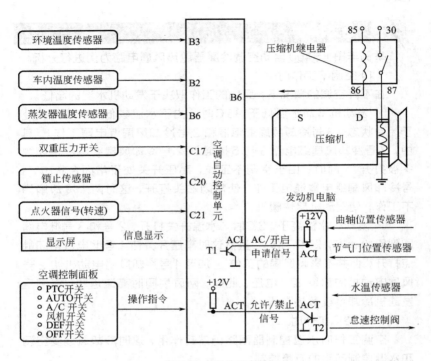

图 5-62 压缩机控制

该空调压缩机控制电路实现压缩机的两种控制模式。

① 基本控制模式 基本控制用于实现降温功能。

② 保护控制模式 保护控制用于实现空调系统的高效、安全工作，并用于发动机的功率保护等。

当按下"AUTO"和"A/C"开关时，空调控制电脑从 ACI 端子输出电磁离合器啮合信号到 ECM（发动机电脑）。当 ECM 收到这个信号时，它从 ACT 端子发出一信号至空调控制电脑，空调控制电脑接通电磁离合器继电器，然后接通空调电磁离合器。

220. 怎样应用宝来空调系统电路图

① 总线端 30 供电继电器/空调继电器/空调器电磁离合器电路控制见图 5-63。

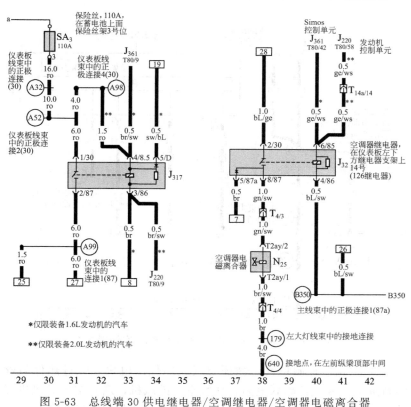

图 5-63　总线端 30 供电继电器/空调继电器/空调器电磁离合器

② 空调器控制单元/高压传感器/空调器开关电路控制见

图 5-64。

*仅限装备1.6L发动机的汽车

**仅限装备2.0L发动机的汽车

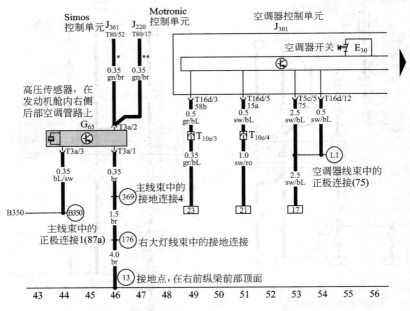

图 5-64 空调器控制单元/高压传感器/空调器开关

③ 空调器控制单元,循环空气风门伺服电机,带过热保险丝的新鲜空气鼓风机串联电阻,新鲜空气鼓风机,新鲜空气鼓风机开关,新鲜空气和空气内循环风门开关,新鲜空气和循环空气运行指示灯,空调器指示灯电路控制见图 5-65。

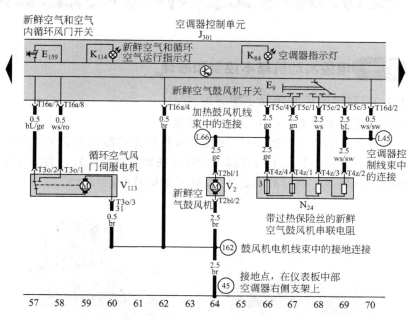

图 5-65 空调器控制单元及相关电路控制

第六章 发动机电工技术与电控维修

一、电控发动机基本控制和原理

221. 你对电子控制单元了解多少

(1) 电子控制单元（ECU/ECM）功能

电子控制单元（图6-1）接收来自各种传感器和开关的信号进行计算，并将计算结果与存储器中存储的数据进行比较，为执行器输出最佳信号。该控制模块是ECM系统的核心。

图6-1 电子控制单元

电子控制单元是以单片微型计算机（即单片机）为核心所组成的电子控制装置，具有强大的数学运算、逻辑判断、数据处理与数据管理等功能。

电子控制单元是汽车电子控制系统的控制中心,其功用是分析处理传感器采集到的各种信息,并向受控装置(即执行器或执行元件)发出控制指令。

(2) 电子控制单元组成

电子控制单元(ECU)主要由输入回路、A/D(模拟/数字)转换器、微处理器、输出回路等组成(图6-2)。

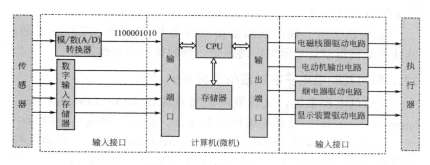

图6-2　电子控制单元组成

① 输入回路　输入回路作用示意图见图6-3。

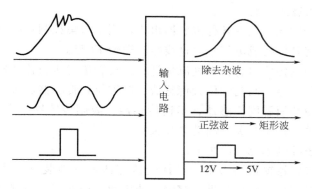

图6-3　输入回路作用示意图

a. 针对模拟信号。输入回路需要先滤除杂波再通过A/D(模拟/数字)转换器将连续变化的模拟量转换成数字量之后才能输入微处理器。

b. 针对数字信号。输入回路需要通过输入回路的数字缓冲器进行限幅、整形和分频（如将曲轴位置传感器信号分频为 1°信号等）处理后，才能传输到微处理器进行运算处理。

② 微处理器　微处理器在各种存储器的支持下，统一控制各组成部分，对输入信号进行运算处理并输出控制信号。微处理器主要由中央处理器（CPU）、数据存储器（RAM/ROM）和输入输出（I/O）接口等组成。

③ 输出回路　输出回路是微处理器与执行器之间的中继站，其功用是根据微处理器发出的指令，控制执行器动作。

222. 你对发动机电子控制系统了解多少

发动机电控系统，又称发动机管理系统 EMS（Engine Management System）、发动机集中控制系统，就是将多项目控制集中在一个动力控制模块 PCM（Power Control Module）或发动机控制单元 ECU（Engine Control Unit）上完成，共用传感器。其主要组成可分为信号输入装置、电子控制单元（ECU）和执行元件三部分。发动机电控系统见图 6-4。

（1）信号输入装置

信号输入装置由各种传感器组成，用于采集控制系统所需的信息，并将其转换成电信号通过线路输送给 ECU。

常用的传感器有：空气流量计、进气管绝对压力传感器、节气门位置传感器、凸轮轴位置传感器、曲轴位置传感器、进气温度传感器、冷却液温度传感器、车速传感器、爆燃传感器、启动开关、空调开关、挡位开关、制动灯开关等。

（2）电子控制单元（ECU）

给传感器提供参考电压，接受传感器或其他装置输入的电信号，并对所接受的信号进行存储、计算和分析处理，根据计算和分析的结果向执行元件发出指令。

（3）执行元件

受 ECU 控制，具体执行某项控制功能的装置。

常用的执行元件有：喷油器、点火线圈、怠速控制阀、EGR

阀、炭罐电磁阀、燃油泵、节气门控制电机、二次空气喷射阀、仪表显示器等。

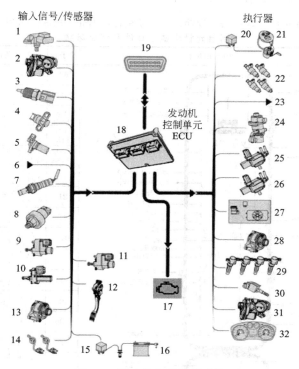

图 6-4　发动机电子控制系统

1—温度与歧管绝对压力（T-MAP）传感器；2—电子进气歧管阀内的节气门位置（TP）传感器；3—发动机冷却液温度（ECT）传感器；4—曲轴位置（CKP）传感器；5—凸轮轴位置（CMP）传感器；6—环境温度传感器；7—加热式含氧传感器（HO2S）；8—动力转向压力（PSP）开关；9—制动灯开关；10—离合器踏板位置（CPP）开关；11—制动踏板位置（BPP）开关；12—油门踏板位置（APP）传感器；13—发电机（输入信号）；14—爆震传感器（KS）传感器；15—电力供应继电器；16—蓄电池；17—故障指示灯（MIL）；18—动力控制模块（PCM）；19—数据连接接头（DLC）；20—燃油泵继电器；21—燃油泵；22—喷油嘴；23—被动式防盗系统（PATS）LED；24—废气再循环（EGR）步进电机；25—电磁阀——进气歧管切换系统；26—涡流板电磁阀；27—空调（A/C）压缩机；28—发电机（输出信号）；29—直接点火线圈；30—EVAP 电磁阀；31—电子空气切断节气门；32—仪表板

223. 你对发动机电子控制单元端子检测和参数了解多少

(1) 大众速腾发动机控制单元

表 6-1 速腾 1.6L 发动机（发动机代码 BSF、BSE、BWS）控制单元针脚端子功能和测试参数

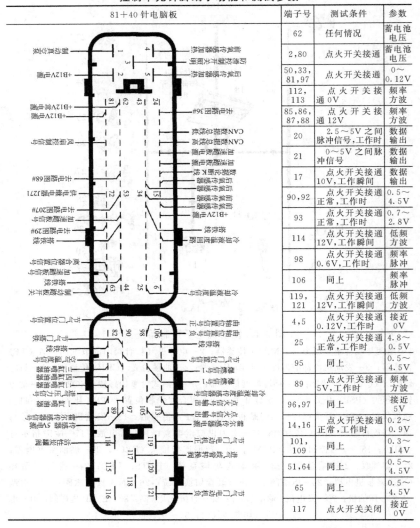

端子号	测试条件	参数
62	任何情况	蓄电池电压
2,80	点火开关接通	蓄电池电压
50,33,81,97	点火开关接通	0～0.12V
112,113	点火开关接通 0V	频率方波
85,86,87,88	点火开关接通 12V	频率方波
20	2.5～5V 之间脉冲信号,工作时	数据输出
21	0～5V 之间脉冲信号	数据输出
17	点火开关接通 10V,工作瞬间	数据输出
90,92	点火开关接通 正常,工作时	0.5～4.5V
93	点火开关接通 正常,工作时	0.7～2.8V
114	点火开关接通 12V,工作瞬间	低频方波
98	点火开关接通 0.6V,工作时	频率脉冲
106	同上	频率脉冲
119,121	点火开关接通 12V,工作瞬间	低频方波
4,5	点火开关接通 0.12V,工作时	接近 0V
25	点火开关接通 正常,工作时	4.8～0.5V
95	同上	0.5～4.5V
89	点火开关接通 5V,工作时	频率方波
96,97	同上	接近 5V
14,16	点火开关接通 正常,工作时	0.2～0.9V
101,109	同上	0.3～1.4V
51,64	同上	0.5～4.5V
65	同上	0.5～4.5V
117	点火开关关闭	接近 0V

表 6-2　速腾 1.6L 发动机（发动机代码 BLF）控制单元针脚端子功能和测试参数

端子号	测试条件	参数
94 针/87	任何情况	蓄电池电压
94 针/3、5、6、64、92	点火开关接通	蓄电池电压
所有搭铁线,屏蔽线	点火开关接通	0～0.12V
60 针/6、7、21、22	点火开关接通 0V	频率方波
60 针/33、34、46～49	点火开关接通 12V	频率方波
94 针/86	点火开关接通 10V,工作瞬间	数据输出
94 针/68	2.5～5V 之间脉冲信号	数据输出
94 针/67	0～2.5V 之间脉冲信号	数据输出
60 针/1、2	点火开关接通 12V,工作瞬间	低频方波
60 针/11、26	点火开关接通 正常,工作时	0.5～4.5V
60 针/28	同上	0.7～2.8V
60 针/5	点火开关接通 12V,工作时	接近 0V
60 针/36	点火开关接通 5V,工作时	频率方波
60 针/19	点火开关接通 12V,工作时	接近 0V
60 针/45	同上	接近 0V
90 针/7、29	点火开关接通 12V,工作时	接近 0V
60 针/59、57	点火开关接通 正常,工作时	0.5～4.5V
60 针/35	点火开关接通 12V,工作瞬间	低频方波
60 针/58	点火开关接通 正常,工作时	0.5～4.5V
60 针/23	点火开关接通 5V,工作时	频率方波
60 针/10	同上	接近 5V
94 针/56、60	点火开关接通 正常,工作时	0.2～0.9V
60 针/39、54	同上	0.3～1.4V
94 针/12、34	同上	0.5～4.5V
60 针/27	同上	4.8～4.5V
60 针/16、17	点火开关接通 12V,工作瞬间	低频方波

第六章　发动机电工技术与电控维修

表6-3 速腾2.0L发动机（发动机代码BLR）控制单元针脚端子功能和测试参数

端子号	测试条件	参数
94针/87	任何情况	蓄电池电压
94针/3、5、6、64、92	点火开关接通	蓄电池电压
所有搭铁线,屏蔽线	点火开关接通	0～0.12V
60针/6、7、21、22	点火开关接通0V	频率方波
60针/33、34、46～49	点火开关接通12V	频率方波
94针/86	点火开关接通10V,工作瞬间	数据输出
94针/68	2.5～5V之间脉冲信号	数据输出
94针/67	0～2.5V之间脉冲信号	数据输出
60针/1、2	点火开关接通12V,工作瞬间	低频方波
60针/11、26	正常,工作时	0.5～4.5V
60针/28	同上	0.7～2.8V
60针/5	点火开关接通12V,工作时	接近0V
60针/51	5V,工作时	频率方波
60针/19	点火开关接通12V,工作时	接近0V
90针/7、29	同上	接近0V
60针/45	点火开关关闭12V,工作时	接近0V
60针/59、57	点火开关接通正常,工作时	0.5～4.5V
60针/35	点火开关接通12V,工作瞬间	低频方波
60针/58	点火开关接通正常,工作时	0.5～4.5V
60针/23	点火开关接通5V,工作时	频率方波
60针/10	同上	接近5V
94针/56、60	点火开关接通正常,工作时	0.2～0.9V
60针/39、54	同上	0.3～1.4V
94针/12、34	同上	0.5～4.5V
60针/27	同上	4.8～5V
60针/16、17	点火开关接通12V,工作瞬间	低频方波

（2）大众宝来1.6发动机控制单元

表 6-4　宝来 1.6L 发动机控制单元针脚端子功能和测试参数

端子号	测试条件	参数
62	任何时候	蓄电池电压
3	点火开关接通	蓄电池电压
所有搭铁线	点火开关接通	0～1.2V
102、103	点火开关接通 0V，工作时	频率方波
88、89、96、97	点火开关接通 12V，工作时	频率方波
43	点火开关接通 10V，工作瞬间	数据输出
60	2.5～5V 之间脉冲信号，工作时	数据输出
58	0～2.5V 之间脉冲信号，工作时	数据输出
34、35	点火开关接通 正常，工作时	0.5～4.5V
26	正常	0.7～2.8V
65	点火开关接通 12V，工作时	接近 0V
82、90	点火开关接通 0.6V，工作时	频率脉冲
93	点火开关接通 正常，工作时	4.8～0.5V
21	点火开关关闭 12V，工作时	接近 0V
105	同上	接近 0V
64	点火开关接通 12V，工作瞬间	低频方波
29	点火开关接通 正常	0.5～4.5V
86	5V，工作时	频率方波
72、73、106	同上	接近 5V
69	点火开关接通 正常，工作时	0.2～0.9V
107、108	同上	0.3～1.4V
117、118	点火开关接通 12V，工作瞬间	频率方波

（3）捷达发动机控制单元

表 6-5　捷达 2V 发动机控制单元针脚端子功能和测试参数

端子号	测试条件	参数
62	任何时候	蓄电池电压
3	点火开关接通	蓄电池电压
所有搭铁线	点火开关接通	0～1.2V
112、113	点火开关接通 0V,工作时	频率方波
85、86、87、88	点火开关接通 12V,工作时	频率方波
17	点火开关接通 10V,工作瞬间	数据输出
61	点火开关接通 12V,工作瞬间	低频方波
119、121	点火开关接通 12V,工作瞬间	低频方波
90、92	点火开关接通 正常,工作时	0.5～4.5V
93	同上	0.7～2.8V
80	点火开关接通 12V,工作时	接近 0V
98、106	点火开关接通 0.6V,工作时	频率脉冲
104	点火开关接通 正常,工作时	4.8～0.5V
82	发动机怠速时 0V,加速时	接近 5V
4	点火开关接通 12V,工作时	接近 0V
76	同上	接近 0V
95	点火开关接通 正常,工作时	0.5～4.5V
105	点火开关接通 5V,工作时	频率方波
89、96、97	同上	接近 5V
14	点火开关接通 正常,工作时	0.2～0.9V
109、110	同上	0.3～1.4V
9	车辆正常行驶	频率方波
22	点火开关接通 正常,工作时	频率方波

224. 你对燃油流动系统了解多少

燃油泵内置在油箱中，燃油在燃油泵的压力作用下排出，燃油泵配备有脉动衰减器以防排出过程中的燃油波动。燃油泵排出的燃油通过燃油管路燃油滤清器和燃油通道进入各个喷油嘴，燃油通道中的燃油压力调节器用于将燃油压力调节到恒定数值。燃油流动系统见图 6-5。

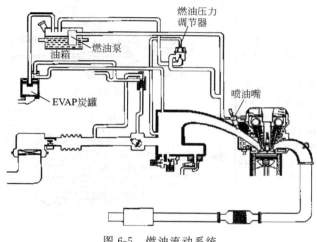

图 6-5　燃油流动系统

225. 你对燃油压力调节器了解多少

根据车辆燃油压力调节器将喷油嘴两侧的燃油压力差保持在规

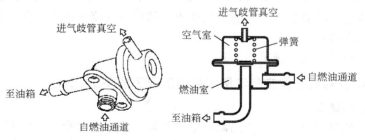

图 6-6　燃油压力调节器

定水平如299kPa,由于喷油量取决于喷射脉冲持续时间,所以它总是将燃油压力和进气歧管真空度之间的压力差保持在恒定水平。

燃油压力调节器见图6-6。

226. 你对燃油喷油嘴工况了解多少

表6-6 喷油嘴(器)

电工知识与技能	喷油器分类图示
喷油嘴是一个小型、精致的电磁阀。随着ECM为喷油嘴发送接地信号,喷油嘴中的线圈向后拉动针阀,燃油通过喷嘴进入进气歧管。ECM控制喷射脉冲持续时间进而控制喷油量。顶部供油型喷油嘴用于早期的ECCS车辆上,这些喷油嘴无需使用降压电阻。见右图顶部喷油器及侧部喷油器	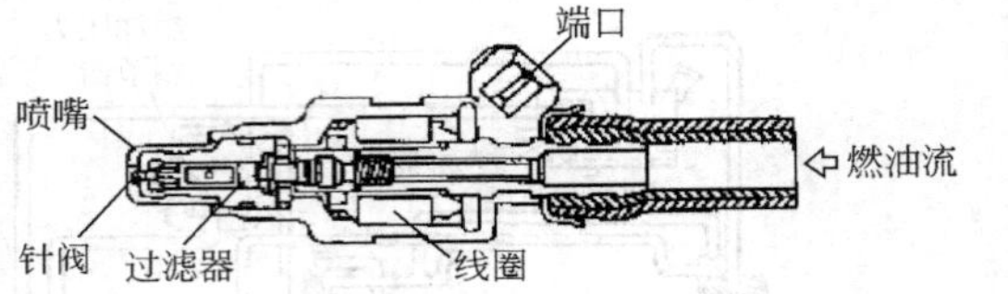 顶部供油型 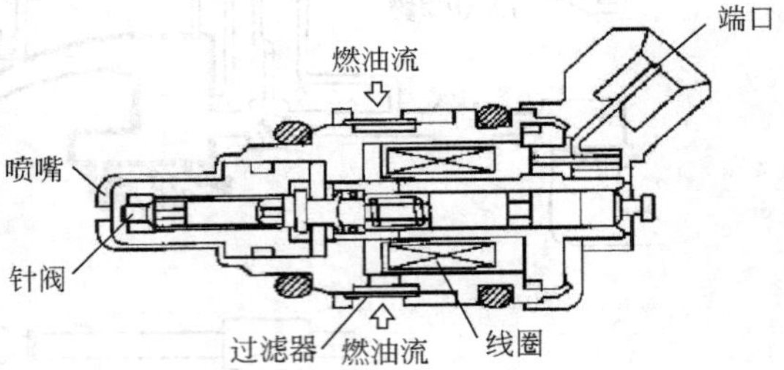 侧部供油型

227. 你对空气流动系统了解多少

空气流动系统随车型不同而稍有不同。通常气流要流经空气滤清器、质量型空气流量传感器和节气门体,也要进入一个集气室,其中包含控制怠速空气的附加装置。然后空气流入进气歧管,接着进入燃烧室。

空气流动系统见图6-7。

228. 你对质量型空气流量传感器工况了解多少

(1) 旁通型

质量型空气流量传感器测量进气量并将结果信号发送给ECM。质量型空气流量传感器是一个确保发动机最佳工作的基本部件。热

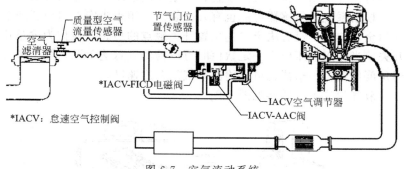

图 6-7 空气流动系统

线式质量型空气流量传感器分为以下两种类型。

① 全流量设计，所有进气都流过热线。这种类型主要用于早期的车辆上。

② 作旁通型，只有一小部分空气流过热线。

这两种类型的工作方式基本相同。热线被加热到大约 200℃。由于空气流过热线，温度随着热量被带走而降低。空气流量越大，带走的热量越多。随着热线温度降低，其电阻也降低。这意味着随着空气流量增大，热线电阻减小。当发动机运行时，空气流量不断变化，所以热线电阻也随之改变，将一个可变电压信号发送给 ECM。

(2) 全流量型

全流量型质量型空气流量传感器比旁通型更灵敏。全流量热线式的缺点是热线可能会变脏，所以需要清洁。在每次关闭点火开关时将热线短暂加热到非常高的温度，从而实现清洁目的。最近的发展是将热线封闭在玻璃膜中。这种类型的质量型空气流量传感器的工作与热线式相同，但是由于热线受到玻璃膜保护，所以无需自洁。

229. 你对节气门位置传感器（TPS）了解多少

空气流经质量型空气流量传感器后，进入节气门。节气门位置传感器安装在节气门上，用来检测节气门的角度位置。该传感器是一种电位计，用来将节气门位置转变成输出电压，传递给ECM。

根据系统，传感器可能也有开关触点，用来决定怠速位置或节气门全开位置。没有决定怠速位置开关触点的传感器被称为软怠速开关。当输出电压低于一定数值时可以检测到怠速工况。除了节气门角度位置，传感器也可以检测节气门开启速度。

节气门位置传感器见图6-8。

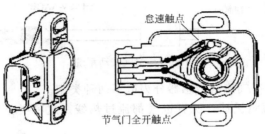

图6-8 节气门位置传感器

(1) 触点开关式节气门位置传感器（TPS）

这种节气门位置传感器主要由节气门轴、怠速触点（IDL）、大负荷触点（又称功率触点PSW）及随节气门轴转动的凸轮等组成。触点开关式节气门位置传感器见图6-9、图6-10。

ECU通过线路分别向这两个触点输出5V的信号参考电压，触点闭合时，该线路被搭铁，信号参考电压变为0V，ECU接收到低电平信号"0"；触点张开时，线路没有被搭铁，信号参考电压维持为5V，ECU接收到高电平信号"1"。

电工知识

① 当IDL信号和PSW信号分别为"1"、"0"时，ECU判定节气门处于怠速位置，因而对发动机进行怠速方面的控制，包括：正常水温低怠速、低水温高怠速、开空调高怠速、强制怠速断油等。

② 当IDL信号和PSW信号分别为"0"、"1"时，ECU判定发动机处于大负荷状态，因而对发动机进行大负荷加浓控制，即适当增大喷油量，以提高发动机的功率。

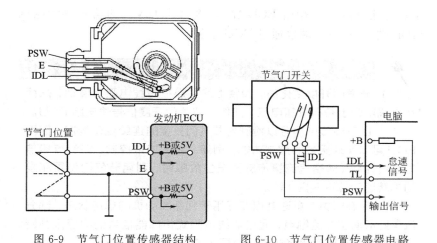

图 6-9　节气门位置传感器结构　　图 6-10　节气门位置传感器电路

(2) 复合式节气门位置传感器

这种节气门位置传感器包括滑线电阻式传感器和怠速触点两个部分，主要由滑线电阻、滑动触点、节气门轴、怠速触点及传感器壳体等组成。如图 6-11 所示，滑线电阻制作在传感器底板上，一端由 ECU 提供 5V 工作电源（VC 脚），另一端通过 ECU 搭铁；滑线电阻的滑臂与信号输出端子 VTA 相连，并随节气门轴一同转

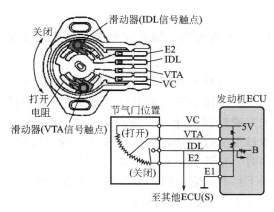

图 6-11　复合式节气门位置传感器组成和电路

第六章　发动机电工技术与电控维修　　257

动；怠速触点的一端由 ECU 提供 5V（或 12V）的信号参考电压（IDL 端子），另一端也通过 ECU 搭铁。

> **电工知识**
>
> ① 节气门开度变化时，滑臂上的触点在滑线电阻上滑动，从而从滑线电阻上获得分压电压，并作为节气门开度信号输送给 ECU。
>
> ② 由于该传感器可以检测到节气门开度的连续变化情况，因而 ECU 可以实现更多的控制功能，例如：加速加浓控制、空气流量信号替代控制（即空气流量传感器发生故障时，利用节气门位置和发动机转速计算进气量）等。
>
> ③ 传感器中的怠速触点专门用于判断发动机的怠速状态，部分汽车则取消了怠速触点，通过滑线电阻式传感器信号的阈值来判断怠速状态，从而简化了节气门位置传感器的结构。

(3) 加速踏板位置传感器

在电子节气门系统中驾驶员的脚下设一个加速踏板位置传感器，发动机 ECU 利用该传感器的信号来控制全电子节气门的开度。

加速踏板位置传感器有两种，分别为滑线电阻式和霍尔效应式。为了确保其工作的可靠性，此传感器往往有两个不同特性的输出信号。

230. 你对怠速空气控制阀、辅助空气控制阀工况了解多少

(1) 步进马达型

在不同系统中安装了各种形式的 IACV-AAC 阀。它们都具有相同的基本功能，即在节气门关闭时，通过调节发动机内允许进入的空气量，来准确控制怠速。步进马达由 ECM 发出的脉冲驱动。该轴有一个螺钉型执行机构，可以使阀随着轴的转动而上下移动。当阀向上移动时，它开启，允许附加空气进入发动机以增大怠速转速。随着阀向下移动，它关闭，限制空气供给。阀门开度控制步数可以在 100 步以上，以提供精确的空气流量。

在某些车型上，可以安装一个空气切断阀（图 6-12）作为安

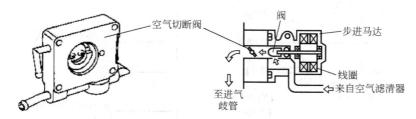

图 6-12 怠速控制

全装置，以防发动机在 IACV-AAC 阀失效时发生超速运转。

当发动机处于冷态时，空气切断阀全开，允许所有辅助空气通过。随着发动机暖机，空气切断阀逐渐关闭，以限制最大辅助空气流量。

（2）占空比控制滑动型

当阀通电时，它开启，允许附加空气进入发动机，以增大怠速转速。当阀断电时，它关闭，限制空气供给。ECM 以 160Hz 的频率连续打开和关闭阀。阀在此频率内通电和断电的时间可变，称为占空比。这样允许阀在全开或全闭以外的工况下工作。占空比表示在单个周期内开启时间与总时间的比值。占空比控制滑动型控制见图 6-13。

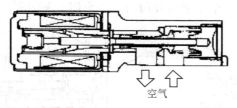

图 6-13 占空比控制滑动型

如果阀打开和关闭的时间周期相等，其占空比为 50％，阀保持静止。如果占空比调整为 70％通电、30％断电，阀将进一步打开，以允许更多的空气进入发动机。如果占空比改为 30％通电、70％断电，阀将朝相反方向移动，进入发动机的空气流量减小（图 6-14）。

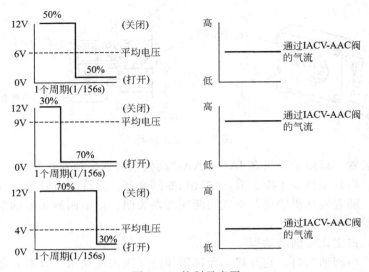

图 6-14 控制示意图

(3) 占空比控制旋转型

这种类型的 AAC 阀控制辅助空气流量的方式与滑动型类似，但是它使用了一个旋转电磁阀，用来转动一个滑块以打开或关闭滑块壳体中的流量控制孔。旋转电磁阀为占空比控制，但是使用了两个脉冲信号，一个用于打开阀门，一个用于关闭阀门（图 6-15）。

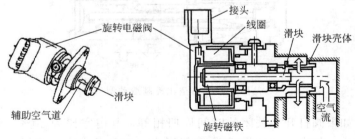

图 6-15 占空比控制旋转型

231. 凸轮轴位置传感器是怎样工作的

凸轮轴位置传感器是 ECCS 的一个基本元件，为 ECM 提供两个主要信号，即发动机转速和曲轴角度。曲轴角度直接对应活塞位置。CMPS 包括三个主要部件，即带发光二极管 LED 和光敏二极管的传感器、发动机每转两转就相应旋转一转的转子盘和处理光敏二极管信号的整形电路。LED 和光敏二极管由转子盘隔离。光敏二极管只有在与缺口对齐时才能接收到 LED 的光线。随着转子盘转动，光敏二极管检测到 LED 的光线，从而产生转速和角度信号。这里主要使用了两种类型的传感器，即双通道型也称作角度控制型和单通道型时间控制型（图 6-16）。

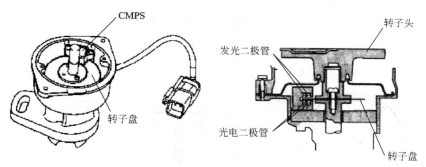

图 6-16　凸轮轴位置传感器

（1）双通道角度控制型

双通道 CMPS 有一个转子盘，在其外侧有 360 个缺口，用来检测曲轴角度，在其内侧也有一些缺口（等于发动机汽缸数），用来检测活塞位置。指示 1 缸活塞位置的内部缺口大于其他缺口，外部缺口间隔 1°，称为 1°信号缺口或位置信号缺口。内部缺口对于 6 缸发动机间隔 120°，对于 4 缸发动机间隔 180°。它们被称为参考信号缺口（图 6-17）。

（2）单通道时间控制型

单通道 CMPS 不同于前一种类型，这是因为它只使用了一个 LED 和一个光敏二极管。转子盘有 5 个缺口，其中 4 个长度相等，1 个较短，对应 1 缸上止点位置。这样，曲轴位置和发动机转速可以由记录缺口通过所需时间来确定，而不是记录给定时间内通过的缺口数量（图 6-18）。

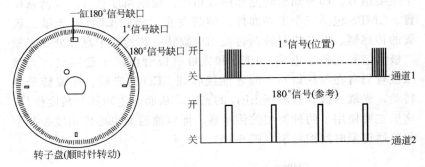

图 6-17 双通道角度控制型 CMPS

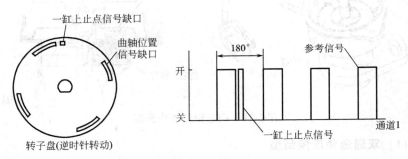

图 6-18 单通道时间控制型 CMPS

232. 你对燃油喷射控制信号了解多少

(1) 喷射控制依据

燃油喷射控制系统（见图 6-19）是根据进气量空气质量流量决

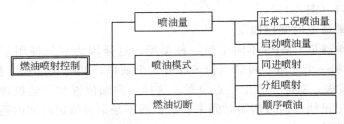

图 6-19 燃油喷射控制框图

定相应发动机工况的喷油量。例如由发动机启动时的冷却液温度决定的最佳喷油量。在怠速过程中，空燃比由学习功能进行正确控制。

（2）信号流

燃油喷射控制使用的输入和输出信号。输入信号从各种传感器和开关发送到进行燃油喷射控制所用的 ECM 控制模块，见图 6-20。

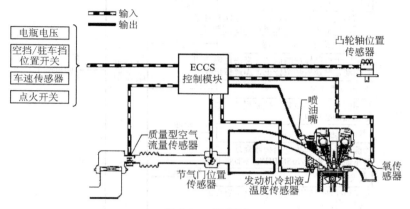

图 6-20　信号流

（3）燃油喷射控制信号（图 6-21）

二、发动机电工技术检测与诊断

233. 怎样检测与诊断空气流量传感器

（1）空气流量计作用及控制

空气流量计的功用是检测发动机进气量大小，并将进气量信息转换成电信号输入电控单元（ECU）以供计算确定喷油量。

大众车系使用的空气流量计，属"L"型热膜式空气流量计，安装在空气滤清器壳体与进气软管之间（图 6-22）。其核心部件是流量传感元件和热电阻（均为铂膜式电阻）组合在一起构成热膜电阻。在传感器内部的进气通道上设有一个矩形护套，相当于取样管，热膜电阻设在护套中。

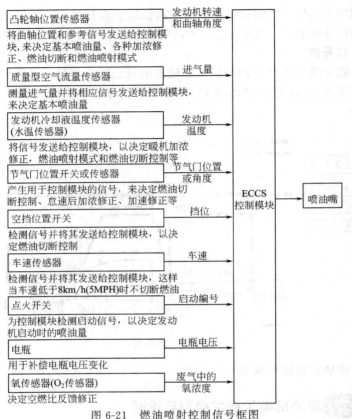

图 6-21 燃油喷射控制信号框图

电工知识

① 为了防止污物沉积到热膜电阻上而影响测量精度,在护套的空气入口一侧设有空气过滤层,用以过滤空气中的污物。

② 为了防止进气温度变化使测量精度受到影响,在护套内还设有一个铂膜式温度补偿电阻,温补电阻设置在热膜电阻前面靠近空气入口一侧。温度补偿电阻和热膜电阻与传感器内部控制电路连接,控制电路与线束连接器插座连接,线束插座设在传感器壳体中部。

图 6-22 空气流量传感器(计)

(2) 热膜式空气流量传感器检测(表 6-7)

电工技能

① 在实际维修中，测试各条线束的导通性，应关闭点火开关，拔下传感器插头与电控单元插接器，使用数字万用表分别测量各线束间的电阻，相连导线电阻应当小于 1Ω，不相连导线电阻应为 ∞ 正常。在实际测量中，由于测量手法、万用表本身的误差以及被测物体表面的氧化与灰尘等因素，发生几个欧姆的误差属正常现象，不必拘泥于具体数字。

② 在实际维修中，应拔下传感器插头，打开点火开关，测量 2 号端子与接地间电压，启动时应显示 12V。此时电控单元会记录空气流量计的故障码，测试完毕后要使用诊断仪清除故障码。

③ 在实际维修中，反馈信号电压的就车测试应在传感器插头尾部，挑开防水胶堵或刺破导线外皮，接万用表后踩动油门踏板，观察电压变化。而在发动机实验台上，进行本项测试不用挑开防水胶堵或刺破导线外皮。

表 6-7 热膜式空气流量传感器检测

项目		电工技能/执行诊断检测	图示/示意图
电阻测试	线束导通性测试	将数字万用表设置在电阻 200Ω 挡，按电路图找到空气流量计图形下面的针脚号与 ECU 信号测试端口图相应的针脚号，分别测试空气流量计 3、4、5 号针脚对应至电控单元 12、11、13 号针脚的电阻，所有电阻都应低于 1Ω	热膜式空气流量计 1—线束插座；2—混合电路盒； 3—温度补偿电阻；4—外壳； 5—金属滤网；6—导流格栅 热膜式空气流量计电路图 1—空；2—为 12V；3—为 ECU 内搭铁；4—为 5V 参考电压；5—为传感器信号(急速 5 脚电压为 1.4V，急加速时为 2.8V)
	线束短路测试	将数字万用表设置在电阻 200kΩ 挡，测量空气流量计针脚 2 与电控单元针脚 11、12、13 之间电阻应为∞。测量空气流量计针脚与电控单元针脚；3—11、13；4—12、13；5—11、12 之间电阻均应为∞	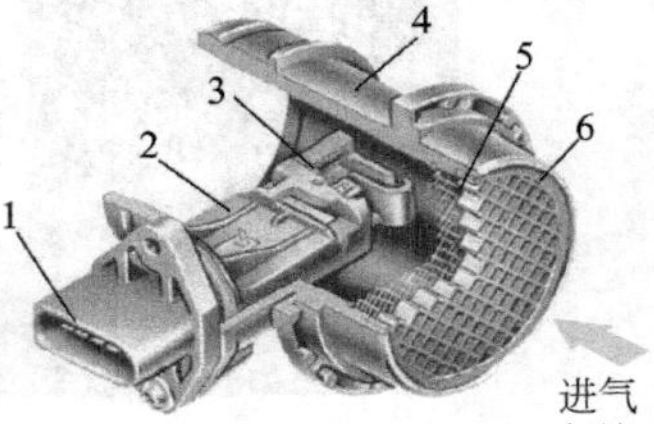
电压测试	电源电压测试	打开点火开关，将数字万用表设置在直流电压 20V 挡，红色表针置于空气流量计针脚 2，黑色表针置于电瓶负极或发动机进气歧管壳体，启动机启动时应显示 12V；红色表针置于空气流量计针脚 4，黑色表针置于电瓶负极或发动机进气歧管壳体，应显示 5V	
	单件测试	取一空气流量计总成部件，将 12V/5V 变压器 12V 电压或电瓶电压施加在空气流量计电器插座针脚 2 上，将 5V 电压施加在空气流量计电器插座针脚 4 上，将数字万用表设置在直流电压 20V 挡，测量空气流量计电器插座针脚 3 和针脚 5，应有 1.5V 左右电压	
	信号电压测试	使用吹风机从空气流量计隔栅一端向空气流量计吹入冷空气或加热的空气，测量空气流量计电器插座针脚 3 和针脚 5，电压应瞬时上升至 2.8V 后回落。不能满足上述条件，可以判定空气流量计有故障	
	就车测试	启动发动机至工作温度，将数字万用表设置在直流电压 20V 挡，测量空气流量计针脚 5 的反馈信号，红色表针置于空气流量计针脚 5，黑色表针置于空气流量计针脚 3、电瓶负极或进气歧管壳体，急速时应显示电压 1.5V 左右；急踩加速踏板应显示 2.8V 变化。若不符合上述变化，或电压反而下降，在电源电压与参考电压完好的前提下，可以断定空气流量计损坏，必须更换	

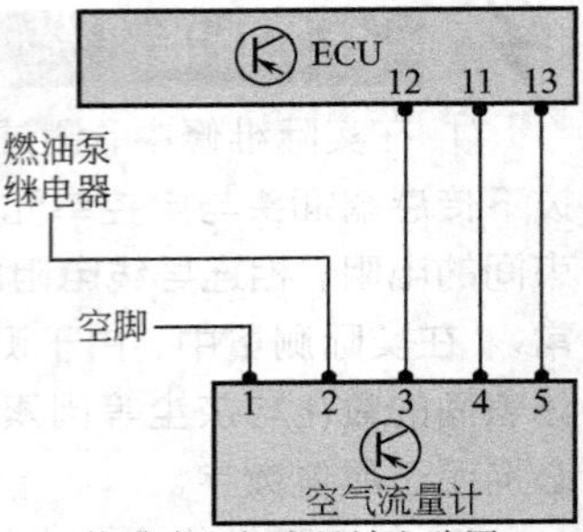

234. 空气流量传感器损坏有什么影响

举例说明：一辆桑塔纳轿车空气流量计导致的故障

故障现象：

桑塔纳轿车出现怠速发颤发抖、耗油大、高速无力、排气管放黑烟等故障。

故障分析：

出现上述原因，经过故障诊断仪检测，发动机空气流量计数据块严重超标，而空气流量计出现损坏原因，往往是车主使用劣质空气滤清器或空气滤清器没有定期更换而导致灰尘停留在空气流量计热丝上。时间过长导致其电阻值变化不准或失效，而且灰尘易导致节气门阀体过脏。

故障排除：

更换空气流量计，清洗节气门阀体。更换原厂空气滤清器，重新匹配。

235. 进气压力传感器的电路控制和作用是怎样的

进气压力传感器作用及控制见表6-8。

表6-8 进气压力传感器控制

电工知识	图示/示意图
进气歧管压力传感器是集信号传感和信号放大于一体的部件。它是由压力转换元件和把压力转换元件输出信号进行放大的集成电路组成 进气歧管绝对压力(MAP)传感器测量因发动机负荷和转速变化而导致的进气歧管压力变化。它将这些变化转换为电压输出 进气压力传感器是提供发动机负荷信息，即通过对进气管的压力测量，间接测量进入发动机的进气量，再通过内部电路使进气量转化成电信号提供给电脑	

续表

电工知识	图示/示意图
压力转换元件是利用半导体的压电效应制成的硅膜片,该膜片的一面是真空室,另一面通过橡胶管接进气歧管,故承受的是进气歧管的气体压力	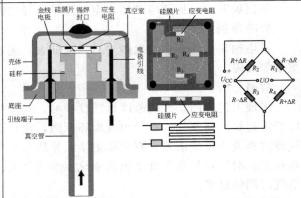

电工知识

硅膜片会在进气胶管压力的作用下产生变形,压力越大,硅膜片的变形越大,其电阻值就越大。反之,进气压力越小,硅膜片产生的电阻值就越小。

在歧管压力传感器内部硅膜片产生的电阻值变化量,通过惠斯通电桥电路可将其转接成为电压信号。由于该信号很微弱,因此在传感器内部设有放大电路进行放大处理,而后,便可以从传感器端子输出相应的电压信号(PIM),该电压信号与进气歧管压力为线性关系。

236. 怎样检测与诊断进气压力传感器

表6-9 进气压力传感器检测

电工技能/测试操作	图示/示意图
进气压力传感器都是3线的,一根电源线,一根信号线,一根接搭铁线。拔开进气压力传感器的插头,接通点火开关,电源线的开路电压约+5V。用万用表检测时因信号类型不同,应选用不同的挡位,电压信号选用直流电压挡,频率信号选用频率挡。丰田车进气压力传感器电路图如右图所示,它输出的是电压信号	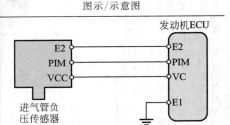

电工技能/测试操作	图示/示意图
用万用表检测的方法如下:接通点火开关,端子 VC 和 E2 间的电压应当是 4.5~5.5V。ECU 端子 PIM 与 E2 之间的信号电压应当是 3.3~3.9V,发动机怠速时信号电压约 1.5V,随着节气门开度的增加,信号电压应上升,真空度与电压信号关系应符合右图中所示的关系	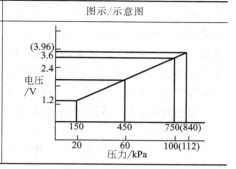

237. 进气压力传感器失效有什么影响

举例说明:一辆富康轿车由进气压力传感器导致的故障

故障现象:

富康轿车,在行驶中排气管冒黑烟,并发出"突、突"声;有时排气管放炮;加速时感觉车速始终提不起来,估计是该车的点火过弱或混合气过浓所致。

故障原因分析:

分析其原因主要有以下几点:

① 点火能量过弱。点火线圈、高压线、火花塞性能衰退,使高压火花弱。

② 水温传感器、进气温度传感器、氧传感器、进气压力传感器失效。

③ 喷油器滴漏或喷油量过大。

故障诊断与检修:

检修时,根据其以上所分析的原因,首先检查点火系统,高压火花很强。接着检查两个温度传感器(就车测量冷、热车的电阻变化值,从而确定两个传感器的状况),测量水温传感器在冷车约10℃时,电阻值为 35kΩ;热车约80℃时,电阻值约为 3kΩ,即符合标准。再测量进气温度传感器在冷车约10℃时,电阻值约为 4kΩ;在 60℃时约为 600Ω,也符合标准。检查氧传感器时,用万用表测量氧传感器到电子控制单元反馈线的电压。热车时,电压应在 0.1~

0.8V之间波动;当将发动机加速到2500r/min,反馈电压在0.45V左右波动。由此可见,氧传感器正常。最后检查进气压力传感器。测量传感器上的供给电压,符合规范、接地正常。反馈给电子控制单元的电压应在0~5V间变化,而该车不管加速、减速均在0.5V左右。拔下传感器上的真空管,感觉真空管有吸力,改变节气门的开度,真空度有变化。检查真空管无破损处。将进气压力传感器上的真空管堵死,加速时观察排气管冒烟情况有无变化,结果基本和原来的一样。

故障排除:

进气压力传感器损坏、工作失效所致。更换新件之后,排气管不再冒黑烟,发动机运转正常。

电工知识

① 进气歧管绝对压力传感器和真空泄漏一样,发动机不能得到正常操作所需的燃油量。

② 控制模块使用进气歧管绝对压力传感器来确定大气压力。控制模块在燃油控制中使用大气压力来补偿海拔高度差异。

③ 进气歧管绝对压力(MAP)传感器响应歧管内的真空变化。电子控制模块(ECM)以信号电压的方式接收此变化信息,该信号电压将从怠速情况下节气门关闭时的1~1.5V变化至节气门全开时的4.5~5V。

238. 进气温度传感器的电路控制和结构是怎样的

表 6-10 进气温度传感器控制

电工知识	图示/示意图
进气温度传感器通常安装在空气流量计内或者空气滤清器之后的进气管上	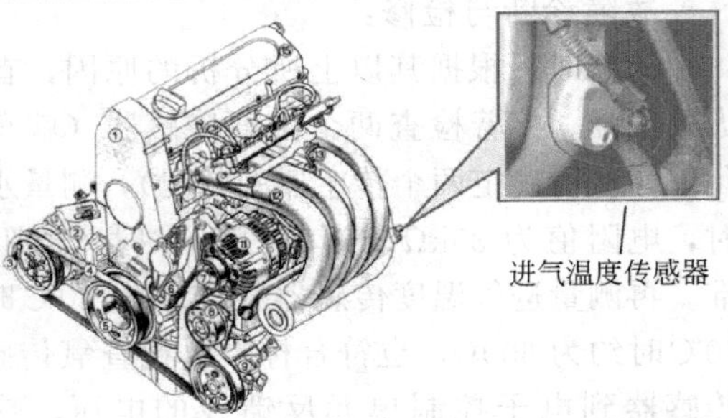 进气温度传感器

续表

电工知识	图示/示意图
该传感器是来检测进气温度,提供给 ECU 作为计算空气密度的依据。进气温度传感器(IAT)用其电阻值来控制 ECU 的电压信号 当进气较冷时,传感器电阻高,所以 ECU 针脚处的电压高。进气温度用于控制燃油数量、点火时刻和怠速空气进气量的控制	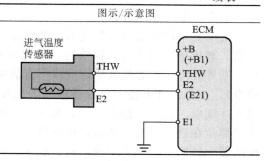

239. 怎样检测与诊断进气温度传感器

由于空气的密度随着温度的变化而变化的,因此,为了保持较为准确的空燃比,发动机 ECU 以 20℃ 时的空气密度为标准,根据实际测得的进气温度信号,修正偏移量。温度低时候增加喷油量,温度高时减少喷油量。幅度在 10% 左右。见表 6-11。

表 6-11　进气温度传感器检测

电工技能/测试操作	图示/示意图
与检测水温传感器的方法一样,在盛有冷水的容器中,检测进气温度传感器在不同温度下的电阻值,如果传感器没有显示出应有的电阻值,应修理或更换 把进气温度传感器装在发动机上,在传感器两个接线端之间用电压表测量电压降。对应任一温度,传感器都应有确定的电压降。对照维修手册进气温度传感器温度与压降的对应关系	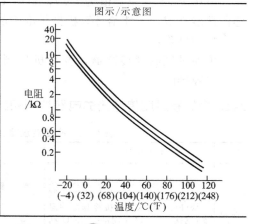

240. 进气温度传感器失效有什么影响

举例说明:一辆富康轿车进气温度传感器导致的故障

故障现象:

电喷发动机能正常启动,但排气管冒黑烟,驾驶舱内能闻到一股生油味,从故障上述现象初步诊断为混合气过浓。

故障诊断与原因分析:

电喷发动机引起混合气过浓故障的原因较多,主要有供油压力过高、氧传感器失效等。检修时,首先检查管路及各接插件的漏、松、断等故障,并分析其原因(该车有故障码显示,无须供油压力检查)。查警报灯未亮,电控系统无大故障,但一些小故障仍可造成上述现象。打开自诊断系统,提取故障码为"33",查手册得知故障部位在进气温度传感器。检查位于空气滤清器盖上的进气温度传感器元件插头,并未发现松动、脱落及接触不良。运用数字式万用表,检查传感器电阻:拔下计算机插头,万用表一端负极接传感器壳体,一端测量元件插头,根据温度查表,检查电阻值。此时的进气温度为40℃,查表阻值为1000Ω,万用表实际显示仅为600Ω,说明传感器有故障(进气温度是电脑修整供油量的重要参数,传感器提供不准确信息,势必使混合气浓度不能随工况相应变化,引发了上述故障)。接上计算机插头,运用数字万用表,检查元件电压为3V(规定值为5V),显然CTN型(负温度系数)传感器性能衰减,不能给计算机提供准确的信息。

故障排除:

更换进气温度传感器,发动机检测仪重新适应,清除原故障码,故障排除。

241. 冷却液温度传感器的电路控制和结构是怎样的

表6-12 冷却液温度传感器

项目	电工知识与技能	图示/示意图
控制及诊断说明	发动机冷却液温度传感器位于发动机右侧,其作用是向发动机控制模块(ECU)输入发动机冷却液的温度,也就是发动机的温度。ECU利用接收的信息改变点火提前角,并根据发动机温度改变燃油喷射量。通常当发动机冷却液温度传感器显示2.7V的值,相当于40℃时,在氧传感器的"闭环控制"内使用	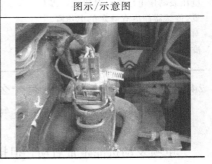

续表

项目	电工知识与技能	图示/示意图
控制及诊断说明	当温度变低时，热敏电阻的电阻值增大，电路中的电流减小，ECU检测到的信号电压增高，热敏电阻的阻值逐渐减小，电路中的电流增大，固定电阻上的电压逐渐增大，因此ECU检测到的信号电压逐渐降低，根据信号ECU将逐渐修正喷油量	
结构和电路控制	四线式冷却液温度传感器（如捷达），装有2个热敏电阻，一个至发动机ECU，用于发动机管理控制，一个用于冷却液温度表（组合仪表）显示	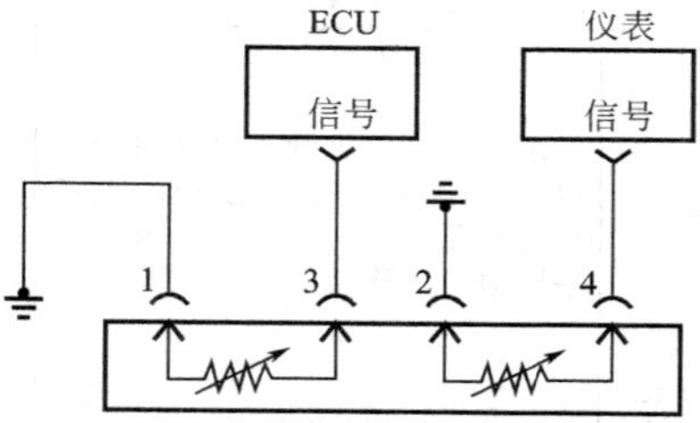 发动机冷却液温度传感器

242. 怎样检测与诊断冷却液温度传感器

电工技能

基本的2线式冷却液温度传感器的插头上有两根线，一根是信号搭铁回路线，另一根是信号线，首先拔下传感器的插头，打开点火开关，把数字万用表的两个表笔分别插入拔下的插头两端，万用表上显示电压应该在4.7～5.0V之间，显示负值，可以互换表笔，如果没有电压或电压很低，就要检查线路和电脑板信号端是否正常。信号电压正常后，插回插头，这时电压有所降低，然后启动发动机运转，观察电压随不同温度变化，水温越低时电压越高，水温越高时则电压越低。如果是这样，基本可以认为传感器是好的。再用万用表的电阻挡检测传感器两端子间的电阻，其电阻值应与温度成反比。基本检测见表6-13。

表 6-13　冷却液温度传感器检测

项目	测试操作技能	图示/示意图
车下检测	关闭点火开关，拔掉水温传感器插头，从发动机上拆下传感器，用数字万用表的电阻挡测传感器两个端子与外壳之间电阻，阻值均应为兆欧以上。用万用表测传感器两端子之间的电阻应该有20kΩ以下的电阻值。再将温度传感器的探头放入一个盛有热水的容器中，按照图中所示的连接方法连接好，并测出相应温度的电阻值。这个阻值随温度变化应符合相应车型的标准值，否则应该更换温度传感器	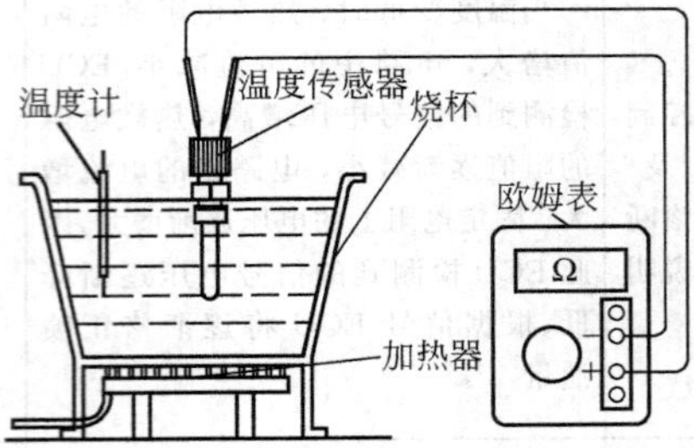
冷却液温度波形	示波器进行检测。发动机启动以后，持续观察温度变化时电信号的变化情况，其电压显示线应平顺地向下移动	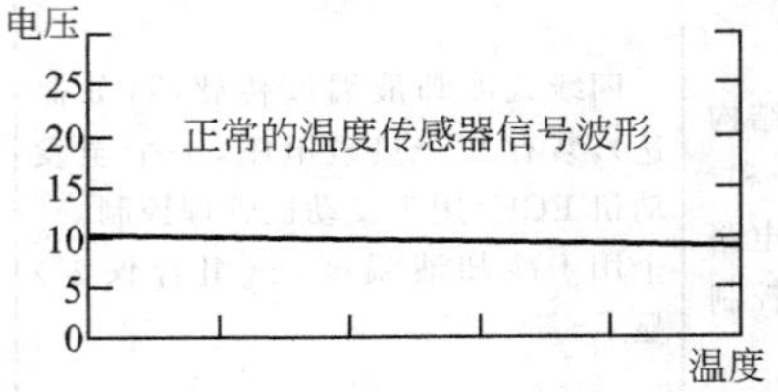
	如果有波纹出现的干扰反应，表示传感器的热敏电阻反应不良，应该更换传感器	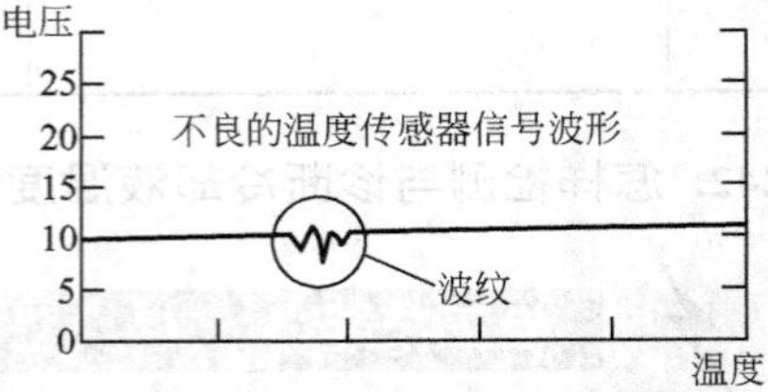

243. 冷却液温度传感器失效有什么影响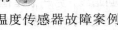

举例说明：一辆捷达王轿车冷却液温度传感器故障案例

故障现象：

发动机怠速升高，转速表指针小幅度摆动。

故障诊断分析：

捷达王轿车发动机怠速高，转速表指示在 1200r/mim 左右，有时小幅度摆动。用大众 V.A.G1551 专用故障诊断仪检测，结果无故障记录。然后，对数据流逐一分析，发现热车后冷却液温度仍然在 35℃ 左右，而此时冷却液温度指示表已经在 90℃，说明冷却液传感器传递信号有误,系冷却液温度传感器工作不良。这是因为冷却液温度传感器损坏后,虽然发动机已经热车,但仍然给发动机控制单元冷车信号,发动机控制单元认为发动机还处于冷车状态,便控制发动机以高怠速运转。指针指示高。

故障排除:

更换冷却液温度传感器,故障排除。

244. 怠速控制装置的任务是什么

为了在怠速范围内操纵节气门,节气门定位器由发动机控制单元驱动;怠速开关、节气门定位电位计和节气门电位计向发动机控制单元传送节气门和节气门定位器当前位置的信号(表6-14)。

表6-14 节气门怠速控制装置

项目	电工知识与技能	图示/示意图
节气门直动式怠速控制装置	节气门直动式怠速控制装置在发动机怠速运转时利用直流电动机和减速机构来直接驱动节气门的开闭来控制怠速转速在目标转速范围内,它由节气门电位计(即节气门位置传感器)、节气门定位电位计(即怠速节气门位置传感器)、节气门定位器(即怠速电动机)和怠速开关(即怠速触点)四个部分组成	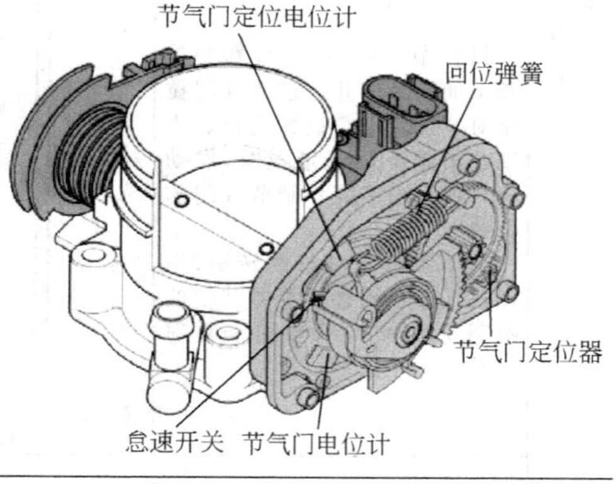
节气门位置传感器	节气门位置传感器也是由两个无触点线性电位器传感器组成,且由ECU提供相同的基准电压。当节气门位置发生变化时,电位器阻值也随之线性地改变,由此产生相应的电压信号输入ECU,该电压信号反映节气门开度大小和变化速率	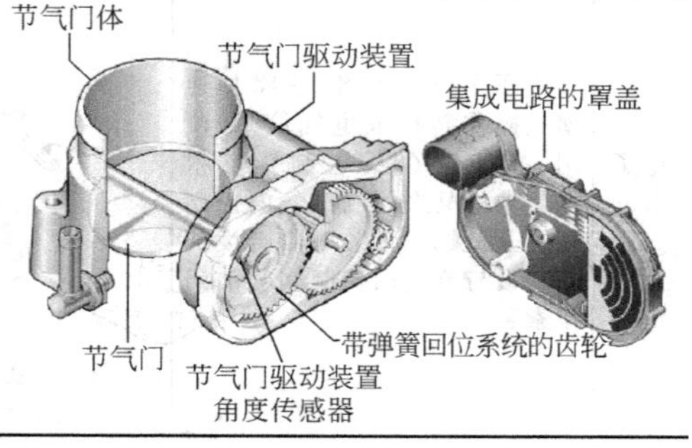

245. 机械拉线节气门和电子节气门系统有什么区别

见表 6-15 和图 6-23。

表 6-15 机械拉线和电子节气门系统

项目	电工知识与技能	图示/示意图
机械拉线节气门	节气门用拉索和位于车辆内部的加速器踏板协同操作,来调节吸入汽缸中的空气燃油混合气容积。当加速器踏板被踩下时,节气门开启,吸入大量的空气和燃油,使发动机输出功率增加。同时还配备 ISCV(怠速控制阀)以便当发动机冷态或急速期间调节空气量	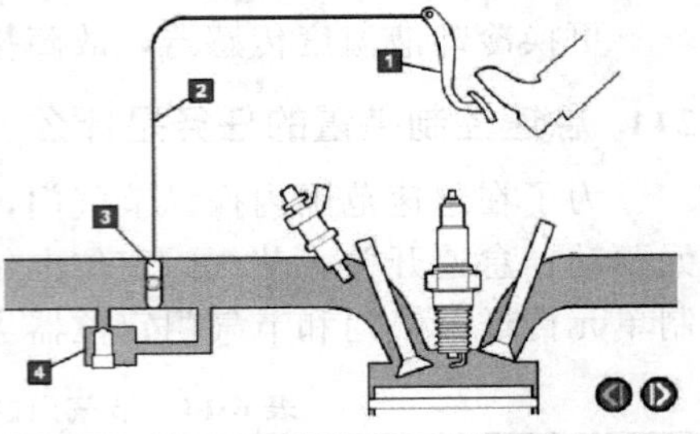 1—加速器踏板;2—油门拉索;3—节气门;4—ISCV
	机械节气门系统中,驾驶员踏下加速踏板并通过节气门拉索对节气门进行机械定位。当驾驶员踏下加速踏板时,发动机管理系统不能控制节气门的位置 为了调整发动机的转矩,发动机管理系统必须参考其他的控制变量,如点火正时和喷射正时	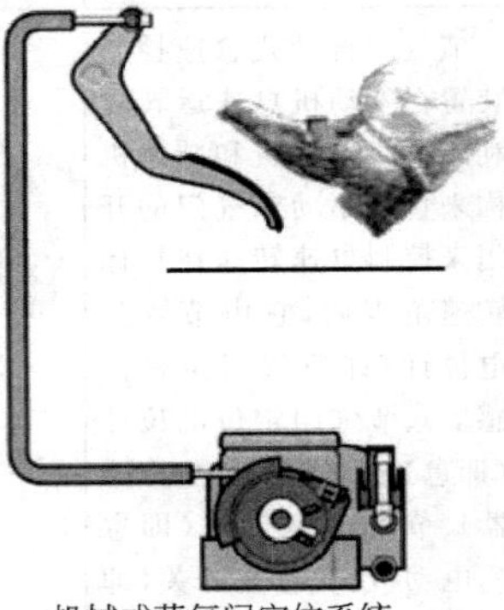 机械式节气门定位系统
电子节气门	电子节气门系统,它将加速踏板操作转换成电气信号,使用一只 ECU(电子控制单元)根据驾驶状况来控制节气门控制阀的开、关。因此没有连接加速踏板与节气门控制阀的油门拉索	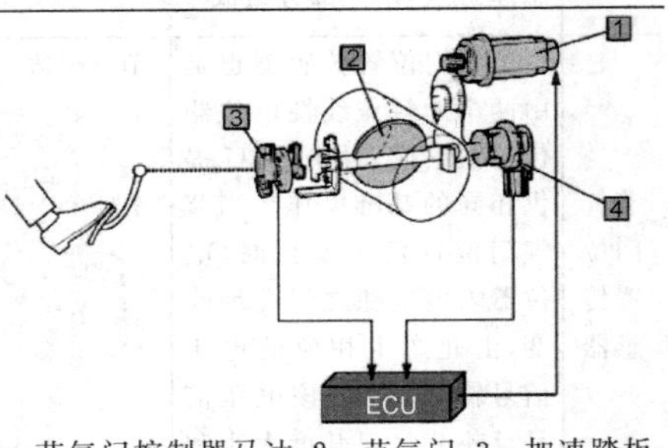 1—节气门控制器马达;2—节气门;3—加速踏板位置传感器;4—节气门位置传感器

续表

项目	电工知识与技能	图示/示意图
电子节气门	在电子节气门控制系统中，节气门在整个调整范围内都是由一个电机控制的。驾驶员根据所需要的发动机动力踏下加速踏板。传感器记录下加速踏板的位置并将该信息传递给发动机控制单元。发动机控制单元现在将对应于驾驶员输入的信号传递给节气门定位器，定位器将节气门转动到相应的角度。 但是，如果出于安全或燃油消耗因素的考虑，发动机控制单元可以独立于加速踏板的位置而调整节气门的位置。 这样做的优点是发动机可以根据各种不同的需求（例如驾驶员的输入、废气的排放、燃油消耗以及安全性）确定节气门的位置	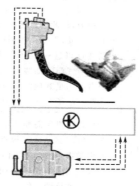 电子节气门定位系统

电子节气门

机械式(拉线)节气门

图 6-23　机械和电子节气门

246. 电子节气门控制组成是怎样的

表 6-16　电子节气门控制系统组成

组成	电工知识与技能	图示/示意图
加速踏板模块	用传感器来确定当前加速踏板的位置，并将相应的信号传递给发动机控制单元	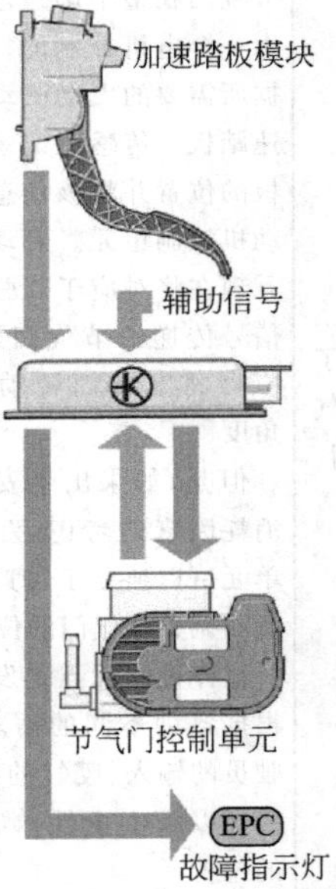
发动机控制单元	①根据该信号计算出驾驶员需要的发动机动力，将此信息转换为发动机的转矩数值。为此，发动机控制单元激活节气门驱动装置以进一步开启或关闭节气门。在激活节气门驱动装置时，发动机控制单元也考虑满足其他的转矩要求，例如空调 ②监控电子节气门控制系统功能	
节气门控制单元	①负责提供所需要的空气质量 ②节气门驱动装置根据发动机控制单元发出的指令激活节气门 ③节气门角度传感器向发动机提供节气门位置的反馈数值	
电子节气门控制系统的故障指示灯	向驾驶员提示电子节气门控制系统已发生故障	

247. 你对节气门执行器控制（TAC）了解多少

发动机控制模块（ECM）是节气门执行器控制（TAC）系统的控制中心。发动机控制模块根据加速踏板位置、传感器的输入确定驾驶员的意图，然后根据节气门位置传感器的输入计算相应的节气门响应量。发动机控制模块通过向节气门执行器电机提供脉宽调制电压，以实现节气门定位。

节气门执行器控制（TAC）系统见表 6-17。

248. 电子节气门信号控制和电路是怎样的

发动机管理系统根据内部和外部转矩的需求产生一定的转矩。实际的转矩是根据发动机转速、负载信号和点火提前角计算得出的。

表 6-17　节气门执行器控制（TAC）系统

工作模式	电工技能/内容说明
正常模式	在节气门执行器控制系统工作期间，有几种模式或功能被认为是正常的。在正常操作期间可进入 4 种模式	①加速踏板最小值—用钥匙启动时，发动机控制模块更新已读入的加速踏板最小值 ②节气门位置最小值—用钥匙启动时，发动机控制模块更新已读入的节气门位置最小值。为了读入节气门位置最小值，将节气门移至关闭位置 ③破冰模式—如果节气门不能达到预定的最小节气门位置，则进入破冰模式。在破冰模式期间，发动机控制模块指令向关闭方向的节气门执行器电机施加几次最大的脉宽 ④蓄电池节电模式—在发动机无转速持续预定时间后，发动机控制模块指令蓄电池节电模式。在蓄电池节电模式期间，节气门执行器控制模块卸去电机控制电路上的电压，以消除用于保持怠速位置的电流，并使节气门返回至默认的弹簧负载位置
降低发动机功率模式	发动机控制模块检测到节气门执行器控制系统故障时，发动机控制模块可进入降低发动机功率模式。降低发动机功率可能导致一种或多种情况	①限制加速—发动机控制模块将继续使用加速踏板控制节气门，但车辆加速受限制 ②限制节气门模式—发动机控制模块将继续使用加速踏板控制节气门，但节气门最大开度受限制 ③节气门默认模式—发动机控制模块将关闭节气门执行器电机，节气门将返回至默认的弹簧负载位置 ④强制怠速模式—发动机控制模块将执行以下操作： 通过定位节气门位置将发动机转速限制在怠速，或者在节气门关闭时控制燃油和点火使发动机怠速 忽略加速踏板的输入 ⑤发动机关闭模式—发动机控制模块将关闭燃油并使节气门执行器断电

发动机控制单元一开始比较实际转矩和额定转矩。如果这两个数值互相有分别，系统将确定必要的纠正方式以使这些数值匹配。

⚡ 电工知识

如图 6-24 所示，在第一条路径中，系统激活影响到增压的长期转矩需求的控制变量。 在第二条路径中，系统改变影响到独立于增压的短期转矩的控制变量。

要开启或关闭节气门，发动机控制单元激活节气门驱动装置的电机。两个角度传感器向发动机控制单元提供当前节气门位置的反馈信号。

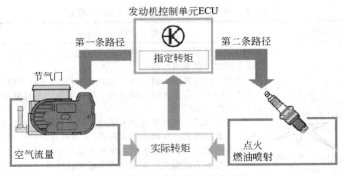

图 6-24　系统同时处理两条路径

电工技能

（1）信号故障

如果一个传感器发生故障，则发生以下情况：

① 在故障存储器中储存故障，并且电子节气门控制系统的故障指示灯点亮。

② 系统开始启动怠速模式。如果在定义的测试时间内发现第二个传感器在怠速位置内，则车辆继续运行。

③ 如果需要进入节气门全开状态，则发动机转速缓慢提高。

④ 此外，也通过制动灯开关 F 或制动踏板开关 F47 识别怠速。

⑤ 舒适系统功能，如：巡航控制系统或发动制动调节功能被关闭。

（2）当两个传感器都发生故障时，则发生以下情况

① 在故障存储器中储存故障，并且电子节气门控制系统的故障指示灯点亮。

② 发动机仅仅在高怠速（最高 1500r/min）下运转，并不再对加速踏板的动作作出响应。

（3）电路控制

两个滑动触点电位计上的电压均为 5V。出于安全考虑，每个传感器都有其单独的（红色线）电源、单独的（棕色）接地线和单独的信号线（绿色）。

电子节气门控制示意图见图 6-25。

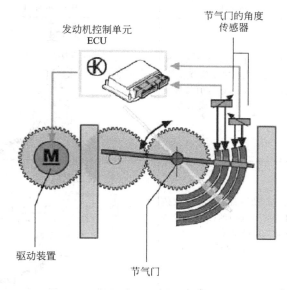

图 6-25　电子节气门控制示意图

249. 电子节气门各阶段工况是怎样的

表 6-18　各阶段工况

工况	控制说明	图示/示意图
怠速工况	发动机控制单元可以从加速踏板位置传感器的信号电压识别出加速踏板没有被踏下，怠速控制过程现在开始	

续表

工况	控制说明	图示/示意图
怠速工况	发动机控制单元激活节气门驱动装置并通过电机来定位节气门 节气门根据实际怠速值与规定怠速值的偏差来开启或关闭节气门	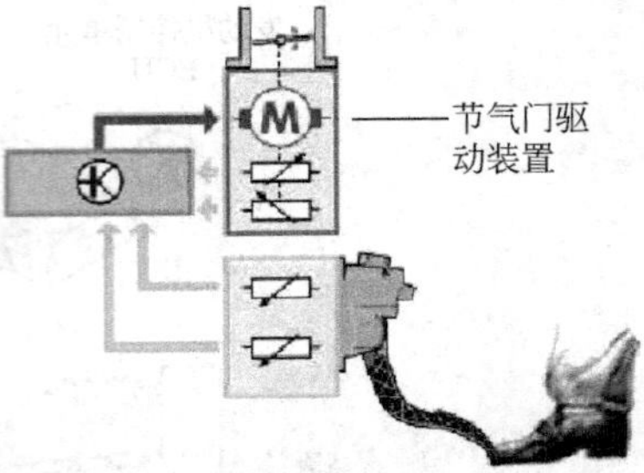 节气门驱动装置
	节气门驱动装置的两个角度传感器将当前节气门的位置信号传递给发动机控制单元 它们位于节气门控制单元中	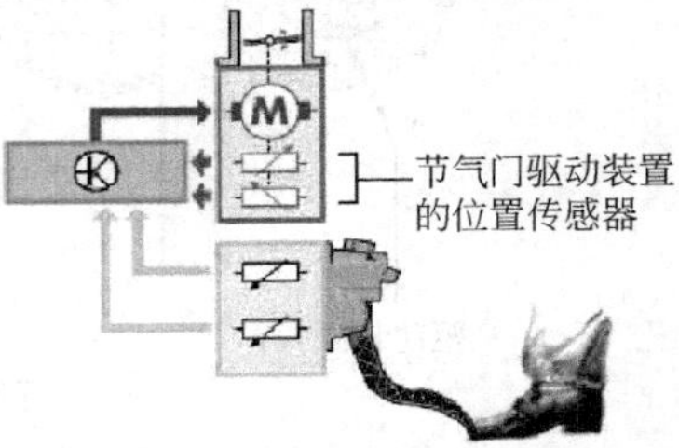 节气门驱动装置的位置传感器
踏下加速踏板	发动机控制单元加可以从加速踏板位置传感器的信号电压识别加速踏板被踏下的程度。使用该信息,发动机控制单元算出驾驶员的输入并通过一个电机激活节气门驱动装置,将节气门定位 发动机控制单元同时控制点火正时、喷油时间以及必要时的增压压力	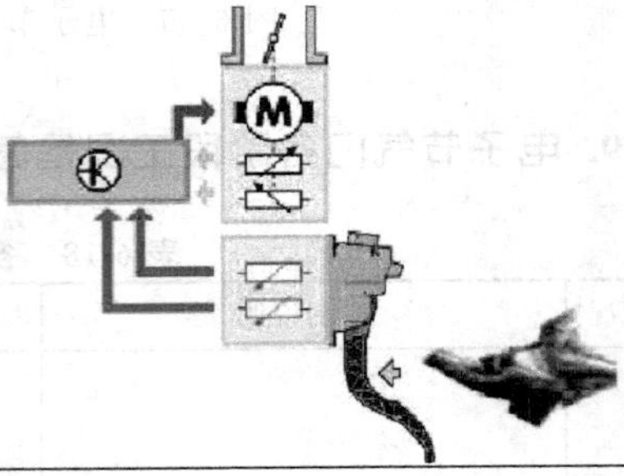
	节气门驱动装置的两个角度传感器确定节气门的位置并传递相应的信号到发动机控制单元	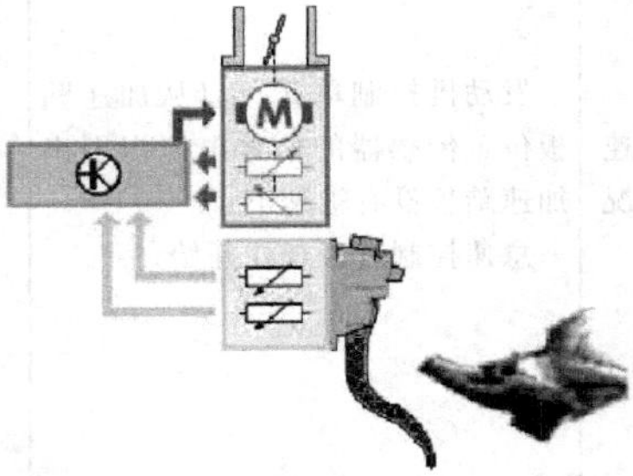

续表

工况	控制说明	图示/示意图
踏下加速踏板	发动机控制单元在计算必要的节气门位置时允许附加的发动机转矩需求因素。 这些因素包括： ①速度限制装置 ②巡航限制 ③牵引力控制系统 ④发动机制动控制 当需要一定的发动机转矩时，即使加速踏板的位置没有被改变，仍然可以调节节气门	

250. 加速踏板是怎样控制的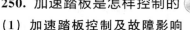

（1）加速踏板控制及故障影响

发动机控制单元能够根据两个加速踏板位置传感器所提供的信号识别出加速踏板当前的位置。

电工知识

两个传感器是滑动触点电位计，它们被安装在一根公共轴上，滑动触点电位计的电阻和传送至发动机控制单元的电压随加速踏板位置的变化而变化。 加速踏板见图6-26。

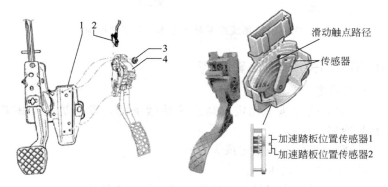

图6-26　加速踏板（大众捷达）
1—轴承支座；2—插头；3—螺栓；4—加速踏板位置传感器（G79和G185）

第六章　发动机电工技术与电控维修

(2) 系统控制及部件（图 6-27）

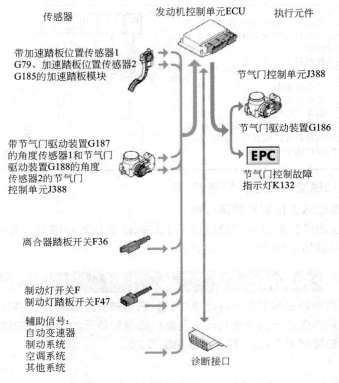

图 6-27 系统控制及加速踏板等部件控制

251. 节气门失效有什么影响

故障现象：

① 发动机怠速不稳定，高怠速持续下降，发动机启动困难。尤其是冷启动困难。

② 发动机怠速不稳定或无怠速。

③ 发动机启动困难。

④ 发动机动力不足，加速性能差，运转不稳定。

故障原因：

① 节气门黏附积炭,节气门关闭不严实。
② 节气门怠速通道堵塞。怠速时,空气进气量不足。
③ 节气门位置传感器触点不良,无全负荷。
④ 节气门位置传感器触点不良或节气门体损坏,节气门位置信号不正确。

排除方法:

以上①、②2种故障原因可以清洗节气门来解决;以上③、④2种故障原因根据故障诊断仪检测情况更换节气门来解决。

252. 怎样清洗节气门

(1) 了解节气门控制单元、加速踏板电路（图6-28）

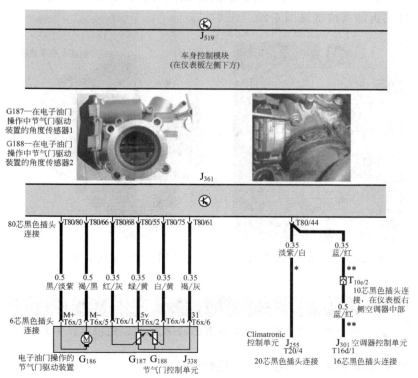

图6-28 节气门控制单元、加速踏板电路（大众宝来）

(2) 节气门体拆卸及清洗

① 在清洗工作进行前,最好先拆掉节气门体上的节气门位置传感器,以防清洗剂对节气门位置传感器腐蚀而损坏。

② 清洗时,重点清洗节气门体腔、节气门及节气门轴等部位,直至没有污物为止。清洗后反复扳动节气门操纵机构,检查节气门开关是否自如。另外,还要清洗进气道与节气门体的接合面,清洗前先拆下密封胶圈,以防被腐蚀。

③ 如果节气门位置传感器已拆下,则先将其装于节气门体上。注意,传感器上的安装标记应和节气门体上的标记对正。将进气管上的密封胶圈复位,将节气门体安装到进气管上。紧固螺栓的拧紧力矩为5N·m。节气门的4个固定螺栓(箭头处)、(大众车)节气门拆卸及清洗见图6-29、图6-30。

图6-29 拆卸节气门体螺栓

图6-30 清洗节气门体

维修提示

清洗节气门时,集成电路罩盖必须朝上。以免损坏其中元件。

253. 氧传感器基本功用原理是什么

简单地说,氧传感器是提供混合器浓度信息,用于修正喷油量,实现对空燃比的闭环控制,保证发动机实际的空燃比接近理论空燃比的主要元件。

氧传感器基本功用原理见表 6-19。

表 6-19 氧传感器基本功用原理

项目	维修知识	示意图
氧传感器控制	氧传感器安装在三元催化器转换器上。氧传感器将废气中氧的浓度信息反馈给 ECM,氧的浓度直接与空燃比相关,浓混合气产生的氧浓度低,稀混合气产生的氧浓度高,传感器测量氧的含量并向控制单元提供可变电压信号,根据该信号 ECU 确定氧的浓度,并改变喷射脉冲持续时间以加浓或稀释混合气,进而导致氧的浓度变化	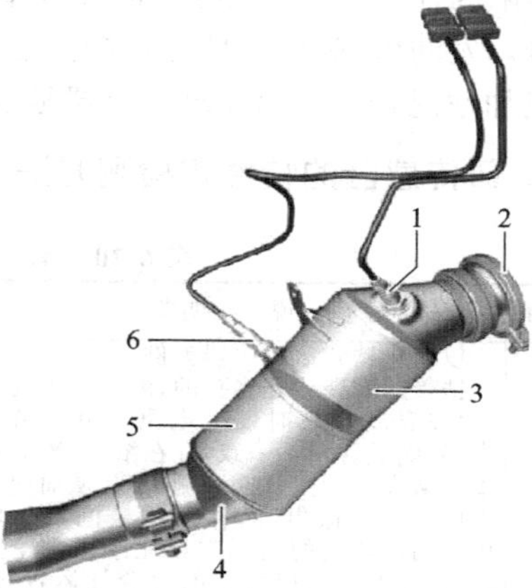 1—催化转换器前氧传感器;2—废气涡轮增压器上的接口;3—陶瓷载体1;4—催化转换器;5—陶瓷载体2;6—催化转换器后氧传感器
氧传感器基本结构原理	氧传感器的工作原理与干电池相似,传感器中的氧化锆元素起类似电解液的作用。其基本工作原理是:在一定条件下(高温和铂催化),利用氧化锆内外两侧的氧浓度差,产生电位差,且浓度差越大,电位差越大。大气中氧的含量为21%,浓混合气燃烧后的废气实际上不含氧,稀混合气燃烧后生成的废气或因缺火产生的废气中含有较多的氧,但仍比大气中的氧少得多	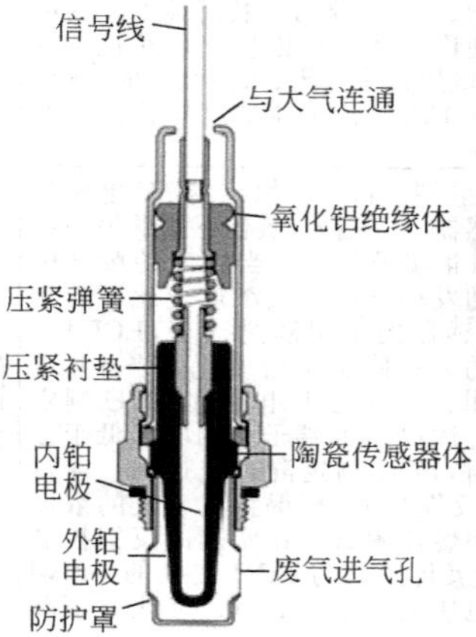 

第六章 发动机电工技术与电控维修

在高温及铂（或者锆）的催化下，带负电的氧离子吸附在氧化锆套管的内外表面上。由于大气中的氧气比废气中的氧气多，套管上与大气相通一侧比废气一侧吸附更多的负离子，两侧离子的浓度差产生电动势。当套管废气一侧的氧浓度低时，在电极之间产生一个高电压（0.6～1V），这个电压信号被送到ECU放大处理，ECU把高电压信号看作浓混合气，而把低电压信号看作稀混合气。根据氧传感器的电压信号，发动机ECU按照尽可能接近14.7:1的理论最佳空燃比来稀释或加浓混合气。因此氧传感器是电子控制燃油计量的关键传感器。

254. 氧传感器的特性和检测方法是怎样的

表 6-20　氧传感器特性

项目	说　　明	示　意　图
氧传感器特性	以氧化锆式氧传感器为例 锆管的陶瓷体是多孔的，渗入其中的氧气，在温度较高时发生电离。由于锆管内、外侧氧含量不一致，存在浓差，因而氧离子从大气侧向排气一侧扩散，从而使锆管成为一个微电池，在两铂极间产生电压。当混合气的实际空燃比小于理论空燃比时，即发动机以较浓的混合气运转时，排气中氧含量少，但CO、HC、H_2等较多。这些气体在锆管外表面的铂催化作用下与氧发生反应，将耗尽排气中残余的氧，使锆管外表面氧气浓度变为零，这就使得锆管内、外侧氧浓差加大，两铂极间电压陡增。因此，锆管氧传感器产生的电压将在理论空燃比时发生突变：稀混合气时，输出电压几乎为零；浓混合气时，输出电压接近1V，氧传感器的电压特性如右图所示	氧传感器电压特性
氧传感器检测	ECU2#端子将一个恒定的1V电压加在氧传感器的一端上，氧传感器的另一端与ECU4#端子相接。当排出的废气中氧浓度随发动机混合气浓度变化而变化时，氧传感器的电阻随之改变，ECU4#端子上的电压降也随着变化。当4#端子上的电压高于参考电压时，ECU判定混合气过浓；当4#端子上的电压低于参考电压时，ECU判定混合气过稀。通过ECU的反馈控制，可保持混合气的浓度在理论空燃比附近。在实际的反馈控制过程中，氧传感器与ECU连接的4#端子上的电压也是在0.1～0.9V之间不断变化	

电工技能

把以下这句话用红线划上做记录,并在维修中渗透和正确理解。

要准确地保持混合气浓度为理论空燃比是不可能的。实际上的反馈控制只能使混合气在理论空燃比附近一个狭小的范围内波动,故氧传感器的输出电压在 0.1~0.9V 之间不断变化(通常每 10s 内变化 8 次以上)。如果氧传感器输出电压变化过缓(每 10s 少于 8 次)或电压保持不变(不论保持在高电位或低电位),则表明氧传感器有故障,需检修。

255. 什么是宽带型氧传感器

宽带型氧传感器的基本控制原理就是以普通氧化锆型氧传感器为基础扩展而来。氧化锆型氧传感器有一特性,即当氧离子移动时会产生电动势。反之,若将电动势加在氧化锆组件上,即会造成氧离子的移动。根据此原理即可由发动机控制单元控制所想要的比例值。

构成宽带型氧传感器的组件有两个部分:一部分为感应室,另一部分是泵氧元。

(1) 感应室

感应室的一面与大气接触,而另一面是测试腔,通过扩散孔与排气接触,与普通氧化锆传感器一样,由于感应室两侧的氧含量不同而产生一个电动势。一般的氧化锆传感器将此电压作为控制单元的输入信号来控制混合比,而宽带型氧传感器与此不同的是:发动机控制单元要把感应室两侧的氧含量保持一致,让电压值维持在 0.45V,这个电压只是电脑的参考标准值,它就需要传感器的另一部分泵氧元来完成。

(2) 泵氧元

宽带型氧传感器的另一部分是传感器的关键部件——泵氧元,一边排气,另一边与测试腔相连。泵氧元就是利用氧化锆传感器的反作用原理,将电压施加于氧化锆组件(泵氧元)上,这样会造成氧离子的移动。把排气中的氧泵入测试腔当中,使感应室两侧的电压值维持在 0.45V。这个施加在泵氧元上变化的电压,才是需要的氧含量信号。

电工知识

如果混合汽太浓,那么排气中含氧量下降,此时从扩散孔溢出的氧较多,感应室的电压升高。为达到平衡发动机控制单元,增加控制电流使泵氧元增加泵氧效率,使测试腔的氧含量增加,这样可以调节感应室的电压恢复到 0.45V。相反混合气太稀,则排气中的含氧量增加,这时氧要从扩散孔进入测试腔,感应室电压降低,此时泵氧元向外排出氧来平衡测试腔中的含氧量,使感应室的电压维持在 0.45V。见表 6-21。

表 6-21 混合气调整

项目	电工知识	图示/示意图
电极电压小于 450mV(单元泵气过稀)	混合气过稀调整 如果混合气过稀,尾气中氧含量多,示意图中测量室画出 5 个氧分子,空气室总是 5 个氧分子,电极电压小于 450mV	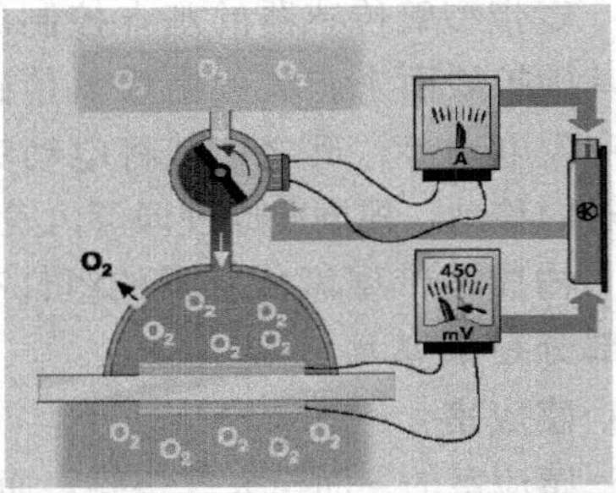
电极电压上升到 450mV(单元泵电流减小)	单元泵电流减小,空气流量减少,图中测量室又恢复了 4 个氧分子,电极电压上升到 450mV	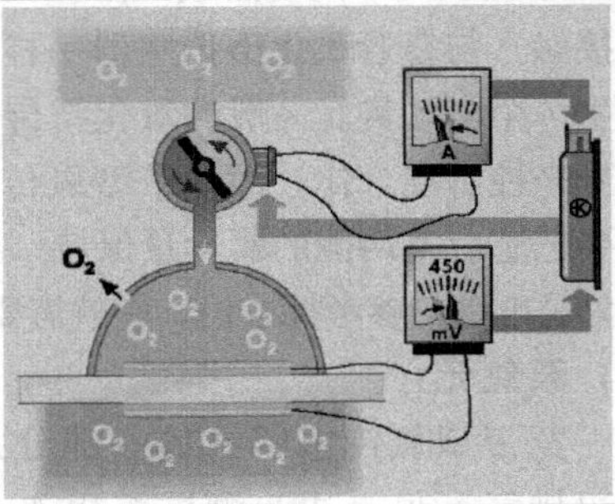

其实,综上所述可以概述成这一句话:加在泵氧元上的电压可以保证当测试腔内的氧多时,排出腔内的氧,这时发动机控制单元的控制电流是正电流;当腔内的氧少时,进行供氧,此时发动机控制单元的控制电流是负电流。

知识与技能

必须在实际维修中渗透和正确理解下述概要:

宽带氧传感器能够提供准确的空燃比反馈信号给ECU,从而ECU精确地控制喷油时间,使汽缸内混合汽浓度始终保持理论空燃比值。宽带氧传感器的使用提高了ECU的控制精度,最大限度地发挥了三元催化器的作用,优化了发动机的性能,并可节省燃油消耗,更加有效地降低了有害气体的排放。

宽带氧传感器通过检测发动机尾气排放中的氧含量,并向电子控制单元(ECU)输送相应的电压信号,反映空气燃油混合比的稀浓。ECU根据氧传感器传送的实际混合汽浓稀反馈信号而相应调节喷油脉宽,使发动机运行在最佳空燃比($\lambda = 1$)状态,从而为催化转换器的尾气处理创造理想的条件。如果混合气太浓($\lambda < 1$),必须减少喷油量,如果混合气太稀($\lambda > 1$),则要增加喷油量。

256. 怎样检测宽带氧传感器

宽带氧传感器是6针插头,1—5针为电极电压;2—6针为单元泵电流;3—4针为加热电阻。

 电工技能

测量检查方法:

① 不拔开插头,直接测量传感器插头1—5针电极电压为0.4~0.5V。

② 拔开插头,测量传感器侧2—6针为单元泵电阻,为77Ω左右;

测量3—4针为加热电阻为2.5~10Ω;

测量传感器5—2针、5—6针电阻均为∞。

257. 宽带氧传感器失效有什么影响

宽带氧传感器失效影响:氧传感器损坏明显导致发动机动力不足,加速迟缓,排气冒黑烟。

维修举例:宝马发动机间歇性抖动举例

一辆宝马 E90（2006 款宝马 325）发动机间歇性抖动。踩制动踏板挂挡以后现象尤其明显。

试车重现和证明故障现象发现：

不挂挡时，发动机抖动间歇时间基本上在 10s 左右，挂挡以后时间缩短为 5s 左右，而且抖动的程度特别大，每次抖动时间很短，基本上不超过 2s。

具体故障诊断分析：

(1) 机理分析

发动机抖动主要是因为汽缸内气体作用力的变化，引起各汽缸功率不平衡，导致各活塞在做功行程时间的水平方向分力一致，出现对发动机横向摇倒的力矩不平衡，从而产生发动机抖动。也就是说，凡是引起发动机汽缸内气体作用力变化的故障都有可能导致发动机怠速抖动。

(2) 重要检测诊断

① 氧传感器检测　因为牵扯到的系统较多，首先使用宝马汽车专用检测仪 ISID 对车辆进行检测，看是否有与其相关的故障代码。发现在 DME 中只存储故障为前氧传感器断路，且当前不存在，次数 255 次。

怀疑故障可能是氧传感器造成。

替换法初步确定故障点——更换氧传感器删除故障码，试车，仪表板上的故障指示灯没有亮，说明氧传感器可能坏了。

② 怠速测试　进行怠速试验，故障依旧。再次读取故障码，DME 中无故障码。进入 DME 的诊断，读取各缸的平稳数，但让人遗憾的是不管发动机是不是抖动，其平稳数都很正常，根本看不出任何的异常。

③ 空气流量计测试　再查看空气流量、发电机电压、空气流量为 18.6kg/h，发电机电压为 13.9V，冷却液温度为 98℃，点火提前角在 −2～12° 之间波动。再读取混合汽加法和乘法调校，其都在 0.6%，说明混合气可能还是很好的。

在没有检查到导致症状的根源，就要合理地进行排它性推理诊断和再次了解病历。

④ 了解病历并采取相应检查　咨询客户得知，该故障已经有一年多，一个月前进行过喷油嘴、节气门清洗和汽缸积炭清理，故障依然没有任何变化，半年之前进行过燃油泵和燃油滤清器的更换。而且天冷的时候基本上不会出现，或者出现的次数很少，然而夏天的时候故障特别明显。

从最基本的查起，按先易后难检查原则，进行再次梳理诊断。

拆下火花塞，观察发现电极及陶瓷体为红褐色，火花塞氧化严重。

故障点确定及故障排除：

更换新的火花塞和氧传感器，试车抖动消失，故障彻底解决。

  维修总结

① 在传感器出码以后，电脑会自动屏蔽其传来的数据，实行开环控制。因此氧传感器的故障码，对发动机运转的平稳性影响并不大。但是往往一些信号偏移但是并不出码的传感器故障反而影响发动机工作。

② 通过经验判断未果后回归原点进行发动机基本检查，最终发现故障所在。这也充分说明了基本检查在故障判断中的重要性。

③ 火花塞的氧化物多是由劣质汽油造成的，汽油中的杂质吸附到火花塞改变火花塞间隙，使点火能量降低造成了发动机的间歇性抖动。

258. 什么是开环控制

必须搞清楚什么决定开环还是闭环？记住以下简单三句话：

第一，冷却液温度传感器（ECT）信号是非常重要的，因为它确定发动机的控制是开环还是闭环。

第二，开环控制表示氧传感器不参与燃油控制，在开环控制时不考虑氧传感器的信号。

第三，闭环控制表示在燃油控制中使用氧传感器的信号，氧传感器的电压信号用作反馈信号。

还要记住这一维修原则性问题："在电子喷射系统中，冷却液温度偏低故障行车是坚决不允许的。"

开环控制。在电控燃油系统中，在发动机冷却液温度比较低时，PCM 应该忽略氧传感器信号时，通常使用开环控制。

在发动机第一次启动时候，因为温度太低，氧传感器太凉不能提供满意的信号，这时计算机程序是在没有氧传感器输出时候控制空燃比。

 维修知识

开环控制也是在某些行车情况下的计算机控制策略。发动机第一次启动时，通常也使用开环燃油控制策略（不管冷却液温度）。同样在节气门全开时也使用开环控制策略，以获得较浓的空燃比满足负荷要求。同样，在节气门快速关闭时也使用开环控制策略。在这种情况下，短暂关闭喷油器，以产生稀的混合气，防止多余燃油进入排气系统。

259. 什么是闭环控制

① 排气的温度使氧传感器足够热时，能够提供正确的电压信号，计算机将进入闭环控制模式。在闭环控制中，计算机使用氧传感器控制空燃比。

电工知识

各制造厂家闭环控制时刻的选择策略各有不同。有些系统根据氧传感器信号、节气门开度信号（TPS）、绝对压力传感器信号（MAP）或者空气流量计（MAF）信号。

② 有些系统利用一个时间计数器来判断，在发动机运行一段时间后进入闭环控制，所经历的时间长度和发动机启动时冷却液的温度传感器（ECT）信号有关。

③ 个别系统只有在冷却液温度接近 79.4℃ 或者更高，并且氧传感器的信号也正确时才能进入闭环控制。

ECT 传感器信号是非常重要的，因为它确定发动机的控制是开环还是闭环状态。

维修举例

例如,如果某车发动机的节温器出现了故障,冷却液的温度总也达不到 79.4℃,计算机控制系统就总也不能进入闭环状态。在开环状态下,空燃比一直是浓的状态,降低了燃油经济性,增加了排放。有些系统当长时间处于怠速状态时,由于氧传感器温度降低,因此又返回到开环控制状态。同样,大部分系统在节气门全开或者在节气门接近全开时,提供浓混合气。

④ 为了使计算机在怠速状态处于闭环控制状态,使氧传感器尽快热起来,大部分氧传感器(加热型氧传感器)使用电加热系统。当点火开关处于 RUN 位置时,给氧传感器的加热单元提供蓄电池电压。加热单元是正温度系数(PTC)电阻,工作中可以调整电流的大小。如果氧传感器是热的,PTC 电阻值增加,减少流过加热单元的电阻。

260. 电动燃油泵是怎样工作的

燃油泵内置在油箱中,燃油在燃油泵的压力作用下输出,燃油泵配备有脉动衰减器以防输出过程中的燃油波动,燃油泵输出的燃油通过燃油管路、燃油滤清器和燃油分配器进入各个喷油嘴。燃油分配器中的燃油压力调节器用于将燃油压力调节到恒定数值。电动燃油泵见表 6-22。

表 6-22 电动燃油泵

说 明	示 意 图
涡轮泵	当叶轮与电动机一起转动时,由于转子的外圆有很多齿槽,在其前后利用摩擦而产生压力差,重复运转则泵内产生涡流而使压力上升,由泵室输出 这种燃油泵被广泛用于多种车型上 涡轮泵电动机为 12V 直流电。壳体内装有正负极电极电刷 涡轮泵最大油泵压力达到 600kPa,当压力达到 400~600kPa 时,卸压阀打开,高压燃油直接流回油箱,卸压阀可以防止燃油压力升高以保护电动机	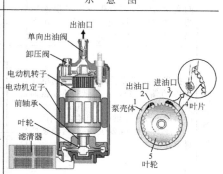

续表

说　明	示　意　图
滚柱泵	由壳体、圆柱形滚柱和转子等组成。滚柱在转子的槽内可径向滑动，转子与壳体存在一定的偏心 　转子在直流电动机的驱动下旋转，在离心力的作用下，滚柱紧压在泵体的内圆表面上，形成五个相对独立的密封腔。旋转时，每个密封腔的容积不断发生变化，在进油口时，容积增大，形成一定的真空，将经过过滤的汽油吸入泵内。在出油口处，容积变小，压力升高，汽油穿过直流电动机推开单向阀输出 　当输油管路发生堵塞或汽油滤清器堵塞时，汽油压力超过规定值，限压阀打开，汽油流回进油侧 　发动机熄火后，单向阀关闭，避免输油管路中的汽油倒流，保持油路中有一定的残余压力，以便于发动机再启动	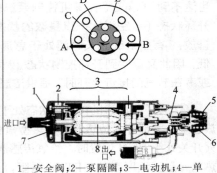 1—安全阀；2—泵隔圈；3—电动机；4—单向阀；5—消声器；6—膜片室；7—转子；8—电枢；A—出口；B—进口；C—滚柱；D—转子；E—泵隔圈
齿轮泵	主动齿轮偏心安装在从动齿轮中，从动齿轮可以在泵套内自由转动 　其工作原理与滚柱泵相似。泵油腔室的数目较多，因此，齿轮泵输油的流量和压力波动都比较均匀 　主动齿轮被燃油泵电动机带动旋转，由于齿轮啮合，主动齿轮带动从动齿轮一起旋转。在从动齿轮和主动齿轮的内外齿啮合的过程中，由内外齿所围合的腔室将发生容积大小的变化，这样，若合理设置进出油口的位置，即可利用这种容积的变化将燃油以一定的压力泵出	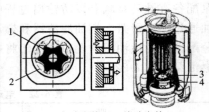 1—主动齿轮；2—从动齿轮；3—齿轮泵；4—滤网
燃油泵控制电路	打开点火开关后，发动机控制单元J220的端子T80/4为低电位，燃油泵继电器J17触点工作，由蓄电池直接向燃油泵G6供电，燃油泵工作。 　右图为桑塔纳2000轿车燃油泵控制电路	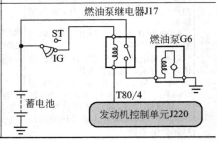

261. 你对喷油器驱动控制了解多少

(1) 电压驱动

电压驱动是指正 ECU 驱动喷油器喷油电脉冲的电压是恒定的。

这种喷油器又可分为高电阻型和低电阻型两种。低阻型喷油器是用 5~6V 的电压驱动；其电磁线圈的电阻较小，为 3~4Ω；不能直接和 12V 电源连接，否则，会烧坏电磁线圈，因此需串联附加电阻。高电阻抗型喷油器是用 12V 电压驱动；其电磁线圈电阻较大，为 12~16Ω；在检修时，可直接和 12V 电源连接。高电阻喷油器由于电流小，对 ECU 推动喷油器的电路设计要求低，使用可靠，被广泛应用。

(2) 电流驱动

在电流驱动回路中无附加电阻，低阻喷油器直接与蓄电池连接，通过 ECU 中的晶体管对流过喷油器电磁线圈的电流进行控制。电流驱动脉冲开始时是一个较大的电流，使电磁线圈产生较大的吸力，以打开针阀，然后再用较小的电流保持针阀的开启。

262. 你对燃油箱带有加油过量保护功能的运行通风阀了解多少

通过带有加油过量保护功能的运行通风阀（图 6-31）可在运行期间进行排气。此外还具备翻车保护功能。

其特点在于集成了加油过量保护功能。因此在带有加油过量保

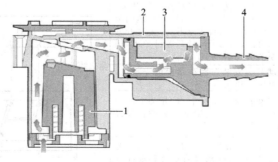

图 6-31 带有加油过量保护功能的运行通风阀
1—浮子/翻车保护阀；2—壳体；3—圆盘；4—接口

护功能的运行通风阀中装有一个可通过自身重量关闭通风孔的圆盘。加注燃油时通过燃油箱中以及气流产生的高压使圆盘升高,从而实现加注通风阀的功能。

如果此时加注通风阀的浮子随油位一起上升且通风孔关闭,燃油加注管内的燃油就会升高且加油枪关闭。

燃油箱内的燃油恢复稳定状态且油位稍稍下降时,浮子将不再挡住加注通风孔。

此时可再添加少许燃油。通过圆盘来防止继续加注燃油。因为单位时间内仅加注少量燃油不能达到圆盘的开启压力,这样就不能释放空气,燃油加注管中的油位会再次升高,加油枪会重新关闭。

运行期间,压力随温度一起上升。燃油箱加满时(油位高于运行通风阀)达到的压力超过环境压力约55mbar($1bar=10^5Pa$),此时可将圆盘托起,从而通过燃油分离阀释放压力。带出的燃油收集在燃油分离阀中并在燃油泵运行期间重新吸入。

通过这种方式即使在燃油箱加满时也可进行排气,不会存在加油过量的危险。

263. 双制动踏板位置传感器电路故障怎么办

见表6-23。

表6-23 双制动踏板位置传感器诊断

项目	电工知识与技能	控制电路
作用	刹车开关内部为两个相互独立的开关,一个常闭,另外一个常开,当踩下加速踏板后,原来常闭的开关转为常开,原来常开的开关转为常闭,这两个信号都送到ECU,用于其他系统的控制	
组成	双制动开关安装在制动踏板的支架上,内部含有两个独立的开关	
操作要领	总成安装在制动踏板上面,开关上面带有螺纹调节机构,可以调整开关的行程以调整制动开关的有效行程	
故障排除	用诊断仪检查故障码,确认故障点,主要检查传感器线路,确认线路是否和地线发生短路、断路;是否和电源短路、断路,检查线路和所给的针脚定义是否相符	

264. 凸轮轴位置传感器和曲轴位置传感器电路故障怎么办

(1) 角度控制型

REF（参考）信号确定曲轴位置，POS（位置）信号用来计算在 REF 信号脉冲之间的位置（以角度形式表示）。获取这些信息是用来确定点火正时。

发动机转速也是用 CMPS 凸轮轴位置传感器测得的。

(2) 时间控制型

这种类型的凸轮轴位置传感器在转子平板上开了 5 条裂缝，一条短，四条长。短一点的裂缝用来检测第一个汽缸的上止点。四个长一点的裂缝用来检测曲柄转过的角度，正好一个汽缸对应一条裂缝。测量通过一个裂缝所需要的时间，从而获取曲柄转过的角度。

凸轮轴位置传感器控制见表 6-24。

表 6-24 凸轮轴位置传感器诊断

项目	电工知识与技能	控制电路
作用	凸轮轴位置传感器为 ECU 提供凸轮轴的相位信息,此信息与曲轴位置传感器所提供的信息结合起来判断发动机处于工作循环中的哪个行程。凸轮轴每转一周,传感器就根据霍尔效应,产生一系列电磁脉冲,ECU 在得到这些信息后,综合计算点火时机,同时控制喷油器向正确的汽缸喷油,凸轮轴位置传感器为辅助传感器,对发动机排放影响很大	
组成	内部为霍尔传感器形式、三线式,由 ECU 提供参考电压,接电系统的凸轮轴位置传感器比较特殊,其工作电压比较高,在维修检测过程中应该注意	
操作要领	该传感器安装在气门室罩盖后部,信号轮安装在凸轮轴后部,和凸轮轴同步运转,提供凸轮轴位置信息。 力矩要求:(8±2)N·m 安装间隙:0.8～1.2mm	
故障排除	用诊断仪检查故障码,确认故障点,主要检查传感器安装是否到位,间隙是否正常,传感器线路,确认线路是否和地线发生短路、短路;是否和电源短路,检查线路和所给的针脚定义是否相符	

曲轴位置传感器电路故障

表 6-25 曲轴位置传感器控制

项目	电工知识与技能	控制电路
作用	曲轴位置传感器的输出可用于决定发动机曲轴的旋转位置和转速。此传感器是磁电式传感器，它安装在曲轴附近，与曲轴上的58X齿圈共同工作。曲轴转动时，58X的齿顶和齿槽以不同的距离通过传感器，传感器感应到磁阻的变化，这个交变的磁阻，产生了交变的输出信号，而58X齿圈上的缺口位置与发动机上止点的位置相对应，在第一缸上止点时，传感器对准58X齿圈第20个齿的下降沿，ECU利用此信号确定曲轴的旋转位置和转速	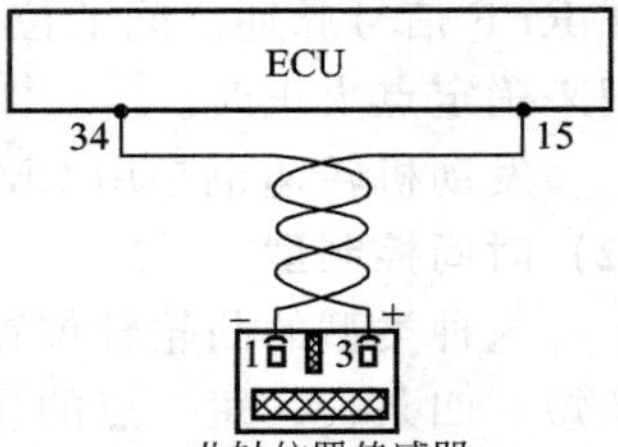 ECU 34 15 曲轴位置传感器 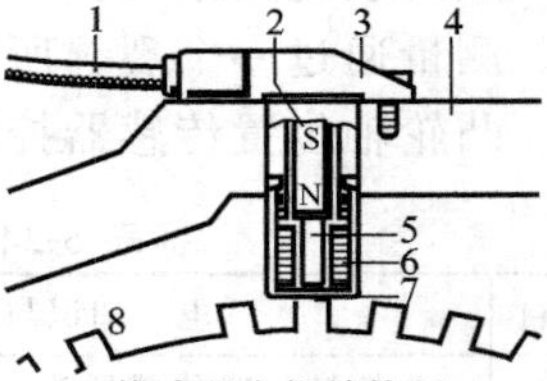
组成	内部为磁电式传感器形式、两线式，由ECU提供参考电压	传感器内部结构图 1—屏蔽线；2—磁铁；3—传感器外壳；4—安装支架；5—软磁铁；6—线圈；7—空气隙；8—58X齿圈
操作要领	安装在缸体后部，信号轮安装在曲轴上，和曲轴同步运转，提供曲轴转速、转角、基准点等信息	
故障排除	如果曲轴位置传感器损坏或者信号变形、失真，将有可能导致发动机断续点火、不能启动、油耗增加等故障 诊断仪检查故障码，确认故障点，主要检查传感器安装是否到位，间隙是否正常。传感器线路，确认线路是否和地线发生短路、断路；是否和电源短路、断路，检查线路和所给的针脚定义是否相符	

265. 风扇电路故障怎么办

（1）散热器风扇控制控制（表 6-26）

表 6-26 散热器风扇控制控制

	电工知识/控制说明	控制电路
基本控制	根据车速传感器冷却液温度传感器等的信号来开启/关闭散热器风扇继电器从而将冷却液温度维持在适当水平	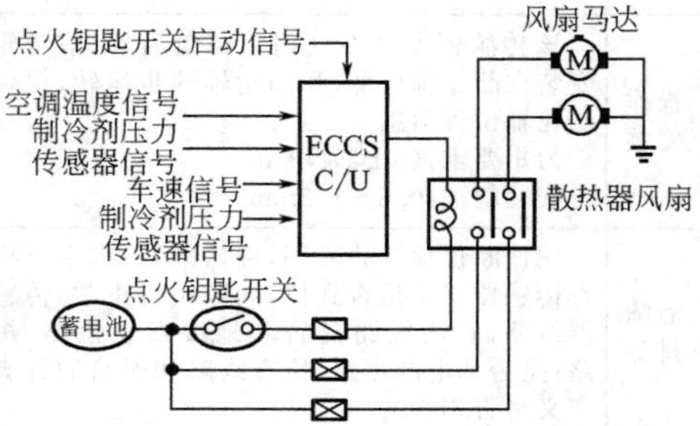 点火钥匙开关启动信号 空调温度信号 制冷剂压力传感器信号 车速信号 制冷剂压力传感器信号 点火钥匙开关 蓄电池 ECCS C/U 风扇马达 M M 散热器风扇
系统和操作	当点火钥匙开关在OFF位置、START位置以及发动机失速（点火钥匙开关在ON位置）时，风扇继电器关闭 当冷却液温度传感器被断开或发生短路时风扇继电器开启	

300　教你成为一流汽车电工

(2) 散热器风扇故障诊断（表6-27）

表6-27 散热器风扇故障诊断

故障表现	诊断程序	同步检查
散热器风扇根本不运转	①检查是否是冷却电机本身故障 ②对散热器风扇电路进行故障排除	所有连接器是否清洁和牢固
发动机冷却系统的散热器风扇不运行，但在空调打开时运行	①检查是否是冷却电机本身故障 ②对散热器风扇电路进行故障排除	所有连接器是否清洁和牢固
空调冷凝器风扇根本不运行(但在空调打开时，散热器风扇运转)	对空调冷凝器风扇电路进行故障排除	空调/暖风系统故障 所有连接器是否清洁和牢固
空调打开时，散热器风扇和空调冷凝器风扇都不运行(但在空调打开时，空调压缩机运行)	对散热器和空调冷凝器风扇公共电路进行故障排除	空调/暖风系统故障 所有连接器是否清洁和牢固

(3) 散热器风扇故障排除（表6-28）

表6-28 散热器风扇电路故障排除

步骤	电工技能	诊断结果 是	诊断结果 否
1	连接诊断仪，检查是否显示相应故障代码	进行相应的故障排除；然后重新检查	转至步骤2
2	检查发动机盖下保险丝/继电器盒中的保险丝，和驾驶员侧仪表板下保险丝/继电器盒中的保险丝保险丝是否正常	转至步骤3	更换保险丝并重新检查
3	将散热器风扇继电器从发动机盖下保险丝/继电器盒中拆下并进行测试 继电器是否正常	至步骤4	更换散热器风扇继电器
4	测量散热器风扇继电器插座端子和车身搭铁之间的电压 是否有蓄电池电压	转至步骤5	更换散热器风扇继电器

续表

步骤	电工技能	诊断结果	
		是	否
5	用跨接线安装散热器风扇继电器插座的相关端子 散热器风扇是否运行	转至步骤9	转至步骤6
6	断开散热器风扇电机相关连接器	—	—
7	检查散热器风扇继电器插座相关端子和散热器风扇电机连接器相关端子之间是否导通	转至步骤8	修理发动机盖下保险丝/继电器盒和散热器风扇电机连接器相关端子之间线束的断路
8	检查散热器风扇电机连接器相关端子和车身搭铁之间是否导通	更换散热器风扇电机	修理散热器风扇电机连接器相关端子和车身搭铁之间线束的断路。如果线束正常，检查是否搭铁不良
9	断开跨接线，并将点火开关转至ON位置。检查散热器风扇继电器插座相关端子和车身搭铁之间是否有电压	是否有蓄电池电压	修理发动机盖下保险丝/继电器盒和驾驶员侧仪表板下保险丝/继电器盒之间线束的断路

266. 你对自诊断接口了解多少

表6-29 自诊断接口和故障信息

项目	电工知识与技能	控制电路
故障报警	在电控系统里，当一些重要部件如ECU、进气歧管绝对压力传感器、节气门位置传感器、冷却液温度传感器、爆震传感器、氧传感器、相位传感器、喷油器、怠速执行器步进电机的两个驱动级、炭罐控制阀、风扇继电器发生故障，相应的故障位置位时，ECU会通过故障指示灯发光报警，直至该故障位复位	ISO 9141-2标准诊断接头 诊断接口电路简图
故障读出	故障信息记录可以用故障诊断仪从电子控制单元中调出。如果故障涉及燃油空气混合气比例调节器的功能，则发动机至少必须运转4min才能读取故障信息记录，特别是氧传感器的故障，一定要等发动机运转暖机后方可检测数据	

302　教你成为一流汽车电工

267. 爆震传感器电路故障怎么办

表 6-30　爆震传感器电路控制和故障检测

项目	电工知识与技能	控制电路/图示
作用	爆震传感器用于向 ECU 提供发动机爆震信息,进行爆震控制	
组成及控制	爆震传感器是一种振动加速度传感器,产生一个与发动机机械振动相对应的输出电压。如果发动机产生爆震,ECU 会接受到这个信号,滤去非爆震信号并进行计算,通过凸轮轴与曲轴位置传感器信号判断发动机在工作循环中所处的位置,ECU 据此计算出几缸发生爆震,将会推迟此缸的点火提前角直到爆震现象消失。然后再次提前点火提前角直到使点火角处于当时工况下的最佳位置	
故障检测	将万用表打到 mV 挡,用橡胶锤敲击发动机缸体,此时应该有传感器电压输出,或者轻轻敲打传感器(注意不要损坏传感器),此时传感器应该有电压输出	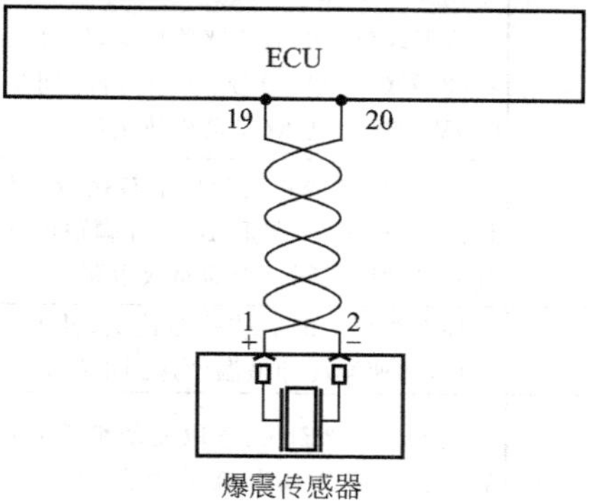
故障排除	ECU 对各种传感器、执行器以及功率放大电路和检测电路进行监测。一旦发现下列情况之一: ①爆震传感器故障; ②爆震控制数据处理电路故障; ③判缸信号不可信; ④爆震传感器的故障标志位置位之后,爆震闭环控制关闭,将储存在 ECU 中的点火提前角减小一个安全角。当出错频度降到低于设定值时,故障标志位复位	

268. 前氧传感器故障怎么办

表 6-31 前氧传感器故障排除结合图 6-32 执行故障诊断检测。

表 6-31 前氧传感器故障排除

步骤	电工技能	诊断结果	执行
1	将点火开关置于"ON"	—	下一步
2	拔下线束上的氧传感器接头,用万用表检测该接头上1号(+)和2号(-)针脚之间是否有12V左右的蓄电池电压	是	下一步
		否	到第4步
3	用万用表检测氧传感器1号和2号针脚之间的电阻值在23℃是否在2~5Ω之间	是	更换ECU
		否	更换传感器
4	检查氧传感器加热电路中的线路是否正常		下一步
		否	检查线路
5	用万用表检测氧传感器接头2号针脚和主继电器(87)号针脚之间,以及传感器接头1号针脚和ECU1号针脚之间是否断路或短路	是	修理或更换线束
		否	下一步
6	插上线束上的氧传感器接头,挂上空挡,启动发动机,急速至冷却液温度达到正常值		下一步
7	拔下线束上的氧传感器接头,用万用表检测传感器(3)(+)和(4)号(-)针脚之间是否有0.1~0.9V的输出电压(发动机热机后)	是	下一步
		否	更换传感器
8	在ECU和线束之间接上转接器,用万用表分别检测ECU的36号和18号针脚跟传感器接头3号和4号针脚之间是否断路或短路		修理或者更换线束
		否	更换ECU
9	插上线束上的氧传感器接头,挂上空挡,启动发动机,急速至冷却液温度达到正常值	—	下一步
10	接上专用诊断仪,读取发动机部分数据流,观察氧传感器部分数据流是否在100~900mV之间波动	是	下一步
		否	更换传感器
11	启动发动机,急速至冷却液温度达到正常值		下一步
12	接上专用诊断仪,读取发动机部分数据流,注意观察氧传感器部分数据流,将油门踩到底,然后迅速松开油门踏板,查看氧传感器的输出电压是否能达到100mV以下	是	检查其他部分
		否	更换传感器

前氧传感器电路图见图 6-32。

269. 后氧传感器故障怎么办

 维修提示

后氧传感器的特性、工作原理和前氧传感器基本一样，特殊情况时可以互换使用，唯一不同的是前氧和后氧的安装位置（工作环境）不同，因此在车辆的维修诊断过程中应该注意前氧和后氧的一些检查方法。表 6-32 后氧传感器故障排除结合图 6-33 后氧传感器电路图执行诊断检测。

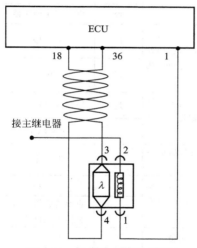

图 6-32 前氧传感器电路图

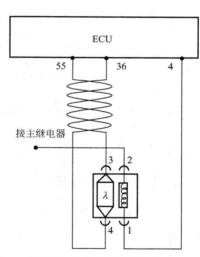

图 6-33 后氧传感器电路图

表 6-32 后氧传感器故障排除

步骤	电 工 技 能	诊断结果	执 行
1	将点火开关置于"ON"	—	下一步
2	拔下线束上的氧传感器接头，用万用表检测该接头上 1 号（+）和 2 号（—）针脚之间是否有 12V 左右的蓄电池电压	是	下一步
		否	到第 4 步
3	用万用表检测氧传感器 1 号和 2 号针脚之间的电阻值在 23℃ 是否在 2~5Ω 之间	是	更换 ECU
		否	更换传感器

续表

步骤	电工技能	诊断结果	执行
4	检查氧传感器加热电路中的线路是否正常	是	下一步
		否	检查线路
5	用万用表检测氧传感器接头2号针脚和主继电器(87)号针脚之间,以及传感器接头1号针脚和ECU1号针脚之间是否断路或短路	是	修理或更换线束
		否	下一步
6	插上线束上的氧传感器接头,挂上空挡,启动发动机,急速至冷却液温度达到正常值	—	下一步
7	确认三元催化器是否工作正常	是	下一步
		否	更换三元催化器
8	拔下线束上的氧传感器接头,急踩数次油门踏板,用万用表检测传感器(3)号(+)和(4)号(—)针脚之间是否有0.1~0.9V的输出电压(发动机热机后)	是	下一步
		否	更换传感器
9	在ECU和线束之间接上转接器,用万用表分别检测ECU的36和55号针脚跟传感器接头3号和4号针脚之间是否断路或短路	是	修理或更换线束
		否	更换ECU
10	插上线束上的氧传感器接头,挂上空挡,启动发动机,急速至冷却液温度达到正常值	—	下一步
11	接上专用诊断仪,读取发动机部分数据流,观察氧传感器部分数据流在标准急速工况时是否在100mV左右	是	下一步
		否	更换传感器或者更换三元催化器
12	启动发动机,急速至冷却液温度达到正常值	—	下一步
13	接上专用诊断仪,读取发动机部分数据流,注意观察氧传感器部分数据流,急踩几次油门踏板,查看氧传感器的输出电压是否有比较大范围的波动	是	检查其他部分

270. 前加热氧传感器电压过低故障怎么办

表6-33 前加热氧传感器电压过低故障排除 (通用车型)

项目	电工技能		
故障信息	故障代码	故障说明	
	DTC P0131	前加热氧传感器电压过低	

续表

项目步骤	电 工 技 能 操 作	是	否
1	执行"车载诊断系统检查" 检查是否完成 车载诊断系统检查提醒技术人员完成一些基础检查并将冻结故障状态和故障记录数据保存在故障诊断仪中（如适用）。这样就创建了故障发生时所提取数据的电子副本。然后，信息将被存储在故障诊断仪以以备日后参考	至步骤2	至"车载诊断系统检查"
2	①将故障诊断仪安装到数据链接插头（DLC）上 ②启动发动机并在正常的工作温度下怠速运转 前加热氧传感器（HO2S1）电压是否仍然低于规定值0.1V 本步骤确定故障诊断码P0131是由硬故障还是间断性故障导致的。可能需要在冻结故障状态条件下和设置故障诊断码的条件下操纵车辆，使发动机检测到的故障能再现	至步骤4	至步骤3
3	①查阅冻结故障状态数据并记录参数 ②按说明，在设置故障诊断码条件及冻结故障状态条件下操作车辆 前加热氧传感器电压是否持续低于规定值0.1V	至步骤4	至步骤7
4	①关闭点火开关 ②断开前加热氧传感器连接器 ③接通点火开关 故障诊断仪指示的前加热氧传感器电压是否符合规定407～509mV 如果发动机控制模块感测到变化，则发动机控制模块和导线正常	至"诊断帮助"	至步骤5
5	在端子D上检查前加热氧传感器信号电路是否对搭铁短路，必要时修理 是否需要修理	至步骤7	至步骤6
6	关闭点火开关 更换发动机控制模块（ECM） 修理是否完成 更换发动机控制模块后，必须重新编程	至步骤7	—
7	①如果已断开，重新连接前加热氧传感器连接器 ②用故障诊断仪清除故障诊断码 ③启动发动机并在正常的工作温度下怠速运转 ④按照文字说明，在设置该故障诊断码的条件下操作车辆 故障诊断仪是否指示诊断已运行并通过	至步骤8	至步骤2
8	检查是否设置了任何其他故障诊断码 是否显示任何未得到诊断的故障诊断码 如果此时未发现故障，而且未设置其他故障诊断码	至相应的故障诊断码表	系统正常

271. 前加热氧传感器电压过高故障怎么办

表 6-34　前加热氧传感器电压过高故障排除（通用车型）

项目	电　工　技　能			
故障信息	故障代码	故障说明		
	DTC P0132	前加热氧传感器（HO2S1）电压过高		
步骤	操　　作		是	否
1	执行"车载诊断系统检查" 检查是否完成 车载诊断系统检查提醒技术人员完成一些基础检查并将冻结故障状态和故障记录数据保存在故障诊断仪中（如适用）。这样就创建了故障发生时所提取数据的电子副本。然后，信息将被存储在故障诊断仪中以备日后参考		至步骤 2	至"车载诊断系统检查"
2	①将故障诊断仪安装到数据链接插头（DLC）上 ②启动发动机并在正常的工作温度下怠速运转 　前加热氧传感器（HO2S1）电压是否仍然低于规定值 952mV 本步骤确定故障诊断码 P0132 是由硬故障还是间断性故障导致的。可能需要在冻结故障状态条件下和设置故障诊断码的条件下操纵车辆，使发动机控制模块检测到的故障能再现		至步骤 4	至步骤 3
3	①查阅冻结故障状态数据并记录参数 ②按说明，在设置故障诊断码条件及冻结故障状态条件下操作车辆 　前加热氧传感器电压是否持续低于规定值 952mV		至步骤 4	至步骤 7
4	①关闭点火开关 ②断开前加热氧传感器连接器 ③接通点火开关 ④将发动机控制模块（ECM）侧前加热氧传感器信号电路跨接到搭铁 　故障诊断仪指示的氧传感器电压是否符合规定值 500mV 本步骤模拟设置故障诊断码 P0131 的条件。如果发动机控制模块感到变化，则发动机控制模块和导线正常		至"诊断帮助"	至步骤 5
5	在端子 D 上检查前加热氧传感器信号电路是否对电压短路，必要时修理 修理是否完成		至步骤 7	至步骤 6

续表

项目 步骤	电工技能		
	操作	是	否
6	关闭点火开关 更换发动机控制模块（ECM） 修理是否完成 更换发动机控制模块后，必须重新编程	至步骤7	—
7	①如果已断开，重新连接前加热氧传感器连接器 ②用故障诊断仪清除故障诊断码 ③启动发动机并在正常的工作温度下怠速运转 ④按照文字说明，在设置该故障诊断码的条件下操作车辆 故障诊断仪是否指示诊断已运行并通过	至步骤8	至步骤2
8	检查是否设置了任何其他故障诊断码 是否显示任何未得到诊断的故障诊断码 如果此时未发现故障，而且未设置其他故障诊断码	至相应的故障诊断码表	系统正常

272. 前加热氧传感器响应过慢故障怎么办

表6-35 前加热氧传感器响应过慢故障排除（通用车型）

项目	电工技能		
故障信息	故障代码	故障说明	
	DTC P0133	前加热氧传感器（HO2S1）响应过慢	
步骤	操作	是	否
1	执行"车载诊断系统检查" 检查是否完成 车载诊断系统检查提醒技术人员完成一些基础检查并将冻结故障状态和故障记录数据保存在故障诊断仪中（如适用）。这样就创建了故障发生时所提取数据的电子副本。然后，信息将被存储在故障诊断仪中以备日后参考	至步骤2	至"车载诊断系统检查"
2	①将故障诊断仪安装到数据链接插头（DLC）上 ②接通点火开关 是否设置了任何其他故障诊断码（DTC）	至相应的故障诊断码表	至步骤3

第六章 发动机电工技术与电控维修

续表

项目 步骤	电工技能 操作	是	否
3	①启动发动机并在正常的工作温度下怠速运转 ②在设置故障诊断码条件的规定参数下操纵车辆 ③用故障诊断仪监视故障诊断码 P0133 特定的故障诊断码信息,直到故障诊断码 P0133 测试运行 故障诊断仪是否指示故障诊断码 P0133	至步骤 4	至"诊断帮助"
4	故障诊断仪是否指示故障诊断码 P1133 或 P1134 未通过本次点火循环	至相应的故障诊断码表	至步骤 5
5	检查排气歧管/催化转换器是否泄漏,必要时修理 修理是否完成	至步骤 16	至步骤 6
6	目视检查如下项目: 前加热氧传感器(HO2S1)是否安装牢固 端子是否腐蚀 端子接触压力 前加热氧传感器导线束是否端子接触不良或导线损坏 上述项目是否发现问题	至步骤 9	至步骤 7
7	①关闭点火开关 ②断开前加热氧传感器连接器 ③将前加热氧传感器低电位电路端子 C 跨接到搭铁 ④接通点火开关 故障诊断仪指示的电压是否符合规定值 400~500mV	至步骤 8	至步骤 10
8	将前加热氧传感器信号和低电位电路端子 D 跨接到搭铁 故障诊断仪指示的电压是否低于规定值 200mV	至步骤 15	至步骤 13
9	必要时,维修该状况 修理是否完成	至步骤 16	—
10	关闭点火开关 断开发动机控制模块连接器 检查前加热氧传感器低电位电路是否开路或接触不良,必要时修理 修理是否完成	至步骤 16	至步骤 11
11	检查发动机控制模块端子 M29 是否接触不良,必要时修理 修理是否完成	至步骤 16	至步骤 14
12	检查前加热氧传感器信号电路是否开路或对搭铁短路,必要时修理 修理是否完成	至步骤 16	至步骤 13

续表

项目	电工技能		
步骤	操作	是	否
13	检查发动机控制模块端子 M12 是否接触不良,必要时修理 修理是否完成	至步骤16	至步骤14
14	关闭点火开关 更换发动机控制模块 修理是否完成 更换发动机控制模块后,必须重新编程。对于发动机控制 模块的重新编程方法	至步骤16	—
15	更换前加热氧传感器 修理是否完成	至步骤16	—
16	①用故障诊断仪清除故障诊断码 ②启动发动机并在正常的工作温度下怠速运转 ③按照文字说明,在设置该故障诊断码的条件下操作车辆 故障诊断仪是否指示诊断已运行并通过	至步骤17	至步骤2
17	检查是否设置了任何其他故障诊断码 是否显示任何未得到诊断的故障诊断码 如果此时未发现故障,而且未设置其他故障诊断码	至相应的 故障诊断 码表	系统正常

273. 前加热氧传感器活性不足或开路故障怎么办

表6-36 前加热氧传感器活性不足或开路故障排除(通用车型)

项目	电工技能		
故障 信息	故障代码	故障说明	
	DTC P0134	前加热氧传感器(HO2S1)活性不足或开路	
步骤	操作	是	否
1	执行"车载诊断系统检查" 检查是否完成 车载诊断系统检查提醒技术人员完成一些基础检查并将 冻结故障状态和故障记录数据保存在故障诊断仪中(如适 用)。这样就创建了故障发生时所提取数据的电子副本。然 后,信息将被存储在故障诊断仪中以备日后参考	至步骤2	至"车载 诊断系统 检查"
2	①将故障诊断仪安装到数据链接插头(DLC)上 ②启动发动机并在正常的工作温度下怠速运转 ③在高于指定转速(1200r/min)下操作发动机2min 故障诊断仪是否显示"Closed Loop"(闭环) 在发动机预热期间,前加热氧传感器温度上升,电压输出 介于150mV和850mV之间。当前加热氧传感器电压变化 时,发动机进入"闭环"。可从这一点确定前加热氧传感器A 的工作是否正常	至步骤3	至步骤4

第六章 发动机电工技术与电控维修 311

续表

项目步骤	电 工 技 能 操 作	是	否
3	①查阅冻结故障状态数据并记录参数 ②按说明,在设置故障诊断码条件及冻结故障状态条件下操作车辆 故障诊断仪是否显示"Closed Loop"(闭环)	至步骤12	至步骤4
4	①关闭点火开关 ②断开前加热氧传感器连接器 ③将前加热氧传感器连接器端子C跨接到搭铁上 ④接通点火开关 故障诊断仪指示的前加热氧传感器电压是否符合规定值400～500mV 这将确定是传感器故障还是导线或发动机控制模块故障导致了故障诊断码P0134	至步骤5	至步骤8
5	检查前加热氧传感器线束连接器是否有故障或接触不良,必要时修理 修理是否完成	至步骤12	至步骤6
6	①使发动机怠速运行 ②移去跨接线 ③用电压表测量前加热氧传感器端子D与搭铁之间的电压 电压是否高于规定值600mV 本测试必须使用高阻抗数字电压表(DVM) 本测试检查前加热氧传感器信号和搭铁电路是否接通;如果搭铁开路,电路上的发动机控制模块电压将超过0.6V	至步骤7	至步骤11
7	①关闭发动机 ②用电压表测量前加热氧传感器端子D与搭铁之间的电压 电压是否低于规定值300mV	至步骤9	至步骤11
8	在前加热氧传感器端子C和发动机控制模块端子M29之间,检查前加热氧传感器低电位电路是否开路或对搭铁短路 修理是否完成	至步骤12	至步骤10
9	在前加热氧传感器端子C和发动机控制模块端子M29之间,检查前加热氧传感器低电位电路是否开路或对搭铁短路 修理是否完成	至步骤12	至步骤10
10	关闭点火开关 更换发动机控制模块 修理是否完成	至步骤12	—
11	更换前加热氧传感器 修理是否完成	至步骤12	至步骤14

续表

项目	电工技能		
步骤	操作	是	否
12	①用故障诊断仪清除故障诊断码 ②启动发动机并在正常的工作温度下怠速运转 ③按照文字说明,在设置该故障诊断码的条件下操作车辆 故障诊断仪是否指示诊断已运行并通过	至步骤13	至步骤2
13	检查是否设置了任何其他故障诊断码 是否显示任何未得到诊断的故障诊断码	至相应的故障诊断码表	系统正常

274. 前加热氧传感器加热器电路不工作故障怎么办

表6-37 前加热氧传感器加热器电路不工作故障（通用车型）

项目	电工技能		
故障信息	故障代码	故障说明	
	DTC P0135	前加热氧传感器(HO2S1)加热器电路不工作	
步骤	操作	是	否
1	执行"车载诊断系统检查" 检查是否完成 车载诊断系统检查提醒技术人员完成一些基础检查并将冻结故障状态和故障记录数据保存在故障诊断仪中（如适用）。这样就创建了故障发生时所提取数据的电子副本。然后,信息将被存储在故障诊断仪中以备日后参考	至步骤2	至"车载诊断系统检查"
2	注意：如果发动机刚刚工作过,等候发动机冷却1.5h后继续 ①接通点火开关,保持发动机熄火 ②安装故障诊断仪 前加热氧传感器(HO2S1)电压是否逐渐朝规定电压变化0V或1V 本步骤确定故障诊断码 P0135 是由硬故障还是间断性故障导致的。接通点火开关并保持发动机熄火,故障诊断仪上显示的前加热氧传感器电压应在几分钟内向 0V 或 1V 变化,表明加热器工作正常	至步骤13	至步骤3
3	①断开前加热氧传感器电气连接器 ②将测试灯连接到搭铁上,在连接器端子 D 上探测点火供电电路 测试灯是否启亮 探测前加热氧传感器连接器端子 B,确认前加热氧传感器加热器上是否有电压	至步骤4	至步骤5

续表

项目步骤	电工技能 操作	是	否
4	将测试灯连接到点火供电和搭铁电路之间,即连接器端子 D 和 C 之间 测试灯是否启亮 如果连接器上有电压,则用连接器作为电压源,检查端子 C 上的搭铁	至步骤 6	至步骤 7
5	检查发动机保险丝盒中的保险丝 保险丝是否断开 确定是否前加热氧传感器保险丝开路或点火供电电路开路导致前加热氧传感器上没有电压。如果保险丝开路,确定故障是否由于点火供电电路短路,然后再更换保险丝	至步骤 8	至步骤 9
6	检查前加热氧传感器连接器端子 D 和 A,必要时修理 是否需要修理	至步骤 13	至步骤 10
7	检查前加热氧传感器连接器端子 C,必要时修理 是否需要修理	至步骤 13	至步骤 11
8	①检查前加热氧传感器供电线路是否对搭铁短路,必要时修理 ②更换开路的保险丝 操作是否完成	至步骤 13	—
9	检查前加热氧传感器连接器端子 D,必要时修理 修理是否完成	至步骤 13	至步骤 12
10	更换前加热氧传感器(HO2S1) 操作是否完成	至步骤 13	—
11	修理搭铁电路中的开路故障 操作是否完成	至步骤 13	—
12	修理点火供电电路中的开路故障 操作是否完成	至步骤 13	—
13	1. 用故障诊断仪清除故障诊断码 2. 启动发动机并在正常的工作温度下怠速运转 3. 按照文字说明,在设置该故障诊断码的条件下操作车辆 故障诊断仪是否指示诊断已运行并通过	至步骤 14	至步骤 2
14	检查是否设置了任何其他故障诊断码 是否显示任何未得到诊断的故障诊断码	至相应的故障诊断码表	系统正常

275. 加热型后氧传感器故障怎么办

发动机控制模块(ECM)能利用后加热氧传感器监视这一过

程。后加热氧传感器位于通过催化转换器后的排气流中，产生指示催化剂存储容量的输出信号。从而指示催化剂有效转换排放废气的能力。当催化剂功能正常时，后加热氧传感器信号远不如前加热氧传感器活跃。

276. 冷却液温度传感器电路故障怎么办

表6-38冷却液温度传感器故障排除结合图6-34冷却液温度传感器电路图执行诊断步骤。

表6-38 冷却液温度传感器故障排除

步骤	电工技能	诊断结果	执行
1	将点火开关置于"ON"	—	下一步
2	拔下线束上的冷却液温度传感器接头，用万用表检测该接头上1号(+)和(2)号(-)针脚之间的电压值是否为5V左右	是	下一步
		否	到第4步
3	用万用表检测传感器1号和2号针脚之间的电阻值是否与其温度相称	是	更换ECU
		否	更换传感器
4	用万用表分别检测ECU的17号和29号针脚跟传感器接头(2)号和(1)号针脚之间是否断路或短路	是	修理或者更换线束
		否	更换ECU
5	启动发动机，在发动机冷却液温度升高的同时检查传感器两根线上的电压是否随着发动机水温的升高而降低	是	下一步
		否	更换传感器
6	启动发动机，断开水温传感器的插头，观察发动机冷却风扇是否启动并高速运转	—	检查其他部分
			更换ECU或线路

277. 喷油器驱动级电路故障怎么办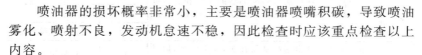

喷油器的损坏概率非常小，主要是喷油器喷嘴积碳，导致喷油雾化、喷射不良，发动机怠速不稳，因此检查时应该重点检查以上内容。

表6-39喷油器驱动级故障排除结合图6-35喷油器电路图执行诊断步骤。

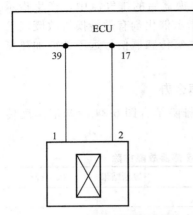

图 6-34 冷却液温度传感器电路图

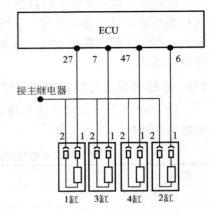

图 6-35 喷油器电路图

表 6-39 冷却液温度传感器故障排除

步骤	电工技能	诊断结果	执行
1	关闭点火开关,发动机不运转	—	下一步
2	依次拔下线束上所有的电磁喷油器接头,将万用表的两个针脚搭接在该接头上 2 号针脚和发动机地之间	—	下一步
3	将点火开关置于"ON"。观察在点火开关接通的瞬间万用表上是否显示 12V 左右的蓄电池电压数值(主要是检查喷油器是否有电源,该电源由主继电器提供)	是	重复第 2 步
		全部是	到第 6 步
		否	下一步
4	用万用表依次检测发动机主继电器输出端 87 号针脚和各个电磁喷油器接头的 1 号针脚之间是否断路或短路	是	修理或者更换线束
		否	下一步
5	修理或更换油泵继电器和主继电器及其电路	是	修理或者更换线束
6	在 ECU 和线束之间接上转接器,用万用表依次检测 ECU 的 27、7、47 或 6♯针脚跟线束上相应的各个电磁喷油器接头的 2 号针脚之间是否断路或短路	否	下一步
7	用万用表依次检测电磁喷油器的 1 号和 2 号针脚(及喷油器阻值)之间在 20℃下是否有 12~16Ω 的电阻	是	重复第 7 步
		全部是	下一步
		否	更换电磁喷油器
8	重新插上全部电磁喷油器接头,挂上空挡,启动发动机,怠速运行。依次拔下线束上的各个电磁喷油器接头。每次拔下一个接头,就观察一下发动机的振动是否因此而加剧	是	重复第 8 步
		否	更换 ECU

278. 炭罐控制阀驱动级电路故障怎么办

炭罐电磁阀是用于排放控制系统,为了保护环境、防止大气污染而设置的系统,该电磁阀在发动机怠速、大负荷工况时不参与工作,如果错误动作将导致发动机工作状态不稳,在维修过程中应该注意这些细节。

表 6-40 炭罐控制阀故障排除结合图 6-36 炭罐控制阀电路图执行诊断步骤。

表 6-40 炭罐控制阀故障排除

步骤	操作内容	诊断结果	执行
1	启动发动机,怠速至发动机冷却液温度达到正常值	—	下一步
2	拔下线束上的炭罐控制阀接头,用万用表检测该接头上两个针脚之间是否有 8.6V 左右的蓄电池电压	是	下一步
		否	到第 5 步(查火线)
3	重新插上线束上炭罐控制阀接头,将发动机转速提高至 2000r/min,用手触摸阀体,检查炭罐控制阀是否有轻微的振动和冲击(频率控制)	是	下一步
		否	到第 7 步(查地线)
4	用万用表检测炭罐控制阀 A 号和 B 号针脚之间的电阻值是否在 25Ω 左右(20℃)	是	更换 ECU
		否	更换炭罐控制阀
5	用万用表检测主继电器 87 号针脚和炭罐控制阀 B 号针脚之间是否断路或短路	是	修理或者更换线束
6	修理或更换主继电器及其电路	—	—
7	关闭发动机,在 ECU 和线束之间接上转接器,用万用表检测 ECU 的 46 号针脚和炭罐控制阀接头 A 号针脚之间是否断路或短路	是	修理或者更换线束
		否	更换 ECU
8	点火开关 ON,断开炭罐电磁阀的插头,用万用表分别检测电磁阀线束端的 A、B 两个针脚		下一步
9	用万用表检查 B 号针脚对地线之间是否有 12V 左右的蓄电池电压	是	下一步
		否	检查供电电路
10	用万用表检查 A 号针脚对地线之间是否有 3.6V 左右的蓄电池电压	是	检查其他
		否	检查 ECU 线路或者更换 ECU

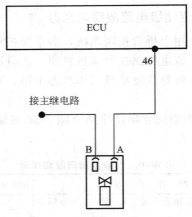

图 6-36 炭罐控制阀电路图

279. 分电器点火系统电路是怎样控制的

此组件提高蓄电池电压（12V）以产生点火所必需的超过10kV的高电压。初级线圈和次级线圈安置成互相靠得很近。当在初级线圈上间断地施加电流时，就产生互感现象。可以利用这个机理，在次级线圈内产生高电压。点火线圈能产生高电压，此高电压随线圈绕组的个数和尺寸而变。见图 6-37。

280. 直接点火系统电路是怎样控制的

直接点火系统如图 6-38 所示，例如日产直接点火系统。该系统没有常规的分电器或高压线。小型高效的线圈直接安装在每个火花塞上。每个汽缸都有自己的功率晶体管，晶体管可以位于功率晶体管单元或集成在线圈总成中。

281. 无分电器点火系统是怎样控制的

捷达轿车无分电器点火系统采用点火线圈高压配电方式，点火线圈组件有两个独立的点火线圈。每个点火线圈有两个高压输出端，可直接驱动两个火花塞同时点火，点火线圈连接的两个火花塞装在同一曲柄方向的两个汽缸上。当其中的一个汽缸处于正常点火位置时，另一汽缸则处于排气行程的终了阶段，此时缸内压力较

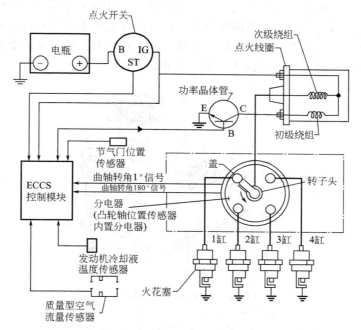

图 6-37 分电器点火系统

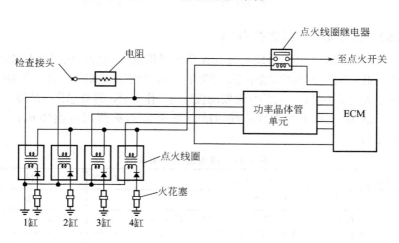

图 6-38 日产直接点火系统

低，火花塞处的气体密度较小，仅需数千伏的电压就能击穿放电。因此，虽然两个火花塞同时点火，但大部分点火能量释放给主点火的汽缸，仅有很少的能量损失在第二个火花塞上，而这部分能量可从无配电损失中得到弥补。见图6-39。

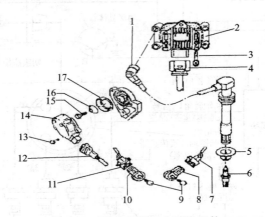

图6-39 无分电器点火系统组件

1—缸线；2—电子点火器；3,9,13,15—螺钉；4,7,11,12—连接插件；
5—帽盖；6—火花塞；8—爆震传感器1；10—爆震传感器2；
14—霍尔传感器；16—垫片；17—霍尔传感器隔板

282. 点火线圈故障怎么办

点火线圈主要是给发动机点火系统提供点火能量，线圈本身故障率很低，但是也不能完全排除线圈的故障，当点火线圈故障时，发动机的点火能量不足，有可能导致发动机怠速工作不稳，排放恶化等故障。

表6-41点火线圈故障排除结合图6-40点火线圈电路图执行诊断步骤。

表 6-41　点火线圈故障排除

步骤	电工技能	诊断结果	执 行
1	将点火开关置于"ON"	—	下一步
2	拔下线束上的点火线圈的接头，用万用表检测该接头上3号针脚和地线之间是否有12V左右的蓄电池电压	是	下一步
		否	检查线路

续表

步骤	电 工 技 能	诊断结果	执 行
3	拔下线束上的点火线圈的接头,用万用表检测该接头上1号针脚和ECU的5#是否有短路或者断路的现象	是	检查线路和ECU
		否	下一步
4	拔下线束上的点火线圈的接头,用万用表检测该接头上2号针脚和ECU的2#是否有短路或者断路的现象	是	检查线路和ECU
		否	下一步
5	检查传感器初级线圈电阻是否为0.9Ω左右	是	下一步
		否	更换点火线圈
6	检查传感器次级线圈电阻是否为14.5kΩ左右	是	下一步
		否	更换点火线圈
7	用示波仪检测点火系统高压线的次级点火波形是否正常	是	检查其他部分

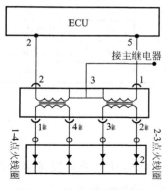

图6-40 点火线圈电路图

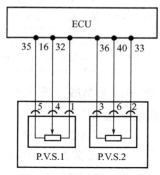

图6-41 油门踏板位置传感器电路图

283. 油门踏板位置传感器故障怎么办

油门踏板位置传感器为集成电路装置,无法维修处理,因此服务站在维修过程中可以通过换件法进行维修,通常不能拆解传感器。

表6-42油门踏板位置传感器故障排除结合图6-41油门踏板位置传感器电路图执行诊断步骤。

表 6-42　油门踏板位置传感器故障排除

步骤	电 工 技 能	诊断结果	执　行
1	将点火开关置于"ON"	—	下一步
2	拔下线束上的油门踏板位置传感器的接头,用万用表检测该接头上 1 号、2 号针脚和地线之间是否有 5V 左右电压信号	是	下一步
		否	检查线路
3	拔下线束上的油门踏板位置传感器的接头,用万用表检测该接头上 1 号、2 号针脚和 ECU32＃、33＃之间是否存在短路、断路的现象	是	检查线路
		否	下一步
4	拔下线束上的油门踏板位置传感器的接头,用万用表检测该接头上 3 号、5 号针脚和 ECU36＃、35＃之间是否存在短路、断路的现象	是	检查线路
		否	下一步
5	拔下线束上的油门踏板位置传感器的接头,用万用表检测该接头上 4 号、6 号针脚和 ECU16＃、40＃之间是否存在短路、断路的现象	是	检查线路
		否	下一步
6	用诊断仪读取油门踏板位置传感器的信号输出,检查信号 1 是否随着油门踏板开度的增加而增加	是	下一步
		否	更换传感器总成
7	用诊断仪读取油门踏板位置传感器的信号输出,检查信号 2 是否随着油门踏板开度的增加而增加	是	检查其他部分
		否	更换传感器总成

284. 燃油泵电路故障怎么办

(1) 燃油泵检查

燃油泵诊断电路见图 6-42。

① 当点火开关拨到 ON 位置时,PCM 启动燃油泵接通继电器

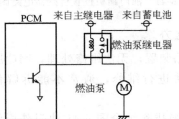
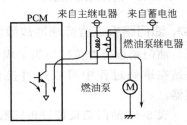

图 6-42　燃油泵诊断电路

1s，然后断开。

② 当检测到 NE 信号在摇动曲柄期间升高时，燃油泵继电器接通。

③ 当发动机停止时，燃油泵继电器断开。

> **电工技能**
>
> 当收到启动锁止安全系统发出的发动机停止要求信号时，PCM 强行停止燃油喷射器控制。这样，发动机就不能启动。

(2) 燃油泵检测（表 6-43）

表 6-43 燃油泵检测

图示/示意图	电工技能
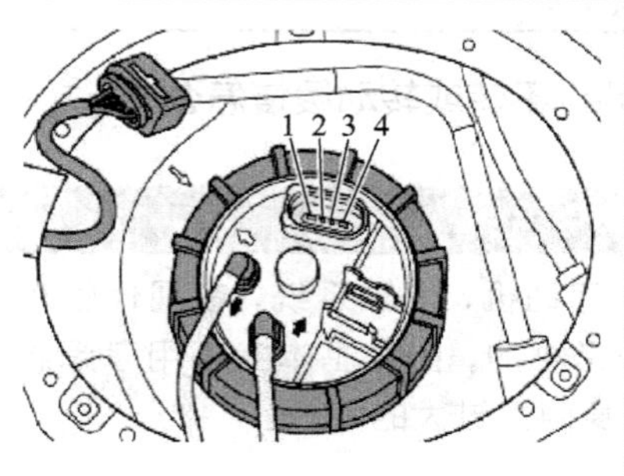	已安装的传感器。测量电阻,将万用表接在触点 2 和 3 之间。测量值为 0Ω 时为短路,测量值为∞时为断路
	传感器到底：约 65Ω ／ 传感器到顶：约 275Ω
	燃油油量指示传感器拆下后,由于浮子杆偏移,将测得下列电阻值
	传感器到底：约 45Ω ／ 传感器到顶：约 295Ω
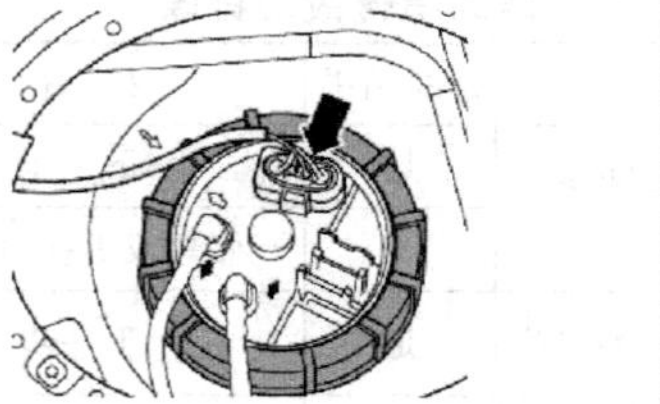 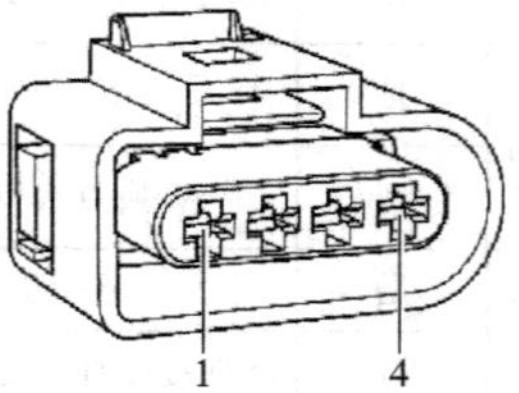	检测条件： 蓄电池电压至少 12.7V 相关保险丝正常 位于驾驶员侧杂物箱后方的针继电器座插口 1 上的燃油泵继电器正常 燃油滤清器正常 点火开关已关闭 检测程序： 将万用表接在插头连接触点 1 和 4 之间以测量电压 按下遥控装置开关 规定值：约为蓄电池电压 虽然达到了规定值,但却没听到泵运转时发出的噪声 拆下燃油泵供油单元检测相应 1 和 4 之间电阻,如果线路没有故障,则更换燃油泵

(3) 燃油表控制（表6-44）

表6-44 燃油表控制

电工知识	控制电路/图示
①燃油水平信号从燃油表传感装置输出至计算机。计算机控制可减小转弯或在斜坡上行驶时的油位波动而造成的燃油表变化 ②油位决定的阻力从燃油表传感装置发送到计算机。计算机在指定的时间内计算出平均阻力，然后根据计算出的值向燃油表发送输出信号	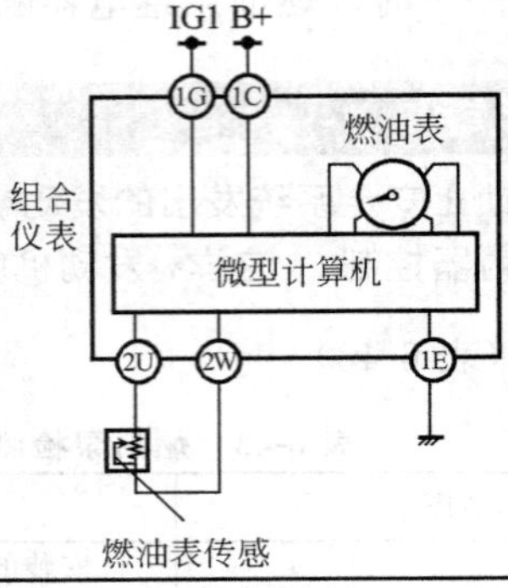 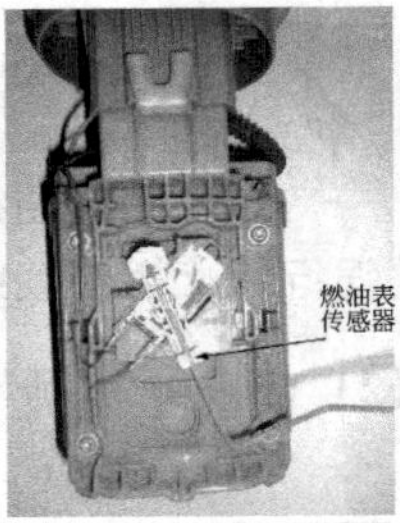 （组合仪表：IG1 B+, IG, IC, 燃油表, 微型计算机, 2U, 2W, 1E, 燃油表传感）燃油表传感器

285. 由电路故障导致的启动时发动机不转或转动缓慢怎么办

电工技能

出现该问题主要要检查电压、启动机、搭铁系统，在现代轿车里，润滑油对汽车启动的影响是非常小的，因此基本上不用考虑润滑油的问题，要考虑发动机是否自身阻力过大的问题。

表6-45 启动时发动机不转或转动缓慢故障排除

步骤	电工技能	诊断结果	执行
1	用万用表检测蓄电池两个接线柱之间是否有10～12.5V的电压	是	下一步
		否	修理或更换蓄电池
2	将点火开关置于"ON"。用万用表检测点火开关上连接蓄电池正极的接线柱是否有10～12.5V左右的蓄电池电压	是	下一步
		否	修理接线柱或更换导线
3	点火开关保持在启动挡，用万用表检测点火开关上连接启动电机吸拉线圈的接线柱是否有8V以上的电压	是	下一步
		否	更换点火开关
4	点火开关保持在启动挡，用万用表检测启动电机正极接线柱是否有8V以上的电压	是	下一步
		否	修理接线柱或更换导线

教你成为 汽车电工

续表

步骤	电工技能	诊断结果	执行
5	用万用表检测启动电机是否断路或短路	是	修理或更换启动电机
		否	下一步
6	检查发动机是否因润滑不良而卡死	是	排除故障
		否	下一步
7	如果是在冬季,则检查是否因发动机润滑油及齿轮箱油选用不当而导致启动电机的阻力过大	是	更换标准规格润滑油
		否	检查其他系统是否正常

286. 不会分析电子点火正时信号波形怎么办

表 6-46　电子点火正时信号波形

电工技能	图示/示意图
①该波形是用来诊断电子点火正时电路的 ②由于许多欧洲汽车,甚至亚洲汽车都有相似的点火电路设计 ③当怀疑发动机失速或点火不良的原因是由点火模块、曲轴位置传感器或控制电脑本身引起的时,可以通过检测该波形来进行确认 ④确认波形的频率与发动机转速同步,只有当点火正时需要改变时,电子点火正时信号(EST)的占空比才发生改变 ⑤电子点火正时信号的幅值通常略小于5V 注:控制电脑给控制点火正时的点火模块发送点火正时信号,用这种方法控制电脑可直接控制点火正时	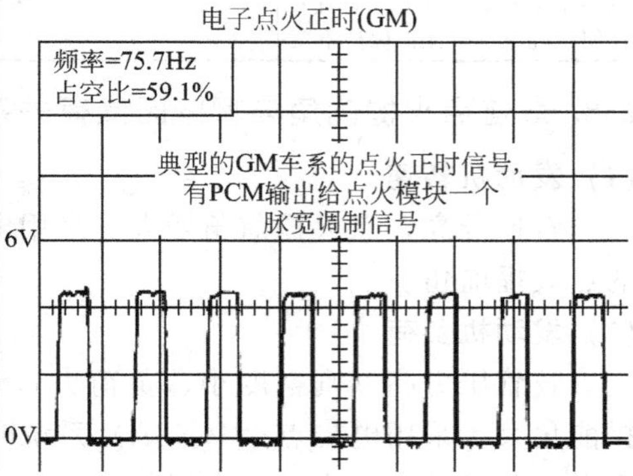 电子点火正时(GM) 频率=75.7Hz 占空比=59.1% 典型的GM车系的点火正时信号,有PCM输出给点火模块一个脉宽调制信号

287. 不会分析点火(DIST)参考信号波形怎么办

表 6-47　点火(DIST)参考信号波形

电工技能	图示/示意图
利用点火(DIST)参考信号波形可以诊断点火参考电路,这个电路有时又称为分电器参考电路	

电工技能	图示/示意图
以通用车为例,由于许多欧洲甚至亚洲生产的汽车使用相似的点火电路设计,当怀疑点火模块、曲轴转角传感器或控制电脑是造成发动机失速或点火不良的根本原因时,使用这个示波器测试程序就很有用 根据点火模块的形式或曲轴位置传感器传送给点火模块的信号类型,点火参考信号波形(见右图)的幅值可能有略小于5V或8V左右电压这两种情况 可以按照前述的测试方法进行诊断,不同的地方是要点火(DIST)参考信号波形的频率不仅与发动机转速同步,而且在任何情况下占空比都保持不变	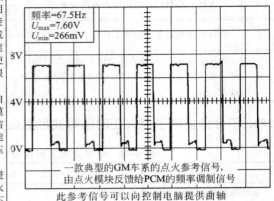 一款典型的GM车系的点火参考信号,由点火模块反馈给PCM的频率调制信号 此参考信号可以向控制电脑提供曲轴位置和发动机转速信号

288. 最佳点火提前角与哪些因素有关系

(1) 发动机转速

转速升高,点火提前角增大。采用电控点火系统,更接近理想的点火提前角。

(2) 发动机负荷

歧管压力高(真空度小、负荷大),点火提前角小,反之点火提前角大。采用电控点火(ESA)系统时,可以使发动机的实际点火提前角接近于理想的点火提前角。

(3) 燃料性质

汽油辛烷值越高,抗爆性越好,点火提前角可增大。

(4) 其他因素

燃烧室形状、燃烧室内温度、空燃比、大气压力、冷却水温度。

289. 什么是通电时间控制

(1) 通电时间的控制方法

现代点火线圈初级电路的通电时间由ECU控制,根据发动机的转速信号和电源电压信号确定最佳的闭合角（通电时间），并控制点火器输出指令信号（IGt 信号），以控制点火器中晶体管的导通时间。

（2）点火线圈的恒流控制

① 为了防止初级电流过大烧坏点火线圈，在部分电控点火系统的点火控制电路中增加了恒流控制电路。

② 恒流的基本方法：在点火器功率晶体管的输出回路中增设一个电流检测电阻，用电流在该电阻上形成的电压降反馈控制晶体管的基极电流，只要这种反馈为负反馈，就可使晶体管的集电极电流稳定，从而实现恒流控制。

（3）通电时间对发动机工作的影响

① 在发动机工作时，必须保证点火线圈的初级电路有足够的通电时间。

② 但如果通电时间过长，点火线圈又会发热并增大电能消耗。

③ 要兼顾上述①、②的要求，就必须对点火线圈初级电路的通电时间进行控制。

④ 另外还需根据蓄电池电压对通电时间进行修正。

290. 点火提前角水温怎样修正

表 6-48　点火提前角水温修正

水温修正		图示/示意图
①水温修正又可分为暖机修正和过热修正 ②暖机修正:暖机过程中,随冷却水温的提高,点火提前角应适当减小 ③暖机修正控制信号:冷却液温度传感器信号、进气管绝对压力传感器信号或空气流量计信号、节气门位置传感器信号(IDL 信号)	暖机修正	（提前角 vs 冷却液温度/℃，范围 -40 -20 0 20 40 60 80）
④过热修正:冷却液温度过高时,点火提前角应适当增大 ⑤过热修正控制信号:冷却液温度传感器信号、节气门位置传感器信号(IDL 信号)	过热修正	（提前-推迟 vs 冷却液温度/℃，20 40 60 80 100 120；IDL通/IDL断）

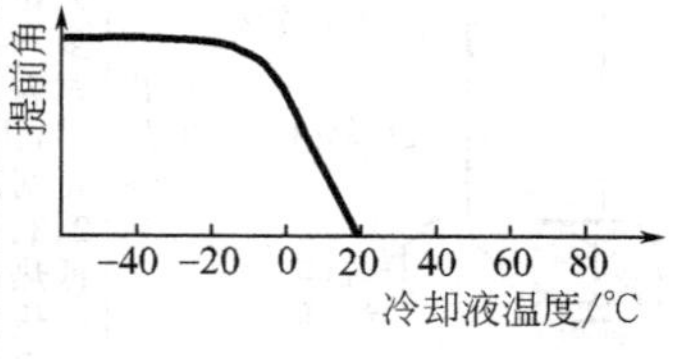

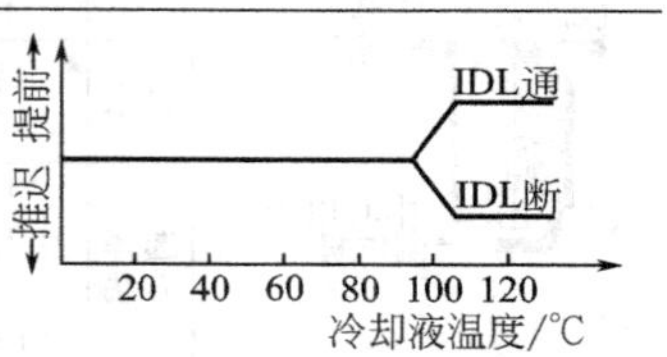

291. 怠速稳定及空燃比反馈怎样修正

表 6-49　怠速稳定修正及空燃比反馈修正

	电工知识/内容	图示/示意图
怠速稳定修正	①ECU 根据实际转速与目标转速的差来修正点火提前角,低于目标转速,增大点火提前角,反之,推迟点火提前角 ②怠速稳定修正控制信号：发动机转速信号(Ne 信号)、节气门位置传感器信号(IDL 信号)、车速传感器信号(SPD 信号)、空调开关信号(A/C 信号)	修正值(空调断开/空调接通) 与怠速目标转速的差值
空燃比反馈修正	由于空燃比反馈控制系统,是根据氧传感器的反馈信号调整喷油量的多少来达到最佳空燃比控制的,所以这种喷油量的变化必然带来发动机转速的变化。为了稳定发动机转速,点火提前角需根据喷油量的变化进行修正	喷油量—点火提前角

292. 怎样选择装配合适的火花塞

表 6-50　火花塞

结构图示		说　明
(火花塞结构图：接线螺母、陶瓷绝缘体、金属导杆、壳体、导电玻璃、电阻、密封垫、中心电极、侧电极)	安装位置	火花塞安装于汽缸盖的火花塞孔内,下端电极伸入燃烧室。上端连接分缸高压线
	作用	将高压电引进发动机燃烧室,在电极间形成火花,以点燃可燃混合气
	火花塞热特性	火花塞热特性就是指火花塞发火部位的热量向发动机冷却系统散热的性能。影响火花塞热特性的主要因素是火花塞裙部的长度。裙部较长时,受热面积大,吸收热量多,而散热路径长,散热少,裙部温度较高,把这种火花塞称为"热型"火花塞。反之,当裙部较短时,吸热少,散热多,裙部温度较低,把这种火花塞称为"冷型"火花塞。火花塞热特性常用热值表示。国产火花塞热值分别用 1、2、3、4、5、6、7、8、9、10、11、…阿拉伯数字表示。1、2、3 为低热值火花塞；4、5、6 为中热值火花塞；7、8、9 及以上为高热值火花塞。热值数越高,表示散热性越好。因而,小数字为热型火花塞,大数字为冷型火花塞
	要求	足够的机械强度、足够的绝缘强度、良好的温度特性、良好的耐腐蚀性、良好的密封性
	选择方法	①对于大功率、高压缩比和高转速的发动机来说,燃烧室内温度高,火花塞裙部温度就高,应选用冷型火花塞 ②对于小功率、小压缩比、低转速的发动机而言,燃烧室内温度低,火花塞裙部温度就低,应选择热型火花塞

293. 火花塞故障怎么办

表 6-51　火花塞故障

项目	故障或可能原因	故障排除
火花塞积炭	空气滤清器阻塞	更换空气滤清器
	怠速转速不对	重新设置怠速转速
	点火系统线路故障	更换点火线路
	气门黏滞/气门密封磨损	检查气门
	喷油嘴不正常工作	检查喷油器
	发动机经常低速转速运行	保证发动机处于正常转速
	点火提前角不正确	调整点火提前角

294. 火花塞维修应注意哪些事项

① 等发动机冷却后再拆卸火花塞。如果试图在发动机温度很高时拆卸火花塞，可导致火花塞卡住。这会损坏汽缸盖螺纹。

② 在拆下火花塞前，清洁火花塞安装槽周围区域。否则，可导致发动机因异物进入汽缸盖或螺纹被污染而损坏。受污染的螺纹会导致新火花塞无法正确就位。

③ 只能使用为车辆指定的火花塞。不要安装热范围高于或低于车辆指定的火花塞的其他火花塞。安装其他型号的火花塞会严重损坏发动机。

④ 将火花塞上的高压分线依次拆下，并在原始位置做上标记，以免安装错位。在拆卸中注意事先清除火花塞孔处的灰尘及杂物，以防止杂物落入汽缸。拆卸时用火花塞套筒套牢火花塞，转动套筒将其卸下，并依次排好。

⑤ 火花塞的电极正常颜色为灰白色，如电极烧黑并附有积炭，则说明存在故障。检查时可将火花塞与缸体导通，用中央高压线接触火花塞的接线柱，然后打开点火开关，观察高压电跳位置。如电跳位置在火花塞间隙，则说明火花塞作用良好，否则，即需换新。

⑥ 各种车型的火花塞间隙均有差异，一般应在 0.7～0.9mm

之间，检查间隙大小，可用火花塞量规或薄的金属片进行。如间隙过大，可用旋具柄轻轻敲打外电极，使其间隙正常；间隙过小时，则可利用旋具或金属片插入电极向外扳动。

⑦ 火花塞属易消耗件，一般行驶 20000～30000km 即应更换。火花塞更换的标志是不跳火，或电极放电部分因烧蚀而成圆形。另外，如在使用中发现火花塞经常积炭、断火，一般是因为火花塞太冷，需换用热型火花塞；若有炽热点火现象或汽缸中发出冲击声，则需选用冷型火花塞。

⑧ 火花塞存有油污或积炭应及时予以清洗，但不要用火焰烧烤。如瓷芯损坏、破裂，则应进行更换。

295. 你对通用的诊断仪模式了解多少

 维修提示

J1979 标准的 OBD-Ⅱ规则要求用诊断仪可以用来读取与排放及相关的信息。

（1）模式 1：获得当前动力控制系统数据的请求

这个模式的目的是可以允许访问当前的与排放相关的数据，包括输入和输出、系统状态信息和计算的参数值。请求信息包括可以向车载系统表示出所要求的特殊信息的参数识别（PID）值，车载模块通过传输一个模块的 ID 和所要求的数值的方式来响应这个请求。

（2）模式 2：获得动力控制系统冻结数据帧的请求

这个模式的目的是允许访问与排放相关的数据值，当故障已经被确认时（MIL 点亮），这个值会被报告。请求的数据值包括可以向车载系统表示出所要求的特殊信息的 PID 值。车载模块通过传递一个被系统储存的请求值的方式来响应这个请求。这个模式同样允许那些生产商特定的要求信息，这些请求不一定包括与所要求的冻结数据帧有关，也不一定包含所要求的冻结数据帧。

（3）模式 3：与排放相关的故障码

这个模式的目的是可以访问储存的与排放相关的动力控制系统

故障码。如果不存在储存的故障码，这个模块将会响应一个信息，表明没有故障码被储存。如果发现有生产商特别定义的故障码（DTC），将会显示信息"故障码没有可用信息"或者类似信息内容。

(4) 模式4：故障清除/复位

这个模式的目的是提供一种方法，可以使车载模式清除所有与排放相关的诊断信息。这些信息如下。

① 清除故障码的数字（模式1）。
② 清除故障码（模式3）。
③ 清除冻结数据帧数据的故障码（模式1）。
④ 清除冻结数据帧数据（模式2）。
⑤ 清除氧传感器测试数据（模式5）。
⑥ 复位系统检测测试的状态（模式1）。
⑦ 清除车载监测系统的测试结果（模式6和模式7）。
⑧ 清除MIL点亮时里程表的累加里程计数（模式1）。

(5) 模式5：氧传感器监测测试结果

(6) 模式6：最新的监测结果

这个测试模式的目的是可以允许访问特殊元件/系统的车载诊断监测测试结果，除去燃油系统和失火监测外，这些特殊元件和系统是不进行连续监测的。即使经过很多个点火循环后，最新的测试结果都必须被保留。在模式6中储存的数据可以被更新的测试结果代替。

屏幕中显示的信息可能包括：

① 测试ID——这个值相当于模式测试识别数字。
② 监测值——这一栏显示的是内存中监测系统监测到的最后一次运转的实际数据，这些数据用来和"规范值"一栏进行比较，以确定监测结果是否满足要求。
③ 规范值。
④ 极限值。

本模式采用交流电压信号取代了模式5中采用的数字信号来显示氧传感器监测的结果。

维修提示

无论监测值是高于规范值的上限,还是小于规范值的下限,监测结果都将被视为失败。诊断仪将参考"极限值"一栏,来确定监测结果是否符合要求。

(7) 模式 7:行程故障

这个测试模式的目的是为了获得与排放相关的被连续监测的动力传动系统的零部件或者子系统的状态试验结果。使用这个数据的目的,是在对车辆进行维修并清除了故障码以后,对维修技师的维修效果进行检验。

这个模式在进行一个假设循环以后将会报告试验结果。如果这次试验失败,将会包括相应故障码。

这个模式的试验结果不一定都能指出零部件或者系统的故障。如果在进行了附加的驾驶循环以后,试验结果指出存在一个故障。这时将点亮 MIL 灯,设置一个故障码,以模式 3 报告零部件或者系统的故障。同样,一旦模式 3 指出存在故障模式 7,它不一定能够会继续把它报告为一个单行程故障。

(8) 模式 8:在线诊断系统试验

(9) 模式 9:要求车辆信息

这个模式的目的是使诊断仪要求车辆的特有信息,例如 VIN 代码、标定标识符、在验证软件的完整性时使用的标定识别数字(CVN)。对模式 9 的支持一般只应用在带有可以重新编程的控制模块中。

296. 你对诊断驱动周期了解多少

通常来说,在完成维修后,并不需要运行一个完整的驱动周期。

一个驱动周期是指一个特殊的驱动驾驶方法,用来确认某个症状或者确认对某个症状的维修状况。一个驱动周期同样是指一个特殊的驱动驾驶方法,用来开始完成一个特定 OBD-Ⅱ监测。

297. 通用车系诊断驱动周期是怎样的

一个完整的驱动周期应该对所有的系统进行诊断。一个完整的驱动周期应该在 15min 内完成。下列是进行通用汽车公司一个 OBD-Ⅱ驱动周期的步骤。

① 冷启动 对冷启动阶段的定义是，发动机冷却液温度必须低于 50℃，和周围环境温度的差异在 5℃ 以内。在冷启动之前，不要把点火开关置于 ON 的位置，并且不要运行加热型氧传感器的诊断。

② 急速 在空调和后除霜器打开的情况下，使发动机运行 2.5min。运行的电器负荷越多越好。这时候可以测试氧传感器加热器、二次空气喷射、清污电磁阀、失火和燃油修正（如果达到闭环控制）。

③ 加速 关闭所有用电器，将节气门半开，车速达到 88km/h，这个时候可以进行失火、燃油修正及相关诊断。

④ 保持稳定速度 将速度保持在 88km/h 持续 3min。这个时候，可以进行氧传感器响应、EGR、清污、失火和燃油修正诊断。

⑤ 减速 松开加速踏板。不要换挡、制动或者松开离合器。车速逐渐减到 30km/h，这时候，可以进行 EGR、清污、失火和燃油修正诊断。

⑥ 加速 在 3/4 节气门开度，加速到 88～96km/h。这时候可以进行的诊断与步骤③中的诊断相同。

⑦ 保持稳定速度 将速度保持在 88km/h 持续 5min。这时，除去进行步骤④中的诊断项目外，可以进行催化剂监测诊断。如果催化剂处于临界状态或者蓄电池连接被断开，需要运转 5 个完整的驱动周期来判断催化剂的状态。

⑧ 减速 与⑤方法相同执行减速。

298. 福特车系诊断驱动周期是怎样的

为了完成一个完整的驱动周期，必须保证监测系统的运行，建议进行下列操作。

① 大部分 OBD-Ⅱ监测系统在巡航或者加速模式下，采用一个"steady foot"驱动模式，使得监测更容易完成。以"平稳"方式

控制节气门,能够将监测时间减少到最小。

② 燃油箱的油量应该在 1/2 和 3/4 之间,燃油量占燃油箱的 3/4 容积是最合适的。

③ 蒸发监测只能在发动机运行的前 30min 内进行。当运行这个监测时,将节气门处于半开状态,并平稳的驾驶车辆,从而降低"燃油晃荡"的可能性。

299. 丰田车系诊断驱动周期是怎样的

丰田公司的监测没有设定一个特别的顺序。一旦条件符合某个监测系统运行的条件,就会对其进行监测。例如以下监测系统运行。

(1) 传感器监测

传感器监测的唯一前提条件是 MIL 灯没有点亮,驱动模式的运行过程如下:

① 启动发动机,怠速至少 2min;

② 以 40km/h 或者更高的速度驱动车辆,至少 50s,确保发动机转速维持在 900r/min 以上;

③ 停车,使发动机怠速至少 40s;

④ 重复进行步骤②和步骤③,10 次。

如果准备就绪状态没有转变为"完成",检查未处理故障码。如果没有出现故障,将点火开关转到"OFF",重复操作步骤①和步骤④。

(2) 氧传感器加热单元的监测

氧传感器和 A/F 传感器监测的运行相类似。当监测系统运行时,保证 MIL 处于没有点亮的状态。启动发动机,怠速 9min。接下来,以至少 40km/h 的速度驱动车辆至少 2min。如果准备就绪状态没有转变为"完成",检查未处理故障码。如果没有出现故障,确认准备前提条件都已经满足,将点火开关转到"OFF",再次重复进行所有的步骤。

300. OBD-Ⅱ车载诊断系统是怎样工作的

(1) 自诊断系统的任务

自诊断系统的功能是利用电子控制单元 ECU 监视电子控制系

统各组成部分的工作情况，发现故障后，自动启动故障运行程序。

它不仅保证汽车在有故障的情况下可以继续行驶，同时还将存储在存储器中的故障信息（故障码）以一定的方式显示出来，或以数据流的形式通过汽车上配置的诊断插座输出，以便于驾驶员和维修人员发现和排除故障。

（2）车载诊断系统组成

车载诊断系统主要由自诊断电路（输入信号电路、输出信号控制电路等）、电控单元 ECU 组成。其中，输入信号电路、ECU 与发动机电子控制系统共用，诊断的输出接口由发动机警告灯或 ABS 警告灯与电控系统检测插座（CHECK CONNECTOR）、故障诊断插座（TDCL）等组成。车载诊断系统组成见图 6-43。

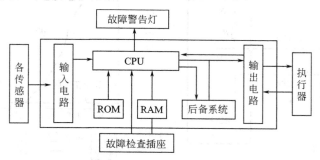

图 6-43　车载诊断系统组成

（3）车载诊断系统基本工作原理

① 传感器的故障自诊断

a. 水温传感器、节气门位置传感器、进气歧管压力传感器、进气温度传感器等均是向 ECU 输入模拟信号的传感器，正常情况下，向 ECU 输入的信号电压值，都有一定的变化范围。通常采用监测其输入的信号电压值是否在规定的范围内来确定其是否有故障，若传感器输出的信号电压数值多次偏离正常工作范围且持续一定时间，ECU 便认为该器件或电路发生了故障，把这一故障以代码的形式存入内部随机存储器，并同时点亮仪表板上的故障指示灯。

b. 水温传感器正常工作时，其输出信号电压值在 0.1～4.8V 范围内变化。

> **电工技能**
>
> 如果水温传感器输入电压信号低于 0.1V 或高于 4.8V，ECU 监测到电压值超出规定范围且持续一段时间不消失时，ECU 即判定水温传感器有故障，自动将代表水温传感器故障的代码存入随机存储器，并点亮故障指示灯。

传感器的故障自诊断基本原理见图 6-44。

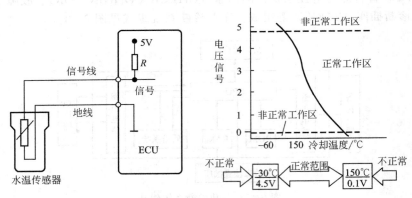

图 6-44　传感器的故障自诊断基本原理

水温传感器电路控制见图 6-45。

② 测试及控制

a. 氧传感器与空燃比反馈控制系统、爆震控制系统等控制所依据参数是在不断变化的，因此这些信号变化的快慢也反映了传感器是否存在故障。

b. 当某传感器的输出信号变化过慢、在一段时间内不发生变化时、保持高于或低于某一值超过了一定时间时，ECU 将判定该传感器有故障。

c. 对偶尔出现的一两次或几次信号数值的偏离和丢失，ECU 则不认为是故障，也不存入存储器内。

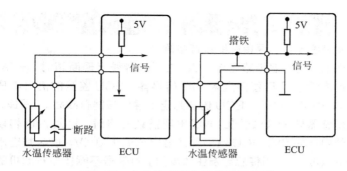

图 6-45 水温传感器电路控制示意图

d. 氧传感器在正常工作时,其输入电压应在 0.1~0.9V 内波动不少于 8 次/10s。

电工技能

如果 ECU 在 1min 以上检测不到氧传感器的输出信号或氧传感器信号在 0.1~0.9V 间 1min 以上没有变化,即判断为氧传感器电路有故障,并设定相应的故障码。

e. 发动机以 1000r/min 的转速运转时,当转速传感器丢失了 3~4 个信号脉冲时,ECU 不会判定是转速传感器发生了故障,故障指示灯不会点亮,相应的故障码也不会存入存储器内。只有信号脉冲丢失持续一定的时间,ECU 才认为是故障。

f. 故障信号的出现不只是与传感器或执行器本身出现故障有关,而且还与相应的配线电路故障有关,电子控制系统的各种传感器和执行器都是如此。

g. 在 ECU 判断出某一电路故障时,只是提供了故障的性质和范围,最后要确定是传感器、执行器还是相应配线故障,应进一步检查配线、插头、ECU 和相关元器件。

h. 对于执行器(如喷油器、点火器、怠速控制阀等)故障,有的能被 ECU 检测出来,有的则不能检测,依车型的控制软件设计而异。

电工技能

例举说明：水温传感器设置故障

例如，当水温传感器与 ECU 之间的导线出现断路时，+5V 电压通过内设电阻 R 直接送入 A/D 转换器，ECU 监测的信号电压会高于 4.8V（近 5V），ECU 也会判定水温传感器有故障。同理，当水温传感器与 ECU 之间的导线出现搭铁短路时，输入 A/D 转换器的信号电压为 0V，ECU 监测到信号电压低于 0.1V，也会判定水温传感器有故障。当传感器发生故障时，其信号不能作为发动机的控制参数使用，ECU 从程序存储器中调出某一固定数值作为发动机的应急参数，以维持发动机的运转。

例如，发动机水温传感器发生故障时，ECU 将启用代用值固定为 80℃；进气温度传感器发生故障时，可将进气温度设定为 22℃。或者，ECU 另用与其工作性质相关器件的信号参数值代用。例如，进气流量传感器损坏后，ECU 则用节气门位置传感器的信号参数值来代用。

301. OBD-Ⅱ维修应用的关键是什么

小贴士 Tips

OBD-Ⅱ的故障码（DTC）的编码方式又被称为字母数字系统。

(1) 故障码设置标准

由于汽车生产商不断地更新和改进它们的发动机控制系统，市场上有各种不同的国产和进口系统。不同生产商，以及同一个生产商的不同车型、相同车型不同生产时间的车载诊断数据的读取和系统维修方法都有所不同。这就是为什么在进行维修诊断时，必须使用相应维修手册的原因。

但是，现在已经制定了标准，要求对所有车的电控系统采取一个标准化的测试步骤，这就是通常说的 OBD-Ⅱ，在该系统中，车辆会采用相同的术语、缩写及元件的定义描述，同样执行相同的诊断步骤,并显示相同的故障码。

无论生产商是否相同,OBD-Ⅱ系统的大部分故障码可以用来显示相同的故障。而有一些故障码仅仅对应一个特定的系统,或者各个系统代表不同的含义。故障码是一个五位数的代码,同时含有数字和字母。

SAE(美国汽车工程师学会)规定OBD-Ⅱ故障码由5位组成,见表6-52。

表6-52 故障码组成

举例故障码:P1352			
P	1	3	52
第一位是英文字母,代表动力系统 如果是B,则代表车身,"C"代表底盘	"1"第二位,代表汽车制造厂商。若为0,则代表SAE定义故障码	"3"第三位,代表SAE定义的故障码范围 如果这一位为"1",则表示燃油或空气测试不良;"2"表示燃油测试不良或喷油器线路;"3"表示点火系统不良或发动机间歇熄火;"4"表示废气控制系统辅助装置不良;"5"表示汽车或怠速控制系统元件不良;"6"表示电脑或输出控制元件不良	"52"第四、五位,代表原厂故障码

(2) 诊断端子设置和自诊断

OBD-Ⅱ系统是世界各个汽车制造厂商采用相同标准的诊断插座(16针)、相同定义的故障码以及相同的资料传输标准(SAE或ISO)的诊断系统。只要通过一台仪器,即可对各种汽车进行故障诊断。

诊断座端子见图6-46,诊断座端子含义见表6-53。

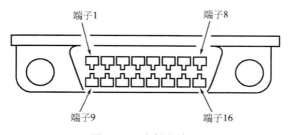

图6-46 诊断座端子

表 6-53　诊断座端子含义

端子号	含义	端子号	含义
端子 1	生产商自由使用	端子 2	J1850 总线（+）
端子 3	生产商自由使用	端子 4	车身接地
端子 5	信号接地	端子 6	生产商自由使用
端子 7	ISO 9141-2 "K"线	端子 8	生产商自由使用
端子 9	生产商自由使用	端子 10	J1850 总线(-)
端子 11	生产商自由使用	端子 12	生产商自由使用
端子 13	生产商自由使用	端子 14	生产商自由使用
端子 15	ISO 9141-2"L"传输线	端子 16	蓄电池

OBD-Ⅱ诊断模式采用高效的输出明码编码方式以及压缩数据包方式传递信息，读取与清除故障码可在瞬间完成。OBD-Ⅱ诊断座仍保留了通过跨接诊断座的端子从故障指示灯或 LED 灯、电压表上读取故障的功能，不过这种码多是两位数码，信息量远远少于 OBD-Ⅱ标准码，有些故障码无法用此种方式输出。

第七章 电控自动变速器和电工维修

一、自动变速器基本维修知识和技能

302. 自动变速器由哪几部分组成

自动变速器的外部形状和内部结构也有所不同，但它们的组成基本相同，都是由液力变矩器和齿轮式自动变速器组合起来的。常见的组成部分有液力变矩器、行星齿轮机构、离合器、制动器、油泵、滤清器、管道、控制阀体、速度调压器等，按照这些部件的功能，可将它们分成液力变矩器、变速齿轮机构、供油系统、自动换挡控制系统和换挡操纵机构五大部分。自动变速器组成见表7-1。

表7-1 自动变速器组成

机构名称	工作原理和功用	机构组成元件
液力变矩器	液力变矩器位于自动变速器的最前端，安装在发动机的飞轮上，其作用与采用手动变速器的汽车中的离合器相似。它利用油液循环流动过程中动能的变化将发动机的动力传递自动变速器的输入轴，并能根据汽车行驶阻力的变化，在一定范围内自动地、无级地改变传动比和转矩比，具有一定的减速增转功能	泵轮、涡轮、导轮等
变速齿轮机构	行星齿轮机构是实现变速的机构，速比的改变是通过以不同的元件作主动件和限制不同元件的运动而实现的。在速比改变的过程中，整个行星齿轮组还存在运动，动力传递没有中断，因而实现了动力换挡	离合器、行星齿轮机构、制动器、单项离合器
供油系统	在发动机运转时，不论汽车是否行驶，油泵都在运转，为自动变速器中的变矩器、换挡执行机构、自动换挡控制系统部分提供一定油压的液压油。油压的调节由调压阀来实现	油泵、滤清器、调压阀、管道等

续表

机构名称		工作原理和功用	机构组成元件
自动换挡控制系统	液压控制系统	根据手动阀的位置及节气门的开度、车速、控制开关的状态等因素，利用液压自动控制原理，按照一定的规律控制行星齿轮变速器中的换挡执行机构的工作，实现自动换挡	液力控制阀、油路
	电子控制系统	通过电磁阀控制换挡执行机构工作，实现自动换挡功能	自动变速器控制单元、传感器、电磁阀等
换挡操纵机构		自动变速器换挡操纵机构包括手动选择阀的操纵机构和节气门的操纵机构。驾驶员通过自动变速器的变速杆改变阀板内的手动阀位置，控制系统根据手动阀的位置及节气门开度、车速、控制开关的状态，根据自动控制原理，按照一定的规律控制变速齿轮机构中的换挡执行元件的工作，实现自动换挡	换挡杆、变速杆等

303. 电控自动变速器控制原理是怎样的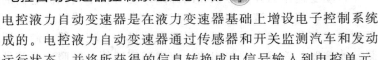

电控液力自动变速器是在液力变速器基础上增设电子控制系统而形成的。电控液力自动变速器通过传感器和开关监测汽车和发动机的运行状态，并将所获得的信息转换成电信号输入到电控单元。电控单元根据这些信号，通过电磁阀控制液压控制装置的换挡阀，使其打开或关闭通往换挡离合器手制动器的油路，从而控制换挡时刻和挡位的变换，以实现自动变速。

电子控制自动变速器见图 7-1。

电工知识

电子控制自动变速器是通过各种传感器，将发动机转速、节气门开度、车速、发动机水温、自动变速器液压油温度等参数转变为电信号，并输入电脑；电脑根据这些电信号，按照设定的换挡规律，向换挡电磁阀、油压电磁阀等发出电子控制信号；换挡电磁阀和油压电磁阀再将电脑的电子控制信号转变为液压控制信号，阀板中的各个控制阀根据这些液压控制信号，控制换挡执行机构的动作，从而实现自动换挡。

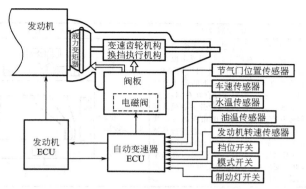

图 7-1 电子控制自动变速器

304. 你对换挡控制了解多少

换挡控制（表 7-2）即控制自动变速器的换挡时刻，也就是在汽车达到某一车速时，让自动变速器升挡或降挡。它是自动变速器电脑最基本的控制内容。自动变速器的换挡时刻（即换挡车速，包括升挡车速和降挡车速）对汽车的动力性和燃料经济性有很大影响。对于汽车的某一特定行驶工况来说，有一个与之相对应的最佳换挡时机或换挡车速。电脑应使自动变速器在汽车任何行驶条件下都按最佳换挡时刻进行换挡，从而使汽车的动力性和燃料经济性等各项指标达到最优。

表 7-2 换挡控制

项目	电工知识/控制说明	图示/示意图
升挡与降挡规律	不同节气门开度下的最佳换挡车速可以用自动换挡图来表示 由图中可知，节气门开度越小，汽车的升挡车速和降挡车速越低；反之，节气门开度越大，汽车的升挡车速和降挡车速越高 这种换挡规律十分符合汽车的实际使用要求 例如，当汽车在良好的路面上缓慢加速时，行驶阻力较小，油门开度也小，升挡车速可相应降低，即可以较早地升入高挡，从而让发动机在较低的转速范围内工作，减少汽车油耗；反之，当汽车急加速或上坡时，行驶阻力较大，为保证汽车有足够的动力，油门开度应较大，换挡时刻相应延迟，也就是升挡车速相应提高，从而让发动机工作在较高的转速范围内，以发出较大的功率，提高汽车的加速和爬坡能力	实线表示加速时的升挡规律 虚线表示减速时的降挡规律

续表

项目	电工知识/控制说明	图示/示意图
换挡调整	汽车自动变速器的操纵手柄或模式开关处于不同位置时,对汽车的使用要求也有所不同,因此其换挡规律也应作相应的调整。电脑将汽车在不同使用要求下的最佳换挡规律以自动换挡图的形式储存在存储器中。在汽车行驶中,电脑根据挡位开关和模式开关的信号从存储器内选择出相应的自动换挡图,再将车速传感器和节气门位置传感器测得的车速、节气门开度与自动换挡图进行比较;根据比较结果,在达到设定的换挡车速时,电脑便向换挡电磁阀发出电信号,以实现挡位的自动变换	

 电工技能

汽车的最佳换挡车速主要取决于汽车行驶时的节气门开度。

305. 你对液力变矩器了解多少

(1) 液力变矩器结构

液力变矩器不但可以传递来自发动机的转矩,而且能将转矩成倍增大后传给变速器。液力变矩器除了采用液力偶合器的泵轮和涡轮以外,在泵轮与涡轮之间增加了导轮。

① 液力变矩器见图 7-2,液力变矩器剖视图见图 7-3。

图 7-2 液力变矩器

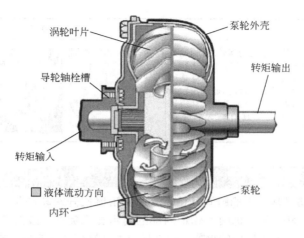

图 7-3 液力变矩器剖视图

② 液力变矩器各组成部件见表 7-3。

表 7-3 液力变矩器组成部件

部件	说明	图示/示意图
泵轮	泵轮与变矩器壳体连成一体,变矩器壳体用螺栓固定在飞轮上,因为飞轮与曲轴相连,所以泵轮总是和曲轴一起转动。泵轮内部沿径向装有许多较平的叶片,叶片内缘装有让变速器油平滑流过的导环,其结构如图所示,当发动机运转时,泵轮内的工作液依靠离心力的作用从泵轮外缘向外喷出而进入涡轮。随发动机转速升高,工作液所受离心力增大,从泵轮向外喷射工作液的速度亦随之升高	
涡轮	涡轮与变速器输入轴用花键连接。与泵轮一样,涡轮也装有许多叶片,叶片呈曲线形状,方向与泵轮叶片的弯曲方向相反。涡轮叶片与泵轮叶片相对放置,中间留有一很小的间隙	

第七章 电控自动变速器和电工维修

续表

部件	说明	图示/示意图
导轮	导轮位于泵轮与涡轮之间，通过单向离合器安装在与自动变速器壳体连接的导管轴上。它也是由许多扭曲叶片组成的，通常由铝合金浇铸而成，其目的是为了变矩器在某些工况下具有增大转矩的功能	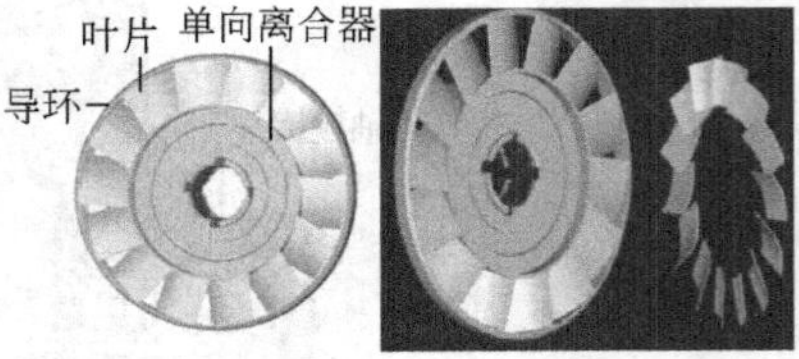 叶片 单向离合器 导环

 维修知识

发动机从点火的瞬间开始，液力变矩器便开始转动了，对于动力的连接和中断，仍由齿轮箱内部的离合器来完成，液力变矩器唯一与MT离合器相似的地方，也就是液力变矩器"软连接"的特性，与MT离合器的"半联动"工况相近。

有人认为，AT上的液力变矩器相当于MT上的离合器，起到动力的连接和中断的作用。其实这种说法是错误的。AT与发动机曲轴是直接连接的，不像MT有一个（动力的开关）离合器。

(2) 液力变矩器作用

① 传递转矩　发动机的转矩通过液力变矩器的主动元件，再通过ATF传给液力变矩器的从动元件，最后传给变速器。

② 无级变速　根据工况的不同，液力变矩器可以在一定范围内实现转速和转矩的无级变化。

③ 自动离合　液力变矩器由于采用ATF传递动力，当踩下制动踏板时，发动机也不会熄火，此时相当于离合器分离；当抬起制动踏板时，汽车可以起步，此时相当于离合器接合。

④ 驱动油泵　ATF在工作的时候需要油泵提供一定的压力，而油泵一般是由液力变矩器壳体驱动的。

(3) 液力变矩器基本工作原理

液力变矩器的工作原理就像带空气通道的一对风扇（图7-4），一个风扇工作，然后将另一个不工作的风扇吹动。可以很形象地解释液力变矩器中泵轮和涡轮之间的工作关系（图7-5）。

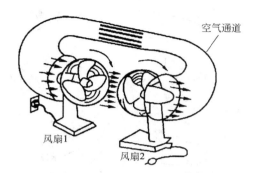

图 7-4　液力变矩器基本工作原理示意图一

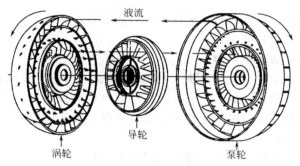

图 7-5　液力变矩器基本工作原理示意图二

维修知识

变矩器不仅能传递转矩,而且能在泵轮转矩不变的情况下,随着涡轮的转速(反映着汽车行驶速度)不同而改变涡轮输出的转矩数值。

306. 你对单向离合器了解多少

(1) 滚柱式单向离合器

滚柱式单向离合器的构造和工作原理见图 7-6。

导轮逆时针旋转时,滚柱向外座圈和内座圈形成的楔形槽的宽槽处滚动,滚柱与外座圈(包括导轮)一起绕内座圈转动。

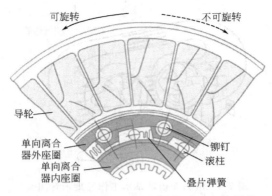

图 7-6 滚柱式单向离合器的构造和工作原理

导轮顺时针旋转时，滚柱向楔形槽窄槽处滚动，从而阻止外座圈（包括导轮）的滚动。

(2) 楔块式单向离合器

楔块式单向离合器原理：内座圈固定，当外座圈顺时针旋转时，楔块顺时针旋转，$L_1<L$，外座圈可相对楔块和内座圈旋转；反之，当外座圈逆时针旋转时，楔块逆时针旋转，$L_2>L$，楔块阻止外座圈旋转。

楔块式单向离合器原理示意图见图 7-7。

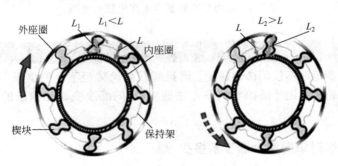

图 7-7 楔块式单向离合器原理示意图

307. 你对变矩器锁止机构了解多少

在耦合区（即没有转动成倍放大的情况），变矩器以接近 1∶1

的比例将来自发动机的输入转矩传递至变速器。但在泵轮与涡轮之间存在着至少4%～5%的转速差。所以,变矩器并不是将发动机的动力几乎100%的传递至变速器,而是有一定的能量损失。

为了防止这种能量损失的现象发生,也为了降低油耗,当车速在大于60km/h时,锁止离合器会通过机械机构将泵轮与涡轮相连接。这样,使发动机产生的动力几乎100%的传递至变速器。

锁止活塞装在涡轮转轴上,位于涡轮前端。减振组件在离合器接合时,吸收转力,防止产生振动。在变矩器壳体或变矩器锁止活塞上的特殊摩擦材料,可防止离合器接合时打滑。

锁止离合器在变矩器中的位置见图7-8,锁止离合器见图7-9。

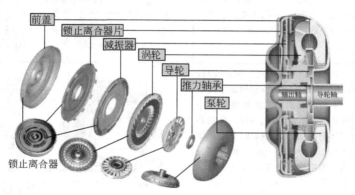

图7-8 锁止离合器在变矩器中位置

图7-9 锁止离合器

锁止离合器的接合和分离由变矩器中的液压油的流向改变来决定，其工作过程见表7-4。

表7-4 锁止离合器工作过程

状态	工作过程	图示/示意图
锁止离合器分离时	当车辆低速行驶时，由锁止推动阀控制油液流动方向如图所示。加压油液流至锁止离合器的前端，锁止离合器的前端及后端的压力就变得一样，锁止离合器处于脱开状态。这时由于变矩器内油液因涡流产生大量热量，流出变矩器的油液要经冷却后再送回变速器	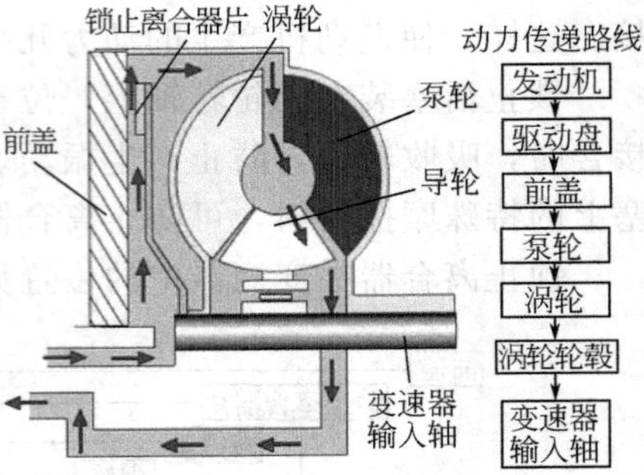 锁止离合器片 涡轮 动力传递路线：发动机→驱动盘→前盖→泵轮→涡轮→涡轮轮毂→变速器输入轴
锁止离合器接合时	当车辆以中高速(≥50km/h)行驶时，锁止推动阀控制的油液流动方向为右图所示。加压油液流至锁止离合器的后端。这时，变矩器壳体受到锁止活塞挤压，从而使锁止离合器和前盖一起转动，即锁止离合器接合。由于这时泵轮与涡轮速差为零，没有涡流产生，因而油液在变矩器产生的热量很小，流出变矩器的油液不需要冷却，直接流回变速器	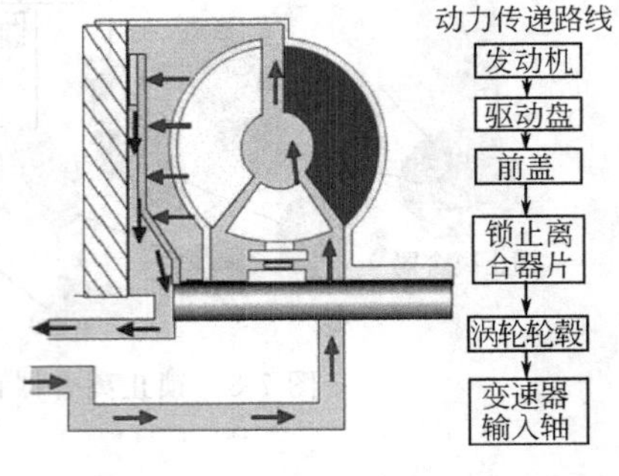 动力传递路线：发动机→驱动盘→前盖→锁止离合器片→涡轮轮毂→变速器输入轴

308. 你对行星齿轮机构和变速原理了解多少

（1）行星齿轮机构组成

行星齿轮机构是由一个太阳轮、一个齿圈、一个行星架和支承在行星架上的几个行星齿轮组成的，称为一个行星排（图7-10、图7-11）。三元件：太阳轮、齿圈、行星架。

（2）行星齿轮机构作用

行星齿轮机构是改变传动比，使不同的挡位工作，改变汽车行驶方向，并在各挡位上保证发动机不熄火。

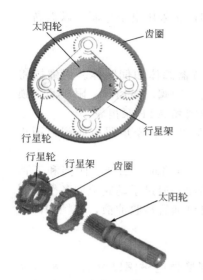

图 7-10 行星排一

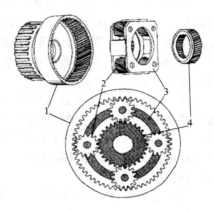

图 7-11 行星排二

1—齿圈；2—行星齿轮；3—行星架；4—太阳轮

(3) 变速原理

行星齿轮在各种条件下的基本动作见表 7-5。

表 7-5 行星齿轮架构（基本动作）传动方式

方式	固定件	主动件	从动件	速度状态	旋转方向
1	齿圈	太阳轮	行星架	减速	同向
2		行星架	太阳轮	增速	
3	太阳轮	齿圈	行星架	减速	同向
4		行星架	齿圈	增速	
5	行星架	太阳轮	齿圈	减速	返向
6		齿圈	太阳轮	增速	
7	任意两个元件连成一体			直接挡	
8	无制动、无连接			空挡	

309. 你对变速器基本控制了解多少

(1) 电子控制

电子控制系统由动力系统控制单元（PCM/ECU）、传感器和电磁阀组成。在所有情况下，换挡和锁止采用电子控制，以提高驾驶的舒适性。

（2）液压控制

① 阀体　阀体包括主阀体、调节器阀体和伺服体。用螺栓将其固定在变矩器壳体上。主阀体包括手动阀、换挡阀、限压阀、锁止控制阀、冷却器单向阀、伺服控制阀和ATF泵齿轮。

② 调节器阀　调节器阀体包括调节阀、变矩器单向阀、锁止换挡阀和一挡、三挡蓄压器。

③ 伺服体　伺服体包括伺服阀、换挡阀、二挡、四挡和五挡蓄压器和换挡电磁阀。来自调节器的油液通过手动阀流向各个控制阀。一挡、三挡和五挡离合器从各自供油管接收油液，二挡和四挡离合器从内部液压回路接收油液。

（3）换挡控制机构

为了进行换挡，PCM/ECU控制换挡电磁阀以及A/T离合器压力控制电磁阀，同时接收来自遍布车辆的各种传感器和开关的输入信号。换挡电磁阀改变换挡阀的位置，切换阀口，将液压送到离合器中。A/T离合器压力控制电磁阀调节它们各自的压力，向离合器加压使得它们与相应的齿轮啮合。A/T离合器压力控制电磁阀的压力也被施加到换挡阀以切换阀口。

（4）锁止机构

锁止机构在D位置（二挡、三挡、四挡和五挡）以及D3位置（二挡和三挡）工作。加压油液可通过油道从变矩器后部排出，使变矩器离合器活塞紧靠变矩器盖。这时，主轴与发动机曲轴以相同转速转动。与液压控制一起，PCM/ECU使锁止机构正时和量最优化。PCM/EUC打开换挡电磁阀时，换挡电磁阀上的压力打开和关闭锁止换挡阀。A/T离合器压力控制电磁阀和锁止控制阀控制锁止量。

二、自动变速器基本测试

310. 变速器油压测试的条件是什么

（1）故障影响

油压过高，会造成自动变速器换挡时冲击过大，液压系统也容易损坏；油压过低，会使离合器、制动器等换挡执行元件打滑，影响自动变速器的正常工作，且加速离合器和制动器摩擦片的磨损，严重时会导致摩擦片烧坏。

（2）测试目的

目的是检测液压控制系统的故障。通过测试油压可以判断油泵、主调压阀、节气门阀、速控阀等阀工作是否正常。

（3）油压试验的准备

在做油压试验之前应做好以下准备工作。

① 行驶汽车，让发动机及自动变速器达到正常工作温度。

② 将车辆停放在水平地面上，检查发动机怠速和自动变速器液压油的油面高度。如不正常，应予以调整。

③ 准备一个量程为 2MPa 的压力表。

④ 找出自动变速器各个油路测压孔的位置。

 维修技能

通常在自动变速器外壳上有几个用方头螺塞堵住的用于测量不同油路油压的测压孔。

① 不论操纵手柄位于前进挡或倒挡时都有压力油流出，则为主油路测压孔。

② 只有在操纵手柄位于前进挡时才有压力油流出，则为前进挡油路测压孔。

③ 只有在操纵手柄位于倒挡时才有压力油流出，则为倒挡油路测压孔。

④ 只有在操纵手柄位于前进挡，并且在驱动轮转动后才有压力油流出，则为调速器油路的测压孔。

311. 怎样测试主油压

主油压测试时先热车，热车后熄火，在自动变速器主油压测试孔上连接主油压表，将全部车轮用三角木塞住，拉紧驻车制动，踩下行车制动，启动发动机，挂入 D 位，如图 7-12 所示。先记住 D 位怠速时的主油压，然后迅速将加速踏板踩到底，记下 D 位失速时的主油压。注意在节气门全开位置上停留不要超过 3s，以免该挡位的施力装置因过载而受损。

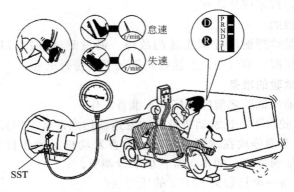

图 7-12 主油压测试示意图

 维修技能

主油压测试检测的重点有以下几项：
① 油泵是否出现早期磨损。
② 自动变速器油滤清器是否发生堵塞。
③ 主油压电磁阀是否发生密封不严。
④ 主调压阀调压弹簧是否过软。
⑤ 主调压阀是否卡滞在泄油端。
⑥ 真空调节器真空管是否堵塞。
⑦ 节气门拉索调整是否合适。
⑧ 真空调节器软管是否保持密封。
⑨ 工作油路是否发生泄漏。
⑩ 节气门位置传感器的电阻值和输出的电压值有无异常。

312. 怎样判断油压故障

（1） D 位和 R 位怠速油压和失速油压都正常

这种情况说明油泵、主调压阀工作良好，主油路油压基本正常。

(2) D 位和 R 位怠速油压都低，失速油压却均正常

这种情况说明油泵发生磨损，但磨损情况较轻。主调压阀只能降低油压和保持油压，而不能升高油压。怠速时磨损了的油泵输出的油压低于主油压造成怠速油压过低。

(3) D 位和 R 位怠速油压都正常，失速油压不仅偏低，而且不能保持稳定，升到一定值后便开始回落。这种情况说明自动变速器油滤清器发生堵塞。绝大部分自动变速器的自动变速器油滤清器都装在油底壳内

(4) D 位和 R 位怠速油压都正常，失速油压虽然偏低，但能保持稳定。出现上述情况有可能是主油压电磁阀密封不良、节气门拉索松旷或折断

(5) D 位和 R 位的怠速油压和失速油压均偏低

这种情况首先应检查控制阀体上的螺栓是否全部拧紧，以防从螺栓处漏油。其次检查油泵是否装配到位，油泵的密封圈、密封垫、油泵驱动端的矩形油封是否密封良好，最后检查主调压阀的调压弹簧是否过软或主调压阀是否卡滞在阀孔的泄油处。

(6) 怠速和失速时主油压都高

 维修技能

① 节气门拉索是否调得过紧。节气门拉索调得越紧，怠速时主油压就越高。如果节气门拉索调得过紧，有可能会造成所有挡都有换挡冲击；有时会造成升不上超速挡，严重时连 3 挡都升不上去。

② 真空管或真空调节器膜片是否发生泄漏。部分变速器的节气门阀是由真空调节器调节的。真空管或真空调节器膜片泄漏都会造成节气门油压和主油压过高。真空调节器膜片泄漏后，自动变速器油会被发动机进气歧管内的真空吸入，然后进入燃烧室，由于它无法燃烧，便变成白烟排出。泄漏严重时，即使在怠速工况下，排气管也会排出很浓的白烟。

(7) 怠速油压过高，失速油压正常

该类故障最常见的是发动机进气歧管密封不良，应重点检查进

气管道上所有真空软管有无破裂。

（8）某一特定挡位上主油压过低

检查该挡位有关离合器、制动器之间的油路的密封性，应重点检查蓄压器和伺服装置活塞上的密封圈及离合器支撑的密封圈。

313. 前进挡位油压怎样测试

（1）挡位油压测试条件

① 挡位油压测试要求在变速器运转的条件下作出。

② 挡位油压和主油压的测试口位置不一样，通常主油压测试孔靠前或靠上。

③ 挡位油压测试根据检测的对象不同则需在不同车速下提取数值。

大部分液力控制变速器都可以做这项测试，在测试挡位油压测试时，要升起车辆，视情况也可以接上压力表进行路试（图7-13）。

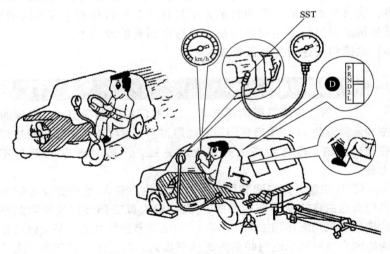

图 7-13　前进挡位油压测试示意图

（2）测试结果的故障影响

① 检测执行器的安全缓冲系统　离合器、片式制动器的安全缓冲系统是蓄压器。

② 检测工作油路是否发生泄漏　汽车行驶中如发动机在某一速度区域内发生发动机空转，车速下降现象，则说明该速度区域内的施力装置有打滑现象。

314. 怎样进行时间滞后测试

（1）时间滞后试验的目的

时滞试验的目的是判断主油路油压和离合器、制动器等换挡执行元件的工作是否正常。利用升挡和降挡的时间差来分析故障。

（2）试验方法

① 将自动变速器油液温度升至 50~80℃。

② 拉紧驻车制动器。

③ 使发动机保持标准怠速运转，将操纵手柄位置分别从 N 位换入 D 位和 R 位，用秒表测量从 N 位换入 D 位或 R 位后、直至有振动感时所经历的时间。

维修技能

每次试验间隔时间为 1min，取 3 次试验时间的平均值。标准值：N-D 时滞时间不大于 1.0~1.2s；N-R 时滞时间不大于 1.2~1.5s（图 7-14）。

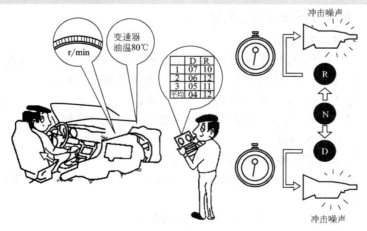

图 7-14　时间滞后测试示意图

④ 每次从 D 位或 R 位回到 N 位时，要急速运转 1～2min，再挂挡，以便使施力装置分离彻底，并使油液得到冷却。

（3）测试结果的故障影响

① 执行元件的工作间隙是否过大。

② 执行元件的工作油路是否完全密封良好。

③ 急速时的主油压是否正常。

④ 若 N-D、N-R 时滞时间过长。

 维修技能

① 说明主油路油压过低、前进离合器摩擦片磨损过甚或前进单向超越离合器工作不良；倒挡主油路油压过低、倒挡离合器或倒挡制动器磨损过甚或工作不良。

② 油液液面是否过低。

③ 油泵磨损。

④ 主调压阀故障。其故障形式通常有主调压阀卡滞在泄油一侧，主调压阀调压弹簧过软，主调压阀失调。

⑤ 若 N-D、N-R 时滞时间过短。有可能是主油压过高或离合器、制动器工作间隙过小。

315. 怎样进行失速实验测试

（1）测试实验条件

① 让汽车行驶至发动机和自动变速器均达到正常工作温度。

② 检查汽车的脚制动和手制动，确认其制动性能良好。

③ 检查自动变速器油高度，应正常。

④ 没有发动机转速表的汽车，装上一块发动机转速表。

（2）试验方法步骤

失速测试实验步骤如图 7-15 所示。

① 将汽车停放在宽阔的水平地面上，前后车轮用三角木块塞住。

② 拉紧驻车制动，用力踩住制动踏板。

③ 启动发动机。

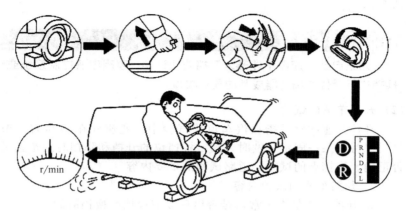

图 7-15 失速测试示意图

④ 将操纵手柄拨入 D 位置。

⑤ 在左脚踩紧制动踏板的同时，用右脚将油门踏板踩到底，在发动机转速不再升高时，迅速读取此时的发动机转速。

⑥ 读取发动机转速后，立即松开油门踏板，时间不要超过 3s。

⑦ 将操纵手柄拨入 P 或 N 位置，让发动机怠速运转 1min，以便自动变速器油冷却，防止液压油因温度过高而变质。

⑧ 将操纵手柄拨入其他挡位（R、S、L 或 2、1），做同样的试验。

316. 怎样进行道路试验测试

自动变速器道路试验的目的：对自动变速器各项性能进行综合性测试，以确定自动变速器工作是否正常及其故障部位。

(1) 连续升挡的试验

自动变速器升挡发动机转速会瞬时地下降，同时车身轻微冲动。试验者凭此现象可判定自动变速器是否升挡。试验时将变速杆置于 D 位置，打开 O/D 挡开关，踩下加速踏板使节气门开度保持在 50% 左右。试验自动变速器由汽车起步加速连续升挡情况。

自动变速器正常时，起步后随着车速的升高，试验者应能感觉到自动变速器顺利地逐级由一挡升二挡，二挡升三挡，三挡升四挡。

 维修技能

如果自动变速器不能升入三挡或超速挡，表明电液控制系统或换挡执行元件的离合器或制动器有故障。

(2) 升挡车速的试验

升挡车速试验是指在汽车道路试验中，变速杆在D位置，节气门保持在某一固定开度时，测定各挡位的升挡和降挡时的车速是否正确。换挡点的试验是道路试验的重要内容。

① 升挡车速的试验内容

a. 升挡车速是否正常，是否出现提前换挡或换挡滞后。

b. 换挡时是否平顺，是否出现冲击、打滑或异响。

② 升挡车速试验的方法　将变速杆置于D位置，打开O/D挡开关，踩下加速踏板将节气门稳定在某一开度，使汽车起步加速。当觉察到自动变速器换挡（车身有轻微地冲动感）时，记录下各升挡时的车速，然后与被测车自动变速器换挡图中的有关数据对照，看其是否在规定的范围之内。

③ 升挡试验测试结果的故障影响

a. 一般四挡自动变速器在节气门开度保持50%时，由一挡升二挡的升挡车速为25～35km/h，二挡升至三挡的升挡车速为55～70km/h，三挡升至四挡（超速挡）的升挡车速为90～120km/h。只要升挡车速其本保持在上述范围内，而且试车行驶中加速良好，无明显的换挡冲击，就可认为其升挡车速基本正常。则可初步判定节气门位置传感器、节气门阀拉索、车速传感器及控制系统基本正常。

 维修技能

如果升挡车速过低一般是控制系统的故障所致，而升挡车速过高则可能是控制系统或换挡执行机构的故障所致，则应重点检查节气门位置传感器、车速传感器、节气门阀拉索和控制阀中的节气门压阀、速控阀和主油路调压阀。

b. 电控自动变速器的换挡冲动十分微弱，如果感觉换挡冲动过大，表明自动变速器的控制系统或换挡执行机构有故障，其原因可能是主油路油压过高或换挡执行机构打滑。

c. 升、降挡点车速是不一样的，降挡的车速比升挡点的车速低，在道路试验中无法检验降挡车速，一般只通过升挡车速判断自动变速器有无故障。

（3）升挡时发动机转速试验

升挡时发动机转速的测定与升入高速挡的整个行驶过程中，发动机转速将低于3000r/min，通常在加速至即将升挡时，发动机转速可达到2500~3000r/min；在刚升挡后的短时间内发动机转速下降至2000r/min左右。

 维修技能

如果在整个行驶过程中发动机转速始终过低，加速至升挡时仍低于2000r/min，说明升挡时间过早或发动机动力不足；如果在行驶过程中发动机转速始终偏高，升挡前后的转速在2500~3000r/min之间，而且换挡冲击明显，说明换挡时间过迟；如果在行驶过程中发动机转速过高，经常高于3000r/min，在加速时过至4000~5000r/min，甚至过高，则说明自动变速器的换挡执行元件（离合器或制动器）严重打滑，应拆检自动变速器。

（4）锁止离合器工作状况的试验

道路试验中可以对液力变矩器的锁止离合器工作质量进行检查，将汽车加速至超速挡并以高于80km/h的速度行驶，节气门保持在低于50%开度的位置，使变矩器进入锁止状态。此时快速将加速踏板踩下，使节气门至2/3开度，同时检查发动机转速的变化情况。

 维修技能

如果发动机转速没有太大变化，表明锁止离合器处于接合状态；若发动机转速升高很多，则表示锁止离合器没有接合，其原因是锁止控制系统有故障。

(5) 发动机制动性能试验

汽车在下坡时,因自身惯性而加快滑行速度,为稳定车速,需要长时间利用行车制动器制动减速,这样制动器容易发生热衰退,而使制动性能下降,利用发动机运转的惯性进行反拖制动,可以在汽车下长坡时减轻制动器负担。自动变速器的2挡和1挡设置有这种功能。试验时将车速提高,然后将变速换挡杆置于2挡或1挡位置,观察汽车的速度是否下降很快,如无发动机制动,则应检查单向离合器的作用是否正常。

(6) 强制降挡试验

检查自动变速器强制将挡功能时,应将变速杆置于 D 挡,保持节气门开度为30%左右,在以2挡、3挡或者超速挡行驶时突然将加速踏板完全踏到底,节气门全开,检查自动变速器是否被强制降低一个挡位。在强制将挡时,发动机转速突然会升到4000r/min左右,并随着加速升挡,转速逐渐下降。

  维修技能

如果踏下加速踏板后没有出现强制降挡,说明强制降低功能失效。如果强制降挡时发动机转速升高异常,并在升挡时出现换挡冲击,说明换挡执行元件打滑,需要拆解变速器进行检修。

三、自动变速器电控系统诊断

317. 你对驻车制动了解多少

表 7-6　驻车制动

项目	电工技能/诊断说明	示意图/示意图
驻车制动作用及控制	①驻车用于固定停泊的车辆,使车轮不再滚动行驶。它是变速杆通过变速杆拉索、换挡轴、带销子的联杆机构和压缩弹簧的机械操作机构。驻车制动轮与中间轴的从动轮连成一体。它同时也是变速器输出转速传感器 G195 的传感器轮	

续表

项目	电工技能/诊断说明	示意图/示意图
驻车制动作用及控制	②锁止棘爪与驻车制动轮的齿结合，以便锁住主减速器。当车轮要调整，其轴部分抬高时，采用驻车制动，可防止局部抬高的前轴旋转。例如，使用汽车千斤顶更换轮胎时，必须使用驻车制动 ③当在陡峭的斜坡上停车时，变速杆换到 P 位之前，必须先拉起驻车制动，以保护变速杆拉索，并使变速杆易于操作 ④锁止棘爪和驻车制动轮之间有张力，开始驾驶车辆以前，变速杆必须首先离合 P 位，然后松开驻车制动	

318. 你对阀体了解多少

电工技能

一定要搞清楚这些元件的关系：离合器和制动器等换挡元件由阀体通过液压阀控制。这些液压阀由电磁阀激活，电磁阀由变速器控制模块（TCM）J217 激活。

除了控制换挡元件之外，阀体还控制变矩器锁止离合器和变速器油（ATF）压力。例如主油压、控制油压、变矩器油压、润滑油压（图 7-16）。

阀体包含以下组成元件：
① 机械操作的手动阀；
② 液压控制电磁阀；
③ 六个电控压力控制阀；
④ 变速器油温传感器 G93。

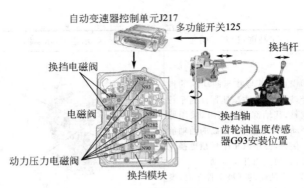

图 7-16 阀体及控制

319. 你对电控电磁阀了解多少？

表 7-7 电控电磁阀

项目	电工知识与技能	示意图/示意图
作用任务	有两种类型的电磁阀：有两个换挡位置（on/off）的开关式电磁阀与电子压力控制阀（调制阀）。 电磁阀 N88 和电磁阀 N89 称为通/断（on/off）的开关式电磁阀。通过这两个电磁阀，使用变速器油压激活液压阀，因此可以开启或关闭变速器油通道	
电子压力控制阀特性	电子压力控制阀把电流转换成比例液压控制压力。安装有两种类型的压力控制阀 ①带上升特性曲线的压力控制阀如右图所示。随着控制电流（I）的增大，控制压力（P）也增大。没有电流意味着没有控制压力 ②带下降特性曲线的压力控制阀如右图所示。随着控制电流（I）的增大，控制压力（P）减少。最大电流意味着没有控制压力	具有上升特性线的压力控制阀 具有压力下降特性线的压力控制阀N92、N93、N282、N283

320. 你对启动联锁和倒车灯控制了解多少

通过控制启动机的 50 号端子，可以达到控制启动机联锁。启动机联锁和倒车灯控制的功能由车辆电气系统控制模块 J519 控制。如果变速杆在驾驶位置，启动机联锁可以防止启动机启动。

(1) 启动发动机

启动发动机，如果变速杆在 P 位或 N 位，车辆电气系统控制模块 J519 收到一个来自变速器多功能挡位（TR）开关 F 的信号，车辆电气系统控制模块 J519 给供电继电器 J682 的端子 50 通电，激活继电器，给启动机的 50 端子通电。

(2) 倒车灯

倒车灯，倒挡信息首先由变速器多功能挡位（TR）开关 F 传送到变速器控制模块（TCM）J217，变速器控制模块（TCM）J217 在动力 CAN 数据总线上储存这个信息。通过车载诊断接口 J533 的数据总线，信息到达车辆电气系统控制模块 J519 的舒适系统 CAN 总线，电气系统控制模块 J519 点亮倒车灯。

321. 你对动态换挡程序和驾驶模式了解多少

09G 自动变速器有最新一代的动态换挡程序 DSP。动态换挡程序 DSP 可以评估驾驶工况、坡度等驾驶阻力、曲线等道路轮廓以及驾驶员的驾驶方式等情况。与以前的自动变速器相比，换挡基本参数的计算没有根本的改变。由于自动变速器控制模块与发动机控制模块、ESP 或转向角传感器等其他车辆系统不断地集成，大量的信息可以更换地判断现行驾驶工况和驾驶方式。

(1) 运动模式 S

变速杆在 S 位置，给驾驶员提供一个关注性能的换挡程序。

电工技能

如果变速器控制模块（TCM）J217 认识到变速杆在 S 位置，换挡特性曲线重新分配给更高的发动机转速，以此增加驾驶运动感。

S模式包含以下特点：

① 如果变速杆在S位置，而驾驶时加速踏板的位置不变，在一定的范围内，会发生车辆降挡。

② 加速踏板变化时，为了达到一个更直接的驾驶反应，变矩器锁止离合器尽可能闭合。

维修提示

注意，如果6挡设计为电控挡位的总传动比，只有1挡和5挡使用S模式。

（2）紧急运行模式

在机械式紧急运行模式下，高于3挡的驾驶操作时，3挡一直接合。

电工技能

如果自动变速器已经在4、5或6挡，当前挡位一直保持到变速杆换到空挡或发动机停止运转。起步以后，变速杆在D或S挡位时，3挡一直接合。可以使用倒挡，倒挡不激活锁止。系统压力控制到最大值。因此，换挡元件加压最大换挡压力。这将导致在驾驶模式难换挡。

注意

拖车时，变速器油泵不工作。因此，旋转组件没有润滑油。

要避免变速器的严重损坏，必须满足以下条件：

① 变速杆必须在N位置；

② 拖车车速不超过50km/h；

③ 拖车距离不能超过50km。

322. 你对变速器多功能挡位（TR）开关F125了解多少

变速器多功能挡位（TR）开关F125见图7-17。变速杆电缆把多功能挡位开关连接到变速杆上。多功能挡位开关把变速杆的机械运动转换为电信号，并把这些信号传送到变速器控制模块

(TCM) J217。

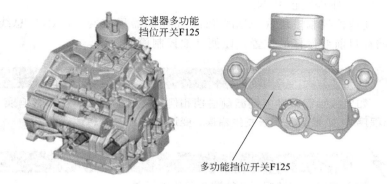

图 7-17 变速器多功能挡位开关 F125

(1) 多功能挡位开关

如图 7-18 所示，多功能挡位开关是有六个滑动触点的机械组合开关。

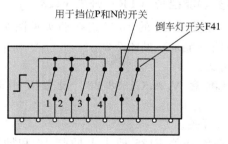

图 7-18 用于换挡杆位置的开关 1～4

① 四个开关用于变速杆的滑动触点位置；
② 一个开关用于 P 位或 N 位，可以控制启动；
③ 一个开关用于倒挡的倒车灯开关 F41。

(2) 信号利用

变速器控制模块（TCM）J217 触发自动换挡程序，确认多功能开关的位置，控制以下功能：

① 启动机联锁；

② 倒车灯；
③ 变速杆锁止 P/N。
变速器控制模块（TCM）J217 在控制器局域网（CAN）总线上储存目前变速杆的位置，以便其他控制模块使用。

维修提示

如果故障影响能够判断前进挡和倒挡之间的差别，就不影响换挡程序。如果倒挡信号发生错误，变速器就进入紧急运行模式。

电工技能

如果发生下列情况，必须调节多功能开关：
① 更换多功能开关；
② 安装新变速器；
③ 仪表板上的挡位指示灯显示不正确。

323. 怎样检测多功能挡位（TR）开关 F125

多功能挡位开关 F125 的 10 芯连接插头见图 7-19；多功能开关 F125 诊断电路（宝来）见图 7-20。

电工作业测试：

① 连接检测盒 V.A.G1598/22。设置万用表量程：电压挡 20V。

② 打开点火开关。

③ 测量多功能开关 F125 插头上插脚 10 和插脚 3 和 4 之间电压。

额定值：蓄电池电压。

④ 测量多功能开关 F125 插头上插脚 10 到 -1598/22 上的插脚 1 和 2 之间电压。

额定值：蓄电池电压。

⑤ 测量适配接头 V.A.G 1598/22 上插脚 27 和 28（接线柱 15）到插脚 1 和 2 之间电压。

额定值：蓄电池电压。

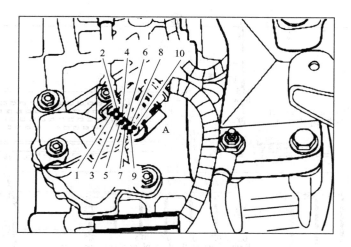

图7-19 多功能开关F125（10芯连接插头）
1—到控制单元插头插脚47；2—到车身控制单元白色插头插脚55；3,4—接地连接；5—到控制单元插头插脚22；6—未占用；7—到控制单元插头插脚10（电源供电是压接线柱15）；8—到控制单元插头插脚21；9—到控制单元插头插脚36；10—正接线柱

 电工技能

如果达不到额定值：根据电路图维修导线。
如果达到额定值：进一步检查导线。

⑥ 关闭点火开关。

⑦ 设置万用表量程：电阻挡200Ω。

检查控制单元多孔插头与多功能开关之间的连接导线。

⑧ 测量适配接头 V.A.G1598/22 上插脚22 和插脚1 和2 之间电阻。

额定值：∞。

⑨ 测量适配接头 V.A.G 1598/22 上插脚22 和多功能开关 F125 上插脚5 之间电阻。

额定值：小于1.5Ω。

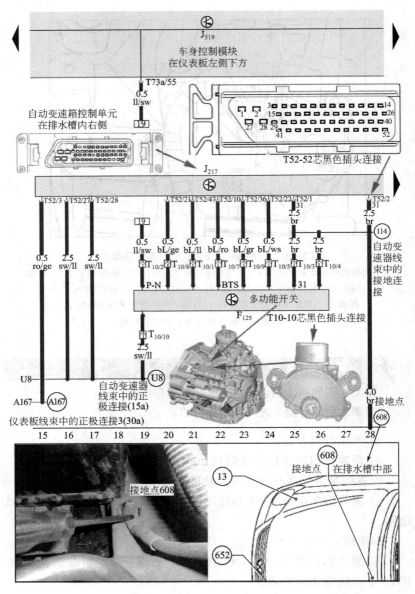

图 7-20 多功能开关 F125 诊断电路

电工技能

如果达不到额定值：进一步检查导线。

如果达到额定值：进一步检查导线。

⑩ 测量适配接头 V.A.G 1598/22 上插脚 10 和插脚 1 和 2 之间电阻。

额定值：∞。

⑪ 测量适配接头 V.A.G 1598/22 上插脚 10 和多功能开关 F125 上插脚 7 之间电阻。

额定值：小于 1.5Ω。

⑫ 测量适配接头 V.A.G 1598/22 上插脚 47 和插脚 1 和 2 之间电阻。

额定值：∞。

⑬ 测量适配接头 V.A.G 1598/22 上插脚 47 和多功能开关 F125 上插脚 1 之间电阻。

额定值：小于 1.5Ω。

⑭ 测量适配接头 V.A.G 1598/22 上插脚 21 和插脚 1 和 2 之间电阻。

额定值：∞。

⑮ 测量适配接头 V.A.G 1598/22 上插脚 21 和多功能开关 F125 上插脚 8 之间电阻。

额定值：小于 1.5Ω。

324. 你对变速器输入转速传感器 G182 了解多少

（1）功能原理

变速器输入转速传感器 G182 记录位于多片式离合器 K2 外行星架处的变速器输入转速，如图 7-21 和图 7-22 所示，它根据霍尔原理工作。

（2）信号利用

对于下列功能，变速器控制模块（TCM）J217 需要精确的变速器输入转速：

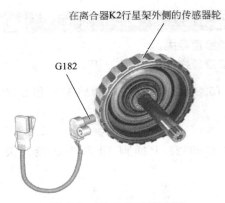
图 7-21 输入转速传感器 G182 工作示意图

图 7-22 输入转速传感器安装位置

① 换挡的控制、适应和监测。
② 变矩器锁止离合器调节和监测。
③ 诊断换挡元件,检查发动机转速和变速器输出转速的可信度。

(3) 信号故障的影响

变矩器锁止离合器闭合。发动机转速用来替换变速器输入转速。

325. 你对变速器输出转速传感器 G195 了解多少

(1) 功能原理

变速器输出转速传感器 G195 记录驻车锁止轮处的变速器输出转速。它也是根据霍尔原理工作。

驻车锁止轮与中间轴的从动轮一体。由于输出行星轮和中间轴之间的传动比,两转速分别按各自的比例。

根据变速器的编程传动比,变速器控制模块(TCM)J217 计算出实际变速器输出转速。见图 7-23、图 7-24。

(2) 信号利用

对电子控制变速器而言,变速器输出转速是最重要的信号之一。下列功能需要这个参数。

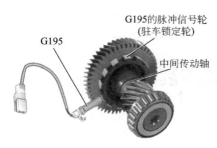
图 7-23 输出转速传感器 G195 工作示意图

图 7-24 输出转速传感器 G195 安装位置

① 选择换挡点。
② 驾驶工况评估等到动态换挡程序 DSP 功能。
③ 诊断换挡元件，检查发动机转速和变速器输出转速的可信度。

(3) 信号故障的影响

ABS 控制模块 J104 的转速信号替换变速器输出转速。

326. 你对变速器输变速器油温传感器 G93 了解多少

(1) 安装位置及任务

变速器油温传感器 G93 位于阀体内，浸没在变速器油中。它用来测量变速器油温，并把油温测量值传送到变速器控制模块（TCM）J217。

变速器油温传感器 G93 由一块安装板固定。它是阀体总成的一个部件，作为一个热敏电阻工作。

变速器油温传感器 G93 见图 7-25。

(2) 信号利用

下列功能需要变速器油温：
① 适应系统换挡压力和换挡过程中建立压力和释放压力；

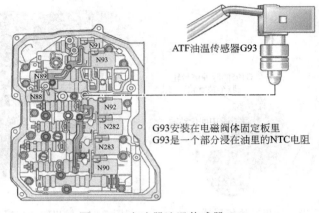

图 7-25 变速器油温传感器 G93

② 激活或解除暖机程序和变矩器锁止离合器等的温度依赖功能；

③ 在热车模式，变速器油温高时，激活变速器的保护功能。

(3) 信号故障的影响（表 7-8）。

表 7-8 变速器油温传感器 G93

项目	特性说明	示意图/示意图
信号故障的影响	①变矩器锁止离合器没有调节操作,只能打开或闭合;没有适应的换挡压力,这通常会导致难以换挡 ②变速器油温传感器 G93 的负温度系数(NTC)热敏电阻特性曲线如右图所示 ③温度升高时,传感器阻力减小 ④为了防止变速器过热,超出定义的变速器油温范围时,触发相应的对策 ⑤对策 1(约 127℃):利用动态换挡程序(DSP)功能,换挡特性曲线在更高转速下换挡。变矩器锁止离合器较早闭合,不再进行调整 ⑥对策 2(约 150℃):发动机转矩减少	

327. 你对 Tiptronic 升挡开关和降挡开关了解多少

转向盘上的 Tiptronic 升挡开关 E438 和 Tiptronic 降挡开关 E439，这些选择配置的按钮在转向盘的左右可以找到。通过操作按钮，自动变速器可以实现升挡和降挡，如图 7-26 所示。换挡信号直接进入变速器控制模块（TCM）J217 中。

图 7-26 升挡开关和降挡开关

(1) 信号利用

在 Tiptronic 模式，使用这些按钮也能进行换挡。如果在自动模式下操作转向盘上的 Tiptronic 按钮，变速器控制就进入 Tiptronic 模式。以后不操作 Tiptronic 按钮，计时器停止以后，变速器控制返回自动模式。

(2) 信号故障的影响

如果信号发生故障，转向盘按钮就没有 Tiptronic 功能。

(3) Tiptronic 换挡策略

达到最高转速时，自动升挡；低于最低转速时，自动降挡的特殊起步之前，如果选择 2 挡，就从 2 挡开始起步；升挡保护或降挡保护。

328. 你对节气门位置传感器和加速踏板位置传感器在变速器中任务了解多少

节气门位置（TP）传感器 G79 和加速踏板位置传感器 G185，

都位于踏板总成的加速踏板模块内（图7-25）。

强制降挡信息：

① 单个开关不使用强制降挡信息。在加速踏板的压缩缓冲件上，有一个功率元件。功率元件产生一个机械压力点。告知驾驶员正处于强制降挡的阶段。

⚡ 电工技能

如果驾驶员主动激活强制降挡，通过强制降挡开关，就会发出一个超出节气门位置传感器G79和加速踏板位置传感器G185全开（WOT）位置的电压值给ECM，使ECM控制强制降挡。

② 发动机控制模块（ECM）J220收到这个电压值后，ECM就认为是强制降挡，将通过动力系统CAN总线给变速器控制模块（TCM）J217传递信息。

329. 执行器故障怎么办

在电控自动变速器中，电磁阀，作为电液换挡元件使用。开关式电磁阀与作为调节阀或计量阀的电子压力控制阀有区别。电磁阀诊断电路图见图7-28（宝来）。

(1) 电磁阀N88

电磁阀N88作为一个开关式电磁阀工作，打开或关闭自动变速器油通道。

⚡ 电工技能

电磁阀N88在4挡到6挡打开。此外，这个电磁阀改进了5挡到6挡的换挡质量。

如果没有电流，电磁阀N88关闭。

如果N88的信号或执行器发生故障，就不可能从4挡换到6挡。

(2) 电磁阀N89

电磁阀N89作为一个开关式电磁阀工作，打开或关闭自动变速器油通道。

> **电工技能**
>
> 电磁阀 N89 打开时,变矩器锁止离合器的变速器油压升高。如果同时打开电磁阀 N88 和电磁阀 N89,制动器 B2 闭合,在 Tiptronic 模式下的 1 挡,激活发动机制动。
> 没有电流时,这个电磁阀关闭。

> **电工技能**
>
> 如果到电磁阀 N89 的信号发生故障,变矩器锁止离合器不再加压到最大变速器油压,发动机制动就不可能实现。

(3) **电磁阀 N90**

电磁阀 N90 调节到多片式离合器 K1 的自动变速器油压。

> **电工技能**
>
> 没有电流时,电磁阀关闭。 在这个换挡工况,最大自动变速器油压影响离合器的工作。
> 如果电磁阀 N90 有故障或不能激活,1 挡到 4 挡换挡就困难。

(4) **电磁阀 N91**

电磁阀 N91 调节到变矩器锁止离合器的压力。

> **电工技能**
>
> 如果电磁阀 N91 没有电流,变矩器锁止离合器打开。
> 如果电磁阀 N91 发生故障,变矩器锁止离合器一直打开。

(5) **电磁阀 N92**

电磁阀 N92 调节到多片式离合器 K3 的自动变速器油压。

> **电工技能**
>
> 没有电流时,电磁阀关闭,变速器在最大油压下操作。

(6) **电磁阀 N282**

电磁阀 N282 调节到多片式离合器 K2 的油压。

第七章 电控自动变速器和电工维修

电工技能

如果没有电流,电磁阀关闭,在这个换挡工况,最大自动变速器油压作用在离合器上。

由于电磁阀 N282 或线路中发生故障,4 挡 6 挡的所有挡位换挡困难。

(7) 电磁阀 N283

电磁阀 N283 调节到多片式制动器 B1 的油压。

电工技能

电磁阀是否关闭取决于电流值。如果没有电流,制动器闭合,变速器油压最大。

由于 N283 电磁阀或线路中发生故障,2 挡到 6 挡的所有挡位换挡困难。

(8) 换挡锁止电磁阀 N110

电磁阀位于变速杆支撑物上,如图 7-27 所示。它是一块电磁铁,打开点火开关时,防止变速杆离合 P 位和 N 位。

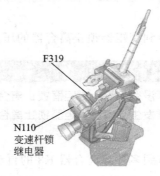

图 7-27 换挡锁止电磁阀 N110

特别注意

在断电情况下,变速杆已经锁止。要操作变速杆,必须使用紧急释放。

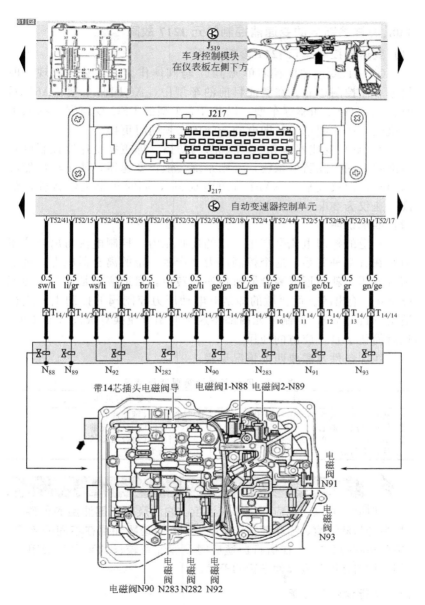

图 7-28 电磁阀诊断电路图

330. 怎样诊断自动变速器控制单元 J217 故障

(1) 变速器控制单元 J217 诊断说明

① 09L 变速器的控制单元 J217 与阀体作为一个总成出现，即机电一体控制单元。在奥迪目前的车型中，A8 四驱车型、A6L 四驱、A5、A4L 四驱等车型，以及 TT 车型的 DSG 变速器，都采用了机电一体控制单元，即电脑与阀体必须同时更换。

② A6L 变速器自 2006 年起参与防盗，即更换变速器控制单元后必须上网解除防盗系统，否则系统会锁止变速器，使车辆虽然可以启动，但仪表显示 SAFE（防盗状态），同时车辆无法行驶，最高车速仅为 20km/h。

(2) 匹配说明

一定的控制电流会产生一定的控制压力，控制电流与离合器压力存在着某种关系，这个控制压力会产生一定的离合器压力，这个离合器压力就会形成离合器所传递的转矩。自适应值是作为压力值（mbar）给出的。而要做的却是对电动压力控制阀的控制电流进行适配（自适应）。控制单元内部将这个控制电流换算成离合器压力，这就简化了自适应值的使用。

匹配条件及需要匹配情况见表 7-9。

表 7-9　匹配条件及需要匹配情况

匹配条件	需要执行的匹配情况
① 换挡不平顺或换挡冲击比较明显 ② 修理过离合器后 ③ 更换机械电子单元或变速器 ④ 软件更新后	① 充油压力（预充油） ② 快速充油时间（预充油） ③ 换挡压力（离合器接通和关闭） ④ 保持压力

电工知识

自适应要满足相应的冷却液温度、油温及变速器油温的条件，其中冷却液温度、油温要在 8℃ 以上，而变速器油温在不同的步骤中有不同的要求。在执行自适应时要保证有较长的平直路段用于加速和滑行而不受其他车辆的干扰。

(3) 执行诊断与匹配

① 首先读取自适应值　02-08-075，076、077、078、079，这

五个数据块分别表示 A、B、C、D、E 五个离合器压力自适应值，清除前先将其记录下来。

> **特别注意**
> 切记，一旦执行下一步清零后必须按照下列步骤将自适应完成，否则反而有损坏变速器的危险。

② 清除自适应值　用 02-10-01-0 数据块清除自适应值，并进行确认，该步骤将自适应通道 1 的值清零；此时再次读取 075～079 数据块，数值应该变为零。

③ 保证变速器油温在 40℃ 以上，匹配离合器 B、C 和 E 的加注压力　以非常低的转矩（大约 100N·m）将车辆从静止加速到 4 挡（D 位置），然后让车辆在不施加制动的情况下减速到 40km/h，然后缓慢制动直至车辆静止。在静止状态下等待 5s。这一操作重复 3 次。

④ 变速器油温至少为 70℃，匹配离合器 B 和 C　以大约 100N·m 的转矩使发动机转速保持在 1600～2800r/min 范围内。以 Tiptronic6 挡（手动挡模式）行驶 3～4km，然后加速并继续保持发动机转速在 1600～2800r/min 范围内，以 Tiptronic6 挡（手动）行驶 3～4km。

⑤ 匹配离合器 A 和 C　以 Tiptronic5 挡（手动）保持发动机转速在 1400～2100r/min 行驶 1min（牵引），然后让发动机转速降至 1400r/min（超速）；运行整个程序，直到离合器 A 和 C 已被匹配一次（总数最多不能超过 3 次）。

⑥ 匹配离合器 D 和 E　以 60r/min 的转矩保持发动机转速在 1400～2100r/min 范围内，以 Tiptronic3 挡（手动）行驶 1min，然后缓慢制动到停止，并保持停车 5s；运行程序，直到离合器 D 和 E 已被匹配一次（总数最多不能超过 3 次）。

⑦ 匹配行驶结束　进行路试，逐渐加速和减速通过所有挡位，评估静止时和行驶时的换挡冲击。再次检查 075～079 各离合器自适应值是否均已完成。

四、维修电工需要掌握的自动变速器交叉故障诊断和排除

331. 汽车不能行驶故障怎么诊断

(1) 症状表现

无论操纵手柄位于倒挡、前进挡或前进低挡，汽车都不能行驶；冷车启动后汽车能行驶一小段路程，但热车状态下汽车不能行驶。

(2) 可能的故障原因

① 自动变速器油底渗漏；

② 操纵手柄和手动阀摇臂之间的连杆或拉索松脱，手动阀保持在空挡或停车挡位置；

③ 油泵进油滤网堵塞；

④ 主油路严重泄漏；

⑤ 油泵损坏。

 诊断技能

① 检查自动变速器内有无液压油。其方法是：拔出自动变速器的油尺，观察油尺上有无液压油。如有严重漏油处，应修复后重新加油。

② 检查自动变速器操纵手柄与手动阀摇臂之间的连杆或拉索有无松脱。如果有松脱，应予以装复，并重新调整好操纵手柄的位置。

③ 拆下主油路测压孔上的螺塞，启动发动机，将操纵手柄拨至前进挡或倒挡位置，检查测压孔内有无液压油流出。

④ 若主油路侧压孔内没有液压油流出，应打开油底壳，检查手动阀摇臂轴与摇臂间有无松脱，手动阀阀芯有无折断或脱钩。若手动阀工作正常，则说明油泵损坏。对此，应拆卸分解自动变速器，更换油泵。

⑤ 若主油路测压孔内只有少量液压油流出，油压很低或基本上没有油压，应打开油底壳，检查油泵进油滤网有无堵塞。如无堵塞，说明油泵损坏或主油路严重泄漏，应拆卸分解自动变速器。

⑥ 若冷车启动时主油路有一定的油压，但热车后油压即明显下降，说明油泵磨损过甚。应更换油泵。

⑦ 若测压孔内有大量液压油喷出，说明主油路油压正常，故障出在自动变速器中的输入轴，行星排或输出轴。应拆检自动变速器。

332. 自动变速器打滑怎么办

(1) 症状表现

起步时踩下油门踏板,发动机转速很快升高但车速升高缓慢;行驶中踩下油门踏板加速时,发动机转速升高但车速没有很快提高;平路行驶基本正常,但上坡无力,且发动机转速很高。

(2) 可能的故障原因

① 液压油油面太低;液压油油面太高,运转中被行星排剧烈搅动后产生大量气泡;

② 离合器或制动器摩擦片、制动带磨损过甚或烧焦;

③ 油泵磨损过甚或主油路泄漏,造成油路油压过低;

④ 向超越离合器打滑;

⑤ 离合器或制动器活塞密封圈损坏,导致漏油;

⑥ 减振器活塞密封圈损坏,导致漏油。

诊断技能

① 自动变速器在所有前进挡都有打滑现象,则为前进离合器打滑。

② 自动变速器在操纵手柄位于 D 位时的 1 挡有打滑,而在操纵手柄位于 L 位或 1 位时的 1 挡不打滑,则为前进单向超越离合器打滑。若不论操纵手柄位于 D 位或 L 位或 1 位时,1 挡都有打滑现象,则为低挡及倒挡制动器打滑。

③ 自动变速器只在操纵手柄位于 D 位时的 2 挡有打滑,而在操纵手柄位于 S 位或 2 位时的 2 挡不打滑,则为 2 挡单向超越离合器打滑。若不论操纵手柄位于 D 位或 S 位或 2 位时,2 挡都有打滑现象,则为 2 挡制动器打滑。

④ 在 3 挡有打滑现象,则为倒挡及高挡离合器打滑。

⑤ 超速挡时有打滑现象,则为超速制动器打滑。

⑥ 在倒挡和高挡时都有打滑现象,则为倒挡及高挡离合器打滑。

⑦ 在倒挡和 1 挡时都有打滑现象,则为低挡及倒挡制动器打滑。

333. 换挡冲击过大故障怎么诊断

(1) 症状表现

在起步时，由停车挡或空挡挂入倒挡或前进挡时，汽车振动较严重；行驶中，在自动变速器升挡的瞬间汽车有较明显的闯动。

(2) 可能的故障原因

① 发动机怠速过高。节气门拉索或节气门位置传感器调整不当，使主油路油压过高；

② 升挡过迟。真空式节气门阀的真空软管破裂或松脱；

③ 主油路调压阀有故障，使主油路油压过高；

④ 单向阀钢球漏装，换挡执行元件（离合器或制动器）接合过快；

⑤ 换挡执行元件打滑。油压电磁阀不工作。电子控制单元故障。

诊断技能

① 检查发动机怠速。

② 检查真空式节气门阀的真空软管。如有破裂，应更换；如有松脱，应重新连接。

③ 路试，如果有升挡过迟的现象，则说明换挡冲击大的故障是升挡过迟所致。如果在升挡之前发动机转速异常升高，导致在升挡的瞬间有较大的换挡冲击，则说明离合器或制动器打滑，应分解自动变速器，予以修理。

④ 检测主油路油压。如果怠速时的主油路油压高，则说明主油路调压阀或节气门阀有故障，可能是调压弹簧的预紧力过大或阀芯卡滞所致；如果怠速时主油路油压正常，但起步进挡时有较大的冲击，则说明前进离合器或倒挡及高挡离合器的进油单向阀阀球损坏或漏装。拆卸阀板检修。

⑤ 检测换挡时的主油路油压。在正常情况下，换挡时的主油路油压会有瞬时的下降。如果换挡时主油路油压没有下降，则说明减振器活塞卡滞。对此，应拆检阀板和减振器。

334. 升挡过迟故障怎么诊断

（1）症状表现

在汽车行驶中，升挡车速明显高于标准值，升挡前发动机转速偏高；必须采用松油门提前升挡的操作方法，才能使自动变速器升入高挡或超速挡。

（2）可能的故障原因

① 节气门拉索或节气门位置传感器调整不当；节气门位置传感器损坏。

② 主油路油压或节气门油压太高。

③ 强制降挡开关短路。

④ 控制单元或传感器有故障。

诊断技能

① 对于电子控制自动变速器，应先进行故障自诊断。如有故障代码，则按所显示的故障代码查找故障原因。

② 检查节气门拉索或节气门位置传感器的调整情况。如果不符合标准，应重检修匹配。

③ 检查强制降挡开关。如有短路，应予以修复或更换。

④ 测量怠速时的主油路油压，并与标准值进行比较。若油压太高，应通过节气门拉索或节气门位置传感器予以调整。采用真空式节气门阀的自动变速器，应采用减少节气门阀推杆的长度的方法，予以调整。若调整无效，应拆检主油路调压阀或节气门阀。

⑤ 调速器油压正常，则升挡过迟的故障原因为换挡阀工作不良。对此，应拆检或更换阀板。

335. 不能升挡故障怎么诊断

（1）症状表现

汽车行驶中自动变速器始终保持1挡，不能升入2挡和高速挡；行驶中自动变速器可以升入2挡，但不能升入3挡和超速挡。

（2）可能的故障原因

① 节气门拉索或节气门位置传感器调整不当。节气门位置传

感器损坏；
② 调速器有故障；
③ 车速传感器有故障；
④ 2挡制动器或高挡离合器有故障；
⑤ 换挡阀卡滞；
⑥ 挡位开关有故障。

 诊断技能

① 对于电子控制自动变速器，应先进行故障自诊断。影响换挡控制的传感器有：节气门位置传感器、车速传感器等。按所显示的故障代码查找故障原因。

② 检查挡位开关的信号。如有异常，应予以调整或更换。

③ 测量调速器油压。若车速升高后调速器油压仍为0或很低，说明调速器有故障或调速器油路严重泄漏。对此，应拆检调速器。调速器阀芯如有卡滞，应分解清洗，并将阀芯和阀孔用金相砂纸抛光。若清洗抛光后仍有卡滞，应更换调速器。

④ 若调速器油压正常，应拆卸阀板，检查各个换挡阀。换挡阀如有卡带，可将阀芯取出，用金相砂纸抛光，再清洗后装入。如不能修复，应更换阀板。

⑤ 若控制系统无故障，应分解自动变速器，检查各个换挡执行元件有无打滑现象，用压缩空气检查各个离合器、制动器油路或活塞有无泄漏。

336．无超速挡故障怎么诊断

（1）症状表现

在汽车行驶中，车速已升高至超速挡工作范围，但自动变速器不能从3挡换入超速挡；在车速已达到超速挡工作范围后，采用提前升挡（即松开油门踏板几秒后再踩下）的方法也不能使自动变速器升入超速挡。

（2）可能的故障原因

① 超速挡开关或其他超速电子控制元件有故障；

② 超速行星排上的直接离合器或直接单向超越离合器卡死；
③ 超速制动器打滑；
④ 挡位开关有故障；
⑤ 液压油温度传感器有故障；
⑥ 节气门位置传感器有故障；
⑦ 换挡阀卡滞。

 诊断技能

① 对于电子控制自动变速器，应先进行故障自诊断，检查有无故障代码。 液压油温度传感器、节气门位置传感器、超速电磁阀等部件的故障都会影响超速挡的换挡控制。 按显示的故障代码查找故障原因。

② 检查液压油温度传感器在不同温度下的电阻值。 并与标准值进行比较。 如有异常，应更换液压油温度传感器。

③ 检查挡位开关和节气门位置传感器的信号。 挡位开关的信号应和操纵手柄的位置相符。 节气门位置传感器的电阻或输出电压应能随节气门的开大而上升，并与标准相符。 如有异常，应予以调整。 若调整无效，应更换挡位开关或节气位置传感器。

④ 检查超速电磁阀的工作情况。 打开点火开关，但不要启动发动机，在按下超速挡开关时，检查超速电磁阀有无工作的声音。 如果超速电磁阀不工作，应检查控制线路或更换超速电磁阀。

⑤ 检查在空载状态下自动变速器的升挡情况。

如果在空载状态下自动变速器能升入超速挡，且升挡车速正常，说明控制系统工作正常，不能升挡的故障原因为超速制动器打滑，在有负荷的状态下不能实现超速挡。

如果能升入超速挡，但升挡后车速不能提高，发动机转速下降，说明超速行星排中的直接离合器或直接单向超越离合器卡死，使超速行星排在超速挡状态下出现运动干涉，加大了发动机运转阻力。 如果在无负荷状态下仍不能升入超速挡，说明控制系统有故障。

337. 无前进挡故障怎么诊断

（1） 症状表现

汽车在前进挡时不能行驶；操纵手柄在 D 位时不能起步，在 S

位、L位（或2位、1位）时可以起步。

（2）可能的故障原因

① 前进离合器严重打滑；

② 前进单向超越离合器打滑或装反；

③ 前进离合器油路严重泄漏；

④ 操纵手柄调整不当。

诊断技能

① 检查操纵手柄（挡位操纵机构）的调整情况。如果异常，应按规定程序重新调整。

② 测量前进挡主油路油压。若油压过低，说明主油路严重泄漏，应拆检自动变速器，更换前进挡油路上各处的密封圈和密封环。

③ 若前进挡的主油路油压正常，应拆检前进离合器。如摩擦片表面粉末冶金有烧焦或磨损过甚，就更换摩擦片。

④ 若主油路油压和前进离合器均正常，则应拆检前进单向超越离合器，检查前进单向超越离合器的安装方向是否正确以及有无打滑。如果装反，应重新安装；如有打滑，应更换新件。

338. 无倒挡故障怎么诊断

（1）症状表现

汽车在前进挡能正常行驶，但在倒挡时不能行驶。

（2）可能的故障原因

① 操纵手柄调整不当。

② 倒挡油路泄漏。

③ 倒挡及高挡离合器或低挡及倒挡制动器打滑。

诊断技能

① 检查操纵手柄的位置。如有异常，应按规定程序重新调整。

② 检查倒挡油路油压。若油压过低，则说明倒挡油路泄漏。拆检自动变速器。

③ 若倒挡油路油压正常，应拆检自动变速器，更换损坏的离合器片或制动器片。

 教你成为 一流 汽车电工

339. 跳挡故障怎么诊断

(1) 症状表现

汽车以前进挡行驶时，即使油门踏板保持不动，自动变速器仍会经常出现突然降挡现象；降挡后发动机转速异常升高，并产生换挡冲击。

(2) 可能的故障原因

① 节气门位置传感器有故障。
② 车速传感器有故障。
③ 控制系统电路接地不良。
④ 换挡电磁阀接触不良。
⑤ 控制单元故障。

诊断技能

① 对于电子控制自动变速器，应先进行故障自诊断。如有故障代码出现，按所显示的故障代码查找故障原因。
② 测量节气门位置传感器。如有异常，应更换。
③ 测量车速传感器。如有异常，应更换。
④ 检查控制系统电路各条接地线的接地状态。如有接地不良现象，应予以修复。
⑤ 拆下自动变速器油底壳，检查各个换挡电磁阀线束接头的连接情况。如有松动，应予以修复。
⑥ 检查控制系统电脑各接线脚的工作电压。如有异常，应予以修复或更换。
⑦ 阀板或控制单元故障。
⑧ 更换控制系统线束。

340. 挂挡后发动机怠速易熄火故障怎么诊断

(1) 症状表现

发动机怠速运转时将操纵手柄由 P 位或 N 位换入 R 位、D 位、S 位、L 位（或 2 位、1 位）时发动机熄火；在前进挡或倒挡行驶中，踩下制动踏板停车时发动机熄火。

(2) 可能的故障原因

① 发动机怠速过低。

② 阀板中的锁止控制阀卡滞。

③ 挡位开关有故障。

④ 输入轴转速传感器有故障。

诊断技能

① 在空挡或停车挡时,检查发动机怠速。 正常的发动机怠速应为 750r/min 左右。 若怠速过低,应重新设定。

② 对于电子控制自动变速器的信号,应先进行故障自诊断,按所显示的故障代码查找故障原因。

③ 检查挡位开关的信号,应与操纵手柄的位置相一致,否则应予以调整或更换。

④ 检查输入轴转速传感器。 如有损坏应更换。

⑤ 拆卸阀板,检查锁止控制阀。 如有卡滞应清洗抛光后装复。 如仍不能排除故障,应更换阀板。 若油底壳内有大量的摩擦粉末,分解自动变速器检修。

341. 无发动机制动故障怎么诊断

(1) 症状表现

在行驶中,当操纵手柄位于前进低挡(S、L 或 2、1)位置时,松开油门踏板,发动机转速降至怠速,但汽车没有明显减速;下坡时,操纵手柄位于前进低挡,但不能产生发动机制动作用。

(2) 可能的故障原因

① 挡位开关调整不当。

② 操纵手柄调整不当。

③ 2 挡强制制动器打滑或低挡及倒挡制动器打滑。

④ 控制发动机制动的电磁阀有故障,阀板有故障。

⑤ 自动变速器打滑。

⑥ 控制单元故障。

① 对于电子控制自动变速器,应先进行故障自诊断,按所显示的故障代码查找故障原因。

② 路试,检查加速时自动变速器有无打滑现象。如有打滑,应拆修自动变速器。

③ 如果操纵手柄位于 S 位时没有发动机制动作用,但操纵手柄位于 L 位时有发动机制动作用,则说明 2 挡强制制动器打滑,应拆修自动变速器。

④ 如果操纵手柄位于 L 位时没有发动机制动作用,但操纵手柄位于 S 位时有发动机制动作用,则说明低挡及倒挡制动器打滑,应拆修自动变速器。

⑤ 检查控制发动机制动的电脑阀线路有无短路或断路;电磁阀线圈电阻是否正常;通电后有无工作声音。如有异常,应修复或更换。

⑥ 拆卸阀板总成,清洗所有控制阀。阀芯如有卡滞可抛光后装复。如抛光后仍有卡滞,应更换阀板。

⑦ 检测电脑各接脚电压。要特别注意与节气位置传感器、挡位开关连接的各接脚的电压。如有异常,应做进一步的检查。

⑧ 控制单元故障。

342. 不能强制降挡故障怎么诊断

(1) 症状表现

当车辆以 3 挡或超速挡行驶时,突然将油门踏板踩到底,自动变速器不能立即降低一个挡位,致使汽车加速无力。

(2) 可能的故障原因

① 节气门拉索或节气门位置传感器调整不当;

② 强制降挡开关损坏或安装不当;

③ 强制降挡电磁阀损坏或线路短路、断路;

④ 阀板中的强制降挡控制阀卡滞。

诊断技能

① 检查节气门拉索或节气门位置传感器的安装情况。

如有异常，应按标准重新调整。检查强制降挡开关。在油门踏板踩到底时，强制降挡开关的触点应闭合；松开油门踏板时，强制降挡开关的触点应断开。

如果油门踏板踩到底时强制降挡开关触点没有闭合，可用手直接按动强制降挡开关。

如果按下开关后触点闭合，说明开关安装不当，应重新调整；如果按下开关后触点仍不闭合，说明开关损坏，应予以更换。

② 在自动变速器线束插头处测量强制降挡电磁阀。如有异常，则故障原因是线路短路、断路或电磁阀损坏。对此，应检查线路或更换电磁阀。

③ 打开自动变速器油底壳。拆下强制降挡电磁阀，检查电磁阀的工作情况。如有异常，应予以更换。

④ 拆卸阀板总成，分解、清洗、检查强制降挡控制阀。

343. 无锁止故障怎么诊断

（1）症状表现

汽车行驶中，车速、挡位已满足锁止离合器起作用的条件，但锁止离合器仍没有产生锁止作用；汽车油耗比较明显。

（2）可能的故障原因

① 液压油温度传感器有故障。
② 节气门故障。
③ 锁止电磁阀有故障或线路短路、断路。
④ 锁止控制阀有故障。
⑤ 变矩器中的锁止离合器损坏。

 诊断技能

① 对于电子控制自动变速器，应先进行故障自诊断，检查有无故障代码。如有故障代码，则可按显示的故障代码查找相应的故障

原因。与锁止控制有关的部件包括液压油温度传感器、节气门位置传感器、锁止电磁阀等。

② 检查节气门位置传感器。如果在一定节气门开度下的节气门位置传感器输出电压过高或电位计电阻过大,应予以调整。若调整无效,应更换节气门位置传感器。

③ 打开油底壳,拆下液压油温度传感器。检测液压油温度传感器。如不符合标准,应更换液压油温度传感器。

④ 测量锁止电磁阀。如有短路或断路,应检查电路。如电路正常,则应更换电磁阀。

⑤ 拆下锁止电磁阀,进行检查。

⑥ 若控制系统无故障,则应更换变矩器。

第八章 底盘电控系统及电工维修

一、电控悬架

344. 什么是电控液压悬架

表 8-1 电控液压悬架系统

项目	维修知识与技能	示意图/图示
电控液压悬架系统基本控制及组成	电控液压悬架由电控单元和传感器组成,传感器分别是:置于变速器的输出轴车速传感器、置于制动主缸或ABS液压调节器内的制动压力传感器、电子节气门、置于4个车轮的垂直高度加速度传感器及转向盘转角传感器。这5个传感器分别向控制单元传输相关数据,控制单元接收数据并与储存参数做比较,调节悬架高度及硬度状态	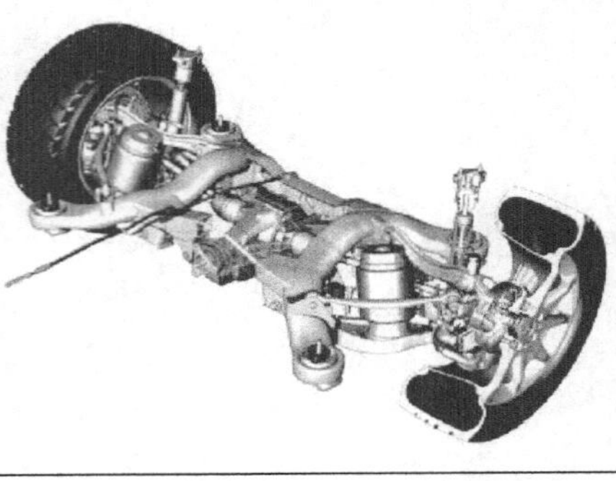
电控液压升降器	电控液压升降器使车辆具有防倾斜和保护底盘防托底功能,在行驶过程中,可随时控制升降,在各种路面可安全行驶	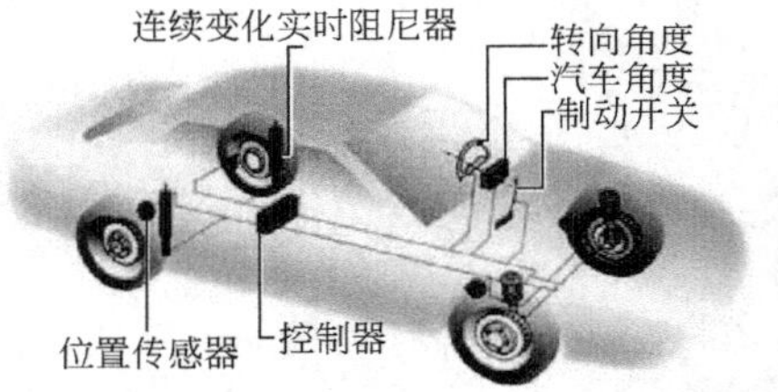 连续变化实时阻尼器 转向角度 汽车角度 制动开关 位置传感器 控制器

续表

项目	维修知识与技能	示意图/图示
电控液压悬架的稳定控制	车辆在不同的行驶状态对悬架的高度和硬度有不同的要求 当汽车制动或转向时的惯性引起的弹簧变形时,电控液压悬架会产生与惯性力相对抗的力,如制动时增加前悬架的硬度,有效防止车身重心前移;转弯时增加外侧悬架硬度,有效防止车辆倾斜和侧向震动,达到减小车身位置变化保持稳定舒适性目的	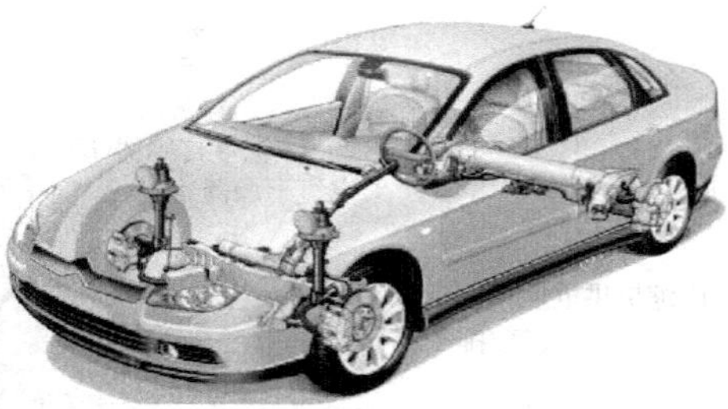

345. 电控空气悬架空气总成结构和功能是怎样的

空气供给总成安装在发动机舱内左前部,这样就可避免在乘员舱内产生噪声,而且还可以实现有效的冷却效果。因而这种布置可以延长压缩机的接通时间。从而提高调节的质量。

为了防止压缩机过热,在必要时(汽缸盖温度太高)空气供给总成会被切断。最大静态系统压力为16bar。

压缩机温度传感器G290,就是在一个玻璃壳体内装有一个负温度系数(NTC)电阻。该传感器接收的是压缩机汽缸盖的温度。

电阻值随着温度的升高而减小(即所谓负温度系数的含义)。控制单元会对这个电阻变化进行分析。压缩机最长可以工作多长时间就由当时的温度来决定。

空气供给总成见图8-1,图8-2。

电磁阀体内包含有压力传感器以及用于控制空气弹簧和蓄压器的阀。电磁阀见图8-3。

346. 你对电控空气悬架空气总成控制了解多少

空气供给总成控制见图8-4,其标注含义见表8-2。气动控制见表8-3。

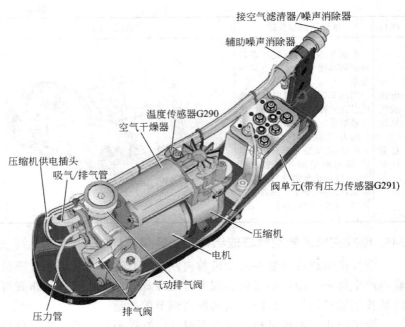

图 8-1 空气供给总成结构及组件

表 8-2 空气供给总成控制中标注含义

标注	含义	标注	含义
1	压缩机	9c	左后减振支柱阀 N150
2	空气干燥器	9d	右后减振支柱阀 N151
3a,3b	单向阀	10	蓄压器阀 N311
4	排气节流阀	11	压力传感器 G291
5	电控排气阀 N111	12	蓄压器
6	气动排气阀	13a	左前减振支柱
7	辅助消音器	13b	右前减振支柱
8	空气滤清器	13c	左后减振支柱
9a	左前减振支柱阀 N148	14d	右后减振支柱
9b	右前减振支柱阀 N149		

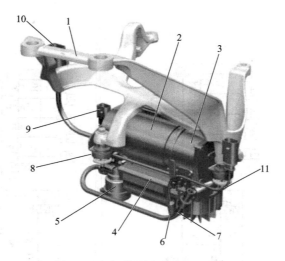

图 8-2 空气供给总成外观及组件

1—支架；2—电机；3—压缩机；4—空气干燥器；5—气动排气阀；6—温度传感器；7—进气和排气管；8—接电磁阀体的压缩空气接口；9—排气电磁阀接头；10—蓄电池 12V 接头；11—温度传感器接头

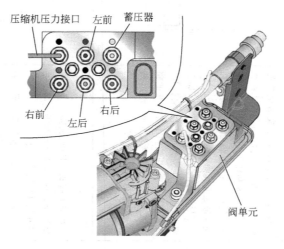

图 8-3 电磁阀

第八章 底盘电控系统及电工维修

表 8-3 气动控制过程

过程	控制/说明	图示/示意图
压力建立	阀 9a、9b 和 9c、9d 是成对电控的（前桥和后桥）。空气由压缩机 1 经空气滤清器 8 和辅助消音器 7 吸入。压缩空气经空气干燥器 2、单向阀 3a 和阀 9 进入空气弹簧 如果空气弹簧由蓄压器充，那么阀 10 和相应车桥上的阀 9 就会打开 蓄压器 12 由压缩机 1 经打开的阀 10 来充气。在车辆发生侧滑时，阀 9a~9d 也可单独来调节	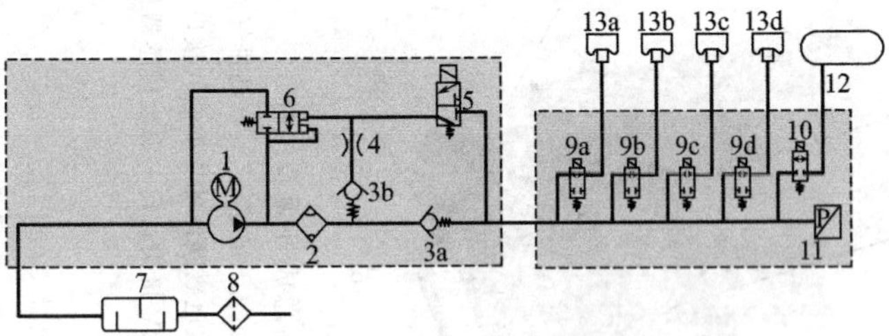
卸压	相应的阀 9a、9b 和 9c、9d 以及电控排气阀 5 打开，气流经排气阀 5 并打开气动预控排气阀 6 气流经排气阀 6，辅助消音器 7 和空气滤清器 8 离开系统 当气流经空气干燥器 2 时，干燥剂就被还原	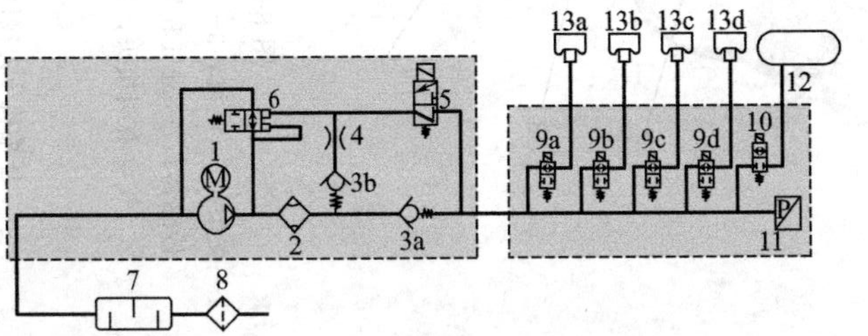

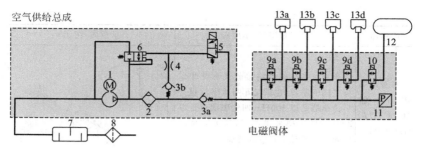

图 8-4 空气供给总成控制

347. 你对电控空气悬架传感器了解多少

表 8-4 传感器

传感器	电工知识/基本原理	示意图/图示
压力传感器 G291(例举奥迪)注意:该传感器是浇铸在电磁阀体内的,从外面是够不着的	压力传感器测量的是前、后桥减振支柱的压力或蓄压器内的压力 压力传感器 G291 采用的是电容测量原理。将要测量的压力(p)会使得陶瓷膜片发生偏移,于是安装在这个膜片上的电极 1 和固定在传感器壳体上的对应电极 2 之间的距离就发生了变化 这两个电极构成了一个电容器,两电极之间的距离越小,这个电容器的电容就越大。传感器内部集成的电子装置会测量出这个电容值并将它转换成一个线性输出信号	
车身加速度传感器	为了能使得车辆在任何行驶状态都能获得最佳的减振效果,就需要知道在这段时间内车身的运动情况(悬挂质量)和车桥部件(非悬挂质量)的特性。车身的加速度由三个传感器来测量。这其中的两个传感器装在前桥减振支柱座上,第三个传感器位于右后车轮罩内。车桥部件(非悬挂质量)的加速度是通过分析车辆水平传感器信号而确定的 这些传感器是通过支架用螺栓固定在车身上的。传感器和支架是通过卷曲折边的方式连在一起的	

续表

传感器	电工知识/基本原理	示意图/图示
车身水平传感器(G76、G77、G78、G289)	车身水平传感器将接收叉形臂和车身之间的距离(也就是车身水平信息) 传感器是以800Hz(四轮驱动车是以200Hz)的频率来工作的,这个频率足以确定非悬挂质量的加速度	

348. 你对电控空气悬架调节了解多少

(1) 标准底盘的调节(表8-5)

表8-5 标准底盘的调节

状态	说明
自动模式(基本高度)	这时的悬架是以满足舒适性为主 在车速超过120km/h的30s后,底盘会下沉25mm(高速公路底盘下沉) 当车速低于70km/h的时间达到120s或车速低于35km/h时,底盘会自动恢复到基本高度状态
"dynamic"动态模式(−20mm)	这时无论车速是多少,悬架呈现的均是一种较硬的减振阻尼特性 在车速超过120km/h的30s后,底盘会再下沉5mm(高速公路底盘下沉) 当车速低于70km/h的时间达到120s或车速低于35km/h时,底盘会自动恢复到运动高度状态
"comfort"舒适模式(基本高度)	这时的悬架所呈现的减振阻尼特性比"automatic"(自动)模式时更舒适,尤其在车速较低时更是这样 这时不会出现"高速公路底盘下沉"现象
"lift"提升模式(+25mm)	只有当车速低于80km/h时才能选择这个模式 当车速超过100km/h时会自动脱离此模式,这时车会回到先前选择的模式"automatic"(自动)模式、"dynamic"(动态)模式、"comfort"(舒适)模式,即使车速又降到80km/h以下,也不会再自动回到"lift"(提升)模式了

(2) 特殊工况的调节（表 8-6）

表 8-6　特殊工况的调节

状态	调节说明	示意图/图示
转弯过程	转弯时，悬架的调节过程就被终止，转弯结束后又接着进行调节。车辆是否在转弯可根据转向角传感器和横向加速度传感器的信号来判断 减振的阻尼力与当时的行驶状况相适应。因此可以有效地避免出现不必要的车身运动（如摇晃）	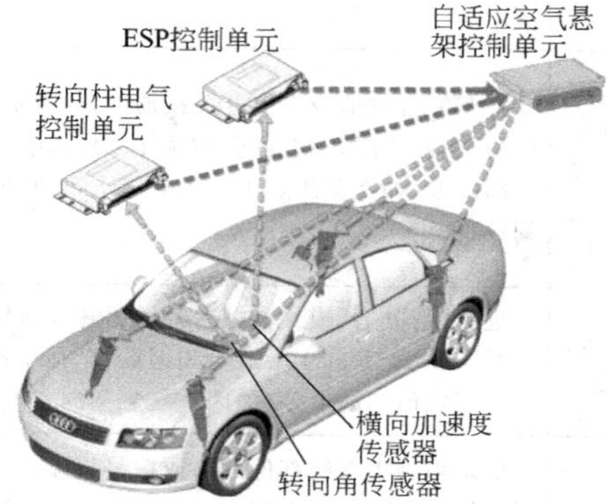ESP控制单元 自适应空气悬架控制单元 转向柱电气控制单元 横向加速度传感器 转向角传感器
制动过程	减振阻尼调节过程主要在ABS/ESP 制动过程中发挥作用，根据制动压力的大小来进行调节。这样就可将汽车栽头和车身的晃动减至最小	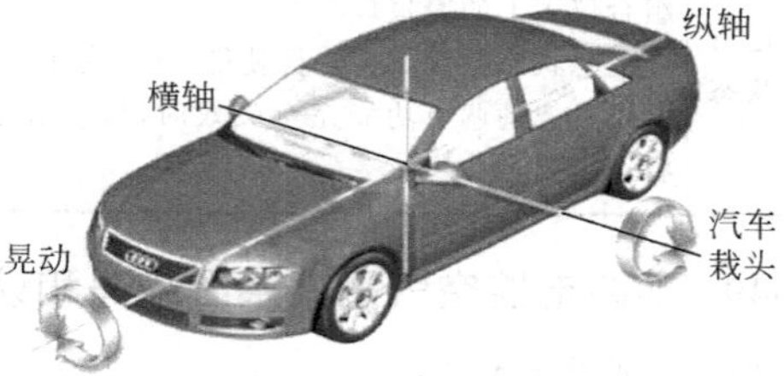纵轴 横轴 汽车栽头 晃动
底盘极低状态	当底盘处于极低状态时（比正常高度低 65mm 以上），指示灯和警报灯都会指示出这种情况。停车时间过长时就可能出现这种状态	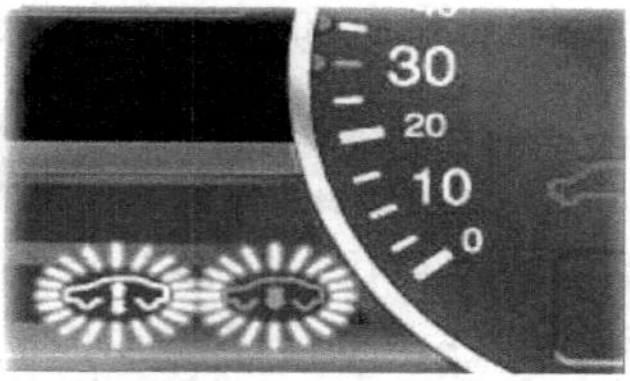30 20 10 0
底盘极高状态	当底盘处于极高状态时（比正常高度高 50mm 以上），警报灯会闪亮 在很重的载荷被卸下后，就可能短时出现这种状态	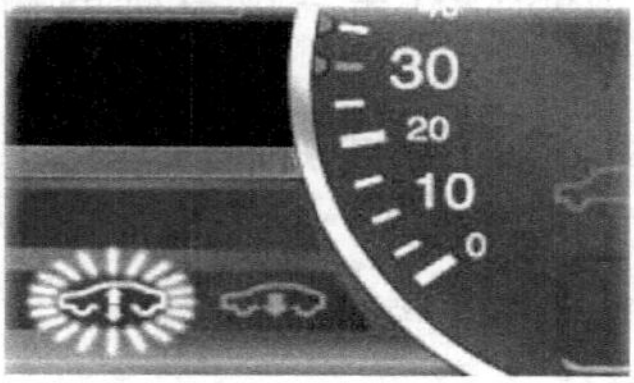30 20 10 0

续表

状态	调节说明	示意图/图示
起步过程	在起步过程中,车身的惯性会导致出现汽车栽头现象 由于减振阻尼力与当时的行驶状态相适应,这就可以将这种汽车栽头现象减至最小	
行驶前和行驶后模式	在车辆行驶前或点火开关接通前,与规定高度的偏差都会得到校正。操纵了车门、行李厢盖时,该系统会被从休眠模式唤醒,进入"行驶前"模式 高度差(如在关闭点火开关后人下车或卸货而造成的)会在"行驶后"模式下得到校正	
休眠模式	进入"行驶后"模式60s后若仍无输入信号,系统就进入节能的"休眠"模式了 系统在2.5h和10h后会短时脱离"休眠模式",以便再次检查高度状态 与规定值的高度差(如因空气悬架内空气冷却而产生的)由蓄压器进行补偿	
应急运行状态	如果识别出系统部件故障或信号故障,一般来说就无法保证系统功能的可靠性了。根据故障的严重程度,会启动一个应急运行程序。故障会存入故障存储器。组合仪表上的警报灯会点亮 应急状态是为了保证行驶稳定性,这样可避免悬架过软 当悬架的调节功能完全失效时,该系统就会被中断供电,于是悬架就呈"硬"状态	

349. 不会电控空气悬架系统编码和诊断怎么办

(1) 控制单元编码

奥迪标准底盘和运动底盘的编码均是15500。

电工技能

系统初始化包括校准车身高度传感器。当更换了图8-5悬架电控系统的任一个传感器或控制单元后,必须进行系统初始化。使用VAS5051来完成系统的初始化(地址码:34—自适应空气悬架)。

每个车轮都要测量从车轮中心到车轮罩下边缘的高度值。在功能10"自适应"中将测得的值一个一个传送到控制单元内。规定值已经存储在控制单元内了。对比测量值和规定值就可以确定出校正系数。

（2）执行元件诊断

执行元件诊断用于检查压缩机、电磁阀和悬架/减振器的功能。

> **电工技能**
>
> 执行元件诊断必须在车辆静止且点火开关接通的情况下来进行，发动机可以运转。在执行元件诊断过程中，组合仪表上的黄色警报灯会闪亮。

执行元件诊断分三步自动进行：

① 将每个减振器压下 20mm，保持 30s，以便对减振器进行检查；

② 蓄压器充满气后再排气；

③ 改变电流大小，以便控制减振器。

350. 你对电磁悬架了解多少

电磁悬架系统（图 8-5）是利用电磁反应的一种新型智能化独立悬架系统。它利用多种传感器检测路面状况和各种行驶工况，传输给电子控制器 ECU，控制电磁减振器瞬间做出反应，抑制振动，保持车身稳定，特别是在车速很高，突遇障碍物时更能显出它的优势。基本彻底解决了传统减振器存在的舒适性和稳定性不能兼顾的问题，并能适应变化的行驶工况和任意道路激励，即使是在最颠簸的路面，电磁减振器也能保证车辆平稳行驶。

安装在弹簧液压减振器下部的线性电动机，其定子线圈固定在减振器缸体上，线圈中的电流强度直接由电子控制器 ECU 控制，电子控制器 ECU 根据加速度传感器检测到的路面实际状况和悬架行程传感器检测到的实际运动行程，发出指令精确控制输入定子线圈的电流强度，从而精确控制直线电动机的反方向运动阻尼力和减振力，缓和路面的冲击与振动。输入的电流越大，定子线圈中产生的磁场就越强，直线电动机产生反方向的阻尼力和减振力也就越大，这样，系统对电流大小的控制完全与行驶加速度及路面颠簸状况相适应。

当车辆在凹凸不平的恶劣路面上，车轮剧烈地跳动时，系统自

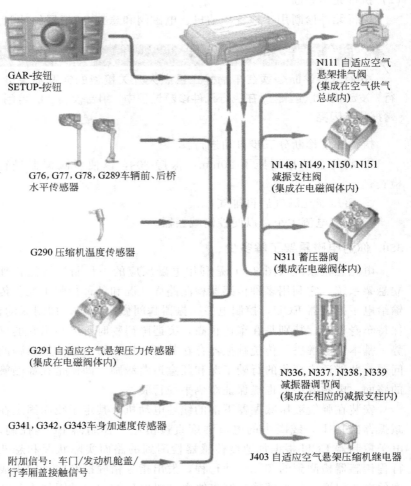

图 8-5 电磁悬架系统

动控制定子线圈输入更大的电流,使直线电动机产生与减振器运动方向完全相反的更大阻尼力和减振力,抵消缓冲减振器的剧烈振动。电子控制器 ECU 可在 1s 时间内让减振器的阻力和减振力连续改变 1000 次,根据各种路况和载荷情况选择最佳的减振力。

二、电控助力转向系统

351. 电控机械式助力转向系统（EPS）有什么特点

电动机械式助力转向系统不再使用任何液压元件产生转向助力。而是通过减速器以纯机械方式将电机产生的助力传递到转向系统上。电动机械式助力转向系统有不同型号，根据电机的安装位置进行区分。

宝马电动机械式助力转向系统（EPS）见图 8-6；大众电控机械助力转向系统图 8-7。

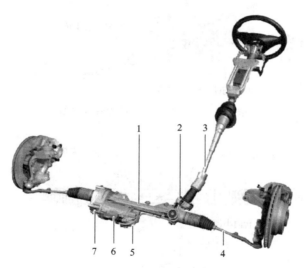

图 8-6　宝马电动机械式助力转向系统
1—齿轮齿条式转向器；2—转向力矩传感器；3—转向柱；
4—转向横拉杆；5—EPS 控制单元；6—电机；7—减速器

352. 双小齿轮电控机械助力转向系结构是怎样的

（1）特点

双小齿轮电控机械助力转向系统中，由转向小齿轮和传动小齿轮将必需的转向力传递给齿条。驾驶员施加的转矩通过转向小齿轮

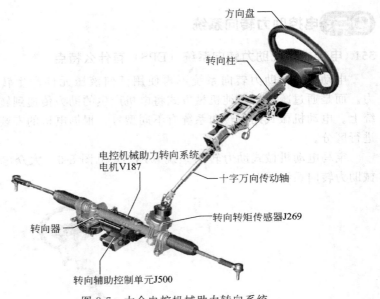

图 8-7　大众电控机械助力转向系统

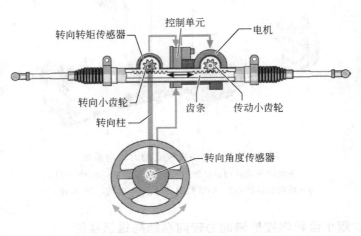

图 8-8　电控机械助力转向结构和部件

来传递，而传动小齿轮则蜗杆传动装置传递电控机械助力转向系电机的支持转矩。电控机械助力转向结构和部件见图 8-8。

(2) 转向器

转向器由转向转矩传感器、扭转杆、转向小齿轮、传动小齿轮、蜗杆传动装置以及带控制单元的电机构成。电控机械助力转向机的核心部件就是转向器中的带两个花键的齿条。转向器见图8-9。

图 8-9 转向器

电工知识

用于转向支持的电机带有控制单元和传感单元，它安装在第二个小齿轮上。这样就建立了方向盘和齿条之间的机械连接。因此，当伺服电机失灵时，车辆仍可以通过机械传动进行转向。

353. 你对转向角传感器了解多少

(1) 转向角传感器 G85 安装位置

转向角传感器 G85 位于复位环后侧，复位环上带有一个安全气囊滑环。传感器固定在转向柱和方向盘之间的转向柱上。它通过 CAN 数据总线将信号传递到转向柱电子系统控制单元 J527，由此控制单元获悉了转向角的大小，转向柱电子系统控制单元中的电子装置分析该信号。转向角传感器见图 8-10。

(2) 失效影响

转向角传感器 G85 失灵时，紧急运行程序启动。由一个备用值替代消失的传感器信号。转向支持功能仍能进行。指示灯 K161

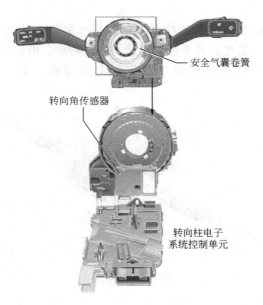

图 8-10 转向角传感器

接通,来显示该故障。

(3) 功能原理

转向角传感器主要由下列部件组成：带两个编码环的编码盘；带一个光源和一个光传感器的光栅组。编码盘由两个环构成，外侧为绝对环内侧为增量环。转角传感器组成见图 8-11。环盘见图 8-12。

电工知识

增量环分成 5 段，每段之间间隔 72°，由光栅组来读取。每个段内，环的连接中断。在一个段内，断裂顺序是一样的，但是每个段的断裂顺序不同。由此可以对段编码。

绝对环确定了角度，并由 6 个光栅组来读取。

转向角传感器可以识别 1044°的转向角度。它叠加转向角度。因此，超过 360°标记时，它认为方向盘转动已满。

转向器的构造允许方向盘转满 2.76 次。

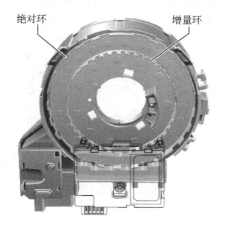
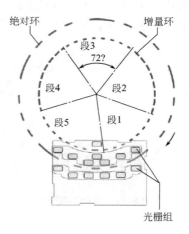

图 8-11　转角传感器组成　　　　图 8-12　环盘

(4) 角度的测量

角度的测量是根据光栅原理来进行的。每个绝对环光栅组形成一个信号电压顺序。由转向柱电子系统控制单元处理所有信号电压顺序。

① 为了简化，如果只观察增量环，段环的一侧为光源，另一侧为光传感器（图 8-13）。

② 当光线透过缝隙落到传感器上时，就产生了一个信号电压。如果遮住光源，电压又中断了（图 8-14）。

③ 如果移动增量环，就得出了信号电压的顺序（图 8-15）。

通过信号比较，系统计算出，环移动了多少。这样就确定了绝对环移动的起始点。

354. 你对转向转矩传感器了解多少

(1) 安装位置和功用

如图 8-16 所示，转向转矩传感器 G269 将方向盘转矩直接传递给转向小齿轮。传感器根据磁阻原理进行工作。为了确保最高的安全性，它采用了双重结构（冗余结构）。

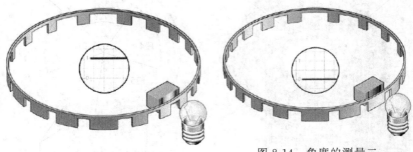

图 8-13　角度的测量一　　　　　图 8-14　角度的测量二

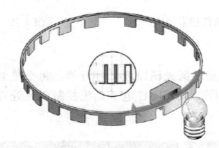

图 8-15　角度的测量三

图 8-16　转向转矩传感器 G269

转向柱连接在转矩传感器上，转向器通过扭转杆连接在转矩传感器上。连接转向柱的元件上有一个电磁的磁极转子，在这个转子中不同电磁极的 24 个区域轮流交替。每次使用两个磁极来进行转矩分析。

固定件是一个磁阻传感器元件，它通过连接元件固定在转向器上。当方向盘操作时，根据出现的转矩，两个连接元件以相反的方向转动。

由于这时，磁极转子也以传感器元件相反的方向转动，可以测量转向转矩，并将测得的转矩作为信号传递给控制单元。

（2）失效影响

如果转向转矩传感器损坏，必须更换转向器。如果识别到故障，转向支持系统关闭。但是关闭的过程不是突然的，而是"软的"。为了能够进行"软"关闭，控制单元必须根据电机转向角和电机

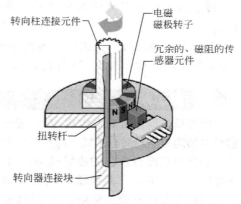

图8-17 传感器失灵时的影响示意图

转子转向角来计算出转矩备用信号。控制灯K161红色以显示有故障（图8-17）。

355．你对转子转速传感器了解多少

（1）安装位置

转子转速传感器是电控机械助力转向系电机V187（图8-18）的组成部分。无法从外部接触到转子转速传感器。

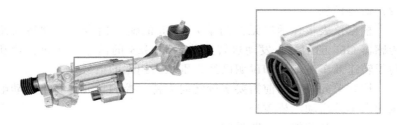

图8-18 电控机械助力转向系电机V187

(2) 信号使用

转子转速传感器根据磁阻原理进行工作,它的结构和转向转矩传感器 G269 一致。它获悉电控机械助力转向系电机 V187 的转子转速,这个转速是能够准确启动电机所必需的。

(3) 失效影响

转子转速传感器传感器失灵时,将使用转向角速度作为备用信号。

转向支持系统可安全关闭。因此传感器失灵时,转向支持系统不会突然关闭。指示灯 K161 红色,以显示该故障。

电工知识

电控机械助力转向系电机 V187 是一个没有刷子的异步电机。它产生转矩来进行转向支持,能产生的最大转矩为 4.1N·m。

异步电机没有永久的磁场或电刺激。异步电机的施加电压频率与转速频率不同。两种频率不同,因此不同步(异步)。

电机安装在一个铝盒中。它通过蜗杆传动装置和传动小齿轮将转向支持力传递到齿条上。

在控制侧的轴末端有一块电磁铁,控制单元通过它来获知转子转速。控制单元需要转子转速信号来确定转向速度。

356. 你对转向辅助控制单元 J500 了解多少

(1) 安装位置

转向辅助控制单元 J500 直接固定在电机上,因此省去了和助力转向系零件间复杂的导线敷设(图 8-19)。

(2) 信号控制

根据仪表板显示单元控制单元 J285 的输入信号,例如转向角传感器 G85 的信号、发动机转速传感器 G28 的信号、转向转矩和转子转速及车速信号和说明已经识别点火钥匙的信号。

控制单元决定当前需要多少转向支持。控制单元计算出启动电流的大小并启动电机 V187。

电子控制功能示意图见图 8-20。

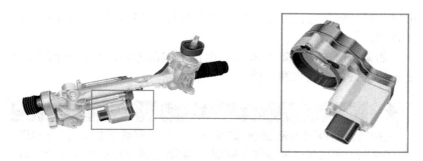

图 8-19　转向辅助控制单元 J500

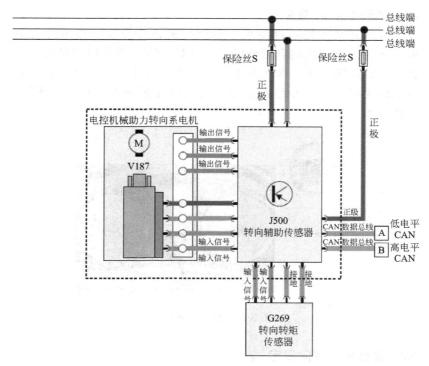

图 8-20　电子控制功能示意图

(3) 传感器失灵时的影响

控制单元中集成了一个温度传感器，用这个传感器，控制单元可以获知转向装置的温度。如果温度超过100℃，转向支持就会持续降低。

如果转向支持下降了60%，电控机械助力转向系控制灯K161显示黄色，并且故障被存储。

⚡ 电工技能

转向辅助控制单元J500如果损坏，可以整体更换。但必须用车辆诊断、测试和信息系统VAS5051激活控制单元永久程序存储器中相应的综合特性曲线。

(4) 指示灯K161故障

可以有两种指示灯颜色。黄色代表轻度警报。指示灯红色时，还会发出三声响亮的警报音。只有当转向辅助控制单元信号到达，并说明系统工作状态正常时，指示灯才熄灭。这个自检过程大约需要2s。发动机启动后，指示灯立刻熄灭。指示灯K161见图8-21。

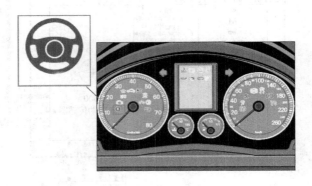

图8-21　指示灯K161

357. 怎么执行转向设定

(1) 转向助力大小的设定

用VAS5051进入44-10-01，在VAS5051屏幕内的条形块上选择某个合适的助力数值（1～16挡），按保存键，然后再按接收键。

此时屏幕就会显示新设定助力大小的名称,然后再按返回键,退出即可。

由中间位置向左或向右最大的旋转角度为90°。

(2) 转向极限位置的设定方法

如果在更换了转向角传感器、转向机总成(含转向控制单元)、转向柱开关总成(含控制单元)或做过一次四轮定位,做过转向零位(中间)设定后出现故障码02546,则需要做转向极限位置的设定。

具体方法如下:

① 将前轮保持在直线行驶状态,启动发动机,将转向盘向左转动10°左右,停顿1~2s回正;

② 将转向盘向右转动10°,停顿1~2s,回正;

③ 将双手离开转向盘,停顿1~2s;

④ 将转向盘向左转到底,停顿1~2s;

⑤ 将转向盘向右转到底,停顿1~2s;

⑥ 将转向盘回正,断开点火开关6s,设定完成。

电工技能

在做转向零位(中间)设定和转向极限位置设定后,必须VAS5051进入44-02查询转向系统有无故障码,设定工作才能结束。

三、电控制动和行车稳定控制系统

358. 你对ABS防抱死系统结构和元件了解多少

ABS系统是在普通制动系统的基础上加装车轮速度传感器、ABS电控单元、制动压力调节装置及制动控制电路等组成(图8-22)。

ABS系统主要组成元件及功用见表8-7。

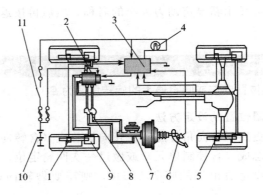

图 8-22 ABS 防抱死系统示意图

1—前轮速度传感器；2—制动压力调节装置；3—ABS 控制单元；4—ABS 警报灯；
5—后轮速度传感器；6—制动灯开关；7—制动主缸（总泵）；8—比例
分配阀；9—制动轮缸（分泵）；10—蓄电池；11—点火开关

表 8-7　ABS 系统主要组成元件及功用

组成部件	功 能 说 明
电动泵	电动泵是一个高压泵，它可在短时间内将制动液加压（在储能器中）到 15～18MPa，并给整个液压系统提供高压制动液体。电动泵能在汽车启动 1min 内完成上述工作。电动泵的工作独立于 ABS 电脑，如果电脑出现故障或接线有问题，电动泵仍能正常工作
储能器	储能器的结构形式多种多样，用得较多的为活塞-弹簧式储能器。该储能器位于电磁阀与回油泵之间，由轮缸来的液压油进入储能器，进而压缩弹簧使储能器液压腔容积变大，以暂时储存制动液
电磁控制阀	电磁控制阀是液压调节器的重要部件，由它完成对 ABS 的控制。ABS 系统中都有一个或两个电磁阀体，其中有若干对电磁控制阀，分别控制前、后轮的制动。常用的电磁阀有三位三通阀和二位二通阀等多种形式
压力控制、压力警告和液位指示开关	压力控制开关(PCS)独立于 ABS 电脑而工作,监视着储能器下腔的压力。压力报警开关(PWS)和液位指示开关(FLI)的功能是,当压力下降到一定值(14MPa 以下)时或制动液面下降到一定程度时,点亮制动系统故障指示灯和 ABS 故障指示灯,同时让 ABS 电脑停止防抱死制动工作

ABS 系统电子/电气元（部）件见图 8-23。

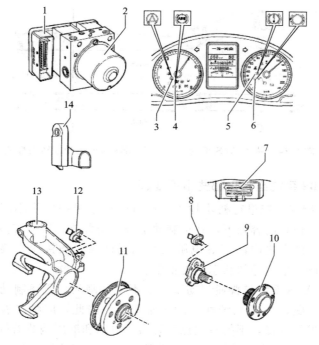

图 8-23 ABS 系统电子/电气部件

1—ABS 控制单元 J104；2—ABS 液压单元 N55；3—ASR 指示灯 K155；4—ABS 指示灯 K47；5—制动系统指示灯 K118；6—制动摩擦片指示灯 K32；7—诊断接口；8—右后/左后转速传感器 G44/G46；9—轮毂轴；10—带轴承和齿圈的轮毂；11—带齿圈的轮毂；12—右前/左前转速传感器 G45/G47；13—车轮轴承壳体；14—制动信号灯开关 F

359. ABS 防抱死系统有什么作用

车辆当干燥道路上突然施加制动时或在湿滑道路上正常施加制动，制动力过大会严重影响车轮正常转向，这样车轮可能会抱死。当前轮抱死时转向系统不能控制车辆，当后轮抱死时车辆将进入自旋的情况。为了防止这种情况，所以车辆装备 ABS 系统。

装备 ABS 车辆与未装备 ABS 的车辆受控转向性能见图 8-24。

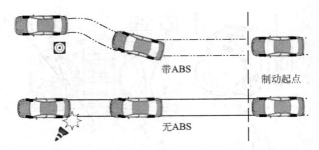

图 8-24 装备 ABS 车辆与未装备 ABS 的车辆受控转向性能

360. ABS 系统维修有哪些事项要领

① 维修前应进行初步检查,以排除由于维护使用不当所出现的故障。检查内容如下:驻车制动是否完全释放;制动液液面是否在规定范围内之内;ABS 电脑及其他元件导线插接器连接是否可靠;熔体、电池等的状态是否正常。

② ABS 系统与普通制动系统是不可分割的,普通制动系统一旦出现问题,ABS 系统就不能正常工作。因此,应将二者视为一个整体进行维修,不能只注意传感器、电脑和液压调节器等。

③ 点火开关处于接通时,不要插、拔电脑的插接器,以免静电损坏电脑。若要插、拔插头,应先切断点火开关。

④ 维修拆卸轮速传感器时,不要碰伤传感器头;安装时先涂覆防锈油,不能用蛮力敲击。传感器的气隙是可以调整的,调整时应使用非磁性塞尺检查。

⑤ 对系统中的元件或线路进行焊接时,也应将插头从电子控制装置上拆下来。

⑥ 由于许多有防抱死制动功能的制动系统中均有蓄能器,故在对这类制动系统的液压系统进行维修时(拆液压油管、制动油罐、增压泵等),应先将蓄能器中的高压制动液完全释放,以免高压制动液喷出伤人。在释放蓄能器中的高压制动液时,先将点火开关断开,然后反复踩下和放松制动踏板(约 10 次左右),直到制动踏板被踩得很硬时为止。另外,在制动液压系统完全装好之前,不

能接通点火开关，以防电动泵通电后运转。

⑦ 有防抱死控制功能的制动系统，应运用专用的油管路，以防运用非专用管路发生损坏或事故。

⑧ 在对制动液压系统维修之后，或者在运用过程中，发觉制动踏板变软时，应按要求的方法和顺序对制动系统能进行排除空气。

⑨ 轮速传感器一定要安装得牢固可靠，以保证汽车在制动过程中的振动不会干扰或影响传感信号。为避免水、泥、灰尘对传感器工作的影响，在安装前需向传感器涂覆润滑脂或防锈油。

⑩ 只能使用原厂规定的制动液。在制动时，制动踏板会有轻微振动且有脉动，表明 ABS 已经起作用。

⑪ 因车速传感器有磁性，容易吸铁屑，故在检修时应多加注意。在装回车速传感器时，应按规定力矩拧紧，并涂上指定的润滑剂（不能用润滑油）。另外，要注意传感器与齿圈的间隙。

361. 怎样检测和诊断 ABS 系统

(1) 诊断说明

在接通点火开关后，ABS/EDS 和 ASR（驱动防滑系统）进行自检。自检时，黄色的 ABS/EDS 警告灯亮。在驱动防滑系统（若有）进行自检时，驱动防滑系统警告灯也亮。自检时油泵和继电器会发出噪声，并有振动传到制动踏板。约 2s 后，警告灯熄灭，表示系统通过自检。

如果 ABS/EDS 系统没有通过自检，警告灯亮。如果驱动防滑系统发生故障影响了 ABS 系统，则 ASR 和 ABS/EDS 警告灯全亮。警告灯是一直亮还是间断亮，取决于失效形式（连接故障或间发故障）。不论是哪种形式，都要检查系统的故障码。

只有当车静止且点火开关打开（或者发动机运转时）才可以自诊断。如果车轮转速超过 20km/h 时，自诊断中断。

检测 ABS/EDS 或 ASR 系统时，须保证汽车电气系统不受电磁干扰，应使车远离电流消耗大的设备。

(2) 诊断与测试

① 初始检查

a. 保证车轮和轮胎尺寸正确（4个轮一致），轮胎气压合适。
b. 常规制动系统工作顺序正确，制动灯开关可以使用。
c. 制动液液位合适，液压插头和管路没有泄漏。
d. 检查车轮轴承游隙和工作情况，按需要调整。
e. 检查轮速传感器的安装、脏物等和积聚。
f. 检查所有的熔丝。
g. 蓄电池电压至少应为10.0V以上。
h. 保证ABS控制模块线束连接可靠，没有腐蚀或损坏。

② 设备接线

a. 要得到ABS/EDS和牵引力控制系统的故障码，需要使用故障诊断仪和相应的数据线。警告灯闪烁的编码没有设计进气系统中。

b. 如果解码器不显示，检查数据线的连接情况，同时检查DLC的蓄电池电源。

③ 故障查询

a. 连接故障诊断仪，接通点火开关，进入"SELECT FUNCTION（选择功能）"菜单选择屏。输入"02"选择"CHECD FAULT MEMORY（检查故障存储器）"。按"Q"键确认。

b. 如果解码器上显示"NO FAULT RECOG-NIZED（没有查到故障码）"，输入06"End output（终端输出）"。如果显示故障码，则打印输出或按输出顺序记下。继续进行适当的故障码测试，并进行修理。修理完成后，清除故障码并再次检查，以保证故障已经排除。

诊断提示

在试图清除故障码前，必须先行输出。如果车速超过20km/h，或在检索故障和清除故障码之间关掉点火开关，则故障码不能清除。

④ 清除故障码

a. 接故障诊断仪，接通点火开关，进入"选择功能"菜单。输入"05"选择"ERASE FAULT MEMO-RY（清除故障码存储器）"按"Q"键确认。

b. 关掉点火开关。从 DLC 上断开解码器数据线。接通点火开头，检查 ABS 警告灯是否在开关打开 2s 后熄灭。如果 ABS/EDS、ASR 警告灯路试时亮，则重新进行诊断。

362. 怎样排除 ABS 系统故障

表 8-8 故障分析与排除（奥迪 A6）

故障信息		电 工 技 能
故障代码	症状/故障描述	故障原因/排除措施
00000	没有发现故障	如果故障诊断仪上显示故障码 00000，ABS/EDS 或 ASR 警告灯亮，检查速度低于 6km/h 时的 ABS 控制模块供电电压，电压应低于 10.0V 如果电路没问题，则可能是机械故障造成警告灯亮
00283	左前轮轮速传感器	①左前轮速传感器或轮速传感器转子脏污或损坏 ②左前轮轮速传感器安装不正确 ③车轮轴承游隙过大 ④左前轮轮速传感器故障 ⑤左前轮轮速传感器对地短路 ⑥在轮速传感器和 ABS 控制模块间存在断路或短路 ⑦ABS 控制模块标识码不正确
目视并检查		方　　法
上述项目内容		如果看不出问题，检查轮速传感器的功能。用大众专用故障诊断仪，选择功能"08-READ MEASURING VALUE BLOCK（读取数据流）"，选择"DISPLAY GROUP 001（显示第 001 组）"。驱动汽车，使所有车轮的速度保持一致，都在 1km/h 内。支起汽车，每个车轮每次转一圈，边转动边检查轮速值 如果测试结束后仍有问题，检查线束和插头是否存在接触不良、腐蚀等情况。若没问题，检查 ABS 控制模块标识码。如果故障仍然存在，更换已知控制模块，并重新检查症状和故障码
故障代码	症状/故障描述	故障原因/排除措施
00283	右前轮轮速传感器	①右前轮速传感器或轮速传感器转子脏污或损坏 ②右前轮速传感器安装不正确 ③车轮轴承游隙过大 ④右前轮速传感器故障 ⑤右前轮速传感器对地短路 ⑥在轮速传感器和 ABS 控制模块间存在断路或短路 ⑦ABS 控制模块标识码不正确

续表

故障信息		电 工 技 能	
目视并检查		方　　法	
上述项目内容	如果看不出问题,检查轮速传感器的功能。用大众专用故障诊断仪,选择功能"08-READ MEASURING VALUE BLOCK(读取数据流)",选择"DISPLAY GROUP 001(显示第 001 组)"。驱动汽车,使所有车轮的速度保持一致,都在 1km/h 内。支起汽车,每个车轮每次转一圈,边转动边检查轮速值 如果测试后仍有问题,检查线束和插头是否存在接触不良、腐蚀等情况。若没问题,检查 ABS 控制模块标识码。如果故障仍然存在,更换已知控制模块,并重新检查症状和故障码		
故障代码	症状/故障描述	故障原因/排除措施	
00287	右后轮轮速传感器	①右后轮轮速传感器或轮速传感器转子脏污或损坏 ②右后轮轮速传感器安装不正确 ③车轮轴承游隙过大 ④右后轮轮速传感器故障 ⑤右后轮轮速传感器对地短路 ⑥在轮速传感器和 ABS 控制模块间存在断路或短路 ⑦ABS 控制模块标识码不正确	
目视并检查		方　　法	
上述项目内容	果看不出问题,检查轮速传感器的功能。用大众专用故障诊断仪,选择功能"08-READ MEASURING VALUE BLOCK(读取数据流)",选择"DISPLAY GROUP 001(显示第 001 组)"。驱动汽车,使所有车轮的速度保持一致,都在 1km/h 内。支起汽车,每个车轮每次转一圈,边转动边检查轮速值 如果故障仍然存在,更换已知控制模块,并重新检查症状和故障码		
故障代码	症状/故障描述	故障原因/排除措施	
00290	左后轮轮速传感器	①左后轮轮速传感器或轮速传感器转子脏污或损坏 ②左后轮轮速传感器安装不正确 ③车轮轴承游隙过大 ④左后轮轮速传感器故障 ⑤左后轮轮速传感器对地短路 ⑥在轮速传感器和 ABS 控制模块间存在断路或短路 ⑦ABS 控制模块标识码不正确	
目视并检查		方　　法	
上述项目内容	如果看不出问题,检查轮速传感器的功能。用大众专用故障诊断仪,选择功能"08-READ MEASURING VALUE BLOCK(读取数据流)",选择"DISPLAY GROUP 001(显示第 001 组)"。驱动汽车,使所有车轮的速度保持一致,都在 1km/h 内。支起汽车,每个车轮每次转一圈,边转动边检查轮速值 如果测试后仍有问题,检查线束和插头是否存在接触不良、腐蚀等情况。若没问题,检查 ABS 控制模块标识码。如果故障仍然存在,更换已知控制模块,并重新检查症状和故障码		

续表

故障信息		电 工 技 能
故障代码	症状/故障描述	故障原因/排除措施
00301	油泵故障	擦除存储的故障码内容。关掉点火开关。接通点火开关,如果又检测到故障,更换液压控制模块 ①在油泵的电源电路或接地电路中存在断路或短路 ②在油泵继电器和 ABS 控制模块之间存在断路或短路 ③ABS 油泵继电器故障 ④油泵故障
目视并检查		方 法
上述项目内容		①检查油泵的电源线和搭铁线是否存在断路或短接 ②检查 ABS 油泵继电器和 ABS 控制模块之间电路接地线是否断路或短路、电源线是否短路,修理必要的电路
故障代码	症状/故障描述	故障原因/排除措施
00526	制动灯开关	ABS 控制模块没有接收到制动灯开关信号 ①两个制动灯灯泡损坏 ②在制动灯电路中搭铁线存在断路或短路 ③制动灯开关故障 ④ABS 控制模块故障
目视并检查		方 法
上述项目内容		①保证制动灯灯泡是好的。用故障诊断仪检查数据流显示区 05,检查制动灯开关工作是否正常。检查制动灯电路搭铁线是否存在断路或短路 ②用确认合格的制动灯开关更换原来的开关。如果仍然存在故障,更换ABS 控制模块。如果系统没问题,更换有故障的制动灯开关
故障代码	症状/故障描述	故障原因/排除措施
00529	RPM 信号丢失	①在 ABS 控制模块和发动机控制模块之间的电路中,搭铁线存在断路、短路或电源线短路 ②发动机控制模块故障 ③ABS 控制模块故障
目视并检查		方 法
上述项目内容		检查 ABS 控制模块和发动机控制模块之间的电路是否存在断路或短路。如果仪表板上的转速表失效,并且没有在发动机控制模块和 ABS 控制模块的电路中发现问题,则用确认合格的发动机控制模块更换原来的发动机控制模块,并重新检查症状和故障码。如果仍有故障,更换 ABS 控制模块

续表

故障信息		电 工 技 能	
故障代码	症状/故障描述	故障原因/排除措施	
00532	电源电压	在车速大于6km/h且ABS控制模块电压降低到许可值(10.0V)以下时,储存这一故障。如果电压回到许可范围内,ABS/EDS或ASR指示灯熄灭,ABS/EDS或ASR重新运行 ①接线柱15与液压控制模块触点15间导线断路或接触电阻过大 ②电源电压降低 ③液压控制模块故障	
目视并检查		方 法	
上述项目内容	检查蓄电池及充电系统工作是否正常。检查供电电路中的电压降。检查ABS控制模块的端子是否损坏或腐蚀,按需要修理。如果端子是好的,则用确认合格的ABS控制模块更换原来的单元,并重新测试		
故障代码	症状/故障描述	故障原因/排除措施	
00597	变化的轮速脉冲	①轮速传感器或轮速传感器转子脏污或损坏 ②轮速传感器安装不正确 ③车轮轴承游隙过大 ④车轮和(或)轮胎的尺寸不全一致	
目视并检查		方 法	
上述项目内容	目视检查上述项目。如果看不出问题,进行电路测试 检查轮速传感器工作是否正常。用故障诊断仪,选择功能"08-READ MEASURING VALUE BLOCK(读取数据流)",选择"DISPLAY GROUP 001(显示第001组)"。驱动汽车,使所有车轮的速度保持一致,都在1km/h内。支起汽车,每个车轮每次转一圈,边转动边检查轮速值		
故障代码	症状/故障描述	故障原因/排除措施	
00623	ABS/变速器插头	①对于自动变速器车型。故障码00623指示在ABS控制模块和变速器控制模块(TCM)之间的电路上断路或对地短路。根据需要检修电路。检查汽车ABS/EDS/ASR控制模块代码是否不正确 ②对于手动变速器车型。故障码00623指示在ABS/EDS/ASR控制模块代码不对或电路对蓄电池正极短路。为了检查控制模块代码。检查是否对蓄电池正极短路	

续表

故障信息		电 工 技 能	
故障代码	症状/故障描述	故障原因/排除措施	
00646	ABS/发动机1号插头	①在ABS控制模块和发动机控制模块之间的电路中搭铁存在断路或短路、电源线短路 ②发动机控制模块故障 ③ABS/EDS/ASR控制模块故障	

目视并检查	方 法
上述项目内容	检查ABS控制模块和发动机控制模块之间的电路上是否存在断路或短路。如果没有找到电路上的问题,用确认合格的发动机控制模块更换原来的控制模块,然后重新检查症状和故障码

故障代码	症状/故障描述	故障原因/排除措施
00761	故障码储存在发动机控制模块中	有故障储存在发动机控制模块中,影响发动机控制系统的工作。发动机控制模块降低了发动机控制系统工作过程中的发动机转矩
01044	ABS控制模块编码错误	①ABS控制模块是按手动变速器编码的,但车上装的是自动变速器 ②按变速器型号给ABS控制模块编码
01130	BS工作失真信号	—
01200	ABS阀电源电压	该故障影响ABS液压单元和ABS油泵电动机的供电电路。可能下列原因造成故障: ①在接线柱30号端子到液压控制模块端子17号和18号的供电电路中存在断路或过大电阻 ②电源系统中存在电压损失 ③在ABS液压控制模块故障 如果在供电电路中没有找到问题,更换ABS液压控制模块
01201	ABS泵电源电压	该故障影响ABS油泵电动机的接地。可能下列原因造成故障: ①在液压控制模块的16号接线端子的搭铁连接中存在断路或过大电阻 ②ABS液压控制模块故障 如果在搭铁电路中没有找到问题,更换ABS液压控制模块
01203	ABS/仪表板电源电压	①在组合仪表和ABS控制模块10号端子间的电路中存在对地短路或断路,对电源短路 ②组合仪表板故障 如果没有找到问题,检查组合仪表联合处理程序

续表

故障信息		电工技能
故障代码	症状/故障描述	故障原因/排除措施
01314	发动机控制模块无法通信	①CAN总线上ABS控制模块和发动机控制模块软件版本号不符 ②发动机控制故障 ③两条CAN总线互换了位置 ④通过CAN总线传递信号的一个控制模块的输出有故障 查发动机控制模块故障存储器,如果有故障按需要修理发动机控制系统,检查总线
18034	CAN总线中没有来自动变速器控制模块的信号	①ABS控制模块是按自动变速器编码的,但车上装的是手动变速器 ②ABS控制模块和变速器控制模块之间的一条总路线断路 ③两条CAN总线互换了位置 按变速器的型号给ABS控制模块编码,检查总线
18256	请查询发动机控制模块故障存储器	可能下列原因造成故障:发动机控制模块存储了一个故障 查询发动机控制模块故障存储器,检修发动机控制系统
18058	CAN总线中没有来自发动机控制模块的信号	①发动机控制模块存储了一个故障 ②总线有故障 ③两条CAN总线互换了位置 ④通过CAN总线传递信号的一个控制模块的输出有故障 查询发动机控制模块故障存储器,如果有故障按需要修理发动机控制系统,检查总线
18262	CAN总线硬件损坏	总线有故障,控制模块彼此间无法通信
18263	CAN总路线软件监控	CAN总线上的ABS控制模块和发动机控制模块的软件版本号不符
18265	来自发动机控制模块的负荷信号故障记录	发动机控制模块记录了一个故障 查询发动机控制模块故障存储器,如果有故障按需要修理发动机控制系统
18266	来自发动机控制模块的转速故障记录	发动机控制模块记录了一个故障 查询发动机控制模块故障存储器,如果有故障按需要修理发动机控制系统
65535	控制模块故障	故障由ABS控制模块内部失效造成。更换ABS控制模块,重新检查症状和故障码。切勿擦除旧ABS控制模块的存储器故障码。这个信息有用助于确定ABS控制模块的原因

363. 怎样检测 ABS 控制单元电路

为了避免损坏 ABS 线束插针，大众制造商建议使用 VAG1598 测试盒（接线盒）进行测量。测试盒上的端子数设计的和 ABS 控制模块线束插头端子数一样。

如果测试时违反如下操作规程，可能对系统造成损坏。以下规范值仅适用手 VAG1526 测出的值，用其他检测仪测得值可能与此不符。奥迪 A6 ABS 控制单元电路检测见表 8-9。

表 8-9　ABS 单元电路检查

步骤	检测项目	电　工　技　能
1	检查 ABS 控制模块端的电压	接通点火开关，测量测试盒（VAG 1598）端子 15 号和 19 号间的电压，读数为 10.0～14.5V。如果不在此范围内，检查 19 号端子对地是否导通，同时检查 15 号端子的电源电压。如果读数不符合规定，检查相关电路有否断路或短路
2	检查 ABS 液压单元处的电压	接通点火开关，测量测试盒（VAG1598）端子 16 号、17 号、18 号间的电压，读数应为 10.0～14.5V。如果不在此范围内，检查 16 号端子对地是否导通，同时检查 17 号和 18 号端子经熔丝的电源电压。如果读数不符合规定，检查相关的电路是否断路或短路
3	检查制动灯开关	测量测试盒（VAG1598）端子 14 号和 19 号间的电压，在制动踏板松开时，读数应为 0～0.5V。在制动踏板踏下时，读数为 10.0～14.5V。如果不在规定范围内，检查 19 号端子对地是否导通，同时检查 14 号端子经熔丝的电源电压。如果读数不符合规定，检查相关电路有否断路或短路
4	检查右前轮速传感器	关闭点火开关，测量测试盒（AVG1598）端子 3 号和 5 号（在带 ASR 的车型上）或 4 号和 5 号端子（在带 EDS 的车型上）间的电阻，阻值应为 400～2300Ω。如果不在此范围内，检查控制模块与轮速传感器间线束电路是否断路，对地是否短路，电源线是否短路，同时检查轮速传感器线束插头，修理必要的电路。如果电路良好，更换有问题的轮速传感器
5	检查左前轮轮速传感器	关闭点火开关，测量测试盒（VAG1598）端子 6 号和 7 号间的电阻，阻值应为 400～2300Ω。如果不在此范围内，检查控制模块与轮速传感器是否短路，同时检查待测的轮速传感器线束插头，见"电路图"，修理必要的电路。如果电路良好，更换有问题的轮速传感器

续表

步骤	检测项目	电 工 技 能
6	检查右后轮速传感器	关闭点火开关,测量测试测试盒(VAG1598)端子1号和3号(在带EDS的车型上),或1号和2号端子(在带ASR的车型上)间的电阻,阻值应为400～2300Ω。如果不在此范围内,检查控制模块与轮速传感器是否断路,对地是否短路,电源线是否短路,同时检查待测的轮速传感器线束插头,修理必要的电路。如果电路良好,更换有问题的轮速传感器
7	检查左后轮速传感器	关闭点火开关,测量测试盒(VAG1598)端子8号和9号间的电阻,阻值应为400～2300Ω。如果不在此范围内,检查控制模块与轮速传感器间线束电路是否断路,对地是否短路,电源线是否短路,同时检查待测的轮速传感器线束插头,修理必要的电路。如果电路良好,更换有问题的传感器
8	ABS/EDS警告灯不工作	确保存储器中没有ABS相关的故障码。至少将点火开关关掉10s。在观察ABS/EDS警告灯时,接通点火开关,警告灯将亮2s。如果不亮,测量搭铁和测试盒(VAG1598)21号端子间的电压。如果没有电压,用一个确认合格的ABS控制模块更换原来的单元,并重新测量。如果呈现电源电压,测量仪表板电路,如果电路良好,检查灯泡有没有问题,或更换仪表板处理器
9	检查红色制动警告信号	保证红色制动警告灯没有受制动液液位传感器、制动衬片磨损指示器或停车制动开关的触发。断开一个前轮轮速传感器。接通点火开关。连接解码器VAG1551并选择"03—输出诊断测试模式3"。对于带自动变速器车型,踏下制动踏板并挂入一个挡位。如果ABS警告灯和红色制动灯亮,ASR警告灯也亮,说明红色警告灯电路没问题。如果红色警告灯不亮,修理仪表板或仪表板处理器上的故障
10	检查ASR警告灯	使用解码器时,保证没有相关的故障码储存在内存中。关掉点火开关。将测试盒(VAG1598)装到ABS控制模块上。接通点火开关,ASR警告灯应亮约2s。如果不亮或一直亮,检查ABS控制模块20号端子到仪表处理器插头间的电路是否存在断路或短路。如果电路没有问题,检查灯泡或仪表板处理器是否有问题
11	检查ASR按钮开关	检查ASR开关工作是否正常。关掉点火开关。将测试盒(VAG1598)装到ABS控制模块上。接通点火开关,操作ASR按钮,ASR警告灯应亮。再次按下ASR按钮,ASR灯应熄灭。如果ASR灯的反应和上述不同,则测量19号端子和30号端子之间的电压。在ASR开关按下时,读数应为10.0～14.5V。如果不在规定范围内,检查19号端子的搭铁电路,检查31号端子与ASR按钮6号端子间的电路,检查ASR按钮5号端子的电源电路,按情况修理。如果电路没问题,更换ASR开关

364. 怎样应用和分析 ABS 系统电路图

以下是 2010 年新宝来电路图，按图纸标注应用电路和实车元件。

(1) ABS 控制单元/蓄电池电路（图 8-25）

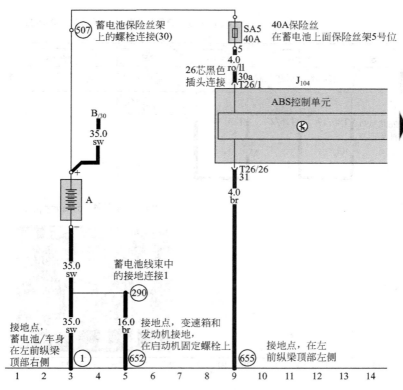

图 8-25　ABS 系统电路图一

(2) ABS 控制单元/液压泵 (图 8-26)

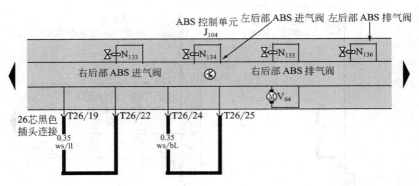

图 8-26 ABS 系统电路图二

(3) ABS 控制单元/转速传感器/ABS 进气阀/ABS 排气阀（图 8-27）

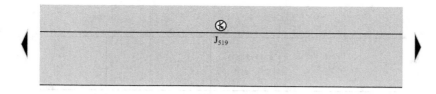

说明：
* 仅限装备无刹车片磨损报警的汽车
** 仅限装备刹车片磨损报警的汽车

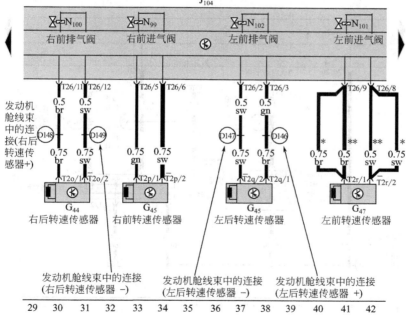

图 8-27　ABS 系统电路图三

（4）车身控制模块/ABS控制单元/刹车灯开关/制动踏板（图8-28）

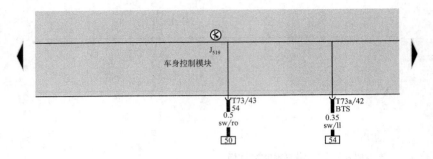

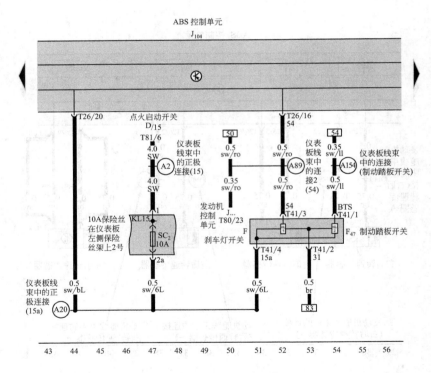

图 8-28　ABS 系统电路图四

(5) 车身控制模块/ABS 控制单元（图 8-29）

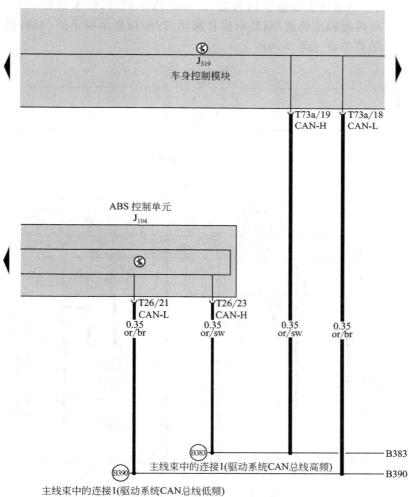

图 8-29　ABS 系统电路图五

(6) 仪表板中控制单元/左前制动摩擦片磨损传感器/手制动控制开关/制动液液位警告信号触点/ABS 指示灯/制动系统指示灯/蜂鸣器和报警音/制动摩擦片指示灯/换挡显示指示灯/ASR 指示灯电路（图 8-30）

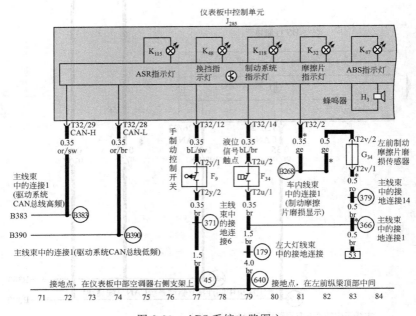

图 8-30　ABS 系统电路图六

365. 轮速度传感器电路故障怎么办

(1) 诊断说明

车轮速度由主动式车轮速度传感器和编码器环检测。编码器环由永磁体组成。每个车轮速度传感器从电子制动控制模块接收 12V 的参考电压，然后将交流电方波信号传送给电子制动控制模块。当车轮旋转时，电子制动控制模块使用此方波信号的频率来计算车轮转速。

(2) 故障检修和排除

① 电路测试。

② 连接器的修理。

③ 测试间歇性故障和接触不良。

④ 线路修理。

⑤ 更换传感器或控制单元。

366. 泵电机电路故障怎么办

(1) 诊断说明

泵电机是制动压力调节阀总成的组成部件，同时泵电机继电器与电子制动控制模块（EBCM）集成为一体。在系统正常工作时，泵电机继电器不接合。当需要防抱死制动系统、牵引力控制或稳定性控制系统运行时，电子制动控制模块激活泵电机继电器并打开泵电机。

(2) 故障排除

① 将点火开关置于 OFF 位置，断开 K 电子制动控制模块的线束连接器。

② 测试搭铁电路相关端子和搭铁之间的电阻是否小于 5Ω。

如果大于规定值，测试搭铁电路是否开路/电阻过大。

③ 检查并确认 B+电路相关端子和搭铁之间的测试灯点亮。

如果测试灯不点亮，测试 B+电路是否对搭铁短路或开路/电阻过大。

④ 如果所有电路测试都正常，更换制动压力调节阀总成检查并确认故障诊断码没有再次设置。

如果重设故障诊断码，更换电子制动控制模块。

367. 防抱死制动系统指示灯故障怎么办

(1) 诊断帮助

点火开关置于 ON 位置后，或电子制动控制模块检测到故障并向组合仪表发送串行数据以指令点亮指示灯时，组合仪表点亮防抱死制动系统指示灯 5s。

(2) 故障排除

① 将点火开关置于 ON 位置，用故障诊断仪指令组合仪表测试全部指示灯的点亮和熄灭。确认防抱死制动系统指示灯的点亮和熄灭。

如果防抱死制动系统指示灯不能点亮或熄灭，更换仪表板组合仪表。

② 点火开关置于 ON 位置 5s 后，确认防抱死制动系统指示灯熄灭。

如果防抱死制动系统指示灯没有熄灭，更换电子制动控制模块（EBCM）。

368. 你对电子制动力分配（EBD）系统控制了解多少

(1) 电子制动力分配（EBD）系统原理

EBD 系统实际上是 ABS 的辅助功能，它可以改善提高 ABS 的功效。所以在安全指标上，汽车的性能又多了"ABS＋EBD"。

作为防抱死制动系统基本算法的附加逻辑功能，电子制动力分配系统在车辆还未达到防抱死制动系统控制干预范围时工作。EBD 用高速计算机在汽车制动的瞬间，分别对四只轮胎附着的不同地面进行感应、计算，得出不同的摩擦力数值，使四只轮胎的制动装置根据不同的情况用不同的方式和力量制动，并在运动中不断高速调整，从而保证车辆的平稳、安全。

电子制动力分配灵敏监视后轮是否相对于前轮打滑。如果检测到打滑，后轮进口阀将被切换到保持压力的位置，防止后轮制动器压力进一步上升，从而通过电子方式再现后轮制动器压力降低功能。图 8-31 制动力分配控制。

(2) 电子制动力分配（EBD）系统作用特点

① 消除了传统的比例阀。

② 电子制动力分配利用现有后轮车轮速度传感器监视后轮打滑。

③ 根据算法上的许多变化，触发后轮压力保持、增加和/或降低脉冲串，保持车辆稳定性。使车辆逼近理想的制动力分配（前轮

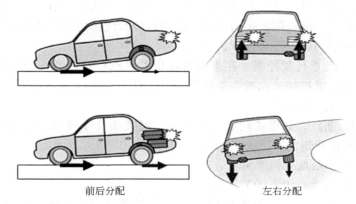

前后分配　　　　　左右分配

图 8-31　制动力分配控制

到后轮）。

④ 始终保持恒定制动力分配。

⑤ 电子制动力分配功能通过防抱死制动系统安全逻辑功能进行监视（传统比例阀不能监视）。

369. 你对 EBA 电子制动力辅助系统控制了解多少

在车辆行驶过程中，制动辅助系统会全程监测刹车踏板，一般正常刹车时该系统并不会介入，会让驾驶者自行决定刹车时的力度大小。但当其侦测到驾驶者忽然以极快的速度和力量踩下刹车踏板时，会被判定为需要紧急制动，于是便会对刹车系统进行加压，以增强并产生最强大的刹车力道，让车辆及驾乘者能够迅速脱离险境。

370. 你对 TCS 牵引力控制系统控制了解多少

（1）TCS 系统与 ABS 系统的区别

ABS 是利用传感器来检测轮胎何时要被抱死，再减少制动器制动压力以防被抱死，它会快速改变制动压力，以保持该轮在即将被抱死的边缘，而 TCS 主要是使用发动机点火的时间、变速器挡位和供油系统来控制驱动轮打滑。

（2）TCS 系统的控制

① 起步和低速加速时控制　在车辆起步和加速时借助 TCS 系

统对驱动轮进行短暂制动使车辆的牵引力小于或等于附着力，减低车轮打滑。配置该系统的车辆，即使起步瞬间迅速将加速踏板完全踩到底驱动轮也不会打滑。

② 高速行驶控制　在车辆高速行驶发现车轮打滑，TCS 系统通过发动机控制单元指令来执行一下项目：

　　a. 减少喷油量。

　　b. 断缸，如果 6 缸发动机可以暂时关闭 3 个喷油器，降低发动机输出转矩。

　　c. 推迟点火提前角。

　　d. 适当关闭电子节气门。

　　e. 升挡，通过增大负荷降速，使发动机输出有效功率下降，使车辆的牵引力小于或等于附着力，实现避免或减少车辆打滑。

371. 你对动态行驶平稳控制系统（VDC）了解多少

（1）VDC 系统工作原理

车辆动态行驶平稳控制系统主要配置在全时四轮的车辆上，VDC 系统对转向行驶稳定性的控制主要是借助于对各车轮制动控制和发动机功率输出控制来实现的。例如汽车转弯时，若前轮因转向能力不足而趋于滑出弯道，VDC 系统即可获得预计车辆侧滑信息，这时就采取适当的制动右后轮的措施。左后轮产生的制动力可以帮助汽车转向，使汽车继续按照原来理想路线行驶。

若在弯道上，因后轮趋于侧向滑出而转向过多，VDC 系统即采取适当制动右前轮的办法，维持车辆的稳定行驶。在极端情况下，VDC 系统还可以采取降低发动机功率输出的办法降低行驶车速，减少对地面侧向附着能力的需求来维持车辆的稳定行驶。采用 VDC 系统后，汽车在紧急避让或弯道路面上的制动距离还可进一步缩短。

（2）VDC 系统的传感器和功用

① 轮速传感器，用来跟踪每一车轮的运动状态。

② 转向盘转角传感器，用来传感转向盘的转角，在紧急避让和转向时提醒系统进入工作状态。

③ 横向偏摆率传感器，用来记录汽车转向行驶时偏摆角度，

是过度转向，还是不足转向。

④ 横向加速度传感器，用来检测转向行驶时横向滑移距离。

⑤ 车轮位移传感器，用来测量车轮和车身相对位置的变化。

372. （EPB）电子驻车制动系统由哪几部分组成

该系统可以保证车辆30%的斜坡上稳定驻车。另外该系统自动实现热补偿，即如果车辆经过强制动后驻车，后制动盘会因为温度下降与摩擦片产生间隙，此时电机会自动启动，驱动压紧螺母来补偿温度下降产生的间隙，保证可靠的驻车效果。

通俗地讲：EBP电子驻车制动系统展现给人们的就是取代传统拉杆手刹的电子手刹按钮，比传统的拉杆手刹更安全，不会因驾驶者的力度而改变制动效果，把传统的拉杆手刹变成了一个触手可及的按钮。

EBP电子驻车制动系统电控系统组成见图8-32。

图8-32　EBP电子驻车制动系统电控系统组成

373. (EPB) 电子驻车制动系统怎样操纵

中央副仪表板上的按钮开关 F234 就是用来操纵驻车制动器的。

驻车制动显示

图 8-33　EPB 显示灯

拉出这个按钮开关，驻车制动器就处于工作（拉紧）状态。

要想松开驻车制动器（不工作），在按下该按钮的同时要踏下制动器踏板或油门踏板。

机电式驻车制动器也可在关闭了点火开关后，拉出这个按钮开关来使之处于工作状态。但要想松开驻车制动器（不工作），只有接通点火开关才行。

驻车制动器处于工作状态时，由组合仪表上的驻车制动显示标志和开关内的指示灯来指示（图 8-33）。

374. 你对（EPB）电子驻车制动系统主要电子控制部件了解多少

表 8-10　（奥迪）EPB 系统部件

部件	示意图	说　明
控制单元 J540		该控制单元安装在行李厢右侧的蓄电池的下方。从蓄电池开始，驻车制动左、右电机 V282/283 是单独控制的 在这个控制单元内装有两个处理器，驻车制动器松开的命令要由这两个处理器共同执行 该控制单元内还有一个微型倾斜角传感器
驻车制动左、右电机 V282/283		结构： 制动摩擦衬块的收紧是通过一根螺杆的带动来实现的。这根螺杆上的螺纹是可以自锁的。这根螺杆是由斜轴轮盘机构来驱动的 斜轴轮盘机构是由一个直流电机来驱动的 斜轴轮盘机构和直流电机通过法兰固定在制动钳上

续表

部件	示意图	说明
液压单元		为了能在主动巡航控制的调节过程中降低噪声,就需要使用集成的抽吸式阻尼消音器。这些抽吸式阻尼消音器就是一些小腔,通过橡胶膜片来平息制动液的波动 　　这种经过改进的液压单元只用于带有主动巡航控制装置的车

375. EPB系统驻车制动电机的工作过程是怎样的

表8-11　驻车制动电机工作过程

示意图	说明
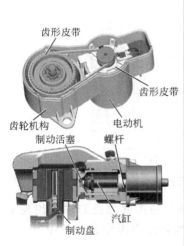	要想实现驻车制动功能,就必须得将驱动电机的旋转运动转换成制动活塞的一个非常小的直线往复运动。这就需要斜轴轮盘机构与螺杆驱动相结合才能实现这个功能 　　这个运动转换过程分为三步来进行 　　第一步是"慢减速"(1∶3),这一步由电动机-齿轮机构输入端上的齿型皮带来完成 　　第二步由斜轴轮盘机构来实现。齿轮机构的输出端减速系数可达147(与电动机的转速相比) 　　通过一个螺杆来驱动制动活塞,这样就将旋转运动转换成往复直线运动了 　　螺杆直接由斜轴轮盘机构来驱动。制动活塞内装有一个汽缸,该汽缸可在轴向滑动 　　两个平面可防止汽缸转动。在汽缸尾部加粗的部分上装有一个压紧螺母 　　螺杆的旋转运动会带动压紧螺母在螺杆上进行移动 　　电动机的转动圈数由一个霍尔传感器来测量于是活塞的往复直线运动就可由控制单元计算出来

376. EPB系统斜轴轮盘机构的工作原理是怎样的

　　输入齿轮上安装有一个斜盘,该斜盘上带有圆锥形花键,斜盘与输入齿轮不是轴向平行的。见图8-34。

　　因此在输入齿轮转动时,该斜盘会呈摆动运动状态。斜盘是通过键槽固定在减速器壳体内的,它不能自由转动。

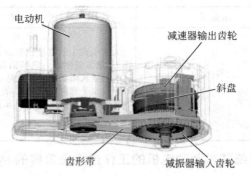

图 8-34 斜轴轮盘机构一

斜盘上有 51 个齿,输出齿轮有 50 个齿。见图 8-35。

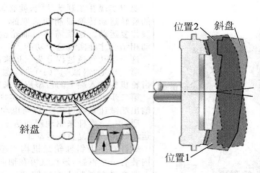

图 8-35 斜轴轮盘机构二

通过这个所谓的"分度误差",斜盘的齿就总是与输出齿轮的齿面相接触,而决不会进入齿槽。因此,输出齿轮就会多转动一个小角度。

输入齿轮转一圈,输出齿轮和斜盘上各有两个齿轮啮合在一起。

由于斜盘的摆动,第二对齿轮副(位置 2)在斜盘转了半圈后才啮合,输出齿轮在位置 1 会多转一点,这就使得在位置 2 时,斜盘的齿还是与输出齿轮的齿面相接触。这个运动一直进行下去的结果是:输出齿轮及与它相连的螺杆每转半圈时,就会多转半个齿宽。

377. 你对 ECD 电子控制减速了解多少

表 8-12 ECD 通信接口控制

示意图	说明
J428 车距调节控制单元 → J104 ESP 控制单元 → 车轮制动 车轮制动 车轮制动 车轮制动	ECD——电子控制减速 这个接口允许车上的其他系统来控制 ESP。可直接将减速请求通知 ESP 控制单元 J104。ECD 请求中所包含的车辆最大减速度为 $8 m/s^2$。所有四个车轮处都均匀建立起制动压力

液压控制单元为了能在主动巡航控制的调节过程中降低噪声，就需要使用集成的抽吸式阻尼消音器。这些抽吸式阻尼消音器就是一些小腔，通过橡胶膜片来平息制动液的波动。这种经过改进的液压单元只用于带有主动巡航控制装置的车。为了能达到良好的制动舒适性，车上还使用了为 ESP 开发的线性电磁阀（LMV）来作为进液阀和换向阀。

液压控制单元调节见表 8-13。

表 8-13 液压控制单元调节

状态	说明	示意图
无 ECD 请求：电磁阀都未通电	司机可以通过打开的换向阀和进液阀来调整制动压力	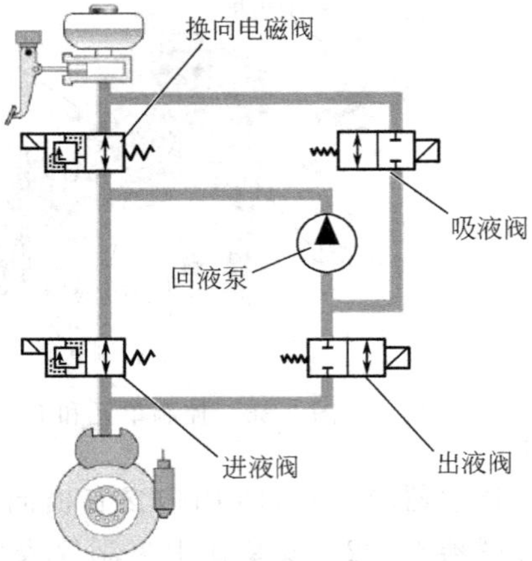 

状态	说明	示意图
通过 ECD 请求:建立起压力	换向阀和吸液阀被通上了电,回液泵通过打开的吸液阀抽取油液并调节制动压力	

378. 你对 ESP 压力传感器了解多少

ESP 压力传感器集成在液压单元（图 8-36），这种集成结构可以减少电缆的使用并可提高安全性。传感器在液压控制单元输入端的初级电路中测量出制动压力。

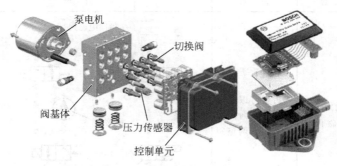

图 8-36 控制单元和 ESP 压力传感器位置

传感器单元 G419 内包含有横向加速度传感器 G200 和车身摆动传感器 G202，安装在中央副仪表板的通道内。该传感器单元通过一根专门的 CAN 总线与控制单元进行通信。

这根 CAN 总线是高速 CAN 总线，它具有实时功能。虽然这根专用的 CAN 总线在名义上与 CAN 驱动总线的数据传输速率是相同的，但前者的传输速率接近恒定的值，因此可保证传感器单元与 ESP 控制单元之间的数据传输得更快。

379. 你对 VGRS 可变传动比转向控制系统了解多少

可变传动比转向系统 VGRS 的运用，改变了普通转向系统传动比恒定的缺点，由转向控制 ECU 根据转向角传感器信号和车速信号计算出转向执行器总成的目标转动角度。并且通过转向执行器总成的转动角度与驾驶员转动方向盘的角度相加来控制前轮的转向角。因此，其转向机构的传动比可根据车辆行驶状况而动态变化，从而实现车速从低速到高速范围内良好的转向操作灵活性和车辆稳定性。

VGRS 在车辆上的位置及转向协同控制分布见图 8-37。

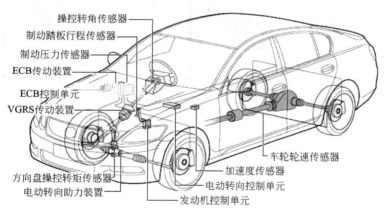

图 8-37　VGRS 在车辆上的位置及转向协同控制分布

当汽车以直线飞速行驶时，绝不希望因为方向盘的任何一点细微移动而改变前进方向。但在环城行驶和泊车时，却追求相反的效果，以轻微操控带来快速转向。可变齿比转向系统确保车速越快，操控性越平稳顺畅。

系统通过转向器调整到最适合当前车速的位置以发挥作用。低速行驶时，齿轮齿比位于最低值，以保证操控装置的快速反应能力和停车，急转及通过U形弯道时的易操控性。可变齿比转向系统的另一个关键优势在于，当操控汽车转弯时，时常发生过度校正，然而通过一步步最小限度的辅助，系统能够有效消除过度校正的惯性。此外，可变齿轮齿速比转向系统和VDIM系统合作，通过对前轮角度微调，以提高不良路况下前轮的稳定性，最终提升安全性。

VGRS系统作用示意图见图8-38。

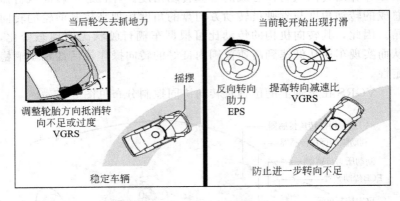

图8-38　VGRS系统作用

第九章 车身电气设备

380. 你对照明灯了解多少

(1) 前照灯

前照灯又称前大灯,其用途是在夜间行车时,照亮车前的道路和障碍物,确保行车安全;同时也可发出远光和近光交替变换的灯光信号,以便夜间超车和避免会车时使对方驾驶员眩目。现代汽车通常都采用双灯丝灯泡,更先进的车辆采用氙气大灯,使灯光更亮,照射的视野更大。

前照灯必须保证夜间对车前有明亮而均匀的光照,使驾驶员能够看清车前100m以外的路面状况,随着现代汽车的高速化,其照明距离应增加到200~300m。

前照灯应能够防止眩目,确保夜间会车时,对方驾驶员不因目眩而导致交通事故。

(2) 雾灯

雾灯安装在比前照灯更低的位置,其主要用途是在雾、雪、雨天行车时照明车前道路。它的扩散角大,配光稳定,灯光颜色为黄色或琥珀色。在有些车辆中还装有红色的后雾灯,以提醒后面的驾驶员。

(3) 后照灯

后照灯又叫倒车灯,其用途是在倒车时,用于照明,向人们提示倒车。它的灯光一般为白色。

(4) 牌照灯

牌照灯安装在汽车后部，其用途是夜间照明车辆牌照。夜间在20m处应能看清牌照标志。

(5) 顶灯

顶灯安装在驾驶室顶部，其用途是照亮驾驶室，有利于驾驶员和乘客，也便于卸货。有些前顶灯还有指示车门是否关严的作用，如果车门未关好，顶灯点亮。

(6) 仪表灯

仪表灯装在汽车仪表板上，其用途是在夜间行车时，照明车上的仪表，使驾驶员能够看清仪表的指示情况。

381. 你对信号及标志用灯了解多少

(1) 转向信号灯

它安装在汽车前后，左右四角，其用途是在汽车转弯时，发出明暗交替的闪光信号，使前后车辆、行人、交通警知其行驶方向，转向信号灯的颜色为黄色或琥珀色，后转向信号灯也可为红色。

(2) 制动灯

制动灯安装在汽车后部，多采用组合式灯具。其用途是向后方的车辆和行人发出醒目的红色信号，表示车辆制动减速或刹车。它的灯光为红色。

(3) 小灯

它安装于车辆前后两侧的边缘，其用途是在夜间行驶或停车时，标示车辆的存在和轮廓；前小灯的颜色为白色或琥珀色，后小灯的颜色为红色。

(4) 尾灯

尾灯又叫后尾灯，其用途是在夜间行驶时，向车后发出灯光信号，使后面的车辆、行人注意。尾灯多为红色。

(5) 指示灯

指示灯安装在仪表上，其用途是用来指示照明和灯光信号，以及车上某些装置的状况。颜色为红色、绿色和蓝色。

(6) 报警灯

报警灯的用途是为了车辆的安全行驶和执行某些特殊任务。主要有机油压力低报警灯、紧急情况下闪光报警器、发动机报警灯等。

382. 氙气灯结构原理是怎样的

氙气灯由小型石英灯泡、变压器和电子控制器组成。接通电源后,通过变压器,电压在几微秒内升到20000V以上的高压脉冲电加在石英灯泡内的金属电极之间,激励灯泡内的物质(氙气、少量的水银蒸气及金属卤化物)在电弧中电离产生亮光。该物质由于高温导致碰撞激发,并随压力升高使线光谱变宽形成带光谱。据介绍,灯开关接通的一瞬间,氙气灯即产生与55W卤素灯一样的亮度,约3s达到全部光通量。

氙气灯结构见图9-1。

氙气灯灯泡的玻璃是用坚硬的耐温耐压石英玻璃(二氧化硅)制成,灯内充入高压氙气以缩短灯被点亮的时间,灯的发光颜色则由充入灯泡内的氙气、水银蒸气和少量金属卤化物所决定。

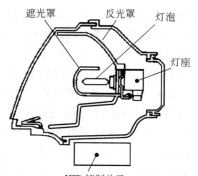

图9-1 氙气灯结构

电子控制系统由变压器和电子控制器组成,具有产生点火电压和工作电压两种功能。变压器将低电压变为高电压输出,电子控制器的主要功能是限制氙气灯灯泡的工作电流,向灯泡提供20000V以上的点火电压和维持工作的低电压(80V左右)。

383. 怎样匹配奥迪氙气大灯系统

(1) 前照灯照程调节控制单元作用

配备氙气灯的奥迪车辆由于其高亮度可能会对迎面对向驶来的驾驶员视线有所影响,因此配备氙气灯的车辆必须配备高度自动调节功能。即氙气灯出厂时要调整好标准高度,之后前照灯的高低要随着车辆载荷分布自动进行调整。如果车辆前部高后部低则前照灯要向上抬，保证驾驶员足够的视野；而如果车辆后部低前部上抬（后排太沉或行李厢重物太多），则必须自动将灯光下调以防止影响对面车辆。因此配备氙气灯的车辆增加了前照灯照程调节控制单元J431，地址码为55，位置在副驾驶员侧杂物箱后方。

(2) 基本设定和匹配

车辆在出厂时J431存储了当前的前后水平位置传感器位置，并视为默认水平位置。当前后车身倾斜角度改变时，系统会根据前后传感器G76、G78电压，判定车身倾斜角度，并指令左右前照灯电动机V48、V49做出相应调节。在更换过前照灯、前后传感器或断开相应插头后，仪表会出现报警，前照灯调节控制单元中存储"基本设定未完成"的故障码，即控制单元需要重新学习默认水平位置。打开点火开关，将车辆停置于水平地面，前照灯打开或关闭均可为55-04-001（基本设定）即相当于告知车辆控制单元，车辆已水平，当前位置为默认水平位置，此时可以通过前照灯调节螺钉来将灯高调节至符合法规的高度。55-04-002（存储设定）即相当于告知车辆控制单元灯光默认高度已调节好，将当前车身倾斜传感器位置及对应的电动机位置存储下来，此时可看到车辆前照灯会自低到高运转一遍回到原位完成存储。此时基本设定完成，故障码自动清除，报警消失。

(3) 判断车辆是否水平设定

系统进行前照灯基本设定的前提条件是"车身水平"，也就是说如果系统根据前后倾斜传感器判定车辆目前不是水平的，则不允许进行下一步。也许通过肉眼观察车身已经平了，但由于传感器安装位置、悬架老化等原因使得传感器反馈给控制单元的结论是不水平的。可以读取55-08-002（判断车辆是否水平设定）来进行检查，Ⅰ区为前部传感器电压，Ⅱ区为后部传感器电压，在水平时二者均应在2.5V左右，如果升高悬架则该电压值升高，车身降低则该电压下降，如果前后差值超过0.5V，则系统认为车身存在俯仰。

执行设定方法：

① 举升车辆，检查传感器安装位置及固定连接装置。

② 执行05-08-002的同时，抬起或压下偏离2.5V的那个悬

架,使两个电压都在 2.5V 左右时,进行基本设定。

384. 前照灯电路故障怎么办

以通用科鲁兹轿车为例执行前照明灯电路故障排除(表9-1)。其他车型遇到这样的故障同样按照表 9-1 故障诊断方法步骤及诊断思路进行有序化故障排除。

表 9-1　前照灯电路障排除

项目	电工技能		
故障信息	故障代码	故障说明	
	DTC B257501	前照灯控制电路对蓄电池短路	
	DTC B257504	前照灯控制电路开路	
	DTC B269901	右侧前照灯控制电路对蓄电池短路	
	DTC B269902	右侧前照灯控制电路对搭铁短路	
	DTC B269904	右侧前照灯控制电路开路	
	DTC B257502	前照灯控制电路对搭铁短路	
诊断说明	当前照灯开关置于近光位置时,车身控制模块(BCM)通过相应的电源电压电路向前照灯提供电压		
系统检验	将点火开关置于 ON 位置,指令相应的前照灯进行近光测试。前照灯应点亮/熄灭		
故障排除	步骤	诊断内容/排除方法	
	1	将点火开关置于 OFF 位置,断开相应前照灯的线束连接器	
	2	测试下列相应前照灯搭铁电路线束连接器和搭铁之间的电阻是否小于 5Ω E13L 左侧前照灯总成搭铁电路线束连接器端子 3 E13R 右侧前照灯总成搭铁电路线束连接器端子 3 如果大于规定值,测试搭铁电路是否开路/电阻过大	
	3	在下列相应的前照灯控制电路线束连接器和搭铁之间连接一个测试灯 E13L 左侧前照灯总成信号电路线束连接器端子 2 E13R 右侧前照灯总成信号电路线束连接器端子 2	
	4	使用故障诊断仪,指令相应的前照灯近光点亮和熄灭以进行测试。在指令状态之间切换时,测试灯应点亮和熄灭 如果测试灯始终点亮,测试信号电路是否对电压短路。如果电路测试正常,则更换 K9 车身控制模块 如果测试灯始终熄灭,测试信号电路是否对搭铁短路或开路/电阻过大。如果电路测试正常,则更换 K9 车身控制模块	
	5	如果所有电路测试正常,则更换相应的前照灯	

385. 前照灯开关输入信号相关性故障怎么办

以通用科鲁兹轿车为例执行前照灯开关输入信号相关性故障排除（表9-2）。其他车型遇到这样的故障同样按照表9-2故障诊断方法步骤及诊断思路进行有序化故障排除。

表9-2 前照灯开关输入信号相关性故障排除

项目		电工技能	
故障信息	故障代码	故障说明	
	DTC B257A00	前照灯开关输入信号相关性故障	
诊断说明		当前照灯开关置于近光位置或驻车灯位置时，车身控制模块（BCM）通过前照灯开关前照灯信号电路和驻车灯开关信号电路接收搭铁信号	
系统检验		点火开关置于ON位置时，前照灯开关置于近光位置，近光灯应点亮。将前照灯开关置于OFF位置，近光灯应熄灭	
故障排除	步骤	诊断内容/排除方法	
	1	将点火开关置于OFF位置，断开S30前照灯开关线束连接器。测试搭铁电路端子6和搭铁之间的电阻是否小于5Ω 如果大于规定值，测试搭铁电路是否开路/电阻过大	
	2	连接S30前照灯开关线束连接器	
	3	断开K9车身控制模块上的X1线束连接器	
	4	在B+和信号电路端子16之间连接一个测试灯	
	5	将前照灯开关置于近光和OFF位置之间。测试灯应随着开关的切换而点亮和熄灭 如果测试灯始终熄灭，测试信号电路是否对电压短路或开路/电阻过大。如果电路测试正常，则更换S30前照灯开关 如果测试灯始终点亮，测试信号电路是否对搭铁短路。如果电路测试正常，则更换S30前照灯开关	
	6	如果所有电路测试正常，则更换K9车身控制模块	
部件测试	1	将点火开关置于OFF位置，断开S30前照灯开关线束连接器。将S30前照灯开关置于OFF位置，测试端子6和端子5之间的电阻是否小于5Ω 如果大于规定值，则更换S30前照灯开关	
	2	将S30前照灯开关置于驻车灯位置，测试端子6和端子3之间的电阻是否小于5Ω 如果大于规定值，则更换S30前照灯开关	
	3	将S30前照灯开关置于近光位置，测试端子6和端子4之间的电阻是否小于5Ω 如果大于规定值，则更换S30前照灯开关	

386. 照明控制开关信号电压过低或过高怎么办

导读提示

以通用科鲁兹轿车为例执行照明控制开关信号电压过低或过高故障排除（表9-3）。其他车型遇到这样的故障同样按照表9-3故障诊断方法步骤及诊断思路进行有序化故障排除。

表9-3 照明控制开关信号电压过低或过高故障排除

项目	电工技能		
故障信息	故障代码	故障说明	
	DTC B257B03	照明控制开关信号电压过低	
	DTC B257B07	照明控制开关信号电压过高	
诊断说明	车身控制模块（BCM）向变光器开关提供一个参考电压，变光器开关是前照灯开关的一部分。当变光器开关置于期望的亮度位置时，参考电压通过变光器开关可变电阻施加至车身控制模块。车身控制模块解释该电压信号，然后通过发光二极管变光电源电路向所有相关的车内灯施加一个脉宽调制（PWM）电压，使其达到期望的亮度		
系统检验	将点火开关置于ON位置，使用变光器开关使车内背景灯从暗光变至最亮。车内背景灯应变光，然后变为最亮		
故障排除	步骤	诊断内容/排除方法	
	1	将点火开关置于OFF位置，断开S30前照灯开关的线束连接器	
	2	将点火开关置于ON位置，测试12V参考电压电路端子1和搭铁之间的电压是否高于11V 如果高于规定范围，测试12V参考电压电路是否对电压短路。如果电路测试正常，则更换K9车身控制模块 如果低于规定范围，测试12V参考电压电路是否对搭铁短路或开路/电阻过大。如果电路测试正常，则更换K9车身控制模块	
	3	将点火开关置于ON位置，确认故障诊断仪"变光控制信号"参数低于0.3V 如果大于规定范围，测试信号电路端子12是否对电压短路。如果电路测试正常，则更换K9车身控制模块	
	4	在信号电路端子12和参考电压电路端子1之间安装一条带3A保险丝的跨接线。确认故障诊断仪"变光控制信号"参数高于11.7V 如果低于规定范围，测试信号电路是否对搭铁短路或开路/电阻过大。如果电路测试正常，则更换K9车身控制模块	
	5	如果所有电路测试正常，则更换S30前照灯开关	

387. 远光控制电路故障怎么办

(1) 诊断说明

前照灯远光继电器始终由蓄电池电压供电。按下转向信号/多功能开关，使转向信号/多功能开关信号电路搭铁。车身控制模块（BCM）通过向前照灯远光继电器控制电路提供搭铁，使前照灯远光继电器通电。当前照灯远光继电器通电时，继电器开关触点闭合，蓄电池电压通过远光灯保险丝供至远光灯电源电压电路，从而点亮远光灯。

(2) 故障排除

使用故障诊断仪，指令远光灯点亮和熄灭。在指令状态之间切换时，测试灯应点亮和熄灭。

> **电工技能**
>
> 如果测试灯始终点亮，测试控制电路是否对搭铁短路。 如果电路测试正常，则更换车身控制模块。
>
> 如果测试灯始终熄灭，则测试控制电路是否对电压短路或开路/电阻过大。 如果电路测试正常，则更换车身控制模块。

388. 驻车灯控制电路故障怎么办

(1) 诊断说明

车身控制模块通过向驻车灯控制电路提供电压，使驻车灯通电。当驻车灯控制电路通电时，驻车灯点亮。

(2) 故障排除

使用故障诊断仪，指令相应尾灯点亮和熄灭以进行测试。在指令状态之间切换时，测试灯应点亮和熄灭。

> **电工技能**
>
> 如果测试灯始终点亮，测试控制电路是否对电压短路。 如果电路测试正常，则更换车身控制模块。
>
> 如果测试灯始终熄灭，则测试控制电路是否对搭铁短路或开路/电阻过大。 如果电路测试正常，则更换车身控制模块。
>
> 如果所有电路测试正常，则更换相应的不工作尾灯。

389. 乘客舱变光控制电路故障怎么办

(1) 诊断说明

车身控制模块通过仪表板组合仪表变光参考电压电路向仪表板组合仪表灯变光器开关提供一个参考电压，仪表板组合仪表灯变光器开关是前照灯开关的一部分。当变光器开关置于期望的亮度位置时，参考电压通过变光器开关可变电阻器和仪表板组合仪表灯变光器开关信号电路施加至车身控制模块。车身控制模块解释该电压信号，然后通过仪表板灯控制电路、背景灯控制电路和发光二极管变光控制电路，施加一个脉宽调制（PWM）电压，以点亮下列发光二极管、仪表板组合仪表灯和部件。

(2) 故障排除

① 将点火开关置于 OFF 位置，断开相应的不工作背景灯部件的线束连接器。

② 测试相应部件的黑色导线和搭铁之间的电阻是否小于 5Ω。如果大于规定范围，测试搭铁电路是否开路/电阻过大。

③ 在相应部件的控制电路和搭铁之间连接一个测试灯。

④ 用故障诊断仪指令发光二极管背景灯变光测试启用/停止。

> **电工技能**
>
> 如果测试灯始终点亮，测试控制电路是否对电压短路。如果电路测试正常，则更换车身控制模块。
>
> 如果测试灯始终熄灭，测试控制电路是否开路/电阻过大或对搭铁短路。如果电路测试正常，则更换车身控制模块。

⑤ 如果所有电路测试正常，则测试或更换相应的不工作背景灯部件。

390. 前雾灯开关电路故障怎么办

(1) 诊断帮助

前雾灯继电器始终由蓄电池电压供电。通过按下前雾灯开关，使前雾灯开关信号电路通过电阻器瞬时搭铁。车身控制模块通过向前雾灯继电器控制电路提供搭铁，使前雾灯继电器通电。当前雾灯继电器通电时,继电器开关触点闭合,蓄电池电压通过前雾灯保险丝提供至前雾灯电源电压电路,从而点亮前雾灯。

(2) 故障排除

测试车身控制模块 12V 参考电压电路线束连接器相关的 2 个端子和车身控制模块信号电路线束连接器相关的 2 个端子之间的电阻是否为 2.5~3.0kΩ。

> **电工技能**
>
> 如果不在规定范围内,则测试 12V 参考电压电路和信号电路是否开路/电阻过大。 如果电路测试正常,则更换前照灯开关。
> 如果所有电路测试正常,则更换车身控制模块。

391. 制动灯电路故障怎么办

(1) 诊断帮助

制动踏板位置传感器用于感测驾驶员操作制动踏板的动作。制动踏板位置传感器向车身控制模块提供一个模拟电压信号。车身控制模块将向左、右和中央停车灯控制电路提供蓄电池电压。

将点火开关置于 ON 位置,指令制动灯测试。制动灯应点亮/熄灭。

(2) 故障排除

① 将点火开关置于 OFF 位置,断开左侧尾灯/制动灯及右侧尾灯/制动灯上相应的线束连接器。

② 测试左侧尾灯/制动灯线束连接器相应端子及右侧尾灯/制动灯线束连接器相应端子相应的搭铁电路线束连接器端子和搭铁之间的电阻是否小于 5Ω。

如果大于规定值,测试相应的搭铁电路是否开路/电阻过大。

③ 在左侧尾灯/制动灯线束连接器相应端子及右侧尾灯/制动灯线束连接器相应端子相应的控制电路线束连接器端子和搭铁之间连接一个测试灯。

④ 使用故障诊断仪,指令制动灯测试。在指令状态之间切换时,测试灯应点亮和熄灭。

电工技能

如果测试灯始终点亮,则测试相应的控制电路是否对电压短路。如果电路测试正常,则更换车身控制模块。

如果测试灯始终熄灭,测试相应的控制电路是否对搭铁短路或开路/电阻过大。如果电路测试正常,则更换车身控制模块。

⑤ 如果所有电路测试正常,测试或更换相应的尾灯。

392. 远光和前照灯闪光选择电路故障怎么办

导读提示

以通用科鲁兹轿车为例执行远光和前照灯闪光选择电路故障排除(表9-4)。其他车型遇到这样的故障同样按照表9-4故障诊断方法步骤及诊断思路进行有序化故障排除。

表 9-4 远光和前照灯闪光选择电路故障排除

项目		电工技能	
故障信息	显示故障代码	故障说明	
	DTC B380600	远光和前照灯闪光选择电路故障	
诊断说明	当转向信号/多功能开关置于远光或超车闪光位置时,车身控制模块(BCM)通过转向信号/多功能开关信号电路接收搭铁信号以点亮远光灯		
系统检验	将点火开关置于 ON 位置,将前照灯开关置于近光位置。在 ON(打开)/OFF(关闭)位置之间推/拉转向信号/多功能开关。远光灯应随着开关的切换而点亮和熄灭		
故障排除	步骤	诊断内容/排除方法	
	1	将点火开关置于 OFF 位置,断开 S78 转向信号/多功能开关线束连接器。测试搭铁电路端子 3 和搭铁之间的电阻是否小于 5Ω。如果大于规定值,测试搭铁电路是否开路/电阻过大	
	2	连接 S78 转向信号/多功能开关线束连接器	
	3	断开 K9 车身控制模块上的 X3 线束连接器	
	4	在 B+和信号电路端子 17(X3)之间连接一个测试灯	
	5	在闪光灯和 OFF(关闭)位置之间拉动 S78 转向信号/多功能开关。测试灯应随着开关的切换而点亮和熄灭。如果测试灯始终熄灭,测试信号电路是否对电压短路或开路/电阻过大。如果电路测试正常,则更换 S78 转向信号/多功能开关。如果测试灯始终点亮,测试信号电路是否对搭铁短路。如果电路测试正常,则更换 S78 转向信号/多功能开关	

第九章 车身电气设备 457

续表

项目	步骤	电工技能
		诊断内容/排除方法
故障排除	6	在 B+ 和信号电路端子 11(X3) 之间连接一个测试灯
	7	在远光和 OFF(关闭) 位置之间推/拉 S78 转向信号/多功能开关。测试灯应随着开关的切换而点亮和熄灭。 如果测试灯始终熄灭,测试信号电路是否对电压短路或开路/电阻过大。如果电路测试正常,则更换 S78 转向信号/多功能开关 如果测试灯始终点亮,测试信号电路是否对搭铁短路。如果电路测试正常,则更换 S78 转向信号/多功能开关
	8	如果所有电路测试正常,则更换 K9 车身控制模块
部件测试	1	将点火开关置于 OFF 位置,断开 S78 转向信号/多功能开关线束连接器。将 S78 转向信号/多功能开关置于闪光灯位置,测试端子 4 和端子 3 之间的电阻是否小于 5Ω。 如果大于规定值,更换 S78 转向信号/多功能开关
	2	将 S78 转向信号/多功能开关置于远光位置,测试端子 2 和端子 3 之间的电阻是否小于 5Ω。 如果大于规定值,更换 S78 转向信号/多功能开关

393. 牌照灯电路故障怎么办

(1) 诊断说明

始终向前照灯开关提供搭铁。当前照灯开关置于驻车灯或近光位置时,通过牌照灯信号电路向车身控制模块提供搭铁。车身控制模块通过向牌照灯控制电路提供蓄电池电压做出反应。这使左侧和右侧牌照灯通电。

将点火开关置于 ON 位置,执行牌照灯测试。牌照灯应点亮/熄灭。

(2) 故障排除

① 将点火开关置于 OFF 位置,断开牌照灯的线束连接器。

② 测试牌照灯搭铁电路线束连接器相关端子和搭铁之间的电阻是否小于 5Ω。

如果大于规定值,测试搭铁电路是否开路/电阻过大。

③ 在牌照灯控制电路线束连接器相关端子和搭铁之间连接一个测试灯。

④ 使用故障诊断仪,指令牌照灯测试。在指令状态之间切换时,测试灯应点亮和熄灭。

> **电工技能**
>
> 如果测试灯始终点亮,测试控制电路是否对电压短路。 如果电路测试正常,则更换车身控制模块。
>
> 如果测试灯始终熄灭,则测试控制电路是否对搭铁短路或开路/电阻过大。 如果电路测试正常,则更换车身控制模块。

⑤ 如果所有电路测试都正常,则测试或更换牌照灯。

394. 中央高位制动灯电路故障怎么办

(1) 诊断说明

制动踏板位置传感器用于感测驾驶员操作制动踏板的动作。制动踏板位置传感器向车身控制模块提供一个模拟电压信号。车身控制模块将向左、右和中央制动灯控制电路提供蓄电池电压。将点火开关置于 ON 位置,执行牌照灯测试。牌照灯应点亮/熄灭。

将点火开关置于 ON 位置,执行中央制动灯测试。中央制动灯应点亮/熄灭。

(2) 故障排除

① 将点火开关置于 OFF 位置,断开中央高位制动灯的线束连接器。

② 测试中央高位制动灯搭铁电路线束连接器端子 B 和搭铁之间的电阻是否小于 5Ω。

如果大于规定值,测试搭铁电路是否开路/电阻过大。

③ 在中央高位制动灯控制电路线束连接器相关端子和搭铁之间连接一个测试灯。

④ 使用故障诊断仪,指令中央制动灯测试。在指令状态之间切换时,测试灯应点亮和熄灭。

> **电工技能**
>
> 如果测试灯始终点亮,测试控制电路是否对电压短路。 如果电路测试正常,则更换车身控制模块。
>
> 如果测试灯始终熄灭,则测试控制电路是否对搭铁短路或开路/电阻过大。 如果电路测试正常,则更换车身控制模块。

⑤ 如果所有电路测试都正常，则更换中央高位制动灯。

395. 前转向信号电路故障怎么办

(1) 诊断说明

始终向转向信号/多功能开关提供搭铁。当转向信号/多功能开关置于"右转"或"左转"位置时，通过右转或左转信号开关信号电路向车身控制模块提供搭铁。随后，车身控制模块通过相应的电源电压电路向前转向/侧转向和后转向信号灯提供电压。将点火开关置于ON位置，执行中央制动灯测试。中央制动灯应点亮/熄灭。

将点火开关置于ON位置，指令左前转向信号灯测试。左前转向信号灯和转向信号复示灯应点亮/熄灭。

将点火开关置于ON位置，指令右前转向信号灯测试。右前转向信号灯和转向信号复示灯应点亮/熄灭。

(2) 故障排除

① 将点火开关置于OFF位置，断开相应转向信号灯的线束连接器。

② 测试下列相应的转向信号灯搭铁电路线束连接器和搭铁之间的电阻是否小于5Ω。

左前转向信号灯搭铁电路线束连接器相应端子；

左侧转向信号复示灯搭铁电路线束连接器相应端子；

右前转向信号灯搭铁电路线束连接器相应端子；

右侧转向信号复示灯搭铁电路线束连接器相应端子；

如果大于规定值，测试搭铁电路是否开路/电阻过大。

③ 在下列相应的转向信号灯控制电路线束连接器和搭铁之间连接一个测试灯。

左前转向信号灯电路线束连接器相应端子；

左侧转向信号复示灯电路线束连接器相应端子；

右前转向信号灯电路线束连接器相应端子；

右侧转向信号复示灯电路线束连接器相应端子。

④ 使用故障诊断仪，指令相应转向信号灯点亮和熄灭以进行测试。在指令状态之间切换时，测试灯应点亮和熄灭。

电工技能

如果测试灯始终点亮,测试信号电路是否对电压短路。 如果电路测试正常,则更换车身控制模块。

如果测试灯始终熄灭,测试信号电路是否对搭铁短路或开路/电阻过大。 如果电路测试正常,则更换车身控制模块。

⑤ 如果所有电路测试都正常,则更换相应的转向信号灯。

396. 转向信号电路对蓄电池短路怎么办

使用故障诊断仪,指令相应转向信号灯点亮和熄灭以进行测试。在指令状态之间切换时,测试灯应点亮和熄灭。

如果测试灯始终点亮,测试信号电路是否对电压短路。如果电路测试正常,则更换相应的控制模块。

如果测试灯始终熄灭,测试信号电路是否对搭铁短路或开路/电阻过大。如果电路测试正常,则更换相应的控制模块。

如果所有电路测试正常,则更换相应的尾灯/举升门尾灯。

397. 怎样校正大灯安装位置

维修提示

为了校正大灯安装位置,必要时拆下前保险杠盖板进行多次调整,以达到要求。

如果在检查大灯安装位置时发现大灯与车身之间的间隙尺寸不均匀,就必须校正安装位置。

校正大灯安装位置:

① 关闭点火开关及所有用电器,拔出点火钥匙。

② 如图9-2所示,从大灯上松开左上部固定螺栓(箭头所指)。

③ 如图9-3所示,从大灯上松开右上部固定螺栓(箭头所指)。

④ 如图9-4所示,通过旋入或旋出在大灯右上部的调节衬套(箭头所指)来调节大灯与前保险杆的间隙。

如调整右上部螺栓无法达到尺寸(间隙)要求,则进行以下操作。

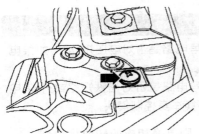
图 9-2 校正大灯安装位置一

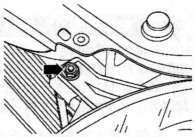
图 9-3 校正大灯安装位置二

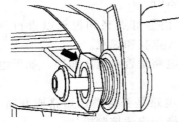
图 9-4 校正大灯安装位置三

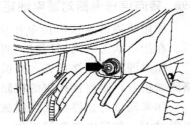
图 9-5 校正大灯安装位置四

⑤ 拆下前保险杠盖板及保险杠。

⑥ 如图 9-5 所示,从大灯上松开左下部固定螺栓(箭头所指)。

⑦ 通过旋入或旋出在大灯左下部或右上部的调节衬套来调节与车身的尺寸(间隙)。

⑧ 以规定的拧紧力矩拧紧螺栓连接。

⑨ 重新安装前保险杠盖板及保险杠。

⑩ 检查大灯安装位置间隙尺寸是否均匀,必要时重新校正。

⑪ 检查大灯的功能。必要时调整大灯。

398. 怎样调整前照灯灯光

 维修提示

前照灯调节前:
将车辆停在水平表面上。
确保轮胎压力合适。
驾驶员或与其体重相同的人应坐在驾驶员座椅上。

前照灯调整程序：
① 清洁外灯罩，以便能看到前照灯的中心如图 9-6 所示 A。
② 将车辆停在墙面或者屏幕如图 9-7 所示 A 前面。

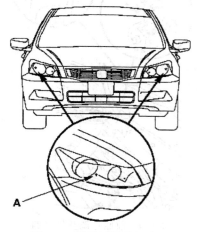

图 9-6　前照灯调整灯光一

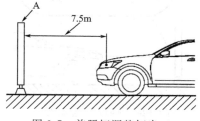

图 9-7　前照灯调整灯光二

③ 打开近光灯。
④ 确定前照灯是否正确对光。

垂直调节：测量前照灯（A）的高度；调整划线（B）至前照灯高度（图 9-8）。

如有必要，打开发动机盖并通过转动垂直调节器来调整前照灯（图 9-9）。

399. 加热型后视镜故障怎么办

(1) 诊断帮助

根据后窗除雾器的当前状态，后除雾器继电器向车外后视镜加热元件提供电压。收到请求时，继电器通过驾驶员侧/乘客侧后视镜加热元件控制电路提供 B+ 电压。将点火开关置于 ON 位置，指令左前转向信号灯测试。左前转向信号灯和转向信号复位灯应点亮/熄灭。

在发动机运行的情况下，按下后窗除雾器开关。确认后窗除雾器接通并且后窗已变热；确认左侧和右侧车外后视镜玻璃已预热。

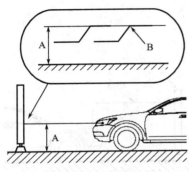
图 9-8 前照灯调整灯光三

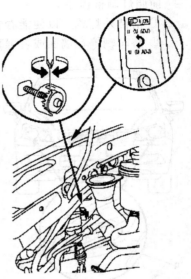
图 9-9 前照灯调整灯光四

(2) 故障排除

① 火开关置于 OFF 位置,断开相应的车外后视镜的线束连接器。

② 等待 1min,测试搭铁电路端子 G 和搭铁之间的电阻是否小于 10Ω。

如果大于规定范围,测试搭铁电路是否开路/电阻过大。

③ 在加热器元件控制电路相应端子和搭铁之间连接一个测试灯。

④ 在发动机运行的情况下,用后除雾器开关执行后窗除雾器接通和关闭。在指令状态之间切换时,测试灯应点亮和熄灭。

 电工技能

如果测试灯始终点亮,测试控制电路是否对电压短路。

如果测试灯始终熄灭,测试控制电路是否对搭铁短路或开路/电阻过大。

⑤ 如果所有电路测试都正常，测试或更换车外后视镜镜面。

400. 自动明暗调节后视镜故障怎么办

（1）诊断帮助

车内后视镜使用两个光电传感器。一个是后侧光照传感器，位于后视镜的镜面侧，朝向车辆的后侧。后侧光照传感器用来确定后视镜镜面的光照情况。另一个是前侧光照传感器，位于后视镜的背面，朝向车辆的前侧。前侧光照传感器用来确定车辆前侧的外部光照情况。前光照传感器检测到外部光照较弱或后光照传感器检测到光照较强时，车内后视镜将自动使车内后视镜镜面变暗。

当换挡杆挂倒挡（R）时，倒车灯控制电压会作为输入提供至车内后视镜。后视镜监测此输入以停用自动明暗调节功能。无论后侧光照传感器的状态如何，都可使驾驶员在倒车时能清楚地在后视镜上看到物体。

（2）系统检验

① 将点火开关置于 ON 位置，前照灯点亮，车辆挂"P挡"，用一块毛巾或其他合适的物品覆盖前侧光照传感器。观察车内后视镜镜面时，向后侧光照传感器照射亮光。车内后视镜镜面应变暗。

② 将变速器挂于倒挡（R）。车内后视镜镜面应从暗变亮。

（3）故障排除

① 将点火开关置于 OFF 位置，断开车内后视镜的线束连接器。

② 等待 1min，测试搭铁电路相关端子和搭铁之间的电阻是否小于 10Ω。

如果大于规定范围，测试搭铁电路是否开路/电阻过大。

③ 点火开关置于 ON 位置，检查并确认点火电路相关端子和搭铁之间的测试灯点亮。

如果测试灯未点亮，测试点火电路是否开路/电阻过大或对搭铁短路。

④ 将点火开关置于 ON 位置，踩下驻车制动，车辆挂倒挡（R），检查并确认倒车灯控制电路相应端子和搭铁之间的测试灯点亮。

> **电工技能**
>
> 如果测试灯未点亮,测试控制电路是否开路/电阻过大或对搭铁短路。 如果电路测试都正常,执行倒车灯故障检修。

⑤ 如果所有电路测试都正常,测试或更换车内后视镜。

401. 电动后视镜折叠功能故障怎么办

(1) 诊断帮助

车外后视镜开关控制电动折叠或车外后视镜的电动伸展功能。双向电机控制通过折叠后视镜电机缩回控制电路和折叠后视镜电机展开控制电路来控制折叠后视镜电机。

将点火开关置于 ON 位置,操作后视镜开关至折叠和展开位置。车外后视镜应折叠和展开。

(2) 故障排除

① 点火开关置于 OFF 位置,断开相应的车外后视镜的线束连接器。

② 在控制电路相关端子之间连接一个测试灯。

③ 操作后视镜开关至折叠和展开位置。当指令折叠和展开状态时,测试灯应点亮持续 1s。

> **电工技能**
>
> 如果在这两个指令状态下测试灯仍然熄灭,测试其每个控制电路是否对电压短路、对搭铁短路或开路/电阻过大。 如果电路测试正常,则更换车外后视镜开关。

④ 如果所有电路测试都正常,测试或更换车外后视镜。

402. 刮水器/洗涤器是怎样工作的

车身控制模块(BCM)根据来自前风窗玻璃刮水器/洗涤器开关的输入信号控制前风窗玻璃刮水器电机。车身控制模块通过两个不同的信号电路和一个搭铁电路监测刮水器/洗涤器开关。前风窗玻璃刮水器开关高速信号电路用于确定刮水器高速运行,前风窗玻璃刮水器开关低速信号电路通过使用梯形电阻用于确定低速、间歇和除雾操作,前风窗玻璃刮水器开关信号电路用于确定洗涤器运行。

车身控制模块通过两个输出控制电路控制前风窗玻璃刮水器电机,这两个电路控制两个继电器以确定刮水器达到期望的高速或低速。

刮水器/洗涤器电路控制示意图见图 9-10、图 9-11。

403. 检修安全气囊要注意什么

① 检测、安装和维修工作只能由专业人员来完成。

② 检测时绝不可使用检测灯、电压表或欧姆表。

③ 安全气囊只可在装好后,用专用维修设备检查。

④ 检修安全气囊时,必须断开蓄电池负极电缆。断开蓄电池负极电缆后即可检修,不需等待。将气囊与电源相连时,车内不可坐人。

⑤ 安全气囊总成从运输器具中取出后,必须马上安装。

⑥ 如果必须中止工作,应将安全气囊总成放回运输器具内。

⑦ 不可将安全气囊总成放到无人照管处。

⑧ 存放拆下的安全气囊时,应使缓冲垫的一侧朝上。

⑨ 安全气囊部件不可打开及修理,必须使用新件。

⑩ 如果安全气囊曾掉到过硬地面上或有损坏,则其不可使用。

⑪ 安全气囊有一定的寿命,安全气囊和标签每 14 年必须更换。

⑫ 未触发的安全气囊应做上标记,并送回厂家处理(应使用安全气囊专用运输器具)。

⑬ 安全气囊不能沾油脂及清洁剂等。

⑭ 安全气囊不能放在超过 100℃ 的环境中(短时也不行)。

404. 维修安全带拉紧器导线要注意什么

① 注意车辆上有关较高电压的提示标签。维修时必须消除剩余电压。

② 维修安全气囊和安全带拉紧器系统导线时,最大允许在两个维修位置进行维修。维修位置增加导线内的电阻并且可能触发系统诊断故障。

③ 维修安全气囊或安全带拉紧器线束时,原则上必须压缩挤

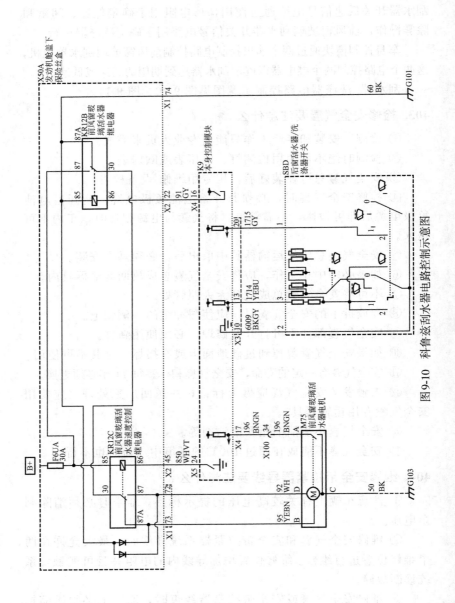

图9-10 科鲁兹刮水器电路控制示意图

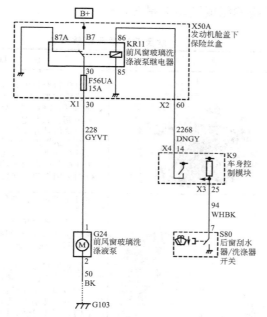

图 9-11 科鲁兹洗涤器电路控制示意图

压连接器,以便防止腐蚀。

④ 只允许维修黄色线束。

⑤ 不要将维修位置再次装入适用于汽车的线束内,用黄色绝缘带标记维修位置,使之明显可见。

⑥ 安全气囊或安全带拉紧器的维修范围与下一个触点外壳的距离最大为 30cm。通过黄色绝缘带的标记,可以快速浏览以前进行过的维修工作。

⑦ 在该系列中,触发单元(安全气囊)的导线有 20mm±5mm 绞合的绞距。该绞合保证导线组标准件编号的批量生产,并且绞合导线的维修长度必须强制保证该绞距。

⑧ 维修时,触发单元(安全气囊)的导线的长度必须相同。

⑨ 未绞合的导线,例如在焊接连接件区域,线段长度不得超过 100mm。

405. 巡航系统的组成及功能是怎样的

表9-5　大众奥迪自适应巡航系统

元件/控制	示意图	说明
车距调控系统感应器G529和车距调节系统控制单元J428		感应器和控制单元安装在同一壳罩内。若感应器/控制单元任一发生故障，则必须换掉整个单位元件 车距调控系统感应器G259发射模数化频率信号并接收反射信号。控制单元对雷达探测信号及其他附加输入信号进行处理。通过这些信号可以在雷达探测范围内众多物体中找出作为进行相关调控参照物的车辆
自适应巡航定速系统操作员及驾驶员应知信息	自适应巡航系统OFF关闭 自适应巡航系统 ON接通	通过位于转向柱左侧的操作杆来进行操作 操纵杆有两个位置 接通系统只需将该操纵杆向司机方向推至自适应巡航系统的ON位置即可 关闭系统只需将操纵杆推至自适应巡航系统的OFF位置即可 启动发动机后，根据这个操纵杆的位置情况，自适应巡航系统会处于BEREIT模式(操纵杆在ON)或AUS模式(操纵杆在OFF位置) 该系统在接通后就处于BEREIT模式。这时转速表上还没有显示任何信息。只有在按下SET按键后，自适应巡航系统才会真正进入AKTIV模式
自适应巡航定速系统控制	设定巡航车速	巡航车速就是在公路上行驶时，自适应巡航系统所能调节的最高车速(取决于巡航车速控制系统的功能) 按下SET按键就可以将当前的车速作为所要求的巡航车速存储起来 车速表指示环上的一个淡红色发光二极管(LED)指示的就是设定的巡航车速 同时，表示自适应巡航系统正在工作的符号也出现在车速表上 为了识别自适应巡航系统正在工作这个状态，车速表上30~200km/h之间的所有发光二极管都呈暗红色发光状态

　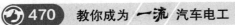

续表

元件/控制	示意图	说明
自适应巡航定速系统控制		如果司机打开了其他显示屏,那么中央显示屏也会出现一个显示内容 关闭点火开关后,所有存储的巡航车速会被清除掉(出于安全原因)

406. 巡航控制原理是怎样的

表9-6 举例说明自适应巡航控制系统工作原理

说明	图示
A车司机已经激活自适应巡航控制系统,并选定了巡航车速 v 和巡航车距 D_W,A车已经加速到了选定巡航速	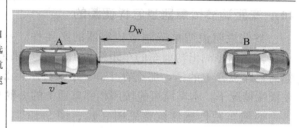
A车识别出前面的B车与自己行驶在同一条车道上,于是A车通过收油门,必要时也会施加制动来减速,直至两车之间的距离达到设定的巡航距离	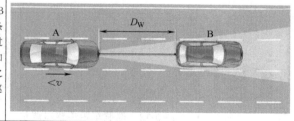
如果这时有另一辆车(摩托车)闯入A、B两车之间那么自适应巡航系统施加的制动就不足以使A车和摩托车之间的距离达到设定的巡航车距,于是就有声、光报警信号来提醒司机:应踏下制动踏板施加制动	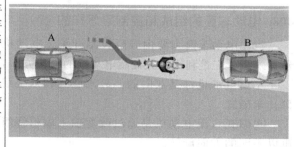

说明	图示
如果前车驶离车道,那么雷达传感器会侦测到这一情况,于是A车又开始加速,直至达到设定的巡航车速	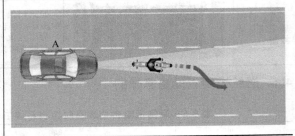

407. 车距调节传感器是怎样调整的

举例说明说明准确调节传感器的必要性。

雷达信号测出与前车的车距约为130m。如果传感器在水平方向上偏离正确位置1°的话,那么在130m处就会产生2.1m的偏差。因而,在极端情况下,本车就可能按照相邻车道上的一辆车来调节车距。

巡航车距传感器调整见图9-12、图9-13。

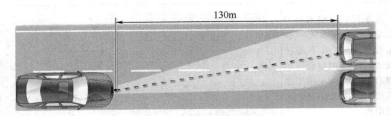

图9-12 巡航车距传感器调整一

408. 电动车窗的组成和控制是怎样的

汽车电动车窗主要由升降控制开关、电动机、升降机构和继电器等组成,它是利用开关控制电动机的电流方向,实现车窗的升降。

车窗电动机都是双向的,分永磁式和双绕组串励式两类。

(1) 永磁式

永磁式直流电动机是通过改变输入电枢绕组的电流方向使电动机以不同的方向旋转。

图 9-13　巡航车距传感器调整二

永磁式电动机电动车窗的控制电路见图 9-14。

① 接通点火开关后，电动车窗继电器线圈通电，其触点闭合，接通了电动车窗控制电路的电源，电动车窗可随时工作。

② 主开关安装于驾驶员侧车门处或仪表板处，主开关包括控制四个车窗玻璃升降的电动车窗开关和车窗锁止开关。车窗锁止开关在接通状态时，各车窗升降控制开关均可操纵车窗玻璃的升降；车窗锁止开关断开时，则只有驾驶员侧车窗可进行开、关操作。

③ 各车窗电动机电路都装有热敏开关，当车窗完全关闭、完全打开或由于车窗玻璃上结冰、卡滞等引起车窗玻璃无法移动时，电路的电流会增大，使热敏开关变热而自动打开，以防止电路过载。

(2) 双绕组串励式

双绕组串励式直流电动机有两个绕向相反的磁场绕组，一个称为上升绕组，另一个称为下降绕组，通电后产生相反方向的磁场，即可改变电动机的旋转方向。一般使用双向永磁绕线（双绕组串联）式电动机。

励磁式电动机电动车窗的控制电路见图 9-15。

双绕组串励式电动机的两个磁场绕组绕向相反，通过升降开关控制通电的磁场绕组，其是一个绕组通电时电动机的转动使车窗上升，另一个绕组通电时电动机则反向转动使车窗下降。

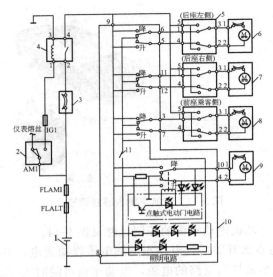

图 9-14　永磁式电动机电动车窗的控制电路图

1—蓄电池；2—点火开关；3—热敏开关；4—电动车窗继电器；5—电动车窗开关；
6~9—车窗驱动电动机；10—电动车窗主开关；11—车窗锁止开关

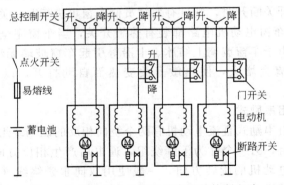

图 9-15　励磁式电动机电动车窗的控制电路

409. 电动车窗有哪几种类型

　　汽车电动车窗电动机多采用直流电动机，内部装有减速装置。与不同的机械式玻璃升降机构相配合，电动机输出部分的结构也有所不同。

(1) 绳轮式结构的电动机

对于绳轮式结构的电动机,其动力输出部分是一个塑料绳轮,绳轮上绕有钢丝绳,钢丝绳上装有滑块,电动机驱动绳轮,带动钢丝绳卷绕,钢丝绳上的滑块带动玻璃,则使玻璃沿导轨作上下运动。

(2) 交臂式结构的电动机

对于交臂式结构的电动机,其动力输出部分是一个小齿轮,经与之啮合的扇形齿板,通过交臂式升降机构,带动玻璃沿导轨作上下运动。

(3) 软轴式结构的电动机

对于软轴式结构的电动机,其动力输出部分也是一个小齿轮,通过与软轴上的齿(近似于齿条)相啮合,驱动软轴卷绕,带动玻璃沿导轨作上下运动。

电动车窗主要由车窗升降器、电动机、开关等组成。有些汽车上的电动车窗由电动机直接作用于升降器,而有些则是通过驱动机构作用于升降器,从而把电动机的转动转换成车窗的上下移动。车窗升降器有两种形式。一种是用齿扇来实现换向作用,齿扇上连有螺旋弹簧。当车窗上升时,弹簧伸展,放出能量,以减轻电动机负荷;当车窗下降时,弹簧压缩,吸收能量,从而使车窗无论是上升还是下降,电动机的负荷基本相同。另一种换向器是使用柔性齿条和小齿轮,车窗连在齿条的一端,电动机带动轴端小齿轮转动,使齿条移动,以带动车窗升降。

410. 电动车窗的操纵和控制功能是怎样的

(1) 手动开/关的功能

当电动车窗开关被推或拉到一半时,窗户打开或关闭直至开关被松开。

(2) 单触式自动开/关功能

当电动车窗开关被推或拉到底时,窗户全开或全关。

(3) 车窗锁止功能

当车窗锁止开关打开时,除驾驶员车窗外,所有车窗打开和关闭功能失效。

(4) 防夹保护功能

在单触式自动关窗期间，如果异物卡在窗内，此功能自动停止电动车窗，并将车窗玻璃向下移动大约 50mm。

(5) 无钥匙电动窗功能

如果驾驶员车门不打开，在点火开关置到 ACC 或 LOCK 位置后大约 45s 的时间里，此功能允许电动车窗系统的操作。驾驶员车门锁芯联动功能，此功能按照驾驶员车门锁芯和无线控制门锁的操作打开和关闭车窗。

(6) 电动机保护热敏保护功能

为避免车窗升降电动机过热，每个电动机都有自己的热敏保护装置，电动机运行时间在一个计数器内累加，计数器的初始值由环境温度确定。如果计数器超过了一个阈值，就不能再接受新的操作功能，但正在进行的移动仍可继续进行，如果电动机关闭了计数器数值，会重新减小阈值，当减小到小于阈值后又能接受操作要求了。

(7) 负荷中断

为保护蓄电池，车窗升降机在启动发动机时不能操作。每个正在进行的动作（如打开或点动自动功能）会立即结束，车窗升降机停止运行。启动过程结束后，车窗可通过重新操纵而完全恢复功能。

(8) 低压断电

供电电压就在本地车门模块内被监控，如果供电电压小于 9V，车窗升降机将闭锁，每个正在进行的动作将中断。

(9) 便捷开启/关闭功能

便捷功能用于上车前或下车后能够关闭或打开所有车窗，借助于无线电遥控钥匙或通过钥匙在驾驶员侧车门锁上的机械操作，可以触发便捷开启/关闭功能。每个车窗按后部车窗升降机、前部车窗升降机的顺序依次关闭。

411. 你对电动车窗电动机了解多少

(1) 功能

电动车窗电动机正向或反向转动，驱动车窗开闭调节器。

（2）结构

如图 9-16 所示，电动车窗电动机所示，它由电动机、传动机构和传感器三部分组成。通过开关操作，电动机正向和反向转动。传动装置将电动机旋转传输到车窗开闭调节器。传感器由用于控制防夹功能的限位开关和速度传感器组成。

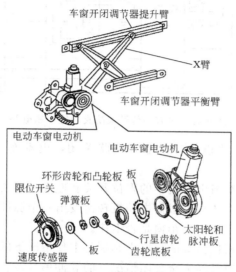

图 9-16　电动车窗电机

412. 电动车窗的限位开关防夹功能是怎样的

有限位开关防夹功能装置由电动车窗电动机、1 个霍尔 IC 传感器和限位开关组成。当车窗玻璃向上移动，霍尔 IC 传感器监测它的工作情况，如果限位开关没有接通时，而遇到有异物卡在窗内，此功能自动停止，同时电动车窗并将向下移动大约 50mm。

如图 9-17 所示，当点火开关处于 ON 位置，且驾驶员的电动车窗开关被拉到 UP 挡或 AUTO 挡时，一个车窗玻璃上升的信号被输入到 IC。因为 IC 有定时器电路并且当车窗玻璃上升信号被输入时，此定时器电路将保持 ON 的情况最多 10s，如果驾驶员车窗完全关闭并且 IC 检测到来自电动车窗电动机的速度传感器和限位

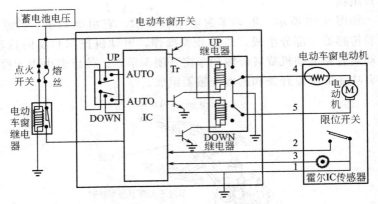

图 9-17 带有限位开关防夹功能控制电路

开关的电动机锁止信号,定时电路关闭,电动车窗电动机停止转动。

通过电动车窗电动机中的限位开关和速度传感器来检测窗户是否被卡住。速度传感器根据电动机转速发出一个脉冲信号,从脉冲波长的变化可以检测出车窗是否卡住。

限位开关根据齿圈的空段来判别是卡住情况下的脉冲信号波长改变,还是车窗已经完全关闭情况下的脉冲信号波长改变。

如图 9-18 所示,当电动车窗开关从电动车窗电动机收到卡住信号时,它关掉 UP 继电器,打开 DOWN 继电器大约 1s,以退回车窗玻璃大约 50mm,以防止车窗玻璃更进一步关闭。

413. 丰田车系防盗如何进行匹配和设定

(1) 威驰轿车防盗系统设置程序

① 无线门锁的设置

a. 关闭所有车门,将钥匙插在点火开关。

b. 10s 内开关驾驶员侧车门 2 次。

c. 按点火开关 LOCK—ON—LOCK3 次,安全指示灯点亮。

d. 按遥控器上 LOCK 键若干次,安全指示灯闪烁。

e. 打开和关闭车门,蜂鸣器进行回应(蜂鸣器响一次表示功

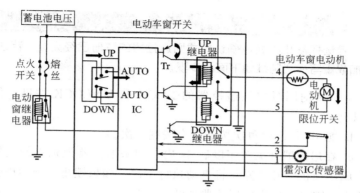

图 9-18 电动车窗马达防夹控制电路原理

能锁定,响两次表示功能取消)。

f. 打开点火开关,30s 内不操作遥控器,设定完成。

② 遥控器的添加和登记

a. 打开次驾驶员侧车门,钥匙插入点火开关。

b. 10s 内匀速地将点火开关打开和关闭 5 次(安全指示器 LED 点亮)。

c. 16s 内按住遥控器上任意开关键 1 次(LED 熄灭)。

d. 再次按住同一键 1 次(LED 闪烁一次后常亮)。

e. 若添加一个以上的遥控器,16s 内重复步骤 d、e,添加其他遥控器。

f. 关闭车门,打开点火开关,LED 熄灭,登记完成。

(2)花冠轿车遥控器的注册程序

① 注册程序

a. 打开驾驶员侧车门,钥匙不插入钥匙孔。

b. 5s 内插入并拔出钥匙 2 次。

c. 40s 内关闭打开驾驶员侧车门 2 次,插入并拔出钥匙一次。

d. 40s 内关闭打开驾驶员侧车门 2 次,插入钥匙关闭车门。

e. 以 1s 的间隔使点火开关 ON—LOCK1~5 次选择模式,拔出钥匙。

② 添加或重写模式

维修提示

若选择禁止模式或确认模式则遥控器的注册已经完成，若选择添加或重写模式则继续下面的步骤。

a. 40s 内同时按住遥控器的 LOCK 和 UNLOCK 按键，保持 3s 以上。

b. 放开后 3s 内再次按下两个按键一次。

c. 在遥控器开关关闭以后 3s 内，如果遥控器识别码的注册已经完成，锁止、开锁操作将自动执行 1 次。如果锁止、开锁操作执行 2 次，则遥控器识别码注册失败。

d. 当继续注册时，应在前次注册后 40s 内进行遥控器的注册。

e. 注册结束，门锁自动回应 40s 后插入钥匙打开驾驶员侧车门，4 个遥控器识别码一次注册完成。

(3) **丰田佳美 2.4 轿车使用加速踏板和制动踏板注册点火钥匙**

① 把已注册过的主钥匙插入点火开关，在 15s 内连续踩下和放开加速踏板 5 次，连接踩下和放开制动踏板 6 次，停机系统将进入注册模式。

② 在 10s 之内将主钥匙从点火开关拔出，将要注册的主钥匙插入点火开关，并踩下和放开加速踏板一次，此时，"安全灯"闪烁，处于注册状态中。

③ 大约在 3min 左右，附加的主钥匙被注册，"安全灯"熄灭，如果要注册其他的副钥匙，在 10s 内重复步骤 1~2。但副钥匙的操作，加速踏板为 4 次，制动踏板为 5 次。

(4) **丰田佳美 2.4 轿车遥控器手工复制**

① 人坐在车内，按内部锁开关，打开 4 个车门。

② 5s 内匀速将钥匙插入点火开关并拔出两次，40s 之内关、开左前门两次。

③ 将钥匙插入点火开关，并拔出一次，40s 之内再关、开左前门两次。

④ 将钥匙插入点火开关不转动，关闭 4 车门，以 1s 间隔开关

点火开关1~2次。

⑤ 拔出钥匙，同时按遥控器上LOCK与UNLOCK键1s后松开。再重复按1次，此时门锁自动开关1次即可。

(5) 丰田普拉多轿车遥控器注册

更换或添加遥控器芯片后需要注册识别码。

① 将钥匙插入点火锁，关闭点火开关，打开驾驶员侧车门。

② 5s内插入拔出钥匙2次。

③ 40s内驾驶员侧车门关—开2次，钥匙插入—拔出1次。

④ 40s内驾驶员侧车门关—开2次，钥匙插入点火锁，并关闭驾驶员侧车门。

⑤ 40s内点火开关LOCK—UNLOCK—LOCK选择注册模式（1次添加模式，2次重写模式，3次确认模式，5次模式）。

⑥ 取出钥匙，3s内车门控制单元驱动电动门锁LOCK—UNLOCK做出回应（添加回应1次，重写回应2次，禁止回应5次，确认回应1~5次）。

⑦ 同时按住遥控器上LOCK和UNLOCK按键2s，放开后再按下其中任意键1次。

⑧ 3s内控制单元驱动门锁落锁—开锁进行回应（注册成功1次，注册失败2次）。

⑨ 打开车门或插入钥匙，完成注册。

414. 现代车系防盗如何进行匹配和设定

索纳塔防盗匹配和设定如下。

(1) 系统操作

按下TRK按键，打开后行李厢。按下LOCK按键，锁止车门并激活防盗系统。按下UNLOCK按键，打开车门并解除防盗系统。

(2) 系统说明

锁止车门并激活防盗系统时，防盗指示灯闪烁2次；开锁并解除防盗系统时，防盗指示灯闪烁1次。遥控器电池寿命为两年。接收器位于中控台后面。如果防盗喇叭被触发（防启动），则车辆将不能启动。

(3) 钥匙复制

① 口令设定　当丢失了 ID 钥匙时，可以用口令和 HI-SCAN PRO 设定钥匙。

② 初始口令　制动商将初始口令定为 2345（存储在 ICM 中）。在输入新口令之前，使用初始口令可以设定钥匙。

③ 注册和更换口令　使用 HI-SCAN PRO，可以把初始口令（全部设置为 2345）更换为新口令。口令由 4 位数字（0～9）组成。注册新口令后，ICM 将以 ID 码的形式永久性记录下来，原口令 2345 不能再使用。

钥匙设定和改码如下操作：

(1) 设定方法

① 用 ID 钥匙将点火开关从"ON"位置转至"OFF"位置。此时，ID 钥匙已设定完成（在 10s 内完成）。

② 用主钥匙 1 将点火开关从"ON"位置转至"OFF"位置。此时，主钥匙 1 已设定完成（在 10s 内完成）。

③ 按上述方法设定主钥匙 2。

④ 结束设定。

(2) 主钥匙改变注册密码

当原主钥匙遗失或使用新主钥匙时，必须改变注册密码，方法如下。

① 使用 ID 钥匙，ICM 便对其进行确认。

② 用 ID 钥匙转动点火开关，在 10s 内完成 5 次点火开关的"ON—OFF"动作。

③ 拔出 ID 钥匙（在 10s 内完成），用主钥匙 1 将点火开关从"ON"位置转至"OFF"位置。此时，主钥匙 1 已设定完成（在 10s 内完成）。

④ 按上述方法设定主钥匙 2。

⑤ 设定结束。

(3) 使用口令

当 ID 钥匙遗失，对新主钥匙进行设定时，必须使用 HI-SCAN

PRO进行设定。ID钥匙不能设定和复制。

① ICM已经确认。

② 用新主钥匙1将点火开关置于"ON"位置。

③ 等待5s。

④ 用HI-SCAN PRO输入口令(在10s内完成)。

⑤ 新主钥匙1设定结束,拔出钥匙(在10s内完成)。

⑥ 用新主钥匙2将点火开关从"ON"位置转至"OFF"位置。新主钥匙2设定工作结束,拔出钥匙。

⑦ 结束设定。

(4)遥控设定

设定方法(未安装钥匙防盗系统)如下。

① 进入中央控制台而后的接收模块。

② 改变接收模块上的密码存储开关位置(从"OFF"位置转至"SET"位置)。

③ 按下新遥控器上的"UNLOCK"按键一次,新遥控器密码将存储在遥控器接收模块里。

④ 如果要设定其他遥控器,则重复第②步。

⑤ 再将密码存储开关由"SET"位置转至"OFF"位置。

⑥ 完成设定。

415. 大众/奥迪车系防盗如何进行匹配和设定

表9-7 大众防盗系统匹配

车型	项目	程序	匹配方法/事项内容
奥迪A6	红外线钥匙系统重新设定	1	将钥匙对准红外线传感器,按下红外线钥匙发送器按钮
		2	在按下发送器按钮1min内,手动打开车门
		3	红外线钥匙系统被重新设定
	导致红外线系统被关闭的原因	—	1)如果长期断开蓄电池负极 2)长期没有使用红外线系统 3)在超出传感器范围时,由于反复按下红外线钥匙发送器按钮,使红外线钥匙密码与中控锁的控制系统不同步 以上三个主要原因导致红外线系统被关闭,使用红外线钥匙时不能锁止和开启车门

续表

车型	项目	程序	匹配方法/事项内容
原装奥迪A6 2.6L	新发动机控制单元与旧的防盗系统控制单元的匹配	1	连接故障诊断仪
		2	使用匹配过的正确合法的钥匙打开点火开关
		3	进入地址码25,防盗系统
		4	选择"匹配"功能模块,执行代码10
		5	输入通道号"00"
		6	诊断仪显示"是否清除数值",按确认键执行确认
		7	显示屏显示"数值被清除",匹配成功。发动机控制单元的随机代码被防盗控制单元读入并储存起来
奥迪A6	中控门锁遥控发射器的匹配	1	将其中一钥匙插入点火锁并置于ON挡
		2	关闭所有车门,将另外一把钥匙插入左前门锁,用钥匙锁住车门
		3	拔出门锁上的钥匙,扒出门锁按钮,开门取出点火锁中的钥匙,把钥匙的中央门锁遥控器匹配完成
		4	重新把另外一把点火钥匙插入点火锁
		5	重复第二步和第三步骤,完成另外一把点火开关启动的中央门锁遥控器匹配
	遥控钥匙匹配	—	这款奥迪A6(C5)随车一把带有两把遥控钥匙,如果添加另外遥控钥匙,那么这些钥匙必须与中央门锁进行匹配
		—	如果显示故障码00955-00958及更换遥控钥匙电池时同时要匹配钥匙
2000款奥迪A6(C5)	匹配新的遥控步骤	1	用副钥匙打开点火开关
		2	在故障诊断仪测量数据块007中检查已经适配的钥匙
		3	在车外用要适配的车钥匙上左前门锁,5s内按下遥控钥匙上的offnen键,直到到达下一个储存位置,每次拔下警报闪烁,等待5s,再次按下offnen键,车门打开
		4	关闭点火开关,拔下点火钥匙
		5	检查新遥控钥匙的功能
	已有遥控的再匹配	—	注意:只有更换遥控钥匙电池及显示故障码00955-00958时,才进行此步骤操作。按下遥控钥匙上的键,如果车门没有开启或关闭则进行以下操作
		1	在30s内打开开关并锁上驾驶员车门
		2	检查遥控钥匙再适配功能是否正常

续表

车型	项目	程序	匹配方法/事项内容
奥迪 A4	防盗控制单元匹配	1	连接故障诊断仪
		2	选择执行功能 10-00—确定键,清除自适应值
		3	此时防盗指示灯会熄灭,防盗控制单元执行匹配完毕
		4	正常启动发动机
	遥控器设定(同步设定)	1	用钥匙对准两侧 B 门柱遥控接收器位置
		2	按下 LOCK/UNLOCK 按键
		3	在 1min 内手动开启车门
		4	系统执行上锁或开锁
		5	如果此次设定失败,则重新按该程序设定遥控器
	重新设定遥控的条件	—	增加或替换钥匙
		—	该系统有故障
	现有钥匙储存记忆位置,可以通过故障诊断仪确定	1	使用故障诊断仪 ①查找新钥匙的储存空间位置 ②查找旧钥匙的储存位置并由新钥匙替换 ③执行完成程序设定
		2	如果不使用故障诊断仪,所有钥匙包括现有的钥匙必须重新设定
		3	用新的没有遥控功能的钥匙插入点火开关并置于"ON"挡
		4	用钥匙锁上左前车门
		5	5s 内按下钥匙 UNLOCK 键一次,表示程序记忆达到 1 位置(设定一把钥匙)
		6	防盗喇叭响一次,表示信号系统确认
		7	等待 5s 时间
		8	再次按下钥匙 UNLOCK 键一次,确定程序设定
		9	这时开锁,表示执行程序同步设定步骤完成
		10	关闭点火开关,取下钥匙
		11	利用没有装配遥控功能的钥匙,并把点火开关置于 ON 位置
		12	用钥匙手动锁住左前车门
		13	在 5s 内,以 1s 的间隔压下 UNLOCK 键,执行以下方法: ①压下 UNLOCK 键第二次,记忆位置到达 2(第二把钥匙) ②压下 UNLOCK 键第三次,记忆位置到达 3(第三把钥匙) ③压下 UNLOCK 键第四次,记忆位置到达 4(第四把钥匙)
		14	当每次按压 UNLOCK 键时,防盗指示灯也都闪烁一次,表明信号被确认
		15	等待 5s
		16	压下 UNLOCK 键一次,去验证程序设定
		17	这时车辆开锁,退出程序模式

续表

车型	项目	程序	匹配方法/事项内容
奥迪A4	擦除钥匙记忆程序	—	当丢失钥匙或钥匙密码不正确时,需要对所有钥匙进行重新编程
		1	点火开关打到 ON 位
		2	手动锁住驾驶侧车门
		3	压下 UNLOCK 键 5 次,时间间隔 1s
		4	当每一次压下 UNLOCK 键时,防盗指示灯应闪烁,表明信号被接收
		5	点火开关打到 OFF 位,取出钥匙
		6	遥控器不能再操作系统
		7	要求所有的钥匙必须编程(即不用遥控系统)
捷达	遥控钥匙的匹配	1	在 5s 内匀速任意用 1 把点火钥匙将点火开关反复开启和关闭 3 次,然后拔出点火钥匙(过快将失效)
		2	按住并保持钥匙上任意 1 个按键(开或关)
		3	在 10s 内匀速按另一个键 3 次
		4	释放所有按键
		5	钥匙上 LED 闪烁 5 次
		6	至此第一把钥匙匹配成功,重复上述步骤第 1~5 步,逐一完成其余 3 把钥匙的匹配
桑塔纳3000	遥控匹配	1	关闭所有车门
		2	在 5s 内连续打开 KL15,再关闭其三次
		3	在三次关闭 KL15 后,控制器进入 1min 的学习模式,当进入学习模式后,如果车门处于闭锁状态,则有控制器进行开锁,以保证其处于学习状态
		4	间隔 2s 按发送器上任意一个按键两次,控制器通过闭锁器的闭锁再开锁控制的一个循环,来确定学习成功 如果控制器没有输出闭锁/开锁指令那么学习失败
		5	重复第 4 步骤,来执行学习带两个遥控发送器
高尔	舒适系统设定	1	高尔配置声光报警系统。报警系统触发时会发出 30s 的报警声,同时应急灯闪亮
		2	车门、发动机机舱盖、后备箱盖非法打开时会触发报警器
		3	车内超声波监控发现车内异常动静时会触发报警器
		4	报警系统在 S 端断开才能工作
		5	最多能匹配 2 把钥匙
		6	集控有 30s 内无开门自动恢复上锁功能
		7	具有通过遥控钥匙关闭车窗功能

续表

车型	项目	程序	匹配方法/事项内容
高尔	新的遥控钥匙的匹配	1	关闭所有车门，但不上锁
		2	将要匹配的钥匙插入驾驶员侧门锁内
		3	逆时针转动钥匙，并保持3s以上
		4	多次按动钥匙上任意按钮，直到所有车门上锁、解锁一次
		5	取出匹配好的钥匙，不要操作任何按键
		6	重复以上过程，完成其钥匙的匹配
	遥控钥匙匹配失败的原因	1	3h内操作过遥控钥匙
		2	S端不能正常断开
		3	门锁有故障
	遥控钥匙的同步设定	1	当遥控钥匙断电过长，或在有效接收范围外按动遥控按钮255次以上后，遥控钥匙会控制单元失去联系。此时需要通过同步恢复遥控功能
		2	车门关闭但未上锁
		3	打开点火开关，在30s内按遥控开/关键多次
		4	直到车门锁、开锁各一次，表示同步完成
宝来	轿车遥控钥匙的人工匹配方法	1	将其中一把钥匙插入点火锁芯内接通点火开关
		2	关闭所有车门
		3	将另一把钥匙插入驾驶侧或者乘客侧车门锁芯内，机械地锁止中控锁的同时按住遥控钥匙上的闭锁按钮2s以上
		4	以上述方法也可以适配遥控钥匙的开锁功能
	带有遥控钥匙的遥控电动座椅的匹配方法	1	将记忆按钮处于"ON"位置，关闭车门，接通点火开关
		2	调整座椅到合适的位置
		3	按住1、2、3任一记忆键2s以上，直到仪表有一提示音为止
		4	将钥匙从点火锁芯内拔出，迅速按下遥控钥匙上的打开按钮并保持至少1s的时间直到听到匹配完成的确认声音信号，遥控座椅匹配完成
		注意：在步骤3操作结束后只有10s的时间用于遥控钥匙的分配	

续表

车型	项目	程序	匹配方法/事项内容
宝来	4位密码防盗点火钥匙的匹配方法	1	将齿形正确的点火钥匙插入点火锁芯,接通点火开关
		2	连接故障诊断仪,进入仪表控制单元地址17
		3	测试故障码—02
		4	清除故障码—05
		5	登录—11,输入密码
		6	选择自适应功能—10
		7	输入匹配钥匙的通道号—21,输入"0000"+"钥匙数"(最多可以配8把钥匙)
		8	按确认键执行确认,结束输出
		9	防盗指示灯点亮2s后熄灭 ①断开点火开关 ②拔出钥匙,再插入下一把钥匙 ③接通点火开关待防盗指示灯点亮2s后熄灭 ④断开点火开关 ⑤拔出钥匙 ⑥若多把钥匙继续插入下一把钥匙(注意:在60s内必须配完的有钥匙)
宝来	7位密码防盗点火钥匙的非在线匹配方法	1	连接V.A.S5051,接通点火开关
		2	进入发动机控制单元查询14位防盗器识别码
		3	通过17位底盘号和14位防盗器识别码
		4	进入仪表控制单元地址码—17,选择匹配通道—50
		5	输入7位密码
		6	选择自适应功能项—10
		7	输入匹配钥匙的通道号"21"输入"0000"+"钥匙数"(最多可以配8把钥匙)
		8	按确认键执行确认,结束输出
		9	防盗指示灯点亮2s后熄灭 ①断开点火开关 ②拔出钥匙,再插入下一把钥匙 ③接通点火开关待防盗指示灯点亮2s后熄灭 ④断开点火开关 ⑤拔出钥匙 ⑥若多把钥匙继续插入下一把钥匙(注意:在60s内必须配完的有钥匙)

续表

车型	项目	程序	匹配方法/事项内容
宝来	7位密码防盗点火钥匙的在线匹配方法	1	连接V.A.S5051,接通点火开关
		2	选择V.A.S5051上功能引导模块
		3	依次选择生产厂商、车型、生产年份、发动机型号
		4	选择仪表选项中的钥匙匹配
		5	依次按照V.A.S5051中的提示做相应操作来匹配钥匙
宝来	天窗初始化操作步骤	1	确保天窗处于关闭状态。如天窗按正常开关动作无法关闭,可以采用电气强制关闭(在天窗处于关闭位置时按下开关带标记端并保持)或者机械强制关闭(用装饰盖上的摇柄摇动天窗电动机关闭)
		2	打开点火开关,确保天窗开关在关闭位置
		3	取下天窗电动机的装饰板
		4	拔下天窗电动机的插头,等待10s后重新插好
		5	将天窗开关快速向开启方向转动90°后快速返回原位,此时可以听到电动机有咯哒的响声,并且可以看到电动机稍微转动一下,立即按下天窗开关带标记端并保持,直到天窗完全开启、关闭、上翘、回位一整套循环后才能松开天窗开关,即可完成天窗重新记忆
		6	按正常使用工况检查天窗功能
高尔夫	天窗初始化操作步骤	1~6	按照上述"宝来天窗初始化操作步骤"执行操作
帕萨特	原车3把钥匙匹配	1	连接故障诊断仪
		2	进入故障诊断仪仪表—17
		3	读取仪表版本号
		4	按下一步按键,显示VIN17位和IMMO14位码
		5	选择功能—11,登陆输入原车仪表密码
		6	选择功能—10,输入通道号21后确认
		7	按故障诊断仪按键F1修改当前值"3",并确认匹配钥匙3把
		8	按按故障诊断仪按键F2保存,拔下钥匙
		9	把第二把钥匙插入,打开点火开关并保持3s后拔下
		10	把第三把钥匙插入,打开点火开关并保持3s后拔下。完成3把钥匙匹配操作
奥迪	第四代防盗系统点火开关位置识别		接线柱控制功能,是识别点火开关位置并激活相应接线柱,当插入点火钥匙S触点应该接通,打开点火开关时15端子应接通、启动发动机时50端子接通。这时,检查相应参数:05-08-003

第九章 车身电气设备

416. 电动升降器故障怎么办

(1) 电动升降器无法升降

① 玻璃升降器开关或左后门玻璃升降器开关有时通电,造成左后门玻璃升降器电机接收到下降信号。

② 玻璃升降电控单元内部短路。

③ 车身电脑有问题。

④ 线路故障。

(2) 维修举例

东风雪铁龙世嘉电动玻璃升降器故障怎么办?

① 正常模式

a. 频繁升降左右前门电动车窗玻璃,按开关没反应,等待一段时间后又能使用1~2次或恢复正常。

诊断分析:

该车左右前门电动玻璃升降器有热保护功能,使用频率过高会导致电机温度上升,此时电机继续运转容易损坏,因此电机停止运转。电机不运转时,车门模块认为温度在下降,经过一段时间后温度降到一定值,退出热保护,但此时如果马上使用1~2次,可能重新进入热保护。

排除方法:

发动机运转或钥匙打开25~30min后,电机彻底冷却,退出热保护,即可回到正常状态。

b. 车窗玻璃没有自动升降功能,出现一段段上升或下降的断续现象。

诊断分析:

车窗玻璃升降器的初始化参数丢失,原因与蓄电池断电或玻璃升降过程中阻力过大有关。

排除方法:

使车窗玻璃点动上升到最上端或下降到最下端,持续按住上升按钮2~3s,重新对车窗玻璃升降器进行初始化。初始化完成后,检查车窗玻璃是否有受阻现象。

② 故障模式

a. 按上升开关时，驾驶员车窗玻璃偶尔出现下降或不能上升现象。诊断分析：当信号脚（6V，NR端子）向驾驶员车门模块提供的上升信号电压降低，接近自动下降或手动下降信号电压时，驾驶员车门模块会误以为是下降信号，故车窗玻璃出现反向下降动作。当信号电压过低，低于手动下降电压时，驾驶员车门模块无法识别，车窗玻璃不动作。

b. 发动机运转时，驾驶员或乘客车窗玻璃升降器不能工作，同侧的外后视镜不能调整；发动机熄火后打开点火开关，一切恢复正常。

诊断分析：

发动机运转时，用PROXIA诊断仪检查驾驶员或乘客车窗玻璃升降器工作电压，如果工作电压不正常，分别检查发电机充电电压和车窗玻璃升降器工作电压。

排除方法：

根据检查结果更换发电机或车窗玻璃升降器。

参 考 文 献

[1] (美) 霍尔贝克．汽车燃油和排放控制系统结构、诊断与维修．葛蕴珊等，译．[M]．北京：机械工业出版社，2007．

[2] (英) Tom Denton 著．汽车故障诊断先进技术．张云文，译．[M]．北京：机械工业出版社，2009．

[3] 于栋国．汽车电脑板端子功能速查手册 [M]．北京：机械工业出版社，2009．

[4] 中国汽车工程学会．2008 世界汽车技术发展跟踪研究 [M]．北京：北京理工大学出版社，2008．

[5] 郑利苗．轿车电路原理与检修 [M]．广州：广东科技出版社，1999．

[6] 季杰，吴敬静．轻松看懂汽车电路图 [M]．北京：化学工业出版社，2011．

[7] 周晓飞．教你成为一流汽车维修工 [M]．北京：化学工业出版社，2012．